U0588068

大清一統志

第二十六册

廣西

廣西

目録

廣西全圖

廣西統部表

		桂林府	柳州府
秦	桂林、象郡地。	桂林郡地。	桂林郡地。
兩漢	初屬南越國。元鼎中爲交州郡蒼梧、鬱林二郡地，兼爲荊州零陵郡南境。	零陵郡地。	鬱林郡地。
三國	吳增置始安、臨賀、桂林、寧浦四郡，分屬廣州。	始安郡 吳甘露初置，治始安。	吳分置桂林郡。
晉	始安、蒼梧、鬱林、桂林、臨賀、晉興六郡，分屬廣州。	始安郡	桂林郡 移治潭中，後徙廢。
南北朝	宋屬湘、廣、越三州；梁置桂、靜二州。	桂州始安郡 宋改始建國，齊復郡，梁置州。	馬平郡 梁置。
隋	始安、蒼梧、永平、鬱林四郡。	始安郡 大業元年廢州。	廢。
唐	屬嶺南道，後分置嶺南西道。	桂州始安郡 初復置州，屬嶺南道。光化三年置靜江軍節度。	柳州 初置昆州，貞觀八年更名，天寶初改龍城郡，乾元初復故。
五代	初屬楚，周廣順中屬南漢。	桂州 初屬楚，後屬南漢。	柳州 初屬楚，後屬南漢。
宋	至道二年置廣南西路。	靜江府 至道三年爲廣南西路治。紹興三年升府。	柳州龍城郡 屬嶺南西道。
元	初置廣西等道肅政廉訪使，隸湖廣行省。至正末分置廣西等處行中書省。	靜江路 改路，屬湖廣行省。	柳州路 改路，屬廣西道。
明	廣西布政使司 洪武九年置。	桂林府 洪武初改府，爲廣西布政司治。	柳州府 改府，屬廣西布政司。

續表

慶遠府	思恩府	泗城府
象郡地。		
鬱林郡地。	鬱林郡地。	
蠻地。	晉興郡地。	
宜州 貞觀四年置粵州，乾豐中改名，屬嶺南道。	羈縻思恩州 屬邕州。	
宜州 初屬楚，後屬南漢。		
慶遠府 初屬廣南西路，咸淳初升府。	思恩州 屬邕州右江道。	泗城州 皇祐中置，屬邕州橫山寨。
慶遠南丹溪峒等處軍民安撫司 初曰慶遠路，大德初改置廣西道。	思恩州 屬田州路。	泗城州 屬田州路。
慶遠府 洪武三年復府，屬廣西布政司。	思恩府 初屬田州府，永樂初直隸廣西布政司。正統五年升府，尋改軍民府。弘治末改流。	泗城州 洪武初移治古磡洞，直隸廣西布政司。

平樂府	梧州府	潯州府
桂林郡地。	桂林郡地。	桂林郡地。
蒼梧郡地。	蒼梧郡 初爲南越地，元鼎六年置郡，元封五年兼置交趾刺史。後漢屬交州。	鬱林郡地。
吴爲始安郡地。	蒼梧郡 吴分屬廣州。	
	蒼梧郡	
宋屬始建國，齊屬始安郡。	蒼梧郡	桂平郡 梁置。
昭州樂郡 武德四年置樂州，貞觀八年更名，屬嶺南道。	徙廢。	廢。
昭州 初屬楚，後屬南漢。	梧州蒼梧郡 武德四年置州，屬嶺南道。	潯州潯江郡 貞觀七年改置，屬嶺南道。
昭州平樂郡 屬廣南西路。	梧州 初屬楚，後屬南漢。	潯州 屬南漢。
平樂府 大德中改府，屬廣西道。	梧州蒼梧郡 屬廣南西路。	潯州潯江郡 屬嶺南西道。
平樂府 屬廣西布政司。	梧州路 至元十四年置安撫司，尋改路，屬廣西道。	潯州路 改路，屬廣西道。
	梧州府 改府，屬廣西布政司。	潯州府 改府，屬廣西布政司。

續表

南寧府	太平府	鎮安府	鬱林直隸州
桂林郡地。			桂林郡地。
鬱林郡地。	鬱林郡地。	蠻地。	合浦郡地。
晉興郡大興初置，治晉興縣。	蠻獠地。		
晉興郡			南流郡宋置，屬越州。梁省。
廢。			
邕州朗寧郡武德四年置南晉州，貞觀六年更名，屬嶺南道。咸通三年置嶺南西道節度。	開置羈縻諸州，屬邕州。		牢州定川郡武德二年置義州，貞觀十一年更名。天寶初改郡，屬嶺南道。
邕州南漢改置建武軍節度，晉天福中更名誠州，漢初復故。			牢州屬南漢。
邕州永寧郡建武軍兼置軍，屬廣南西路。	初分爲左江道，後析置太平砦，仍屬邕州。	右江鎮安軍民宣撫司	鬱林州開寶七年廢牢州。至道二年移州來治，屬廣南西路。
南寧路初曰邕州路，兼置左右兩江鎮撫。泰定初更名，屬廣西道。	太平路置屬左江道。	鎮安路改路，屬湖廣行省。	鬱林州屬廣西兩江道。
南寧府洪武初改府，屬廣西布政司。	太平府洪武二年改府，屬廣西布政司。	鎮安府洪武二年改府，屬廣西布政司。	鬱林州洪武五年改屬梧州府。

大清一統志卷四百六十

廣西統部

在京師西南七千四百六十里。東西距二千八百一十里，南北距二千九百六十五里。東至廣東肇慶府廣寧縣界一千二百六十里，西至雲南廣南府土富州界一千五百五十里，南至廣東廉州府靈山縣界二千四十五里，北至貴州黎平府永從縣界九百二十里，東南至廣東高州府石城縣界一千一百八十里，西南至越南國界二千三百十里，東北至湖南永州府東安縣界三百四十五里，西北至貴州興義府貞豐州界一千三十六里。

分野

天文翼、軫分野，鶉尾之次。按：古荆州爲翼、軫分野，惟梧州府之蒼梧、藤、容、岑溪四縣爲牛、女，餘俱屬翼、軫，故當以翼、軫爲主。

建置沿革

禹貢荆州南徼。春秋時爲百越地。秦始皇三十三年，以陸梁地置桂林、象郡。漢初屬南越國。元鼎六年，改置蒼梧、鬱林二郡，屬交州，兼爲荊州零陵郡南境。後漢因之。三國屬吴，增置始安、臨賀、桂林、寧浦四郡。晉爲廣州地。（晉書地理志：廣州領始安、臨賀、蒼梧、鬱林、桂林、寧浦六郡，元帝分鬱林立晉興郡，穆帝分蒼梧立永平郡。）劉宋爲湘、廣、越三州地，（宋書州郡志：湘州領始建、臨慶二郡，廣州領始安、臨賀、蒼梧、鬱林、桂林、寧浦六郡，又有南流郡屬越州。）南齊因之。梁置桂、静二州。

隋爲始安、蒼梧、永平、鬱林四郡。唐初復改諸郡爲州，屬嶺南道，置桂、容、邕三管經略使。咸通三年，始分置嶺南西道。（唐書地理志：嶺南道領邕、澄、賓、横、潯、巒、貴、龔、象、藤、巖、宜、瀼、籠、田、環、桂、梧、賀、柳、富、昭、蒙、嚴、融、思、唐、容、牢、白、順、繡、鬱林、黨、禺、義等州。）五代初屬楚，增置全州。周廣順元年，屬南漢。宋至道三年，分置廣南西路。（宋史地理志：廣南西路治桂州，領容、邕、融、象、昭、梧、藤、龔、潯、柳、貴、宜、賓、横、白、鬱林等州，其賀州則屬東路，全州則屬荊湖南路。）元置廣西兩江道宣慰使司及嶺南廣西道肅政廉訪司，屬湖廣行省。（元史地理志：宣慰司治静江路，領南寧、梧州、潯州、柳州四路，平樂一府，鬱林、容、象、賓、横、融、藤、賀、貴九州，慶遠南丹一安撫司，又有左江領思明、太平二路，右江領田州、來安、鎮安三路，其全州治別屬嶺北湖南路。）至正末，始分置廣西等處行中書省。

明洪武九年，置廣西等處承宣布政使司，統九府。（桂林、柳州、慶遠、思恩、平樂、梧州、潯州、南寧、太平。）本朝因之，爲廣西省。順治十五年，升泗城土州爲府，尋改爲軍民府。（隸思恩府。）康熙二年，鎮安土府改設流官。（隸思恩府。）雍正三年，升鬱林爲直隸州。四年，仍改泗城軍民府爲府。七年，升鎮安爲府。共領府十一、直隸州一。

桂林府、柳州府、慶遠府、思恩府、泗城府、平樂府、梧州府、潯州府、南寧府、太平府、鎮安府、鬱林直隸州。

形勢

東據湘水，水出桂林府興安縣，東流逕全州，入湖廣永州府境。南控交阯，南寧府、太平府、思明府南境〔一〕，思陵州、憑祥州、龍州西境，皆與交阯接界。西接滇、黔，自泗城府西隆州而西，接雲南廣南府界。自泗城府而北，達貴州之永寧州。又自慶遠府北、柳州府西北，皆與貴州接壤。北逾五嶺。五嶺在廣西北境者二：萌渚嶺，在平樂府賀縣北；越城嶺，在桂林府興安縣北。其名山則有勾漏山，在鬱林州北流縣東北十五里。其大川則有灕江、與湘江同源，出桂林府興安縣，南流逕靈川縣，又南繞桂林府城。亦曰桂江，亦曰始安江。又經陽朔縣、平樂府昭平縣，至梧州府，與左、右二江合，謂之三江口。牂牁江，亦名鬱水、豚水、温水，唐時始有左、右江之名。新志：左江源出交阯界，東流逕上下凍州、龍州、太平府，至南寧府西合江鎮與右江合。右江自雲南土富州界東流，逕田州、奉議州上林縣、果化土州、隆安縣，又東南與左江合，又東逕南寧府永淳縣、横州貴縣至潯州府與黔江合，又東逕平南縣、藤縣至梧州府與灕江合，又東入廣東肇慶府界爲西江，又黔江即貴州盤江，流逕泗城土府，亦曰紅水江。又東逕思恩府忻城土縣，又東逕遷江縣及賓州，又東南至潯州府武宣縣與左、右江下流合。其重險則有嚴關、在桂林府興安縣西南十七里。大藤峽。在柳州府象州武宣縣東南三十里、潯州府西北百五十里，跨柳、潯二郡間，夾潯江而南，乃羣蠻之窟穴。

文職官

兩廣總督。管轄廣東、廣西兩省，駐廣東省城。

巡撫。駐桂林府。

提督學政。駐桂林府。

布政使，駐桂林府。經歷，庫大使。庫盈。

按察使，駐桂林府，統轄全省驛傳事務。經歷，司獄。

分守桂平梧鬱道。駐桂林府，兼理鹽務。

分巡左江兵備道。駐南寧府，轄泗、南、太、鎮四府，控制漢土州縣官。

分巡右江兵備道。駐柳州府，轄柳、慶、思、潯四府，控制漢土州縣官。

桂林府知府，同知，舊駐府城，嘉慶十三年移駐臨桂縣大墟。通判，舊駐府城，乾隆六年移駐龍勝，理苗。舊有管糧通判，乾隆四十七年裁。府學教授，訓導，經歷，司獄。知州一員，永寧、全。州同，全，理苗，駐西延鎮。舊有州判，乾隆三十一年裁。州學學正二員，訓導二員，巡檢三員，永寧州屬喇峒，全州屬山棗、山角。吏目二員。知縣七員，臨桂、興安、靈川、陽朔、永福、義寧、灌陽。縣丞二員，臨桂、永福。縣學教諭七員，訓導七員，巡檢六員，臨桂縣屬蘇橋、六塘墟，興安縣屬社水，灌陽縣屬崇順，龍勝廳屬龍勝、廣南。典史七員。

柳州府知府，通判，府學教授，訓導，經歷。舊有司獄，乾隆三十一年裁。知州，象。州學學正，訓導，巡檢，龍門。吏目。知縣七員，馬平、雒容、羅城、柳城、懷遠、融、來賓。縣學教諭七員，訓導七員，主簿二員，懷遠屬古宜甲，乾隆四十二年設。羅城屬三防塘，乾隆五十一年設。巡檢十一員，馬平縣屬穿山、三都，雒容縣屬平樂、江口，羅城縣屬武陽，柳城縣屬東泉、古砦，懷遠縣屬梅寨，來賓縣屬界牌，融縣屬長安、思管。舊有羅城縣屬莫離村一員，乾隆四十二年裁；通道鎮一員〔二〕，五十一年裁。典史七員。

慶遠府知府，同知，駐德勝鎮，理苗。府學教授，訓導，經歷。知州二員，河池、東蘭。土知州二員，南丹、那地。州同，河池，駐三望〔三〕。南丹，駐州城。土州同一員，東蘭，駐鳳山。土州判，那地。州學學正二員，河池、東蘭。吏目二員。知縣三員，宜山、天河、思恩。土知縣，忻城。縣丞，宜山，駐楞村。縣學教諭，宜山。訓導二員，天河、思恩。巡檢三員，宜山縣屬白土、德勝、龍門。典史四員。

思恩府知府，同知。駐百色，理苗。通判，乾隆四十七年，裁桂林糧捕通判設。府學教授，訓導，經歷，司獄。知州，賓。土知州，田。州同，田。土州判，陽萬，乾隆七年設。州學學正，賓州。訓導，巡檢，安城。吏目。知縣三員，武緣、遷江、上林。土知縣，上林。縣丞，上林，駐三里營。縣學教諭三員，訓導三員，巡檢五員，百色廳屬百色，武緣縣屬高井，遷江縣屬平陽，上林縣屬思隴、周安。按：思隴一員，乾隆四十三年由甘蔗園移駐。周安一員，乾隆四十六年由思吉鎮移駐。土巡檢九員，白山、興隆、定羅、舊城、下旺、那馬、都陽、古零、安定。典史三員。

泗城府知府，舊有同知，乾隆四年裁。府學教授，經歷。知州，西隆。州同，駐八達，管糧督捕。州判，駐舊州，嘉慶三年，裁西林縣八渡墟主簿設。州學訓導，吏目。知縣二員，凌雲、西林。縣丞，凌雲，駐天峩。縣學訓導，西林，乾隆二十六年設。巡檢二員，凌雲縣屬平樂一甲，乾隆四年裁府屬設。西林縣屬潞城，乾隆三十一年裁柳州府司獄設。典史二員。

平樂府知府，同知，駐麥嶺，專督富川、賀縣捕務。通判，府學教授，訓導，經歷。舊有司獄，乾隆三十三年裁，以經歷兼管。知州，永安。州學學正，訓導，吏目。知縣七員，平樂、恭城、富川、賀縣、荔浦、修仁、昭平。縣丞，賀縣，駐桂嶺大會墟，嘉慶二十年裁太平府經歷設。縣學教諭七員，訓導七員，巡檢五員，舊設恭城縣屬鎮峽，富川縣屬白霞，賀縣屬信都、會寧，四員。嘉慶四年增昭平縣馬江塘一員，二十年移賀縣屬之會寧司，駐里松鄉。典史七員。

梧州府知府，同知，舊駐府城，嘉慶十三年移駐蒼梧縣戎墟。府學教授，訓導，經歷。舊有司獄，嘉慶四年裁，以經歷兼管。知縣五員，蒼梧、藤、容、岑溪、懷集。縣學教諭五員，訓導五員，巡檢十員，蒼梧縣屬安平、長行、東安，藤縣屬白石、竇家，容縣屬大峒，粉壁，岑溪縣屬平河，懷集縣屬武城、慈樂。典史五員。

潯州府知府，通判，乾隆五十六年裁同知設，嘉慶十六年移駐貴縣木梓墟。府學教授，訓導，經歷。舊有司獄，乾隆四十六年裁，以經歷兼管。知縣四員，桂平、平南、貴、武宣。縣學教諭四員，訓導四員，巡檢六員，舊設桂平縣屬大黃，平南縣屬大烏、秦川，貴縣屬五山，武宣縣屬縣廓鎮〔四〕，五員。乾隆四十六年增桂平縣屬穆樂墟一員。典史四員。

南寧府知府，同知，府學教授，訓導，經歷。舊有司獄，乾隆四十六年裁。知州三員，新寧、橫、上思。土知州三員，歸德、果化、忠。州同，忠。州學學正三員，訓導三員，巡檢，橫州屬大灘。吏目三員。新寧、橫、上思。舊有果化一員，乾隆五十一年裁。知縣三員，宣化、隆安、永淳。縣學教諭三員，訓導三員，巡檢七員，舊設宣化縣屬八尺、金城、三官、遷隆，永淳縣屬武羅、南里，六員。乾隆四十六年增宣化縣墰落司一員。土巡檢一員，遷隆峒。典史三員。

太平府知府，同知一員，明江一員。雍正十一年由思明改屬龍州一員，乾隆五十一年裁通判設。府學教授，訓導，知事，乾隆二十年設。照磨。龍州，乾隆五十六年裁吏目設。舊有經歷，嘉慶二十年裁。知州四員，左、養利、永康、寧明。土知州十六員，太平、安平、萬承、茗盈、全茗、龍英、佶倫、結安、鎮遠、都結、思陵、江、思、下石西、上下凍、憑祥。州同五員，萬承、太平、龍英、江、思。州判一員，安平、憑祥。州學學正四員，左、養利、永康、寧明。州學訓導，養利。吏目八員。左、養利、永康、寧明、思陵、茗盈、佶倫〔五〕、都結，舊有結安一員，乾隆四十四年裁。知縣，崇善。土知縣二員，羅白、羅陽。縣丞，崇善，駐思城。巡檢，崇善縣屬馱盧，乾隆四十四年設。土巡檢，上龍。典史崇善。

鎮安府知府，通判。駐小鎮安，乾隆三十一年裁歸順州同設。府學教授，知事。知州，歸順。舊有州判，乾隆三十一年裁。土知州四員，下雷、向武、都康、上映。州判一員，奉議、向武。州學學正，歸順。巡檢，歸順州屬湖潤。乾隆三十一年由南寧府宣化縣那南司移駐。吏目三員。下雷、歸順、都康。知縣，天保。典史。

鬱林直隸州知州，州判，州學學正，訓導，巡檢，撫康。吏目。知縣四員，博白、北流、陸川、興業。縣學教諭四員，訓導四員，巡檢四員，博白縣屬沙河、周羅，北流縣屬雙威，陸川縣屬温水。典史四員。

武職官

撫標，左、右二營。參將，中軍兼左營。遊擊，右營。守備二員，千總四員，把總八員，經制外委八員，額外外委五員。

提督，駐柳州府，中、左、右、前、後五營。參將，中營。遊擊四員，左、右、前、後四營。守備五員，千總九員，中二，左二，右二，前二，後一。把總十八員，九駐本營，九分防馬平、雒容、象州及各塘水汛。舊設二十員，乾隆二十七年裁前營一員，嘉慶二十年裁中營一員。經制外委二十七員，舊設三十員，乾隆二十九年裁左、右營二員，嘉慶二十年裁後營一員。額外外委十六員。舊設十五員，乾隆四十七年增中營一員。

鎮守左江鎮總兵官，駐南寧府，中、左、右三營。遊擊，中營。都司二員，左營、右營。守備三員，千總五員，舊設六員，乾隆五十四年裁左營一員。把總十一員，七駐本營，四分防宣化、永淳、隆安、新寧。舊設十二員，乾隆五十四年裁右營一員。經制外委十五員，舊設十八員，乾隆五十四年裁中營一員，嘉慶二年裁左、右營二員。額外外委九員。

鎮守右江鎮總兵官，駐思恩府百色，中、左、右三營。遊擊二員，中營駐本營，右營駐泗城。都司，左營。守備三員，千總五員，舊設六員，乾隆五十四年裁一員。把總十員，舊設十二員，乾隆二十一年裁左營一員，五十四年裁中營一員。經制外委十八員，九駐本營，九分防四塘、邏村、平馬、皈樂、邏里、馬域、百樂、百莫、沙裡各汛。額外外委九員。

以上左、右江二鎮均聽巡撫、提督節制。

義寧協副將。駐龍勝，左、右二營。都司，左營。守備，右營，駐廣南。千總四員，二駐本營，二分防芙蓉、獨車二汛。把總八員，四駐本營，四分防義寧、龍甸、小江、石村各汛。經制外委十員，舊設十二員，嘉慶二十年裁二員。

平樂協副將。駐平樂府，左、右二營。都司，左營。守備，右營。千總二員，分防昭平、永安二汛〔六〕。把總四員，一駐本營，三分防恭城、修仁、荔浦各汛。經制外委六員，二駐本營，四分防蓮花、龍虎關、黃猺、修仁各汛。額外外委二員。分防攬水、黄牛二汛。

慶遠協副將，駐慶遠府，左、右二營。都司，左營。守備，右營，駐河池。千總二員，分防德勝、三寨各汛〔七〕。把總五員，二駐本營，三分防天河、龍門、三廠各汛。經制外委八員。二駐本營，六分防龍門、三岔、天河、邱索、思恩、者扛各汛。

全州營參將，駐全州。守備，千總二員，把總四員，分防西延、靈川、興安、灌陽各汛。經制外委四員，分防黄沙河、八十里山、沐水、巨巖各汛。額外外委二員。

融懷營參將，駐懷遠縣，乾隆七年裁永寧營改設。守備，千總二員，把總四員，經制外委六員。三駐本營，二防融縣汛，一防石碑汛。

賓州營參將，駐賓州，雍正七年裁河池營改設。守備，千總二員，把總四員，一駐本營，三分防安城、遷江、來賓各汛。經制外委六員。三駐本營，三分防鄒墟堡、洛峒、平黨各汛。

桂林營遊擊，駐林林府。舊設參將，雍正八年裁。守備，千總二員，把總四員，三駐本營，一防西江堡。經制外委六員。四駐本營，二分防兩江口、陽朔各汛。

柳州城守營都司，駐柳州府。千總，駐通道。把總二員，經制外委一員，額外外委二員。

富賀營都司，駐賀縣。千總，駐富川。把總二員，分防桂林、龍水二汛。經制外委四員。一駐本營，三分防鋪門、里松、濠界各汛。舊設二員，嘉慶二十年增二員。

麥嶺營都司，駐富川縣麥嶺。千總，把總二員，分防白沙、水峽二汛。經制外委二員。一駐本營，一防牛巖汛。

三里營都司，駐上林縣三里。千總，防思吉汛。把總二員，一駐本營，一防上林汛。經制外委二員。分防六便、喬賢二汛。

永寧營守備，駐永寧州。舊設參將，乾隆七年裁。千總，把總，防安良。經制外委二員。分防常安、屯秋二汛。

東蘭營守備，千總，把總，經制外委一員，額外外委一員。

以上義寧等三協十營均隸提督管轄。

梧州協副將，駐梧州府，左、右二營。都司，左營。守備，右營，駐城外。千總二員，把總五員，二駐本營，三分防岑溪、藤、容各水汛。舊設四員，嘉慶二十年增左營一員。經制外委七員。二駐本營，五分防三番、大埌、廣平卡、分界、戎墟各汛。舊設六員，嘉慶二十年增左營一員。

潯州協副將，駐潯州府，左、右二營。都司，左營。守備，右營，駐貴縣。千總二員，一駐本營，一防武宣汛。把總四員，二駐本營，二分防貴、平南二汛。經制外委六員，一駐本營，五分防武林、武宣、大嶺、五山、覃塘各汛。額外外委二員。

新太協副將，駐太平府，左、右二營。都司，左營。守備，右營，駐明江。千總二員，分防永康、寧明。把總三員，分防養利、左州、思陵、思明。舊設四員，乾隆五十四年裁一員。經制外委六員，分防永康、左州、養利、楓門、海淵、思陵各汛。額外外委一員。舊設二員，乾隆五十一年裁一員。

鬱林營參將，駐鬱林州。守備，千總二員，把總四員，分防博白、北流、陸川、興業各汛。經制外委六員。二駐本營，四分防博白、北流、陸川、興業各汛。

南寧城守營都司，駐南寧府。千總二員，把總四員，二駐本營，二分防宣化、横州二汛。經制外委六員，四駐本營，二分防横州、那曉二汛。

上思營都司，駐上思州。千總，經制外委一員，額外外委一員。

龍平營都司，駐龍州。千總，把總二員，舊設一員，乾隆五十四年增一員。經制外委二員，一駐本營，一防苛村汛。額外外委二員。一駐本營，一防水口汛。

馗纛營都司，駐寧明州。千總二員，舊設一員，乾隆五十四年增一員。把總二員，舊設一員，乾隆五十四年增一員。經制外委三員。一駐本營，二分防由隘、羅隘二汛。

懷集營守備，駐懷集縣。千總，把總，經制外委二員。一駐本營，一防洽水汛。

以上梧州等三協六營均隸左江鎮管轄。

鎮安協副將，駐歸順州，左、右二營。都司，左營。守備，右營，駐小鎮安。千總三員，二駐本營，一防鎮安。把總六員，三駐本營，三分防小鎮安、奉議、上勾汛各汛。經制外委七員，分防頻峒、屯隘、榮勞、壬莊卡、剥湴、怕懷子、平孟各汛。額外外委三員。二駐本營，一防向武汛。

思恩營遊擊，駐武緣縣。守備，千總，把總二員，經制外委三員，一駐本營，二分防府城、丹良二汛。額外外委二員。一駐本營，一防府城。

隆林營遊擊，駐西隆州八達。守備，駐西隆州。千總二員，把總四員，經制外委五員，分防里仁、舊州、古障、隆或、北樓汛各汛。舊設四員，乾隆五十四年裁一員，嘉慶二年增二員。額外外委二員。一駐本營，一防里仁。舊設一員，嘉慶二年增一員。

上林營都司，駐西林縣。千總，把總，防西林縣那佐。經制外委一員，防周馬汛。額外外委一員。防八盤汛。

以上鎮安等一協三營均隸右江鎮管轄。

户口

康熙五十二年原額人丁二十萬六千一百零四，乾隆三十七年停編丁。今滋生男婦大小共七百四十二萬九千一百二十名口，計一百二十七萬九千零二十户。

田賦

田地八萬九千五百六十三頃六十六畝二分一釐五毫。又泗城府新墾田二十二伯，太平府新出膳田三百三十九户，鎮安府田埠六千二百四埠一伯一伍小半伍一分。額徵地丁正、雜銀三十九萬三千五百四十五兩五錢六分九釐，遇閏加徵銀一萬二千五百八十五兩四錢二釐，米四十萬三千一百八十五石三斗四升二合六勺。

税課

梧州廠額徵正税銀五萬四千六百二十一兩三錢五分三釐，盈餘銀七千五百兩。潯州廠額徵税銀三萬八千六百六兩四錢一分二釐，盈餘銀五千二百兩。全省均行兩廣正引，額徵鹽税銀四萬七千五百一十四兩有奇。鹽課載廣東省税課門。

名宦

秦

史禄。以御史監郡。始皇伐百越，禄轉餉，鑿渠通糧道，自陽海山導水源。以湘水北入於楚，融江爲牂牁下流，南入於海，遠不相謀，爲磯以激水，於沙磕中壘石作鏵，派湘之流而注於融，激行六十里，置陡門三十六，使水積漸進，故能循崖而上，建瓴而下，既通舟楫，又利灌溉，號爲靈渠。

漢

路博德。平州人。元鼎五年，以衛尉爲伏波將軍，征南越，平之。先是，秦獨置桂林一郡，及博德受桂林監居翁降，乃改蒼梧、鬱林等九郡。

羅弘。長沙人。元封五年初置交州部刺史，治所在蒼梧。往刺史多以荒遠，行部罕徧，部吏因得恣其貪殘。弘於征和間爲刺史，春行冬息，徧歷所部，咨詢疾苦，太守多解綬請罪，弘廉實舉發，一時貪殘爲之斂迹。

馬援。扶風人。建武十七年，交阯女子徵側、徵貳反，拜援伏波將軍，南擊。軍至浪泊上，與賊戰，破之，斬徵側、徵貳。又擊徵側餘黨都羊等，自無功至居風，嶠南悉平。

綦毋俊。上虞人。安帝時，爲交州刺史。元初三年，合浦蠻反，遣御史任逴督州郡兵討之。俊以蒼梧當合浦下，蠻或流劫，猝難回顧，乃先保障蒼梧，後往合浦，所向摧靡。

張喬。南陽人。永和二年，諸蠻倡亂，殺長吏，交州刺史樊演發交阯、九真二郡兵萬餘人救之。兵憚遠役，遂反，賊勢轉盛。明年，拜喬交州刺史。喬至，開示慰誘，並皆降散。

夏方。九江人。建康元年，爲交州刺史。時日南蠻千餘人攻縣邑，扇動九真，與相連結。方開恩招諭，賊皆降服。以功遷桂陽太守。永壽三年，朱達爲亂，延熹三年，復拜方交州刺史。方威惠素著，宿賊聞之，相率詣降。

張磐。丹陽人。延熹中，爲交州刺史。荆州叛兵朱蓋等與桂陽賊胡蘭作亂，爲中郎將度尚所破，餘黨散入交阯。磐身擐甲胄，涉危履險，討擊凶患，斬殄渠帥，餘燼鳥竄鼠遁，還奔荆州。

朱儁。上虞人。光和元年，爲交州刺史。時交阯賊梁龍等與南海太守孔芝反，攻破郡縣。儁受命過本郡，簡募家兵及所調合五千人，分兩道入。既到州界，按甲不前，先遣使詣郡，觀賊虛實，宣揚威德以震動其心，既而與七郡兵俱進逼之。遂斬龍，旬月盡定。

賈琮。聊城人。中平元年，交阯屯兵反，執刺史及合浦太守。靈帝以琮爲交州刺史。琮到部，移書告示，各使安其資業，招撫荒散，蠲復傜役，誅渠帥爲大害者，簡選良吏試守諸縣。歲間蕩定，百姓以安。

隋

令狐熙。敦煌人。開皇中以嶺南夷數起亂，拜熙桂州總管。至部，大宏恩信，其溪峒渠帥更相謂曰：「前總管以兵威相脅，今乃以手教相論，我輩豈可違？」於是相率歸附。先是，州縣生梗，長吏多不得之官。熙悉遣之，爲建城邑，開設學校，夷人感化。

侯莫陳穎。代人。高祖以嶺南刺史、縣令多貪鄙，蠻夷怨叛，妙簡清吏，於是徵穎，拜桂州總管。及至官，大崇恩信，民夷悦服。

周法尚。安成人。文帝時，爲桂州總管，後入朝以本官宿衛。州人李光仕反，令法尚討之。馳往桂州，光仕率勁兵保白石洞。法尚捕得其弟光略、光度，親率奇兵蔽林設伏，兩陣始交，法尚馳擊其栅，光仕大潰，遂斬之。

唐

李靖。三原人。武德中授嶺南撫慰大使，檢校桂州總管。以嶺海陋遠，久不見德，非震威武、示禮義無以變風，即率兵南巡，所過問疾苦，延見長老，宣布天子恩意，遠近歡服。

王晙。景城人。景龍末授桂州都督。州有屯兵，舊常仰餉衡、永。晙始築羅郛，罷戍卒，又堰江水，開屯田數千頃，百姓賴之。後求歸上冢，州人詣闕留，詔即留，以須政成。在桂踰期年，州人刻石頌德。

裴懷古。壽春人。聖曆中，始安賊歐陽倩擁衆數萬，剽掠州縣。授懷古桂州都督、招慰討擊使，未踰嶺，逆以書諭禍福，賊迎降。懷古以爲示不疑可破其謀，乃輕騎赴之，曰：「忠信可通神明，况裔人耶？」身至其營，撫慰之。倩等大喜，悉歸所掠出降。諸峒相率内附，嶺外悉平。

張九齡。曲江人。坐宇文融謗，出爲桂州刺史，兼嶺南按察選補使。張説薦九齡可備顧問，召爲集賢院學士。

李昌夔。大曆間以御史中丞出爲桂州刺史，兼桂管觀察防禦使。討蠻賊潘長安有功，吏士刻平蠻頌於鎮南山下。

韓佽。長安人。元和中累遷桂管觀察使。部二十餘州，自參軍至縣令無慮三百員，吏部所補纔十一，餘皆觀察使商才補職。佽下車，悉來謁，一吏持籍請補缺員，佽下教曰：「居官治，吾不奪；其不奉法，無望縱舍。缺者，須按籍取可任任之。」會春服使至，鄉有豪猾，厚賄使者，求爲縣令。佽召鄉豪，責以撓法，笞其背以令部中，自是豪右畏戢。時詔置五管監兵，盡境賦不足充費，佽處以儉約，遂爲定制。

馬總。扶風人。元和中，以虔州刺史遷安南都護。廉清不撓，用儒術教其俗，民皆安之。建二銅柱於漢故處，劖著唐德，以明伏波之裔。徙桂管經略觀察使。

李渤。洛陽人。寶曆中爲桂管觀察使。桂有灕水出陽海山，世言秦命史禄伐越，鑿爲漕，馬援討徵側，復治以通餽。後爲江水潰毁，渠遂廢淺，每轉餉，役數十户濟一艘。渤釃浚舊道，障泄有宜，舟楫利焉。

周元静。爲静江軍節度使。唐末，所在兵起。元静約部内守令將校，廣農輯兵，四境信服。安州防禦使宣晟以計入桂，詭奪所領，元静不從，與其部將劉士政率衆以戰，不勝，死之，部衆咸就死，無棄去者。按：通鑑是時爲静江節度使者即劉士政，以敗出降，此則本新唐書本紀所載，已爲考異駁正。以舊志與省志皆如此，姑存之以備參考。

宋

陳堯叟。閬中人。爲廣南西路轉運使。嶺南風俗，病者禱神，不服藥。堯叟有集驗方，刻石桂州驛。又以地氣蒸暑，爲植樹鑿井，每三二十里置亭舍，具飲器，人免暍死。咸平初，諸路課民種桑棗，堯叟以所部諸州田多山石，地少桑蠶，請以所種麻苧頃畝折桑棗之數，民以布赴官賣者免其算税。詔從之。

曹克明。百丈人。景德中，撫水蠻叛，徙克明爲宜、融、桂、昭、柳、象、邕、欽、廉、白十州都巡檢使。既至，蠻酋獻藥一器，曰：「溪峒藥箭中人，以是解之，可不死。請試以雞犬。」克明曰：「當試以人。」乃取藥箭刺酋股而飲以藥，即死。羣蠻慚懼而去。

曹利用。寧晉人。景德中，宜州軍校陳進殺知州劉永規叛，陷柳城縣，圍象州。事聞，帝以利用曉方略，擢廣南安撫使。利用至嶺外遇賊武仙，賊持健鏢，蒙采盾，衣甲堅利，鋒鏑不能入。利用使士持巨斧長刀破盾，遂斬以徇，嶺南平。

馬玉。祥符人。爲安撫都監。宜州蠻人騷動，朝廷興兵討伐，玉勒兵深入，多所殺獲，蠻人畏服。

張煦。開封人。景德中，宜州軍校陳進反，命副曹利用爲廣東西路安撫使。賊擁盧均僭號南平王，圍象州。煦以兵會利用，斬之。

蕭固。新喻人。皇祐初，爲廣西轉運使。知儂智高凶狡，條上羈縻之策於樞府，不果用。智高後果叛。

狄青。西河人。皇祐中，儂智高陷邕州，嶺外騷動。青自請行，除宣撫荆湖經制廣南盗賊事。兵次賓州，佯令軍休十日，覘者還報，以爲軍未即進。青明日整軍騎，一晝夜繞崑崙關，出歸仁鋪爲陣。賊失險，青大敗之，智高燒城遁去。

余靖。曲江人。儂智高亂起，委靖以廣南經制。靖慮交阯及儂、黄諸蠻爲智高所誘，乃約李德政會兵擊賊。又募儂、黄諸酋長，皆縻以職。智高勢孤，遂爲狄青所敗。青既罷兵，獨留靖廣西，遣人入特磨道，收智高母子弟三人致闕下。

張立。任廣西都監。儂智高據邕州，執立殺之。立臨刑，辭色不變。又張拱，亦官都監，自賓州引兵來援，既入而城陷，罵賊不屈死。

朱壽隆。諸城人。提點廣西刑獄。嶺外新經儂寇，修營城障，貴州虐用其人。壽隆馳詣州，械守送獄，奏黜之。老稚婦女，遭亂不能自還，檄所在資送。舊制，溪蠻侵暴羈縻州，雖殺人無得仇報。壽隆請聽相償，蠻始畏戢。

王罕。華陽人。先爲廣東轉運使，以平儂智高功，復爲西路轉運使。時智高已遁，儂宗旦尚據險聚衆，罕呼宗旦子日新，謂之曰：「汝父内爲交阯所仇，外爲邊將希賞之餌，非計也。汝歸報，擇利而爲之。」於是父子俱降。

周沆。益都人。儂智高亂定，仁宗命安撫廣西，諭之曰：「嶺外地惡，非賊所至處毋庸行。」對曰：「君命仁也。然遠民罹塗炭，當播宣天子德澤。」遂往，遍行郡邑，爲民興利除害。

魏瓘。婺源人。提點廣南西路刑獄。邕州獠户緣逋負没男女爲傭者千餘人，悉奏還其家。就除轉運使。劉鋹時計口以税，雖舟居皆不免，瓘爲除之，又減柳州無名役四百人。

胡則。永康人。仁宗時，爲廣西路轉運使。有番舶遭風至瓊州，食乏不能去，則命貸錢三百萬。吏白夷人狡詐，又風波不可期，則曰：「彼以急難投我，可拒而不與耶？」已而償所貸如期。又按宜州重辟十九人，爲辨活者九人。

徐的。建安人。仁宗時，爲廣南西路提點刑獄。安化州蠻攻殺將吏，所部卒畏誅，謀欲叛，的馳騎至宜州慰曉之，衆斂手聽命。奏復澄海忠敢軍，後皆獲其用。

杜杞。無錫人。仁宗時，廣西區希範誘白崖山蠻蒙趕反，襲破環州，嶺外騷然。擢杞廣南西路安撫使。行次真州，先以書諭蠻，聽其自新。次宜州，蠻無至者，乃勒兵攻破白崖、黄泥、九居山砦及五峒，焚毁積聚，斬首百餘級，復環州。賊散走，趕來降。獲希範，醢之。

和斌。鄄城人。仁宗時，權廣西鈐轄，徙涇原。安南入寇，復徙廣西。撫水蠻羅世念犯宜州，斌提步騎三千進討。方暑，晝夜趣兵，誘敵至平阪，列八陣以待之，士殊死戰，蠻大敗，世念率酋黨内附。

李師中。楚丘人。仁宗時，提點廣西刑獄。桂州靈渠故通漕，歲久石窒舟滯，師中鑿而通之。邕管有馬軍五百，馬不能劉子薦。安福人。主管廣西經略司參議官。德祐二年，北兵至静江，馬墍遣子薦提猺兵蘗弩手守城東門，勢不支。時瀛國公已入燕，子薦取笏書其上云：「我頭可斷，膝不可屈。」登城北望，再拜，取所衣袍瘞之，語左右曰：「事已急，不可爲，吾惟以死守。」城陷，死之。

元

臧夢解。慶元人。至元間，官廣西廉訪副使。煙瘴之地，行部者多不至，夢解遍歷案問，凡貪姦置於法者八十餘人。又平反邕州黄震、藤州唐氏婦兩冤獄。

烏克遜札爾。臨潢人。至元中，爲廣西兩江道宣慰副使。兩江荒遠瘴癘，與百蠻接，不知禮法，烏克遜札爾作司規三十有二章，以漸爲教，其民至今遵守。邕管及外蠻數爲寇，烏克遜札爾循行並徼，得阨塞處，布畫遠邇，募民伉健者，置雷留、那扶十屯，列營堡以守之。陂水墾田，築八堰以節瀦洩，得稻田若干畝，歲收穀爲軍儲，邊民賴之。「烏克遜札爾」舊作「烏古孫澤」，今改正。

吕思誠。平定人。出僉廣西廉訪司事。巡行郡縣，土官有于元帥者〔九〕，恃勢魚肉人，恐事覺，陰遣其子迓思誠於道，思誠縛之，悉發其陰私，痛懲其罪，一道震肅。

額爾吉訥。唐古氏人。至正末，授廣西行省平章政事。時賊入湘南，嶺表震動，額爾吉訥築城扼險，招集驍勇，保境土二十餘年。明初，楊璟兵至，額爾吉訥堅壁不下。城破，被執，送京師，不屈死。「額爾吉訥」舊作「乜兒吉尼」，「唐古」舊作「唐兀」，今改正。

陳瑜。雷州人。爲廣西中書行省都事。城被圍，佐額爾吉訥守禦甚力。及城破，拔佩刀自刎。同時湘潭劉永錫率妻子溺白龍池死。又義兵千户曾尚賓守西城，及城陷，退焚其家以死。尚賓，江西人。

明

楊璟。合肥人。洪武初，以征南將軍與周興、張彬率兵取廣西。璟馳至桂林，破之，執元平章額爾吉訥送京師。遣諭郡縣及兩江溪峒，莫不迎降。

徐元。洪武中，爲廣西指揮。東蘭、那地賊犯邊，元擊斬之，平砦二十四。

胡子祺。吉水人。洪武中，爲廣西按察司僉事，屢平冤獄。祠廟不載祀典者，悉撤毁。宋元祐黨人碑在融州山谷，舁出，掊碎之。

王佑。泰和人。洪武中，爲廣西按察司僉事。時尋适爲按察使，嘗咨以政體。佑曰：「蠻方之人，瀆倫傷化，不及此時明禮法，示勸懲，後將難制。」适從之。廣西稱治。

韓觀。虹縣人。洪武中，爲廣西右衛指揮僉事。屢平象州、義寧、古田、慶遠諸叛，擢都指揮使。二十八年，討南寧、奉議及大藤峽等賊，擒賊帥黄世鐵、莫金等，俘獲甚衆。開設奉議、南丹、潯州、慶遠四衛，及向武、河池、懷集、賀縣四千户所。

山雲。徐州人。宣德初，以征蠻將軍出鎮廣西。平柳、慶蠻寇，前後十數戰，身先士卒，所向無前。馭土官以威信，廉介自持，由是蠻猺慴服。

黄潤玉。鄞人。正統初，擢廣西提學僉事。抑浮靡，獎實行，士風爲變。時方軍興，有都指揮妄掠子女萬餘口，潤玉劾而歸之。副使李立入民死罪至數百人，亦爲辨釋。南丹衛處萬山中，瘴甚，戍卒多死，爲奏徙夷曠之地。

王翺。鹽山人。景泰三年，潯、梧諸府猺寇亂，翺爲左都御史，總督軍務，兩廣之有總督自翺始。翺素有威望，至鎮，將吏讋服，推誠撫諭，猺多嚮化，部内遂無事。

韓雍。長洲人。成化初廣西猺獞爲寇，雍以右僉都御史贊理軍務，討之。賊據大藤峽，直擣其巢，大破之，諸寨悉平。遷左副都御史，提督兩廣軍務。以憂歸。後再任，蠻民懾雍威，寇盜益稀。

朱英。桂陽人。成化中總督兩廣，以安静約飭將士，毋得妄請用師。招撫猺、獞效順者，定爲編户，給復三年，於是馬平、陽朔、蒼梧諸縣蠻悉聞風來歸。而荔波賊擁衆數萬，久負固，亦遣子納款，自是歸附日衆，比户口十五萬有奇。帝甚嘉之。田州酋黄明不法，檄誅之，傳首軍門。英淳厚，然持法無所假借，以故人畏服。承韓雍之後，益持清節，僅攜一蒼頭之官，所賜金幣，悉貯於庫。威望雖不及雍，而惠澤過之。

葉淇。山陽人。成化中爲廣西按察使僉事。南丹土官侵掠鄰境，淇撫定之。城柳城、雒容以遏賊衝。荔浦賊熾，承總督朱英檄進討，不踰時平。

孔鏞。長洲人。成化時爲廣西副使。猺、獞聞鏞名，相率遠遁。尋進按察使。荔浦賊來寇，總督朱英以兵屬鏞，賊聞驚曰：「此故高州孔副使耶？」亟遁走。鏞追擊，平之。

歐磐。滁人。成化中，充廣西右參將，分守柳州、慶遠，討融縣八呰猺，克之。鬱林、陸川賊猖獗，攻破之。弘治時，平府江、永安諸獞，進廣西副總兵。思恩土官岑濬築石城於丹良莊，截江括商利，帥府令毁之，不聽。磐自田州還，督兵將毁城，濬率衆拒，擊敗之，卒夷其城。

舒清。德興人。弘治中爲廣西左布政。猺、獞反側不常，清御以恩信，皆讋服。田州土官襲職，酬金幣甚厚，清召集屬吏，示以令章，而歸其賄於公帑。

姚鏌。慈谿人。弘治中爲廣西提學僉事。立宣城書院，延五經師以教士子。桂人祀山魈，鏌毁之，俗遂變。嘉靖初，提督兩廣軍務，兼巡撫。田州土官岑猛謀不軌，鏌設計斬之。又請改設流官，陳善後七事，制可。

張祐。廣州人。正德時爲廣西右參將，分守柳、慶。大破府江賊於沈沙口，擢副總兵，鎮守廣西。督討臨桂、灌陽諸猺，又連破古田賊，多所俘獲。已復討平雒容、平樂諸蠻。尋以被劾閑住。盧蘇、王受亂田州，總督姚鏌召至軍中贊畫。後王守仁代鏌，詢勦撫之宜，祐曰：「以夷治夷，可不煩兵而下。」守仁納之，蘇、受果效順。因請於朝，命以副總兵鎮守思、田。祐智識絶人，馭軍有節制，與士卒同甘苦，不營私産，田州人立祠横山祀之。

王守仁。餘姚人。嘉靖中總督兩廣。時思恩土州土酋盧蘇、王受反，守仁至，皆詣軍門乞降，杖而釋之。因請於田州地別立一州，以岑猛次子邦相爲吏目，署州事。復於田州置十九巡檢，以蘇受等任之，悉統於流官。已攻破斷藤峽猺賊，八寨、仙臺、花相諸峒蠻，會疾作，卒於南安。

唐冑。瓊山人。嘉靖初，遷廣西提學僉事。令土官及猺蠻悉遣子入學。後遷左布政使。官軍討古田賊，久無功，冑遣使撫之，其魁曰：「是前唐使君令吾子入學者。」即解甲。

翁萬達。揭陽人。嘉靖中，擢廣西副使。時議征安南莫登庸，萬達以爲宜先除内寇，於是誘執斷藤峽猺侯公丁，破其巢，而盡平諸不順命者。進參政。已毛伯温集兵進勦，以萬達策，登庸遂降。

黄佐。香山人。嘉靖中，爲廣西提學僉事。正士習，毀淫祠，舉節孝，立鄉社。擇士民秀者爲諸生，俾轉相諭告。猺、獞感悦，寇掠爲稀。

應檟。遂昌人。嘉靖中，總督兩廣。時桂林、平樂諸猺據險肆亂，檟與總兵顧寰督兵進討，遂夷其巢。

戴鱀。鄞人。嘉靖中，以副使備兵府江。時蠻賊據江剽掠，鱀練士分道入巢合擊，俘斬殆盡。歷仙迴、松林、馬尾、石田等山，諸蠻四出求撫，鱀許之，由是咸輯。

茅坤。歸安人。嘉靖中，歷廣西兵備僉事，轄府江道。猺賊據鬼子諸砦，殺陽朔令。朝議大征，總督應檟以問坤，坤曰：「大征非兵十萬不可，餉稱之。今猝不能集，而賊已據險爲備，計莫若鵰勦，倏入殲其魁，他部必讋，謀自全。」檟善之，悉以兵事委坤，連破十七砦。晉秩二等。民立祠祀之。

殷正茂。歙人。隆慶三年，巡撫廣西。古田獞韋、黄二姓自弘治、正德時積年爲亂，正茂督將討平之，斬其魁。捷聞，改古田爲永寧州，設副使、參將鎮守。建委官運鹽之議，以其息充軍餉，綜理詳密，軍需賴以不匱。終明世增損其法而行之，卒莫能易。

俞大猷。晉江人。嘉靖末，爲廣西總兵官。隆慶初，古田獞煽亂，大猷討之。賊保潮水巢極巔，攻十餘日未下。乃分兵自擊馬浪賊，而密令參將王世科登山設伏，大破賊軍，馬浪諸巢相繼下，生擒賊首黄朝猛、韋銀豹等。百年積寇盡除，威名震南服。

郭應聘。莆田人。隆慶時，由廣西按察使歷右副都御史，巡撫其地，討平府江、懷遠諸猺，克定陽朔及雒容、上油、邊山，諸叛悉平。後再涖任，時十寨初平，奏設三鎮隸賓州，以土巡檢守之，而統於思恩參將，十寨遂安。

李錫。歙人。隆慶中，以征蠻將軍鎮廣西。勦府江賊，獞酋等悉授首。柳州猺據懷遠，萬曆元年，錫分兵六道並進，自統水師，獨當其衝，截潯江，大破之，賊盡殲。移師討雒容獞及永福、永寧、柳城諸賊，並以捷聞。錫一年内破賊二百一十四巢，獲首功一萬二千餘級。在任六年，威名大著。

鄭茂。莆田人。隆慶末，遷府江兵備。督兵進勦，諸叛蠻悉奔潰。於六巢各置一堡，改三峒爲二土司，屯兵阨險。復開仙迴、馬尾二營以通永安，修廣運、足灘二堡以控府江。創昭平治，以控平、梧，諸猺歛迹。

徐作。南昌人。萬曆二年，以副使備兵府江。時南源殘孽爲梗，榕峒、喇崙六窟等巢附之。作督兵分道進勦，復峯門寨，破其山灣賊周公樓等，降昭平上下四屯。賊黎福莊叛，又計擒之。五指巖最負固，悉平之。

吳文華。連江人。父世澤，爲府江兵備副使，威鎮諸蠻。萬曆初，文華巡撫廣西，討平南鄉、陸平、周塘、板寨猺及昭平黎福莊。請終養歸。起兵部侍郎，復撫廣西，遷總督兩廣軍務。

周起元。海澄人。萬曆中，出爲廣西參議，分守右江道。柳州大饑，羣盜蠭起，起元單騎招劇賊，而賑恤饑民甚至。

金九陛。全椒人。崇禎十二年，分巡蒼梧道。時峒猺焚掠鬱林、北流，總督張鏡心令九陛會勦，直擣鳳凰山賊巢，先後斬獲滿朝哥等一百九十餘人，殲其魁。

瞿式耜。常熟人。崇禎末，以僉都御史巡撫廣西。南都既覆，式耜與丁魁楚、焦璉等奉永明王監國於肇慶〔一〇〕，以大學士留守桂林。大兵至，偕焦璉力守，城獲全。後郝永忠大掠桂林，式耜糾合餘燼，廣西再定。及大兵入嚴關，諸鎮皆逃去，城中無一兵，獨式耜端坐府中。俄總督張同敞至，誓偕死，秉燭危坐。黎明，數騎至，式耜曰：「吾兩人待死久矣。」至則踞坐於地，不降。將就刑，天大雷，空中震擊者三，遠近稱異。本朝乾隆四十一年，賜謚忠宣。同時殉難者：光禄少卿汪皞，投水死。守將鎮西將軍朱旼如，平樂城破，自刎。中書舍人周震居全州，慷慨尚氣節，條城守事宜上之，式耜題爲御史，監全州軍。無何，郝永忠、盧鼎自全州撤兵還桂林，守全諸將議舉城降，震力争不可，衆怒殺之。

張同敞。江陵人，大學士居正曾孫。永明王時，總督廣西諸路軍務，每出師，輒躍馬爲諸將先。及大兵破嚴關，諸將盡棄桂林走，同敞自靈川至，見瞿式耜端坐府中，誓與共死，明燭達旦。侵晨被執，諭之降，不從。令爲僧，亦不從。閲四十餘日，整衣冠就刃，顔色不變。既死，屍植立。首墜，躍而前者三，人皆辟易。本朝乾隆四十一年，賜謚忠烈。同時殉難者：侍郎吳炳，從桂王太子奔城步，遇大兵被執，送衡州，不食，自盡於湘山寺。尚書嚴起恒，事桂王，以阻孫可望王封，殺之於平樂。兵部尚書楊鼎和，以阻封議孫可望，追殺之於崑崙關。大學士郭之奇，聞孫可望殺嚴起恒，團聚鄉勇守樂民所，被執至桂林，不屈死之。湖南道陳象明徵餉廣西，調士兵至梧州，戰敗死。蘇松兵備道參政余昆翔與總督汪碩德等同在廣西被獲，不屈死。吳炳，宜興人。嚴起恒，山陰人。楊鼎和，江安人。郭之奇，揭陽人。乾隆四十一年，均賜謚忠節。陳象明，東莞人，賜謚烈愍。余昆翔，一作余鯤，辰谿人，賜謚節愍。

龍之虬。永新人。一作之明。永明王時巡撫柳、慶右僉都御史。辛卯，柳州城被圍，誓以死守。城陷，不屈死。其妻朱氏亦殉。本朝乾隆四十一年，賜謚節愍。

焦璉。山西人。永明王時，總督廣西軍務，封宣國公，與瞿式耜同守桂林。後移駐南寧，訓練兵士。至平樂，陳邦傅説降，不屈，自刎。本朝乾隆四十一年，賜謚節愍。

本朝

孔有德。奉天人。順治六年，以定南王率兵平廣西，遂留鎮桂林。九年，靖寶鎮將失守，分遣赴援。李定國從間道突犯桂林，麾下李養性、孫龍、程希孔俱戰死。有德知不可守，乃闔室舉火，妻李氏以下並投繯拔劍自刎。事聞，謚武壯，祀昭忠祠。

李懋祖。容人。以湖南衡永郴兵備道署廣西巡撫。殉難，贈光禄寺卿，祀昭忠祠。

線國安。奉天人。順治九年，李定國陷桂林，時國安鎮南寧，亟提師赴援，定國遁走。十年，定國擁衆數萬，復犯桂林，國安與巡撫陳維新合策敗之。後以征雲南功晉伯爵，仍留鎮廣西，先後二十餘年，安静不擾。

李率泰。奉天人。順治十年，總督兩廣。李定國陷廣西諸郡縣，急攻新會，率泰躬提勁卒襲擊，大破之，定國宵遁，窮追至邕始還。平、靖兩藩將士欲乘亂掠高、雷、潯、南，率泰偵知，馳令禁遏，人素憚其威，遂止。

陳維新。奉天人。順治十年，巡撫廣西。李定國犯桂林，維新偕線國安拒守。賊驅象來攻，敗之。復穴地道欲陷城，維新令掘城内地，射火箭入穴，賊多死，隨取土囊壘築，賊計沮，遁去。事平，疏請蠲免兩載租賦以甦民困。

于時躍。奉天人。順治十二年，巡撫廣西。時桂林初復，李定國尚盤踞南、太六郡，時躍籌兵晝餉，緩急得濟，賊以削平。交阯黎、莫二夷搆争相讐殺，時躍宣布德威，莫遂内附，黎亦奉表入貢。

李棲鳳。漢軍鑲紅旗人。順治十四年，總督兩廣。時廣西潯、南兩郡未平，棲鳳受事五閲月，調兵恢復，擒僞江夏王及賊渠陳奇策等，積年負固者次第翦除，土司、交阯率服致貢。

田昇龍。奉天人。順治十四年，巡按廣西。疏陳閭閻窮困，凡鹽埠營債諸弊立除之，旗弁有强佔民産并奪子女者，力爲禁止。又請改舊藩邸爲貢院，國朝廣西賓興自此始。

彭而述。南陽人。順治末，任廣西參政。時獞賊猖獗，流劫臨桂、永寧、融縣，而述督兵進勦，計擒渠魁，招集流亡，計口授田，民賴之。

金漢蕙。金華人。順治己丑進士。任廣西參議，分守右江。單騎之官，招集流亡，勸農課學。後遭兵寇，漢蕙守孤城，援絶，遂陷，脅降不屈，遇害。

翁旦。壽昌人。順治乙未武科，累官參將。會猺、獞蠢動，率兵勦之，深入被圍，自刎死。

馬雄鎮。遼陽人。康熙初，巡撫廣西。值羣寇煽亂，勦撫並行，計斬渠寇楊其清等，賊衆瓦解。十三年，滇南搆禍，孫延齡叛附，雄鎮密檄提督馬雄潛師討之。雄遷延不至，因蠟疏具狀，遣子世濟、世永間道入京乞師，延齡詗知，夜發兵圍署，百計脅之，不從。賊吴世琮至，執之詣營，雄鎮詈駡不屈，闔門遇害。贈太子少保、兵部尚書，謚文毅。

佟鳳彩。漢軍正藍旗人。康熙初，爲廣西右布政。時雲南未定，廣西屢遭兵燹，人民流離，鳳彩悉心籌畫，轉餉不乏，境内安堵。

傅弘烈。進賢人。以預發吴三桂不軌得罪，戍蒼梧。嗣三桂叛，弘烈召募義兵，出龍南庾嶺，東迎大兵。擢廣西巡撫，佩撫蠻滅寇大將軍印，分兵四出，復梧、潯郡縣數十城。後全粤底定，以雲、貴未平，疏辭撫篆，率兵進討，取道柳州。柳降將馬承蔭驚悖，邀計機宜。單騎往，爲所執，械送桂陽，遂遇害。贈太子太師，謚忠毅。

王如辰。龍山衛人。康熙十九年，督學廣西。時吴逆變亂，學宫鞠爲茂草，如辰力振興之，文學日興。

黄元驥。晉江人。康熙十九年任廣西按察使。會大兵進復雲南，檄使轉餉，即兼程趨南寧。是時苗疆多阻險延望，元驥宣布朝廷盛德，開誠化導，率響應。建議就地募夫充運，諸郡得免侵冒瘴癘遠役之苦。又爲圜轉遞運法，自竹洲塘直接滇省，計里設塘，計塘設汛，分設目長，逐塘遞接，更番休息，先至者别出賞以旌之。前後運糧數百萬，日用夫六千六百人，增口糧，給禦寒止舍之具，人心踊躍，叢山疊嶺間輓役不勞，而餉糧日充。雍正十一年，祀名宦。

郝浴。定州人。康熙二十年，巡撫廣西。調劑戎務，清理鹽政。改折米之令，除採銅之擾。定粤船載送大兵接替之法，絶雲南投誠家口遶道之害。時方撤藩，浴措置晏如，凡舊有藩邸傭工人役，悉釋爲民。一時政聲，遠近無不稱善。

彭鵬。莆田人。康熙三十九年，巡撫廣西。先聲所至，貪墨股慄。下車後省刑布德，減税輕徭。粤西舊有魚膠鐵葉之供，非本省所産，每歲赴粤東購運，鵬疏請免之。

李濤。德州人。康熙四十一年，爲廣西布政使。時有虧官帑者，株連他族，或漫指民産爲己物，追索嚴急。濤廉知其實，勘請咨豁，安業者萬家。

鄭昱。黄岡人。康熙四十一年，爲廣西按察使。持法平允，修復宣城書院。嘗勸耕郊甸，令民沿江作車壩灌溉，至今獲其利。

張維遠。奉天人。康熙四十三年，分巡右江道。蠻獠夙稱難治，維遠百方導喻，民風丕變。設義學，振飢民。雍正十一年祀名宦。

陳元龍。海寧人。康熙五十年，巡撫廣西。歲飢，爲糴於湖南，建倉桂林，貯穀以備水旱。捐俸築興安隄閘，建養濟院以收煢獨。建義學數十處，使庶民子弟皆得就學，而自建書院於七星巖前，時與諸生講學其中，今棲霞書院是也。嘗巡阡陌，勸民耕作。攜其鄉荏菽之種，教以樹藝之法，民呼爲「陳公豆」。在任八年，遷工部尚書。

孔毓珣。曲阜人。康熙五十六年，按察廣西，由布政擢巡撫，遷總督。立常平倉春借秋收之法，請團練鄉勇以捕盜賊，數平獞亂。乾隆十年，祀名宦。

陸紹琦。嘉興人。雍正四年，廣西學政。清約如寒素，按試所至，煦煦然進諸生教之，請業者紛至沓來，常日晏不得食。其後卒於家，粵西士數千里往弔，爲文祭之，至比之文翁、韓愈云。

趙君良。雍正五年，提標後營遊擊。勦八達獞顏光色，奪平寨嶺，中擂石死。羅文光，右江鎮標右營千總，隨討八達，文光力戰負重傷，殞於陣。賊平，皆奉恩旨卹賚。

鄂爾泰。滿洲鑲藍旗人。雍正六年，由雲貴總督兼轄粵西，爲雲、貴、廣西三省總督。疏請黔、粵劃江分界，添設邊疆扼要營汛，改西隆爲屬州，皆切中利弊，邊徼永安。與巡撫韓良輔會勦泗城土府岑映宸，映宸懼，自拘請罪，乃革世職，改泗城爲流府。又征西隆獞顏光色，兵至八達，累戰破之，其黨殺光色。苗、獞聞其名，皆不敢犯。官至太傅、大學士。卒，謚文端，配享太廟。

楊廷璋。漢軍鑲黄旗人。雍正十一年，任桂林知府。乾隆初，擢右江道，繼遷按察使。凡宦粵西二十餘年，邊情民隱皆周知之，故其所設施多中體要。後十年，以工部尚書權兩廣總督，請於小鎮安改設通判，駐守怕懷隘〔一〕，增設把總。其那波、者賴、者欣、打面梁諸險隘，皆戍以兵。制度周密，邊境永安。

蘇昌。滿洲正藍旗人。乾隆十六年，署兩廣總督。初，廣西巡撫舒輅請於思陵土州沿邊種竹以杜私越，土目遂侵夷地，夷與之爭，則以夷伐竹毁牆僞報所司。昌廉得其實，奏罷種竹之令，申畫守邊撫夷之法，計慮周遠，至今遵行之。

許世亨。成都人。乾隆五十三年，提督廣西。大兵征越南，世亨率兵分戰，累奏捷，遂克黎城。詔封世亨子爵。踰年正月，阮惠潛師復至，全師皆陷。事聞，得旨進爵爲伯，卹如禮。同時死事者，總兵鑲藍旗尚維昇、大同張朝龍、齊東李化龍，副將定州邢敦行，參將江夏楊興龍、奉節王宣、正黄旗英林，遊擊鑲黄旗明桂、大定張純、碭山王檀、成都劉越，都司長沙鄧永亮、豐城盧文魁，守備都勻黎致明、凌雲知縣上杭袁天逵，府經歷仁和張誠，皆賜卹有差。

謝啓昆。南康人。乾隆進士。嘉慶四年，巡撫廣西。操守廉潔，馭下最嚴，省志自雍正初創修，閱七十餘年，公餘搜羅散佚，續輯成書。修築興安陡河，倣浙江海塘竹簍囊石之法，鑲築石隄，民田俱得耕種，河流亦一律深通。七年，卒於官，賜祭葬。

校勘記

〔一〕思明府南境　按，思明府爲明洪武時設置，清雍正十一年改爲寧明州，屬太平府，本志卷四七二太平府敘其沿革甚詳。此與太平府並出，殊乖義例。蓋抄撮舊文，未予變改故也。

〔二〕通道鎮一員　「通道鎮」，原作「通鎮道」，據乾隆志卷三五四廣西省文職官（下同卷簡稱乾隆志）及本志卷四六三柳州府關隘乙正。

〔三〕駐三望　「三望」，本志卷四六四慶遠府關隘作「三旺」。

〔四〕武宣縣屬縣廓鎮　「縣廓鎮」，原脱「縣」字，乾隆志同，據本志卷四七〇潯州府關隘縣廓鎮巡司條補。按，縣廓鎮，明、清兩代於此置巡檢司，明史卷四五地理志「廓」作「郭」。

〔五〕佶倫　「佶」，乾隆志同，明一統志卷八五太平府作「結」。

〔六〕分防昭平永安二汛　「昭平」，原作「明平」，乾隆志同。按，參上下文可知，平樂協於各州、縣皆設汛地，永安、恭城、修仁、荔浦皆是。此獨無「昭平」，「明平」顯然是「昭平」之訛誤。雍正廣西通志卷四七兵制平樂協有永安、恭城、修仁、荔浦、昭平分汛官，是也。因據改。

〔七〕分防德勝二寨各汛　「二寨」，乾隆志同，疑當作「三寨」。本府屬縣忻城有三寨堡，爲軍事要塞，疑爲此。「二寨」未聞。

〔八〕號嶺南便民榜　「南」，乾隆志同，宋史卷四〇六崔與之傳作「海」。

〔九〕土官有于元帥者　「于」，原作「千」，據元史卷一八五吕思誠傳改。

〔一〇〕式粗與丁魁楚焦璉等奉永明王監國於肇慶　「焦璉」，原作「焦連」，據乾隆志及明史卷一二〇諸王傳改。按，本志蓋避乾隆太子永璉諱改字。下文同改。

〔一一〕駐守怕懷隘　「懷」，原作「壞」，據乾隆朝實録卷七五九乾隆三十一年四月乙卯條改。

桂林府圖

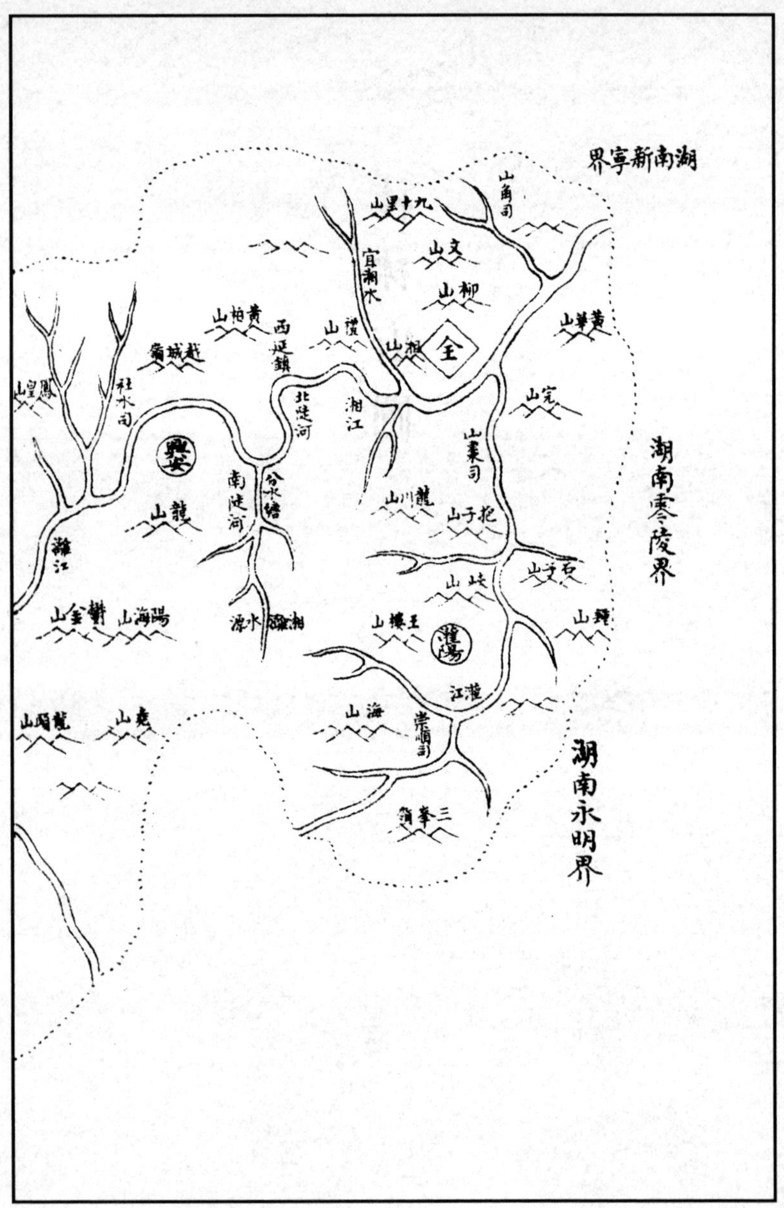
湖南新寧界
湖南零陵界
湖南永明界
全
興安
灌陽
湘江
北陡河
南陡河
分水塘
宜湘水
西延鎮
灌江

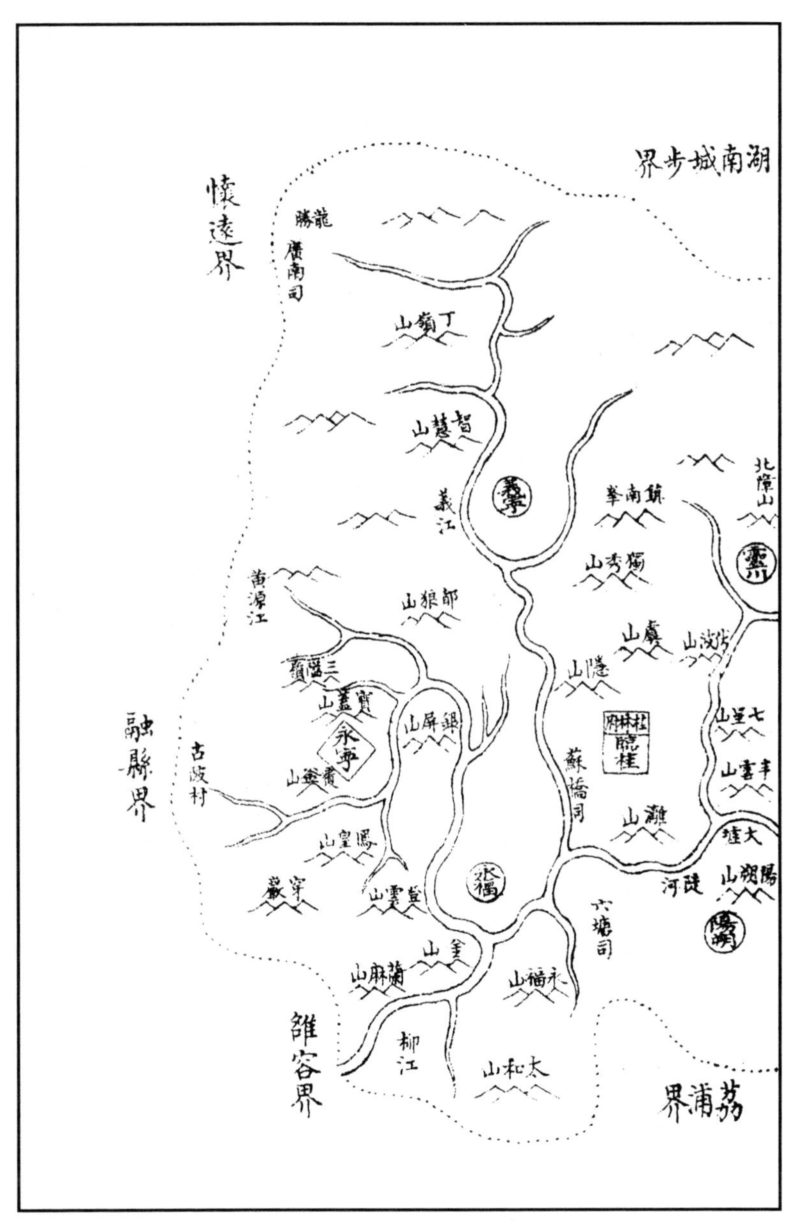
湖南城步界
懷遠界
龍勝
廣南司
丁嶺山
智慧山
義寧
義江
鎮南峯
北鬮山
靈川
獨秀山
甫源江
部狼山
虞山
沈沙山
三留嶺
隱山
寶蓋山
銀屏山
桂林府
臨桂
七星山
融縣界
古坡村
永寧
蘇橋司
黄嵡山
丰畫山
靈川
陽皇山
灘山
大墟
守嶽
登雲山
永福
陡河
陽朔山
陽朔
六塘司
全山
蒲麻山
永福山
雒容界
柳江
太和山
荔浦界

桂林府表

	桂林府	臨桂縣	興安縣
秦	桂林郡地。		
兩漢	零陵郡地。	始安縣 漢置，屬零陵郡。	始安縣地。
三國	始安郡 吴甘露初置，治始安。	始安縣 郡治。	
晉	始安郡	始安縣	
南北朝	桂州始安郡 宋改始建國，齊復郡，梁置州。	始安縣	
隋	始安郡 大業元年廢州。	始安縣 郡治。	置臨桂鎮。
唐	桂州始安郡 初復置州，屬嶺南道。光化三年置静江軍節度。	臨桂縣 武德四年復爲州治，並析置福禄縣。貞觀八年仍省入，更名。	全義縣 武德四年置臨源縣，屬桂州。大曆三年更名。
五代	桂州 初屬楚，後屬南漢。	臨桂縣	全義縣 晉開運三年，湖南馬氏於縣置溥州。
宋	静江府 至道三年爲廣南西路治，紹興三年升府。	臨桂縣 府治。	興安縣 乾德初州廢，仍屬桂州。太平興國初更名，後屬静江府。
元	静江路 改路，屬湖廣行省。	臨桂縣 路治。	興安縣 屬静江路。
明	桂林府 洪武初改府，爲廣西布政司治。	臨桂縣 府治。	興安縣 屬桂林府。

續表

靈川縣	陽朔縣	永寧州
始安縣地。	始安縣地。	始安、潭中二縣地。
	尚安縣 吴置，屬始安郡。	
	熙平縣 武帝更名。	
	熙平縣 齊後廢。	
	陽朔縣 開皇十年改置，仍屬始安郡。	
靈川縣 龍朔二年置，屬桂州。	陽朔縣 武德四年分置歸義縣，俱屬桂州。貞觀初省入。	古縣 乾寧三年分置，屬桂州。
靈川縣	陽朔縣	古縣
靈川縣 屬静江府。	陽朔縣 南宋後省。	古縣 屬静江府。
靈川縣 屬静江路。	陽朔縣 初復置，屬静江路。	古縣 屬静江路。
靈川縣 屬桂林府。	陽朔縣 屬桂林府。	永寧州 初曰古田縣，後没於猺蠻。隆慶中置州，屬桂林府。

續表

	永福縣	義寧縣
	始安縣地。	始安縣地。
	吴爲始安、永豐二縣地。	
常安縣太康初析置，屬始安郡。		
梁化郡梁置。 梁化縣梁改置。		
開皇中廢郡，尋改縣曰純化。大業二年省入始安。	仁壽初分置興安縣。	
慕化縣武德四年復置純化，屬桂州。永貞初更名。	永福縣武德初置，屬桂州。 理定縣至德二載更名，屬桂州。	靈川縣地。
慕化縣	永福縣 理定縣	義寧縣晉天福中置，屬桂州。
嘉祐六年省。	永福縣屬静江府。 理定縣屬静江府。	義寧縣開寶五年省，六年復置，屬静江府。
	永福縣屬静江路。 理定縣屬静江路。	義寧縣屬静江路。
	永福縣初屬桂林府，後屬永寧州。 理定縣正統五年省。	義寧縣初屬桂林府，後屬永寧州。

續表

	全州
	零陵郡元鼎六年置，後漢徙。　零陵縣郡治。　洮陽縣屬零陵郡。
	零陵縣屬零陵郡。　洮陽縣
	零陵縣　洮陽縣
	零陵縣　洮陽縣
	湘源縣初改置，屬零陵郡。　廢。　廢。
	湘源縣屬永州。
廣明縣唐末置，屬桂州。	全州晉天福中置。　清湘縣晉天福中更名，爲州治。
	全州屬荊湖南路。紹興初聽廣西路節制。　清湘縣
	全州路改路，屬湖廣行省。　清湘縣路治。
	全州洪武初升府，尋降州，屬湖廣永州府。二十八年改屬桂林府，洪武九年省入州。

續表

灌陽縣	龍勝廳
零陵縣地。	
觀陽縣吳置，屬零陵郡。	
觀陽縣	
觀陽縣	
初省入湘源，大業末復置，曰灌陽。	
灌陽縣武德七年廢，上元二年復置，屬永州。	
灌陽縣	
灌陽縣	
灌陽縣屬全州路。	
灌陽縣屬全州。	義寧縣地。

大清一統志卷四百六十一

桂林府一

廣西省治。東西距五百五十五里，南北距五百里。東至湖南永州府零陵縣界三百四十五里，西至柳州府融縣界二百十里，南至平樂府荔浦縣界一百八十里，北至湖南寶慶府城步縣界三百二十里。東南至湖南永州府永明縣界三百七十里，西南至柳州府雒容縣界二百五十五里，東北至湖南寶慶府新寧縣界三百六十里，西北至柳州府懷遠縣界二百十里。自府治至京師七千四百六十里。

分野

天文翼、軫分野，鶉尾之次。

建置沿革

禹貢荆州之域，周爲百越地，秦爲桂林郡地，漢爲零陵郡零陵、洮陽、始安等縣地。三國吴甘露元年，始分零陵南部置始安郡，晉因之。宋明帝改爲始建國，宋書州郡志：始建内史，吴孫晧立始安郡，屬廣州。晉成帝屬荆州。宋文帝元嘉二十九年屬廣州，三十年屬湘州。明帝改名。按：李吉甫元和郡縣志作吴立始安郡，屬荆州。南齊復曰始安郡。梁大同六年，始於郡置桂州，元和志：天監六年，立桂州於蒼梧、鬱林之境，因桂江以爲名。大同六年，移於今治。陳因之。隋開皇初，郡廢，於州置總管府。大業元年，州廢，尋復爲始安郡，屬揚州。元和郡縣志：大業三年，罷州爲始安郡。唐武德四年，復曰桂州，置總管府，後改都督府，屬嶺南道。開耀後置桂管經略使。天寶元年，復曰始安郡。至德二載，改建陵郡。乾元元年，復爲桂州。唐書方鎮表：廣德二年，置桂邕都防禦觀察使，大曆八年罷，隸邕管。貞元元年，復置桂管經略使。光化三年，置静江軍節度使。五代初，屬楚。東北境增置全州。周廣順元年，屬南漢。宋仍爲桂州始安郡，静江軍節度，屬廣南路。至道三年，分置廣南西路。大觀元年，升爲帥府。紹興三年，升爲静江府。宋史地理志：以高宗潛邸升府。元至元十五年，置静江路總管府，屬湖廣行省。明洪武初，改曰桂林府，爲廣西布政使司治。本朝爲廣西省治，領廳一、州二、縣七。

臨桂縣。附郭。東西距一百十里，南北距九十二里。東至平樂府恭城縣界九十里，西至永寧州界八十里〔一〕，南至陽朔縣界八十里，北至靈川縣界十二里。東南至陽朔縣界七十二里，西南至永福縣界八十二里，東北至靈川縣界六十里，西北至義寧縣界六十三里。漢置始安縣，屬零陵郡，後漢因之。三國吴甘露元年，於縣置始安郡，晉及宋、齊因之。梁爲桂州治。隋仍爲始安郡治。唐復爲桂州治。武德四年，析置福禄縣。貞觀八年仍省入，改曰臨桂，五代因之。宋爲静江府治。元爲静江路治。明爲桂林府治，本朝因之。

興安縣。在府東北一百三十里。東西距二百二十里，南北距一百十二里。東至灌陽縣界九十里，西至靈川縣界一百三十里，南至靈川縣界八十里，北至全州界三十二里。東南至灌陽縣界九十五里，西南至靈川縣界九十里，東北至全州界七十里，西北至湖南寶慶府城步縣界二百三十里。漢始安縣地。隋置臨桂鎮。唐武德四年，析置臨源縣，屬桂州。大曆三年，改曰全義。五代晉開運三年，於縣置溥州。宋乾德元年，州廢，縣仍屬桂州。太平興國元年，改曰興安。紹興初，屬静江府。元屬静江路。明屬桂林府，本朝因之。

靈川縣。在府東北五十里。東西距一百二十里，南北距六十里。東至興安縣界五十里，西至義寧縣界七十里，南至臨桂縣界四十里，北至興安縣界二十里。東南至臨桂縣界五十里，西南至義寧縣界六十里，東北至興安縣界五十里，西北至興安縣界八十里。漢始安縣地。唐龍朔二年，始析置靈川縣，屬桂州，五代因之。宋屬静江府。元屬静江路。明屬桂林府，本朝因之。

陽朔縣。在府南少東一百五十里。東西距一百三里，南北距一百里。東至平樂府平樂縣界三十五里，西至永福縣界六十八里，南至平樂府荔浦縣界三十里，北至臨桂縣界七十里。東南至平樂縣界二十里，西南至荔浦縣界四十里，東北至平樂府恭城縣界八十里，西北至臨桂縣界八十五里。漢始安縣地。三國吴置尚安縣，屬始安郡。晉改曰熙平，宋因之，齊後廢。隋開皇十年，改置陽朔縣，仍屬始安郡。唐武德四年，析置歸義縣，俱屬桂州。貞觀初省入，五代、宋初因之，南渡後省。元初復置，屬静江路。明屬桂林府，本朝因之。

永寧州。在府西一百四十里。東西距一百五十里，南北距二百里。東至永福縣界八十里，西至柳州府融縣界七十里，南至柳州府柳城縣界一百二十里，北至義寧縣界八十里。東南至柳州府雒容縣界一百二十里，西南至融縣界九十里，東北至臨桂縣界六十五里，西北至義寧縣界一百里。漢零陵郡之始安、鬱林郡之潭中二縣地。晉太康元年，置常安縣，屬始安郡。宋省。梁大同八年，改置梁化縣，於縣置梁化郡。隋開皇中，郡廢。十八年，改縣曰純化。大業二年，省入始安。唐武德四年，復置，屬桂州。永貞元年，改曰慕化。乾寧三年，又分置古縣，亦屬桂州，五代因之。宋嘉祐六年省慕化，後以古縣屬静江府。元屬静江路。明洪武十四年，改曰古田縣，屬桂林府，後没於猺蠻。隆慶五年，開置永寧州，仍屬桂林府，本朝因之。

永福縣。在府西南一百里。東西距六十五里，南北距一百九十五里。東至臨桂縣界五十里，西至永寧州界十五里，南至平樂府荔浦縣界一百八十里，北至臨桂縣界十五里。東南至荔浦縣界八十里，西南至柳州府雒容縣界一百五十里，東北至臨桂縣界十八里，西北至永寧州界六十里。漢始安縣地。三國吴爲始安、永豐二縣地。唐武德四年，分置永福縣，屬桂州，五代因之。宋屬静江府。元屬静江路。明屬桂林府。隆慶五年，改屬永寧州。本朝仍屬桂林府。

義寧縣。在府西北八十里。舊境東西距二百三十里，南北距二百五十三里。本朝乾隆六年，析置龍勝廳，今縣界東西距一百十里，南北距一百五里。東至靈川縣界二十里，西至龍勝廳界九十里，南至臨桂縣界十五里，北至龍勝廳界九十里。東南至臨桂縣界十里，西南至永寧州界一百十四里，東北至靈川縣界五十里，西北至龍勝廳界九十九里。漢始安縣地。唐爲靈川縣地，本義寧鎮。五代晉天福八年，置義寧縣，屬桂州。宋開寶五年省，六年復置，後屬静江府。元屬静江路。明屬桂林府。隆慶五年，改屬永寧州。本朝仍屬桂林府。

全州。在府東北二百五十里。東西距二百五十里，南北距一百四十五里。東至湖南永州府零陵縣界七十里，西至興安縣界八十里，南至灌陽縣界五十里，北至湖南寶慶府新寧縣界九十五里。東南至灌陽縣界五十五里，西南至興安縣界一百八里，東北至湖南永州府東安縣界九十五里，西北至新寧縣界一百一十里。漢置零陵縣。元鼎六年，於縣置零陵郡，領洮陽縣。後漢移郡治泉陵縣，以零陵、洮陽二縣屬之。晉及宋、齊以後因之。隋廢二縣，改置湘源縣，仍屬零陵郡。唐屬永州。五代晉天福中，改縣曰清湘，於縣置全州。宋因之，屬荆湖南路。紹興元年，始聽廣西路節制。元至元十四年，改全州路，屬湖廣行省。明洪武初，曰全州府。九年，降爲州，省清湘縣入之，屬湖廣永州府。二十八年，改屬桂林府，本朝因之。

灌陽縣。在府東三百二十里。東西距八十五里，南北距一百里。東至湖南永州府零陵縣界二十五里，西至興安縣界六十里，南至湖南永州府永明縣界五十里，北至全州界五十里。東南至永明縣界四十里，西南至平樂府恭城縣界九十里，東北至永州府道州界六十五里，西北至興安縣界三十里。漢零陵縣地。三國吴析置觀陽縣，屬零陵郡，晉、宋以後因之。隋省入湘源縣，大業末復置曰灌陽。唐武德七年廢。上元二年，復置，屬永州。五代晉天福中，改屬全州，宋因之。元屬全州路。明屬全州。本朝屬桂林府。

龍勝廳。在府西北一百三十里。東西距二百五十五里，南北距一百九十五里。東至靈川縣界一百三十里，西至湖南綏寧縣界一百二十五里，南至義寧縣界一百里，北至湖南城步縣界九十里。東南至靈川縣界一百三十五里，西南至柳州府懷遠縣界一百一十里，東北至城步縣界九十里，西北至湖南武岡州一百三十五里。本義寧縣地。本朝乾隆六年析置，移捕盜通判駐轄，屬桂林府。

形勢

東控海嶺，右扼蠻荒。唐白居易撰嚴謨知桂州制。制邕、容、交、廣之衝，扼賓、蠻、嚴、象之隘。唐吳武陵記。居五嶺之表，控兩越之郊。唐蕭昕送桂州刺史序。被山帶江，控制數千里。宋唐弼安遠樓記。府治雄勝，與湖南犬牙。宋范成大桂海虞衡志序。

風俗

風氣清淑，習俗醇古。桂海虞衡志序。早温晝熱，晚涼夜寒，一日備四時之氣。宋周去非嶺外代答。篤信陰陽，尚巫卜，士知經術，雖貧家未嘗廢學。宋李彥弼八桂堂記。俗尚質樸，不事浮靡，婚姻慶弔，以檳榔爲禮。舊志。

城池

桂林府城。周十二里，門十二。宋皇祐間建。元至正十六年甃石。明洪武中增建南城。本朝康熙四年、雍正三年、乾隆四年、十三年、二十六年、四十八年、嘉慶四年重修其池，東導灕江，西、南環陽江，濶八丈二尺，北無池。臨桂縣附郭。

興安縣城。周三里有奇，門三。明景泰間建，萬曆中甃甎。本朝雍正八年修。

靈川縣城。周三里有奇，門五。明景泰初建，成化間甃甎。本朝乾隆八年、十三年、五十八年重修。

陽朔縣城。周二里。元至正七年建。明成化初，韓雍增拓舊門八，本朝順治十年閉三存五。乾隆九年重修。

永寧州城。周六里，門四。明成化十三年建，東、西二水環抱，萬曆十四年築隄爲障。本朝康熙六十一年、雍正五年重修。

永福縣城。周一里有奇，門四。明天順中建，弘治九年甃甎。本朝乾隆十年修。

義寧縣城。周二里有奇，門五。明天順六年建，弘治十八年甃甎，西南以義江爲池，濶十丈。本朝乾隆六年、十三年、六十年重修。

全州城。周五里有奇，門五。元至正間建，北據山麓，南瞰湘江。明嘉靖間修。本朝雍正四年、乾隆二十年、嘉慶四年重修。

灌陽縣城。周二里有奇，池闊一丈六尺，門四。明洪武中建，景泰初甃甎。本朝雍正十年修。

龍勝廳城。周四里有奇，門四。本朝乾隆六年建。

學校

桂林府學。在府治西。宋乾道初建。本朝康熙十一年、二十一年、五十八年、雍正九年、乾隆三十年、嘉慶四年重修。入學額數二十名，嘉慶三年附龍勝廳苗學二名。

臨桂縣學。在府治南。元皇慶間建。本朝康熙二十四年修，乾隆七年、嘉慶四年重修。入學額數二十名。

興安縣學。在縣治西。宋迄明屢徙其地。本朝雍正九年，遷置今所。乾隆五十三年重修。入學額數十五名。

靈川縣學。在縣南門外。元至元間建。本朝康熙二十一年、五十年、五十五年、雍正元年重修。乾隆二十九年復遷縣東街。入學額數十五名。

陽朔縣學。在縣東。宋淳熙間建。本朝康熙年間修。入學額數十二名。

永寧州學。在州治西北。明萬曆八年建。本朝康熙二年重建，雍正十三年、乾隆二年重修。入學額數九名，舊額十二名，乾隆三十年減三名。

永福縣學。在縣治東北。宋淳熙六年建。本朝康熙二年重建，乾隆三十二年重修。入學額數八名。

義寧縣學。在縣治西。元元貞初建。本朝雍正七年修，乾隆十年、四十五年重修。入學額數八名。

全州學。在州治北。宋紹興十三年建。本朝康熙二十年、五十一年、乾隆三十年重修。入學額數二十名。

灌陽縣學。在縣治東。明嘉靖二年建。本朝康熙中屢修，乾隆四十八年遷建西門外。入學額數十五名。

宣成書院。在府治西南。宋景定三年建，祀張栻、吕祖謙，理宗合二人之謚賜額。明初以其地爲縣學。弘治中復建於學西。本朝康熙二十四年修。

秀峯書院。在府治東北。因面獨秀峯之勝，故名。本朝雍正十一年建。

棲霞書院。在府東門外。本朝康熙五十六年，巡撫陳元龍建。

灕江書院。在興安縣。本朝乾隆十二年建。

文筆書院。在靈川縣治東。本朝康熙五十六年建。

清湘書院。在全州北柳山，宋刺史柳開書堂故址。嘉定八年，增置講堂齋舍。寶慶元年賜額，魏了翁有記。本朝康熙二十六年，知州崔廷瑜重修，更名柳山。乾隆五十年，知州陳肇輅改建於城内西北隅，仍曰清湘。

義江書院。在義寧縣。本朝乾隆二十三年建。

龍川書院。在灌陽縣。本朝乾隆二十四年建。

户口

原額人丁五萬五千九百七十，今滋生男婦大小共一百零四萬五百七十三名口，計一十九萬六千一百一十四户。

田賦

田地一萬八千六百八十六頃六十九畝八分有奇，額徵地丁正、雜銀六萬八千八百三十三兩五錢一分四釐，遇閏加徵銀二千五百六十二兩六錢四分五釐，米九萬五千四百八十六石七斗五升八合二勺。

山川

寶積山。在府治西。多奇石怪木。東隅有呂公巖，石乳融結，瑰奇萬狀。

華景山。在府治西北。一曰寶華山，與寶積相連。下有洞。桂海虞衡志：華景洞高廣如十間屋。

桂山。在府治東北。俗稱北山，又名越王山。有三峯連屬。前峯拔起，如獅昂首，巖桂生其巔。次峯宛轉横亘一方。後峯巃嵸特秀，奇石纍積，爲疊綵巖。巖後有風洞，洞西北隅有北牖洞。洞左小山曰於越，其右小支戟立，曰四望洞，遠眺長江，亦名四望山。

伏波山。在府治東北。亦曰伏波巖。突起千尺，與獨秀山相望。巖傍水際有還珠洞，本名玩珠，宋提刑張維易今名。洞前石脚插入灕江，爲絶勝處。

七星山。在臨桂縣東二里，隔江。亦名七星巖。桂海虞衡志：七星巖七峯位置如北斗，又小峯在旁曰輔星石。舊志：山半有棲霞洞，入洞門下行百餘級，始得平地，夏冷冬温。洞旁又有玄風洞，宋柳開有銘。下有冷水巖，宋曾布爲桂帥，因改名爲曾公巖。西南有龍隱巖，亦曰龍隱洞，山脚入溪水中。山後又有月牙巖及乳洞諸勝，其接龍隱而起者曰望城岡，外障大江，内護東城，旁連諸土山，縱横起伏，亘二十餘里。

彈丸山。在臨桂縣東二里。樂史太平寰宇記：在臨桂縣東二里，隔灕水。酈道元水經注云：「山有涌泉，奔流迅激，東注於灕水，溪中有石如彈丸，因以名焉。復有石竇，下深數丈，莫究其極。」舊志：在七星山東。一名彈子巖。有二巖，皆北向，旁有東西二洞。

穿山。在臨桂縣東五里。爲彈丸溪入灕處，南溪水出其下。山半有穴，南北横貫，故以「穿」名。又以穴形如月輪挂空，或名日月巖。又以山竦身昂首若與西峯山作鬬，亦名鬬雞山。

灕山。在臨桂縣南。寰宇記：在臨桂縣南二里灕水之陽，因名。一名沉水山。其山孤拔，下有澄潭，上高三百餘尺，週迴二里，可容五百家。旁有洞穴，廣數丈，南北直透，上有怪石欹危，藤蘿榮茂，民保以避寇。舊志：在縣城外東南隅，陽江入灕處。突起水濱，形如象鼻，郡人名爲象鼻山。明初，師圍静江，别將朱亮祖屯於東門象鼻山下，即此。北麓有洞名曰水月，洞門踞江，透徹山背，頂高數十丈，其形正圓，儼如月輪，故名。宋范成大有銘。

雉山。在臨桂縣南三里。其形側起，勢如昂首欲飛。亦曰雉巖。

南溪山。在臨桂縣南。寰宇記：在臨桂縣南五里。聳拔千尺，烟翠凌空，其溪東注桂江。舊志：在縣南七里。山東南有劉仙巖，巖旁又有穿雲、仙迹兩巖，俱以仙人劉仲隱而名。自劉仙巖而入，其最高處曰泗州巖。又山西南半山有白龍洞，五代漢末，南漢謀并静江地，湖南遣兵屯龍洞以拒之，即此。洞中有泉謂之新泉。又山西北有洞，唐李渤名曰玄巖。

大塘山。在臨桂縣南十里，有滑石江繞其前。又南曰七寶山，亦曰七寶巖，下有塘水。

普安山。在臨桂縣南三十里。山勢蜿蜒迴繞，有泉涌於山頂，四時不涸。明封爲龍泉山。又卧石山，在縣南五十里。

隱山。在臨桂縣西二里。寰宇記：在桂州之西郊。先是，榛莽翳薈，古莫知者。唐寶曆初，李渤出鎮，見石門牙開，有水淵澈，乃芟薙蕪穢，疏通巖穴，石林磴道，若天造靈府，不可窮極，因號隱山。桂海虞衡志：隱山六洞，一曰朝陽，二曰夕陽，三曰南華，四曰北牖，五曰嘉蓮，六曰白雀。碧玉千峯，倒影水面。方輿勝覽：隱山諸洞之外，别有奇峯，繪畫所不及，范成大名其一峯曰沉香，大約似玥鍐通脱沉香山子也。舊志：亂石層疊，北高南下，回環出入，勝致不一，今多蕪穢。又潛洞山，在隱山東北，中有南潛、北潛二洞。

西山。在臨桂縣西三里，隱山之西。三峯連屬，曰石魚，曰觀音，曰西峯。石魚一作立魚，高數十丈，緣磴而上絶頂，羣山森然在目。有明月洞，在峯南，去平地數千尺，外隘中宏，周如蘭室。

琴潭山。在臨桂縣西六里。羣山環抱，中有小山，巨石林立，其下空洞成潭，水流琮琤，如琴筑聲。旁有玉乳、荔枝等巖，皆以滴乳垂綴而名。

中隱山。在臨桂縣西十里。俗名佛子巖。其巖三重，下巖深廣如積大艘。中巖明爽，有乳石凝結。上巖差下，舊有寺，懸巖置屋，恍非人境。

侯山。在臨桂縣西十里。唐書地理志：臨桂有侯山。明統志：在府城西十五里，高聳如公侯端冕之狀，舊志：絶頂有金鈎巖，攀援曲折而上，俯視諸峯如培塿然。相近又有光明山，山勢峭拔，有一穴通明，其水瀦爲于家莊渠，灌田數百頃。

清秀山。在臨桂縣西北三里。下有塘曰青巖。

獨秀山。在臨桂縣治北。寰宇記：在臨桂縣城正北一百步〔二〕，直聳五百餘丈，平地孤拔，秀異迥出〔三〕。桂海虞衡志：爲郡主山。下有洞穴，石壁垂乳，潔白如雪，路通山北，旁迴百餘丈，豁然明朗。劉宋時，太守顔延之嘗於石室中讀書，賦詩云：「未若獨秀者，嵯峨郡邑間〔四〕。」後人因名讀書巖。

虞山。在臨桂縣東北五里。一名舜山。左臨灕江，後臨黄潭。其下有洞。宋紹興三年，郡守張栻名之曰韶音。入洞面潭，水石清漪，名曰皇澤灣。洞東有屏風山，亦名程公巖，斷山屹立，高百餘丈，中有平地，可容百人。石磴五十餘級，有石穴通明，宋范成大表爲空明。洞有水紆折，名圓通灣，下接彈丸溪。

辰山。在臨桂縣東北十里。土人名曰虎山。有三巖。下巖曲折而入，石室穹然，巖扉西向，下瞰城郭。中巖乳石怪絶。上巖有小亭，可眺望。宋嘉泰初，士人劉晞隱此，桂帥李大異表爲蟄龍巖。

駮鹿山。在臨桂縣東北。後漢書郡國志注：始安郡記曰：「東有駮樂山。」元和志：駮鹿山，一名福禄山，在臨桂縣東北十五里。舊志：俗又謂之陽龍山，頂有二池。

全義山。在興安縣東三里。唐以名縣。又黄華山，在縣東五里，下有泉可溉田。

龍蟠山。在興安縣東十五里。寰宇記：在郡城東北一百七十里，屬興安縣，本名盤龍山。天寶六載，敕爲龍蟠山。有石洞，洞門内數里〔五〕，人秉燭遊，於迴溪泥沙中嘗見龍迹，其大如盌。嶺表異録云：「全義嶺之西南有盤龍山，山有乳洞，斜貫一溪，號靈水溪，入靈川縣界。」

九星山。在興安縣東南十五里。有峯聳秀。宋唐則居此登第，因名狀元峯。

龍山。在興安縣南四十里。

陽海山。在興安縣南九十里。漢書地理志：零陵陽海山，湘水所出。後漢書郡國志：零陵陽朔山，湘水出。水經：湘水出零陵始安縣陽海山。注：即陽朔山也，應劭曰湘水出零陵山，蓋山之殊名也。山在始安縣北。元和志：陽朔山在全義縣東南八十里，即零陵山也。寰宇記：陽海山在郡城北一百七十里，屬興安縣。一名陽朔山。其山自永州零陵縣西，迤邐岡巒，連亘不絕。此山即湘、灕二水之源。按：後漢志及水經注皆以陽海山爲陽朔山，而應劭及元和郡縣志又以爲零陵山，蓋陽朔即陽海之殊名，非今陽朔縣之陽朔山也。零陵乃漢時陽朔山所在之郡，應劭蓋云湘出零陵郡之山，非陽朔外又別有零陵之稱也。

鬱金山。在興安縣西南五十里。零水所出。

點燈山。在興安縣西三里。有巖。

六峒山。在興安縣西北六十里。六峒江出此。

鳳鳴山。在興安縣北三十七里。宋淳熙間以蔣來叟登甲第，故名。

黄柏山。在興安縣北六十里。黄柏江出此。

東屏山。在靈川縣東十里。又石磯山，在縣東十五里。文筆山，在縣東北十里。俱與東屏相接。

馬鞍山。在靈川縣東三十五里，與香爐山對峙。

堯山。在靈川縣東南四十里。寰宇記：靈川縣堯山在府城東北四十四里。舊志：按，史傳堯封履不到蒼梧，以其西與舜祠相對，邑人慕堯之風，遂名爲堯山〔六〕。縣志：爲縣南鎮，上有平田數畝〔七〕，土人名爲「天子田」。有井泉百源，劍江水出此。

高鎮山。在靈川縣西南二里。古名大象峯，一名大藏。宋寶祐間改名高鎮。元至正間，大藏山崩，後名其所崩崖爲赤壁，因名赤壁巖。其下有潭横浸山腹，名象潭。其形三折，又名之潭。

半雲山。在靈川縣西南四十里。平地突起，四面孤高，亦謂之半雲嶺。其陽即臨桂縣境。又有五圈山，在縣西南五十里。

西峯山。在靈川縣西三里。四面峭拔，其中坦夷。上有龍泉，每日三漲三落，亦名潮泉。

呂仙山。在靈川縣西四里。産茶，曰呂仙茶。宋秦觀有呂茶詩。

金瓶山。在靈川縣西十五里。其西峯連環崒嵂，少南有仙隱巖，亦名仙隱山，巖穴深廣。其上若石樓，下有深潭。又西南有華巖洞，高廣數仞，清泉環繞。

雙蓋山。在靈川縣西北十里。兩峯平列，狀如蓋，俗名涼繖山。其前爲掛榜山，最高聳。

北障山。在靈川縣北二十里。舊志：重巒疊嶂，綿亘數里，高踰千仞。一名百丈山，又名把仗山。當風飈起，則飛鳥迴旋不能度，諺稱「鳥不過靈川」謂此。周環有泉百源，其最著者曰滑石泉，亦曰道鄉泉，以鄒浩經此而名。宋紹興六年，州帥胡舜陟易名漱玉泉。或謂之隱龍泉。按：元和郡縣志靈川縣西南有冷山，出滑石。寰宇記作冷石山。今縣界無此山名，惟北障泉有「滑石」之稱。諸峯綿亘，疑即冷石山也。然唐靈川故治在今縣西南，而北障在北，方界未合，當再考。

鳳凰山。有二。一在靈川縣北五十里，唐時有鳳凰棲其上；一在永寧州南五十里，崎嶇難陟。明嘉靖中，獞賊韋銀豹等據此爲巢。

香爐山。在靈川縣東北一十里。山高千仞，旁分一小山，形若香爐。

白鶴山。在陽朔縣東南三里。濱江，其形如鳥舒翼。一名青鳥山。其下有巖。又龍馬山，在縣東南十里，其前爲鳳凰山，皆以形似名。

東人山。在陽朔縣東南十里。有石似人(八)。下有三十六洞，南北縱廣三十里。又縣西七里有西人山，與此山相對峙。或名東郎山、西郎山。

鑑山。在陽朔縣南三百步。嵯峨拔起，東瞰大江，縣城環其上。今更名壽陽山。有碧蓮峯。

古羅山。在陽朔縣南三十里。亦名都羅山。高數千丈，頂有池。

寨山。在陽朔縣西十五里。五代時，馬氏常置戍山下，故名。有二十餘峯，脈絡相連，雲收雨霽，望之一碧。亦名連碧峯。

天馬山。在陽朔縣西十五里。其形如馬，前有二小山，狀如執御者。南有膏澤峯，以雲起必雨，故名。

威南山。在陽朔縣西十五里。下有吴威南將軍薛翊墓〔九〕。相近爲塘山，下有涌泉。又金泉山，在縣西二十五里，山腹有泉不涸。

都利山。在陽朔縣西北隅，與天鵞山脈絡相連，三峯排闥，爲縣諸山之總。天鵞山，一名都峩山，在縣治北，比諸峯獨聳。

雲源山。在陽朔縣西北七十里。一名靈源山，亦名源頭山。廣數百里，縣境羣山發脈處，興平水出此。

陽朔山。在陽朔縣北門外。隋時以此名縣。俗呼羊角山。

石銀山。在陽朔縣北四十里。左右層巒峭拔，此山居中，獨光潤如銀，故名。相近者曰寶山，上有瀑布，下注桂江。

畫山。在陽朔縣北五十里。江濱九峯屹立，丹崖蒼壁，望之如繪。

龍頭山。在陽朔縣東北。下有讀書巖。

寶峯山。在陽朔縣東北七十里。一名寶子山，又名抱子山。興平、零陵二水出此。與湖南道州接界。

銀屏山。在永寧州東三里。高聳秀拔，江流經其下。

覆釜山。在永寧州南門外。以形似名。俗名矮山，旁有小洞可入。又南半里爲偃月山，形斜倚如半月。

天柱山。在永寧州西南八里。又天村山，在州西南百里，山巔有田，居民耕種成村，因名。

禾倉山。在永寧州西一里。圓如禾囷。

會仙山。在永寧州西北三里。又虎踞山，在州北五里。

寶蓋山。在永寧州北一里。州之主山。又有黄源山，在州西北五十里，亦名黄源嶺，黄源水出此。

都狼山。在永寧州東北五十里。亦名都狼嶺。險峻陡絶。明萬曆中巡道郭宗磐稍鑿平之。下有大長泉。

永福山。在永福縣南五里。縣以此名。山後有白馬峯，與縣治對，亦曰蓮花峯。

大溶山。在永福縣南三十里。大溶水出此。其東有安樂山，安樂水出此，東入陽朔縣界。

太和山。在永福縣南六十里舊理定縣後。崖谷盤紆，峯巒幽峻，太和江經其西南麓。

金山。在永福縣西南十里。上鋭下廣，形如「金」字。下匯三江六源之水，蓄爲重潭，曰金潭。其後有螺山，縈紆盤曲，儼如螺狀。又馬芒山，與金山夾江對峙，鎖縣水口。

蘭麻山。在永福縣西南四十里。寰宇記：理定縣有蘭麻山，在府城西南二百里。其山自衡岳迤邐南亘，到此過入柳州、象州。山濶一百里，高二十餘里。明統志謂之攔蠻山。

登雲山。在永福縣西十五里。高數千丈，重岡層嶺，雲霧常興其上。又茅梟山，在縣西北十五里，亦高峻。

鳳巢山。在永福縣北。舊名華蓋山。隋有雙鳳來巢，宋建隆時復至，因改今名。

神山。在永福縣東北三十里。亦名羅秀山。頂有池。又靈壽山，在縣東三十里。

靈秀山。在義寧縣東二里。勢高峻。又青梅山，在縣東五里。登高山，在縣東南一里。

靈鷲山。在義寧縣西南十五里。峭拔高聳，上有瀑泉，懸流而下。又歐山，在縣西五里。

邊隘山。在義寧縣西二十里。丹霞青壁，狀如列戟，環拱縣治。

智慧山。在義寧縣西北二十里。特立萬山中，蜿蜒秀麗。智慧江出此。

丁嶺山。在義寧縣北七十里。義江出此。又桐山，在縣東北桐山里，石濠江出此。

完山。在全州東合江門外。山形完整，舊名鉢盂，明顧璘易今名。爲羅、灌二水入湘處。

隆城山。在全州東一里。有古頽垣，如城塹狀。

黄華山。在全州東六十里。隋書地理志：零陵郡湘源有黄華山。舊志：一名獵山。

三華山。在全州南三里。頂有三峯，形如華蓋，湘江繞出其背。

倚石山。在全州南六十里。建安水出此。

涌泉山。在全州西南八十里。有泉涌出山上。

湘山。在全州西二里。馬端臨文獻通考：全州清湘有湘山。舊志：峯巒蓊鬱，巖洞幽邃，絶頂有甲亭，土人以爲遊觀之所，柳宗元所謂西山也。有法華、玉華二泉。

盤石山。在全州西三里。中有玉髓泉，山下即螺江，有宋郡守林岊記。

玉屏山。在全州西十五里。自八十里山蜿蜒綿亘而下，至此蒼碧錯繡，環列如屏。其北三里許有虎潛巖，石壁峭拔，半山上有洞門，瀑水奔注，其内紆迴曲折，復流爲潭者三，相距各半里許，深不可測。其北爲仙弈山，平地特起一岡，廣袤尋丈，中横方石，旁簇八小峯，四面拱峙，如對弈狀。

禮山。在全州西七十里。高聳數千仞，横亘數十里，羅列如屏，北障大江，其南爲丰玉巖。

覆釜山。在全州西八十里。一名朝山。峭險峻絶，凌逼霄漢。有七十二峯，其著者曰大、小覆釜峯，頂皆有石如覆釜。其巖曰聖水巖，有石盤瀦之。又東爲寶鼎山。

八十里山。在全州西八十里。高峻峭拔，險於諸山。又西北十里曰九十里山，與湖南寶慶府新寧縣接界，宜湘水出此。

鍾石山。在全州西一百里。鍾樂水出此。相近曰羅氏山，有泉羅水出此。

柳山。在全州北二里。州之主山也。有寸月臺，拔地七十丈，岡巒迴複，二江東流。舊名北山。宋刺史柳開愛其泉石之勝，築室讀書於此，亦名書堂山。下有達泉，一名應泉。

文山。在全州北三十里。洮水出其下。

旗山。在全州北五十里。壁立萬仞，不可攀援，東面稍低，望之如展旗然。相近有鼓山，亦高數百丈，上廣下鋭，懸梯以登。

飛山。在全州北七十五里，接湖廣永州府東安縣界。

麒麟山。在灌陽縣東。原名旗嶺。又有凉繖嶺，在縣東二十五里。

鍾山。在灌陽縣東五十里，與湖廣道州接界。鍾山水出此。

梔子山。在灌陽縣東南二十里。峭拔秀麗。

三峯山。在灌陽縣南十五里。亦名三峯嶺。又華山，在縣西南七里。

海山。在灌陽縣西南百里。以四圍涵水而名。相近有風吹羅帶山。

王樓山。在灌陽縣西三里。上有望華巖，巖與華山相對，故名望華。巖口臨江，相傳宋理宗時有道人王樓過此，因名。

楷山。在灌陽縣西四十里。灌水經其下。今名俊山。

臺山。在灌陽縣西北五里。

龍川山。在灌陽縣西北四十里。龍川水出此。

峽山。在灌陽縣北十里。夾峙江岸，高聳蔽日，形似二峽，故名。又白面山，在縣北二十里。連珠山，在縣北二十里。

抱子山。在灌陽縣北五十里。山勢重疊，如襁抱然。相近者曰七星山。

石子山。在灌陽縣東北五十里。峯巒聳拔，高出衆山。

龍脊山。在龍勝廳東八十里。産龍脊茶，向辦土貢，近年停止。

大羅山。在龍勝廳東南一百里。綿亘百數十里，爲東南屏障。

烏嶺。在臨桂縣東二十里。極高峻，有石磴數千級，盤回而上，其頂有泉。

銅岡嶺。在臨桂縣東四十里。高數百丈，綿亘數十里。百丈嶺，在縣東五十里，險難登，亦名雲伏嶺。又有驛嶺，亦在縣東五十里，路通陽朔、平樂。

東嶺。在興安縣東十五里，地名錦水。有二峯如卓筆。又永福縣東二里亦有東嶺，形如屏障，下有甘泉。

越城嶺。在興安縣北三里。水經注：湘、灕之間，陸地廣百餘步，謂之始安嶠，即越城嶠也。郡、縣志：越城嶠在全義縣北三里，即五嶺之最西嶺也。寰宇記：越城嶺，一名始安嶺，在興安縣北三里。舊志：其地臨湘、灕二水之源，亦名臨源嶺。唐時以在全義縣，又謂之全義嶺。唐光化二年，静海帥劉士政以馬殷悉定嶺北地，遣將戴可蟠屯全義嶺備之，即此。

東岡嶺。在永寧州東二十里。東江出此。又總甫嶺，在州東南，接永福縣界。

三隘嶺。在永寧州北二十里。崎嶇險仄，嶺凡三，亦曰三阨嶺。中道一線，左逼高岡，右臨深澗。又名落馬嶺。明萬曆中郭宗磐鑿爲坦道，建館於其上。

觀風嶺。在義寧縣東北一里。

潮水嶺。在全州東六十里。下有寒潭不涸，時漲時消，如潮信然。又馬家嶺，在州南五里，下瞰深潭。宋時始鑿山爲徑。白水嶺，在州南五十里，有泉溉田數百畝。大茅嶺，在州西北九十里，下有江流四合，資溉甚多。

鎮南峯。在府城北。明統志：峯旁有石厓，唐大曆中刻平蠻頌。宋狄青平儂智高，勒碑於左。

千秋峯。在靈川縣東北七里。獨立危聳，亦名文筆峯。下有峽，通大江，名千秋峽。

雲翁峯。在陽朔縣南。秀聳特立，羣峯環繞，若子孫列侍，故以「翁」名。

翠眉峯。在永寧州北三里。

湘水巖。在臨桂縣東三十里。俗呼聖水巖。山腹地廣數十畝，夜半潮上，日中潮下，略不愆期。

龍鳳巖。在興安縣東十五里。巖内石乳凝結，如龍鳳形。一名梓林洞，有泉出巖中，溉田甚廣。

鹽砂巖。在興安縣西六里。有砂與鹽相似。桃花源出此。

草聖巖。在興安縣西十五里。以唐時僧雲嶠居此，善草書而名。巖之東有圓穴。一名月山。又西五里爲白雲峯，特立渠江之側，粲如積雪。

真仙巖。在靈川縣西南三里。石室穹窿，容數十人。

龍田巖。在靈川縣西三里。中有石田高低委曲，産石米，下有龍泉。

靈巖。在靈川縣西北三十里。方輿勝覽：靈川縣有靈巖，大江洞其腹，濶數十丈，遥望山根，横光如練，迫視乃知巖在山底水上，表裏明澈而然。巖口僅容小舟擊汰而入，水深不可施篙，仰撐巖腹而行。舊志：亦名龍巖。唐龍朔初，山忽晦暝，六七日大雷雨，龍升而霽，山腹遂空。高三十丈，下臨深淵，水從西江來者匯焉。

棋盤巖。在陽朔縣東半里。有三石洞，舊名豹隱洞。有石似棋盤，有棋子可弈。下洞平坦，有小竅通後洞，別是一境。

東明巖。在陽朔縣東十五里江濱。舊有棧道通平樂。

繡山巖。在陽朔縣南十里。一名獨秀巖。分南北。南巖曲折，即廢新林驛。北巖面江，即廢新林渡。又名青衣洞。

廣福巖。在陽朔縣南二十里。石門天成，其中虛朗，疊石如龕，有羅漢像。一名羅漢洞，爲陽朔巖洞之冠。唐曹鄴有詩。

翠屏巖。在陽朔縣西四十里。巖高而明，石門三五，俯望若屏。後立翠屏堡。

冠巖。在陽朔縣北七十里江濱。一名甘巖。水石窈曲，中有甘泉，溢流不竭。

百壽巖。在永寧州東百步許。舊名夫子巖。宋令史渭刻「百壽」字於巖，今尚存。

金竹巖。在永寧州東南六里。深窅寬敞，有水一泓，兩洞口相通，皆有石乳，奇怪萬狀。相近有鐘鼓巖。有石如鐘鼓，叩之能響。

銅堂巖。在永寧州南六十里。寬敞可容數百人。又南十里有石盆巖。

雙瑞巖。在永寧州南八十里，舊屬永福縣。其形如獅，巖在其口，深數十丈，中有佛像，皆石乳所凝結。

穿巖。在永寧州西南三十里。穿成複道，如覆夏屋，坦長數百步，人馬通行其中。旁數步又有小巖，梯而下之，怪石參差。下有穿巖營。又金釵巖，在州西三里。又西二里有將軍巖，束炬而入，可半里許。

華巖。在義寧縣西二十里。一名華巖洞。有泉繞洞前。

青田巖。在全州南三十里。深數十丈，由小徑而入，中多怪石。又波斯巖，在州南四十里。前後有龍潭，直通漳井。獅子巖，在州西四里，即湘山支峯也。龍隱巖，在州西十四里石燕岡，一名龍雲巖，地産石燕，遇雨則飛。

礲巖。在全州北。方輿勝覽：在清湘縣北十五里。虛明深窈，有飛泉數百丈，縈如飛練。舊志：一名漱玉巖。上有漱玉亭，宋守黄仲建。

虎巖。在全州北五十里。巖前高敞，入内數十步，寬平如數間屋。相近又有龍巖，中空，可容數千人。下臨深潭，寇不能犯，里人昔避兵於此，名爲小桃源。

通真巖。在灌陽縣南二里。一名靈巖。前後洞門敞朗，約深十餘丈，廣二十餘步，如大厦焉。

九龍巖。在灌陽縣西十五里。中有沙河，流通别澗，河中有石藤凡九，盤曲如龍，故名。

玉珠巖。在灌陽縣北十五里。中有白石，噴泉如珠。

花石巖。在灌陽縣北六十里。唐柳宗元嘗遊此，有詩。

虛秀洞。在臨桂縣西十里。亦名靈秀巖。方輿勝覽：洞去府城差遠，有大石室，左右有徑隧，各數十百步，穿透兩旁，皆俯臨曠野。

鳴玉洞。在興安縣南十里。舊名梵音洞。外狹中廣，下濱靈渠。

乳洞。在興安縣西南十里。方輿勝覽：興安有乳洞，洞凡有三，上曰飛霞，中曰駐雲，下曰噴雷。明統志：下洞泉流石壁間，田壟溝塍如鑿。中洞有三石柱及石室石牀，左旋至上洞，行八十步，得平地，有五色石横亘其上。

白龍洞。在陽朔縣西十五里。中有小江，江上石如鱗甲，亦名龍鱗洞。相近又有乳洞，中多乳石，下爲觀源溪。

仙源洞。在灌陽縣西十里。旁有大源塘。又西五里有龍巖，洞中有石龍並石磬，擊之聲可遠聞。

打鼓洞。在灌陽縣西四十里。有石擊之如鼓聲。　按：水經注觀陽縣東有裴巖，其下有石鼓，形如覆船，扣之清響遠徹，疑即此。

陽江。源出靈川縣維羅嶺。流五十餘里，至城西，受杉木、蓮花諸塘水，匯而爲潭。東出灕山，與灕水合。寰宇記：在臨桂縣直南二里。源出靈川縣界思磨山下，東流百餘里，漸勝舟楫，經郊郭之中，東流合於桂江。舊志又有蒙溪，源出隱山六洞，唐李渤所鑿。一名西湖。後多堙廢，其餘流入於陽江。

相思江。在臨桂縣南五十里。源出卧石山，流分爲二，一東流注灕江，一南流合永福縣白石水。唐書地理志：臨桂有相思埭。長壽元年築，分相思水，使東西流。舊志：相思埭，名曰南渠，今爲分水塘。又浪石江在縣南，遶江在縣西，俱流入相思江。

灕江。源出興安縣陽海山，至漢潭與衆流匯，乃分湘、灕二流。南流爲灕水，由靈渠經靈川縣東北，會衆水南注府城，遶城東北流，又南經陽朔縣，東入平樂府界。漢書地理志：零陵有灕水，東南至廣信入鬱林。水經：灕水出陽海山。注：灕水與湘水出一山而分源，始安嶠水南流注之，又南與溈水合，又南合彈丸溪，又南逕始興縣東，又南，右會洛溪，又東南流入熙平縣，逕羊瀨山，又東南逕雞瀨山，又南逕熙平水口，又西經平樂縣界。郡、縣志：桂江一名灕水，經臨桂縣東去縣十步。楊僕平南越，出零陵，下灕水，即謂此也。宋柳開湘灕二水説：二水本一水也。自陽海山西北流至縣東五里分水嶺，始分爲南北二水，蓋昔人以二水相離，故命之曰相曰離，後人又加水云。舊志：灕水自陽海山北流，至興安縣爲灕江，經縣北爲靈渠。西南入靈川縣，合大融水，一名中江，亦曰靈江。又南經千秋峽，風水相搏，濤色如銀，亦曰銀江。又南合金江、甘棠江而入臨桂縣，亦曰桂江。自縣東北十里遶流而南，至灕山北麓合陽江，又南合相思江，入陽朔縣，復由平樂而達蒼梧，兩粵左、右江水通道也。

湘江。源出興安縣陽海山，北流至靈渠，分爲湘水，東經全州，合羅、灌二水，又東入湖南東安縣界。漢書地理志：零陵陽海山，湘水所出，北至酃入江。水經注：湘水出零陵始安縣陽海山，即陽朔山也。湘、灕同源，分爲二水，南爲灕水，北則湘川，東北過零陵縣東，越城嶠水注之。又逕零陵縣南，又東北逕觀陽，與觀水合。又東北過洮陽縣東，又東北過泉陵縣西。元和郡縣志：湘水出全義縣東南八十里陽朔山。其初則觴爲之舟，至峒庭日月若出入其中。舊志：謂之海陽江，又名中江。至分水塘分流，一自花橋下全州，曰湘江。

大融江。在興安縣西五十里。源出全州西延司界，亦曰大溶江。南流入縣界，合六峒、黄柏二江。又南至靈川縣界，合灕水，即古漓水也。水經注：漓水出西北郡邵陵縣界，東南流至零陵縣西南，逕越城西。建安十六年，交州刺史賴恭自廣信合兵出零陵越城迎步隲，即是地也。漓水又東南流注於灕水。舊志：又富江支分爲川江，流出大峒，合大融江。又六峒江、黄柏江，源俱出全州界，至六峒巡司與川江合，入大融江。又小融江，在縣西五十五里，亦合於大融江。

富河江。在永寧州南桐木鎮前。源出鎮西二里，流逕鎮前，行十里，入地伏流十里，至柳州府融縣始出。

黄源江。在永寧州西北二十里。源出黄源山，東南流至州城，東曰東江，亦曰大江。又東南流入永福縣界，合白石水。又大長江，在州東北五十里，源出都狼嶺之大長泉。又里旺江，在州東北，源出里旺村，俱南入大江。又施龍江，在州北。兩峯山巖水涌，亦入大江。又西江，源出沙牛隘。東江，源出大晏嶺。並注大江。

西江。在永福縣半里，源出永寧州石山下。西南流至縣西北，合銀洞江，經鳳巢山西，又南至縣西南，合白石水，其水澄清，任大江洪漲匯流不濁。又銀峒江，在縣西十五里。有二源，一出石城隘，一出茶山，並流至縣西北入西江。又木皮江，在縣北三十里，源出古底村，流入西江。

白石江。在永福縣東北四十五里。其上流自臨桂縣之相思江，分灕水西至縣界之蘇橋驛，受義寧縣之義江南流經縣東，亦名永福江。又西南經太和山西麓，名太和江。又西南入柳州府雒容縣界。寰宇記：白石水，東北自臨桂縣來，經永福縣理東，又西南入理定縣界。舊志：龍溪水在縣西十五里，環城南流入白石水。又金山水，在縣西南十里，源出金山。丹竹江，在縣南八十里。大融江，在縣南九十里。俱入白石水。

義江。在義寧縣北，即古洛谿水也。水經注：洛谿水出永豐縣西北洛谿山，東流逕其縣北，又東南逕始安縣而東注灕水。舊志：義江亦名珠江，在縣北七十里，源出丁嶺山，流經縣西，中有義江洲，一名浮洲。又南至永福縣蘇橋驛，分爲二派，一東入臨桂縣，合相思水入灕，一南經永福縣，東合白石水。

灌江。在灌陽縣東。自恭城縣界流入，又北入全州，合湘水。即古觀水也。水經注：觀水出臨賀郡之謝沐縣界〔一〇〕，西北逕觀陽縣西，又西北流注於湘川，謂之觀口。隋書地理志：湘源有灌水。元和志：灌水在灌陽縣西南一百二里。舊志：灌水由縣西南百里牛江發源，紆曲層折，四十里皆暴瀑，出橧山，至黄牛寨水流始平，可容小舟。又四十里至縣，折而東北，經大龍、三貴、大埠等灘，皆險灘也。又六十里過昭義入全州界，經州南完山下，湘、灌、羅三水合流，謂之合江。

彈丸水。在臨桂縣北十里，亦曰彈丸江。水經注：彈丸溪水出於彈丸山，山有涌泉，奔流衝激，山崖及溪中有石若彈丸，故山水即名焉。溪水東流注於灕水。舊志：又靈劍江，一名靈劍水，源出堯山，西南流經彈丸山下，入彈丸水。

鳳源水。在興安縣南三里。源出乳洞，東合南渠入灕水。又桃花源水，亦在縣南，源出鹽沙巖，東流合灕。又零水，在縣西南五十里，源出鬱金山，北流合灕。

越城嶠水。在興安縣北。水經注：越城嶠水南出越城之嶠，北至零陵縣，下注湘水。又嶠水，南流注灕，謂之始安水。

淦水。在靈川縣東十五里。源出香爐山之麓，流入灕江。又路江，在縣西十里，發源陽高山之南，出密領，流至縣東北合灕江。

甘水。在靈川縣南，亦曰甘棠江。寰宇記：甘水源出融州北界，潭峒涓流，引派百餘里，經靈川縣西南，穿過大山下，縈迴五百餘步，東流經甘棠驛南而東注灕水。

朝夕塘水。在陽朔縣東。水經注：熙平縣南有朝夕塘水，出東山西南，塘水從山下注塘，一日再增再減，盈縮以時，未嘗徭期，同於潮水，因名此潭爲朝夕塘。

安樂水。在陽朔縣西南二里。源出永福縣安樂山。又歸義水，在縣西二里，源出古歸義縣。東暉水，在縣西北五里，源出東暉村。西溪水，在縣西一里，源出雲源山。俱流入灕。

清白塘水。在陽朔縣西北翠屏山西麓。兩湫相去尺許，清白自分，遇春漲混爲一，而水色自別。

熙平水。在陽朔縣東北三十里。水經注：熙平水，源出熙平縣東龍山，西南流逕其縣南，又西注灕水。舊志：源出寶峯山。有二派，一西南流入灕，曰熙平水，亦曰興平水。寰宇記謂之永樂水。一東北流出道州，曰零陵水。

常安水。在永寧州南。元和志：常安水東去慕化縣七步。寰宇記：源出慕化縣西南二十九里須離山，東北流逕縣南，又經縣東屈而東南，流經永福縣西，又南注白石水。按：常安水無考。今有洞源江，在州南二十里，源出洞源村山中，東流合黃源江。又大巖江，源出鳳凰山南大巖，行數十里，至舊縣村入大江。又迴龍江在州南舊縣村，合三江之流，至州東城下爲大江，疑即常安水。

常平水。在永福縣東三十里。源出縣東異魚塘，西流入白石水。又銅鼓瀨水，在縣東六十里，源出陽朔龍隱巖，西流合常平水。

智慧水。在義寧縣西北二十里。源出智慧山，北流而南入義江。又桑江，在縣北八十里，西北合智慧水。石濠江，在縣東南。又塔背江，在縣東南。俱入義江。又山東江，在縣西南，源出靈鷲山，南入永福江。

羅水。在全州西。源出羅氏山，東流逕州南，合灌水入湘。又建安水，在州西南，源出倚石山。鍾樂水，源出鍾樂山。俱流入湘。

宜湘水。在全州西北九十里。源出九十里山，匯羣山之水東流三十里入湘。

洮水。在全州北五十里。水經注：洮水出洮陽縣西南大山，東北逕其縣南，又東流注於湘水。隋書地理志：湘源有洮水。方輿勝覽：洮水源出文山，南流入湘。

鍾山水。在灌陽縣東五十里。又小河源水，在縣東北五十里，皆自湖廣道州界流入灌江。又吴川，在縣南。黑石源水，在縣西南十里。市溪水，在縣西南十七里。安樂源水，在縣西南二十里。大溪源水，在縣西南六十里。飛口水，在縣東北。皆自湖廣永明縣流入，下流入灌江。

龍川水。在灌陽縣西北五十里。又鹽川水，在縣西北六十里。皆自興安縣界流入灌江。

峽水。在灌陽縣東北五十里。源出縣北七星、抱子諸山，東南流經峽山，故名。下流入灌江。又小富水，在縣北六十里，源出旗嶺山，東流經昭義關，西南入灌江。

馬溪。在臨桂縣東四十里。源出羣山，東流入灕。又臨溪，在縣東南五十里，南流入灕。

南溪。在臨桂縣南。寰宇記：南溪水，東注桂江，泝流五里合陽江，直抵隱山，縈帶二十餘里，通舟楫於二江之上下。舊志：灕江，南流至鬬雞山，南溪水自西南來入焉。又西有曲斗潭，在白龍洞西，回旋數曲，東流合於南溪。

白竹湖。在臨桂縣西南三十里。廣百餘畝，冬夏不涸。

靈渠。在興安縣西十里。秦史禄所鑿，以引灕水。寰宇記：秦史禄自零陵鑿渠至桂林，漢歸義侯趙嚴爲戈船將軍，出零陵，下灕水，即此。至後漢伏波將軍馬援開湘水，爲渠六十里，穿度城中，今城南流者，是因秦舊瀆耳。至唐寶曆中，渠道崩壞，觀察使李渤疊石造渠，如鏵觜，劈分二水，每水置石斗門一使制之，任人開閉。開灕水則全入桂江，擁桂江則盡歸湘水。又于湘水鑿分水渠三十五步，以便舟行。灕水經縣郭中流。宋史溝洫志：靈渠，或謂之秦鑿渠。唐刺史魚孟威以石爲鏵隄，亘四十里，植大木爲斗門，通舟楫，然乘水漲乃可行。宋嘉祐四年，提刑李師中積薪焚其石，募工鑿之，廢斗門，而舟以通。舊志：明洪武末，遣御史嚴震直修復渠道，撤去魚鱗石，增高石埭，遇水泛，奔趨北渠，而南渠淺澁。永樂二年，改作如舊置，水患始息。今縣東有函十，渠水經此，每遇霖潦，往往齧隄爲患，因置石函以洩之，灌田數千畝，有司以時修治。

皇潭。在臨桂縣東北。本名舜潭。寰宇記：臨桂縣虞山下有潭，號曰皇潭，言舜南巡遊此，因名。

餌潭。在興安縣東十五里。一名餌江。石壁上有犀牛蹟，歲旱驅水牛百數下潭攪之，投朱書石符，雨澤立應。

渼潭。在興安縣南鏵觜之上。陽海山水與衆流匯而爲潭，湘、灕之源始此。

龍潭。在陽朔縣東南五十步雙月橋旁。濶四十餘丈，極深，出海魚，或云有竅通海，時或潮溢。

犀潭。在陽朔縣西三十里龍蹟、松江二水合處。有石穴，相傳有犀藏焉。

鈷鉧潭。在全州西七里。又有雷潭，在州西湘山之濱。范成大驂鸞録：鈷鉧，熨斗也，潭形似之。按：柳宗元鈷鉧潭記在永州，舊志以此潭當之，誤。

白石湫。在靈川縣南三十里。唐李商隱桂林詩「龍移白石湫」，即此。亦曰白石潭、白石漈。

白鶴池。在永福縣治西。

水頭泉。在永寧州西三十里。從山下石穴流出，其口大如甕，聲如雷，迅疾不可遏，溉田數百畝。

飛泉。在陽朔縣北十二里。從山腰涌出，有石數百級，飛注而下，如瀉銀河。

訾家洲。在臨桂縣東南江中。先是，訾家所居，因以名之。雖巨浸不能没，自古以爲浮洲。唐元和中，裴行立建亭洲上，柳宗元有記。

雙女井。在興安縣南七里。泉源不竭，流出南渠，入灕水。

廖家井。在興安縣南。明統志：其水清濁中分。抱朴子云，廖扶家丹井，一族數百口，飲之多壽，有至百歲者。

漳井。在全州西六十里。明統志：井有石臺中起，泉竇通波斯巖龍潭。

古蹟

始安故城。今府治。漢置，唐改名臨桂。舊唐書地理志：桂州所治，江源多桂，不生雜木，故秦時立爲桂林郡。元和志：本漢始安縣，至德二載改爲臨桂。城邑考：桂林子城，唐初李靖築。外城，唐大中間蔡襲築。又有夾城，在外城之北，唐光啓中都督陳環築。皆久圮。今城，宋皇祐中平儂智高，經略使余靖增築。王安石有桂州新城記，亦謂之外城。按：秦桂林郡在今鬱林，舊唐書以臨桂當之，誤。又始安更名臨桂，在貞觀八年，元和郡縣志作至德二載，亦誤。

全義故城。在興安縣東二里。今士人猶稱爲全義坊。唐柳宗元有全義縣北城記。

臨源故城。在興安縣西。唐初置。元和郡縣志：全義縣南至桂州一百五十里，本漢始安縣地。武德四年，分置臨源縣。大曆三年，改爲全義縣。寰宇記：時土將萬重光誘臨桂等九縣搆逆，唯臨源獨守誠節，故改爲全義。宋太平興國二年，改爲興安縣。明統志：臨源城在興安縣南鄉廖仙井旁，遺址尚存。

靈川故城。在今靈川縣東南五里。元和志：靈川縣，西南至桂州六十里。龍朔二年，分始安縣置，東臨桂江，縣在桂州東北五十二里。舊志：唐故縣，在今縣西南吕山之東，後又遷象峯下。宋紹定四年，縣令鄭延年始移今所。

陽朔故城。在今陽朔縣西十五里。元和志：陽朔縣，北至桂州一百四十里，本漢始安縣地，隋開皇十年分置，取陽朔山爲名。寰宇記：在灕水東二十里永樂水西。按：今縣在灕水西，疑自南宋後移治也。又有古樂州城，在縣南二十里，相傳唐初樂州置此，後始移於平樂。

理定故城。在永福縣西南。隋置興安縣，唐改爲理定，明省。寰宇記：理定縣，在桂州西南三百里，本漢始安縣地。隋仁壽初分置興安縣，至德二載改爲理定縣〔一〕。舊志：理定故城，在永福西南四十里。宋遷治上清音驛，在今縣西北。元遷治上橫塘驛，在今縣西南六十里。明正統五年，廢縣爲堡。嘉靖二十二年，縣令林天榮重築甎城，設兵防守。

永福故城。今縣治。元和志：永福縣東北至桂州一百里。武德四年，析始安縣之永福鄉置，因以爲名。寰宇記：隋開皇十一年，割永福鄉於廢龍口戍置。按：新唐書地理志桂州永福縣，武德四年析始安置。元和志同。隋志始安郡無永福縣。寰宇記云隋開皇十一年置，未知何據。

洮陽故城。在全州北。漢置，屬零陵郡。隋開皇中廢。水經注：洮水出洮陽縣西南。漢元朔五年，封長沙定王子爲侯國。州志：洮陽故城，在州北三十五里，地名改州灘。

零陵故城。在全州北。漢置零陵縣，爲零陵郡治。後漢移郡治泉陵，以縣屬之，以對零陵郡而言，亦謂之小零陵。隋平陳，廢小零陵入湘源。舊唐志云：零陵故城，在湘源縣南七十八里。州志云：全州北三十里曰梅潭，有舊城址，濠塹尚存，俗稱改州。

灌陽故城。在今灌陽縣西。三國吳置，曰觀陽，後爲灌陽。隋廢入湘源，唐復置。水經注：觀水北逕觀陽縣西，縣蓋即水爲名也。元和志：灌陽縣北至永州三百六十里，本漢零陵縣地。隋大業末，蕭銑析湘源縣置。唐武德七年廢。上元二年，呂諲奏置。縣志：舊治在今縣西二十里雀兒山前，隋初建縣於此，後遷今治。按：漢、晉、宋、齊地志俱云觀陽，隋志始有灌陽之名，而云縣有觀水。元和志：灌陽縣有灌水。縣志：春陵有漢灌陽長熊君碑，是後漢稱灌陽。蓋觀、灌音同，古通用也。

古田舊城。在永寧州南。唐置古縣，屬桂州。明初改爲古田。寰宇記：古縣場，在桂州西南一百五十里。唐乾寧三年分慕化縣三里一鄉爲場。舊志：明弘治五年，猺酋覃萬賢等陷古田，分立八寨，永福邊山、靈川七都百餘里間皆其巢穴。隆慶五年，撫臣殷正茂討平之，因奏請改縣置州，曰永寧，兼置桐木、富禄、常安土巡檢，改驛傳僉事爲古田兵備副使，置古田守禦千户所，設分守參將、守備各一員，與兵備駐州城彈壓。州志：古田故城，在今州南三十里，明初移於今州南八里。成化十八年又移今治。其古田守禦所今裁。

福禄廢縣。在臨桂縣治東。唐書地理志：臨桂，武德四年置。福禄縣，貞觀八年省入。

歸義廢縣。唐書地理志：陽朔，武德四年置。歸義縣，貞觀元年省入。舊志：在陽朔縣西十五里寨山下，今曰舊縣村。相近又有壩州城，鄉民農隙常教閱其中。

熙平廢縣。在陽朔縣東北。晉書地理志：始安郡熙平。宋書州郡志：三國吴立，曰尚安，晉武改名。水經注：縣本始安之扶鄉，孫晧割以爲縣，蕭齊後廢。舊志有興平墟，在縣東北四十里，以熙、興聲相近而訛也。

宣風廢縣。在永福縣南。唐書地理志：武德四年，置宣風縣。貞觀十二年省入理定。

清湘廢縣。今全州治。隋書地理志：零陵郡湘源縣，平陳，廢洮陽、灌陽、小零陵三縣置。元和志：湘源縣東北至永州一百三十里，本漢洮陽縣地，隋改置。唐屬永州。五代史職方考：全州，楚王馬希範置，以潭州之湘川縣爲清湘縣，又割灌陽縣爲屬，而治清湘。舊志：湘源故城，在全州城西七里。周顯德三年，遷今州城内，而故城遂廢。明初省縣入州。按：湘源，五代史作湘川，疑誤。

慕化舊縣。在永寧州南。元和志：慕化縣，東北至桂州二百二十里。武德四年，析始安縣置。寰宇記：本漢潭中縣地。晉太康元年，分吴所置武豐縣於此置常安縣。蕭齊又於縣置常安戍。梁改置梁化縣。隋改曰純化。唐永貞元年，改曰慕化，以避憲宗廟諱。宋史地理志：臨桂，嘉祐六年廢慕化縣入焉。舊志：今有常安鎮，猶以故縣爲名。

廣明舊縣。在義寧縣東北。唐末湖南馬氏奏置，屬桂州。晉開運三年，改屬溥州，南漢因之。宋初廢。今有古城墟。

漢城。在臨桂縣東北。舊志：相傳漢軍伐南越時築，遺址尚存。

故越城。在興安縣越城嶺西南。元和志：在全義縣西南五十里。漢高后時，遣周竈擊南越，趙陀踞險爲城，竈不能踰嶺，即此。

秦城。在興安縣西南四十里。桂海虞衡志云：秦城，相傳秦戍五嶺時築，在湘水之南，融、灕二水間。遺址尚存，石甃無恙。北近嚴關，羣山環之，鳥道不可方軌。唐光化初，馬殷引兵取桂州，静海帥劉士政遣將王建武屯秦城，即此。

桂林故衛。在府城内。明洪武八年建左衛，十二年改爲中衛。又有桂林右衛，與左衛同建。又廣西護衛，亦在府城内。洪武五年，爲靖江王府置。今俱廢。

歸義場。今義寧縣治。寰宇記：晉天福八年，析靈川縣歸義鄉爲場，尋升爲義寧縣，屬桂州。東去州八十里。宋史地理志：静江府義寧，馬氏奏置。

萬壽殿。在臨桂縣東北獨秀山南。元時以順帝潛邸建。明洪武五年，封從孫守謙爲靖江王，改建府第於此。

平易堂。在府治。又有正夏堂，宋范成大建。

八桂堂。在臨桂縣北。宋紹聖中，知桂州程節治圃築堂，有熙春臺、流桂泉、知魚閣諸勝，李彦弼爲記。按：明統志作范成大建，誤。

四友堂。在灌陽縣治西隅。宋淳祐中縣令黄子成建，江萬里有記。

無倦齋。在府治東。宋張栻有記。

明遠樓。在府治。元建，虞集作記。

逍遥樓。在府城東隅。寰宇記：在桂州城東角上，軒楹重疊，俯視山川。舊志：宋崇寧間改爲湘南樓，李彦弼有記。

楚南偉觀樓。在全州治圃中。一名高秋樓。宋守陳峴建，並記。

湘春樓。在全州城大南門，又名鎮湘樓。宋吴泰有記。

瀹漪閣。在府治南。宋陶弼有詩。

棠陰閣。在府城上。宋張孝祥有記。又泛渌閣，在府治揭諦塘旁。

青蘿閣。在臨桂縣南雉山寺。宋孫覿有詩。

捲烟閣。在全州西二里。曹學佺名勝志：閣在盤石山椒，取宋柳開詩「疏箔捲烟霧」句也。

超然亭。在府城西。唐折彦質、宋孫覿俱有詩。

碧潯亭。在府城東北隅。唐大中初，韋瓘建，曹鄴有詩。

南薰亭。在府城北。宋守張栻建。

拱極亭。在府東門外疊綵巖北。元郭思誠建。

碧虚亭。在臨桂縣東七星山。宋范成大碧虚亭銘序云：唐鄭冠卿遇日華、月華君于棲霞洞，與之笛，不能成聲，傾壺飲之，僅得滴瀝，獨記其贈詩三篇。出門見采樵者，問曰：「洞中樂乎？」跬步亦失所在。今小築其處以識之。其詩有「碧虚」之句，即以爲亭額。

依緑亭。在全州治圃中。宋守陳峴有詩。内有環秀堂。又濯纓亭，在州西。又合江亭，在完山上，明州守顧璘建。

碧梧臺。在全州西。宋林岊建，有記。

登春臺。在全州柳山側。上有熙熙亭，宋林岊建。

顔延之宅。在臨桂縣獨秀山下，有讀書亭。又有五詠堂，在獨秀山前，以延之有五君詠，故名。宋守孫覽有記。宅後爲興福寺，今廢。

宋之問宅。在臨桂縣南二里，即元山觀也。宋柳開有記。後改爲真仙觀。

曹鄴宅。有二。一在臨桂縣西阜財坊，唐大中間，觀察使令狐綯以鄴登第，改爲遷鶯坊。一在陽朔縣東北龍頭山下，有讀書堂，後建爲書院，尋廢爲慈光寺。元延祐七年，於寺建文會堂。明成化中，撤寺復建，尋廢。

唐承裕宅。在興安縣北二十里。五代時，承裕避地於此，後仕宋，有璽書亭，藏藝祖所賜書。淳熙間，張栻爲記。

王世則宅。在永福縣北鳳巢山之陽。

榕樹門。即古南門，在府學前。相傳唐時築門，上植榕一株，歲久根跨門外，盤錯至地，若天成焉。元至正間忽悴，守臣祭之復茂，至今猶存。

忠義門。在永福縣西毛峒里。宋時旌表，李珙立。

關隘

東關。在臨桂縣東江門外。又南關，在縣南馬神廟前。北關，在縣北拱極樓前。中關，在縣西南文昌門外。皆近郊之捍衛。又河泊關，在縣東南河泊所之東。

嚴關。在興安縣西南十七里。兩山對峙，中爲通道，勢極險隘。其南二十里即秦城，爲楚、粵之咽喉，設兵戍守。又小嚴關，距嚴關二里，與嚴關相犄角，亦守險之要地。

下營關。在興安縣西五里。

榕樹關。在陽朔縣西門外。

石櫃關。在陽朔縣西一里許。一名老西關，明洪武三十年建。後廢。崇禎時重建於屏風山龍躍巖，名曰新城，駐兵防守。又山南關，在縣城南。東桃關，在縣城北。

楊梅關。在義寧縣東十五里，接臨桂縣界。山勢崎嶇，中通一路，爲義寧縣之門户。

黄沙關。在全州東北七十五里，道出湖南永州府。關前有渡。又砦墟關，在州西北三十里，道出湖南寶慶府，下有渡。

昭義關。在灌陽縣北六十里。舊嘗置昭義驛於此。又縣北八里亦有石櫃關。

金竹隘。在陽朔縣西北，天鵞、都利二山之間。明嘉靖初，建關門於此。琵琶隘、鷄洞嶺隘、杜元山隘，皆在縣南。長滿隘，在縣西南。又荆柴隘、古壍隘、欄木橋隘及古隘、古黿隘，皆在縣西。

廖家隘。在陽朔縣東北，天鵞、龍頭二山之間。一名廖家岜。

黄峯隘。在義寧縣東三里，接靈川界。明末汛守，今廢。

六塘墟巡司。在臨桂縣南七十里。本朝乾隆三十一年設。又蘆田市，在縣西五十里。

蘇橋巡司。在臨桂縣西六十五里。本朝乾隆十七年設。

社水巡司。在興安縣西北一百里。向駐六峒，本朝乾隆六年移駐社水。

喇峒巡司。在永寧州南一百二十里。本朝雍正七年設。

崇順里巡司。在灌陽縣西南八十里。本名吉安砦，宋置吉安巡司，明洪武中改名，本朝因之。

龍勝巡司。在龍勝廳治。本朝乾隆六年裁桑江司改設，屬龍勝通判。

廣南巡司。在龍勝廳西六十里。本朝乾隆三十一年設，屬龍勝通判。

山棗巡司。在全州南六十里。明正德二年置驛。本朝康熙二十五年改爲巡司。

山角巡司。在全州北五十里。明洪武四年置驛。本朝康熙二十五年改爲巡司。

峽口鎮。在臨桂縣東。九域志：臨桂有峽口、永安、仙保、浪石、慕化五鎮。

永寧鎮〔一二〕。在靈川縣東四都靈村。有土城，鄉民築以禦蠻。

白石鎮。在靈川縣南三十里白石潭上。又千秋峽，在縣東北五里銀江濱。

塘下鎮。在靈川縣西南。九域志：靈川縣有塘下鎮。縣志：塘下墟，在縣西南三十里。

常安鎮。在永寧州南一百二十里。東連永福，西接雒容，獞、猺出没之所，咽喉要地。又桐木鎮，在州南五十里。富禄鎮，在州西南七十里。接融縣界，山高嶺峻，並屬險要，舊俱設土巡檢，明萬曆二十二年裁。

蘭麻鎮。在永福縣西南四十里。又銅鼓市，在縣東北四十里。

建安鎮。在全州西南六十里。明洪武二十年，置建安驛。三十年又置巡司，萬曆九年並裁。

西延鎮。在全州西一百里。元至正中置巡司，尋廢。明洪武六年復置，即故延峒地，今裁。其地多猺，宋有延峒蠻粟氏，聚族居此，爲柳開所降。本朝雍正八年，移州同駐此。

宜湘鎮。在全州北七十里。今有宜香市。九域志：清湘縣有香烟、麻田、西延、建安、宜湘五鎮。

柳浦鎮。在全州東北七十里。明洪武元年置柳浦驛，三十年又置巡司，萬曆九年並裁。

城田鎮。在灌陽縣西南八十里。又經田鎮，在縣東南七十里。

倚雲營。在永福縣北鳳巢山上。明嘉靖九年，縣令胡觀壘石爲城，以爲北城護衛。今廢。

大墟。在臨桂縣東南三十里。本朝嘉慶十三年移同知駐此。

都樂墟。在陽朔縣南。

大河墟。在永寧州東南六十里。本朝康熙十年新設。又平頭墟，在州南常安鎮，西接雒容縣，土產饒沃，負販大率由此。

白竹砦。在陽朔縣西二十五里。舊有巡司，明嘉靖間裁。

長烏砦。在全州東北六十里。宋時置砦，今有長烏村。

伏荔市。在陽朔縣東南十五里。其南爲伏荔渡，舊有巡司，本朝乾隆八年裁。

大橋堡。在靈川縣西南七十五里，接義寧縣界。又藍田堡，在縣西北八十里，接興安、義寧二縣界。舊皆有兵汛守。

金寶頂堡。在陽朔縣西四十里。舊志：縣境猺、獞出没，有莊頭、鬼仔諸巢，逼近府江。明隆慶五年設金寶、大水田二堡戍守。萬曆初，賊廖金濫等作亂，撫臣郭應聘討平之，置戍於金寶頂、遇龍、翠屏、繖山諸堡。本朝康熙八年設遊擊一員，駐防各隘口。

鳳凰堡。在永寧州東南三十里鳳凰山。四面皆山，極爲險峻。明弘治中，韋銀豹據此爲巢。今有兵防守。

蓮塘堡。在永寧州西二十里，路通懷遠縣。其地險要，有兵防守。

海灣堡。在永福縣西二十里，接永寧州界。又有永福堡，在縣西，有兵戍守。

鵞橋堡。在義寧縣南十二里。有兵汛守。

貝子堡。在義寧縣西北桑江口北，西屬縣境，東屬靈川，並通興安及湖南城步、綏寧等地。猺、獞雜居二十餘村。本朝康熙五十六年，設兵分守桑江、皮水、石門諸要。石門堡，在縣東，有石如門限。又透江堡，在縣西南。塘頭堡，在縣北塘頭村，今移老廟隘口。龍巖堡，在縣東北桐山。

東江驛。在臨桂縣東北。舊志：望秦驛，宋改爲桂城驛，明初移今所，曰東江驛，北至靈川縣大龍驛五十里，西南至永福縣三里驛一百里，南至陽朔縣古祚驛一百二十里。有馬站。本朝雍正七年，增設省城、蘇橋二站。舊有驛丞，雍正十年裁。

白雲驛。在興安縣東北，西至靈川縣大龍驛八十里，東至全州城南驛一百二十八里。

大龍驛。在靈川縣東北，南至臨桂縣東江驛五十里，東北至興安縣白雲驛八十里。舊有驛丞，本朝順治十六年裁。

古祚驛。在陽朔縣北龍頭山下，北至臨桂縣東江驛一百二十里，東至平樂府平樂縣照潭驛一百里。

三里驛。在永福縣治東，東至臨桂縣東江驛一百里，西至柳州府雒容縣一百八十里。又有橫塘驛，爲西北柳州之道。

城南驛。在全州北，西至興安縣白雲驛一百二十八里，東至湖南零陵縣一百四十里。

校勘記

〔一〕東至平樂府恭城縣界九十里西至永寧州界八十里　「九十里」、「八十里」，乾隆志卷三五五桂林府建置沿革（下同卷簡稱乾隆志）分别作「六十里」、「五十里」。按，上文云「東西距一百十里」，本志依此則東西實距一百七十里，與之不合。蓋本志承襲乾隆志，改於此，於彼卻失於照應，此史臣之疏誤。

〔二〕在臨桂縣城正北一百步　「正北」，乾隆志同，太平寰宇記卷一六二嶺南道桂州作「西北」。

〔三〕秀異迴出　「迴」，原作「廻」，據乾隆志及太平寰宇記卷一六二嶺南道桂州改。按，寰宇記此下尚有「郭中」二字。

〔四〕嵯峨郡邑間　「郡」，乾隆志同，太平寰宇記卷一六二嶺南道桂州引顏延之詩作「郭」，雍正廣西通志卷一三山川引顏詩作「郭」。

〔五〕洞門内數里　乾隆志同，太平寰宇記卷一六二嶺南道桂州無「内」字，輿地紀勝卷一〇三靜江府引太平寰宇記作「洞門數重」。

〔六〕邑人慕堯之風遂名爲堯山　上「堯」字，原作「舜」，乾隆志同，據太平寰宇記卷一六二嶺南道桂州及文意改。

〔七〕爲縣南鎮上有平田數畝　乾隆志同。按，疑「鎮」下脱「山」字，或「上」爲「山」字之訛。

〔八〕有石似人　「有」，原無，據乾隆志補。

〔九〕下有吴威南將軍薛珝墓　「珝」，原作「翊」，乾隆志及雍正廣西通志卷一三山川、明一統志卷八三桂林府山川同。考三國志卷四八吴書孫晧傳有威南將軍薛珝，又三國志卷五三薛綜傳載，綜子珝，「官至威南將軍，征交阯還，道病死」。當即此人，因據改。後世史書多有訛作「薛翊」者，乾隆志及本志未察。

〔一〇〕觀水出臨賀郡之謝沐縣界　「謝沐縣」，乾隆志同，水經注卷三八資水作「謝沭縣」。按，今通行本漢書地理志、晉書地理志字皆作「沐」，資治通鑑卷一四五梁紀有謝沐縣公寶義，胡三省注引晉志謂屬臨賀郡，又註音「食聿翻」，則以作「沭」爲正。蓋二字僅點畫之異，故易相亂。今湖南江永縣（舊永明縣，鄰灌陽縣）西南二十五里有謝沐鄉，蓋其舊治。

〔一一〕至德二載改爲理定縣　「至德」，原作「武德」，據乾隆志卷三五六桂林府古蹟及太平寰宇記卷一六二嶺南道桂州改。

〔一二〕永寧鎮　「寧」，原作「安」，據乾隆志卷三六五桂林府關隘改。按，本志避清宣宗諱改字。

大清一統志卷四百六十二

桂林府二

津梁

陽橋。在府城内譙樓前。宋建，名青帶，又名通濟。明初修，改今名。本朝順治十八年修。

永濟浮橋。在臨桂縣東江門外。明正德四年，撫臣陳金造舟五十，兩岸植鐵柱四，中貫以鐵纜二，各長百餘丈。後廢。本朝順治十七年重建，雍正六年修。

天柱橋。在臨桂縣東。舊名花橋，又名嘉熙。明景泰間建，有石筍自平坡突起，形如礎柱，故名。本朝康熙二十年修，乾隆三十三年重修。

横橋。在臨桂縣南門外。舊建以扼全城水勢，後圮。本朝康熙二十四年重建。

定西橋。在臨桂縣西門外。

長安橋。在臨桂縣文昌門外二里。舊名太平橋。本朝乾隆五十年修。

西新橋。在臨桂縣武勝門外。明洪武初建。本朝乾隆六十年修。

獨峯橋。在興安縣西南二十餘里。本朝雍正十一年重建。

萬里橋。在興安縣東北一里灕江上。唐李渤建。明洪武時修。

長壽橋。在靈川縣西四里。本朝康熙三十年建。

甘棠橋。在靈川縣西南二十里。舊有甘棠渡。本朝康熙五十一年，撫臣陳元龍造舟三十爲浮梁。乾隆二十九年修。

安行橋。在靈川縣北七里。

攀龍橋。在陽朔縣東北四十里。宋淳祐間建。

廣豐橋。在陽朔縣東北一百里。宋嘉熙時建〔一〕。

太平橋。在永寧州北郭外。明萬曆間建。本朝康熙六十一年重建。

華蓋橋。在永福縣東。舊名獅子橋，宋淳熙中建。

惠政橋。在義寧縣南門外。

和豐橋。在義寧縣南三里。

飛鸞橋。在全州西五里，跨羅水。宋建。本朝康熙二十年重建，乾隆年間修。

廣濟橋。在全州西五十里，跨白沙水。明嘉靖中建。本朝雍正七年修。

文家橋。在全州東北八十里。明嘉靖間建，長二十餘丈，上覆以屋，兩埠有亭，市賈日集亭下。

龍川橋。在灌陽縣北三里。明洪武初建。

通濟橋。在灌陽縣北十里。明初建，曰登雲。景泰間上覆瓦亭，改曰德興。後圮。本朝康熙三十六年重建，更今名。

隄堰

回濤隄。在臨桂縣東。唐書地理志：桂林東南有回濤隄，以捍桂水，貞元十四年築。寰宇記：在城東南十五步桂江西岸。其水南流經桂嶺，去州二百餘里，水勢極高。唐貞元十四年，刺史王拱築，隄長五百五十四步，以捍水勢。

龍眼堰。在興安縣東。又辛家堰，在縣南。皆靈渠之水分引溉田處。

南、北二堰。皆在靈川縣北三里。堰潞江水，溉田二千餘頃。又有蓮花塘，在縣南。黄花塘，在縣西北。皆潴水溉田處。

東石渠。在陽朔縣東獅子山下。石崖天成，有兩甕，深數丈，積水澄泓。

靈陂。有二。一在臨桂縣東北二十里。唐景隆中，桂州都督王晙堰灘水溉田處。宋乾道中，經略李浩開營田再築。淳熙中，經略詹儀之重修。久廢。一在陽朔縣西北七十里。雷雨所成，涌水成江，潴以溉田。

趙家陂。在興安縣西七里。源出石康嶺。又八字陂，在縣治東半里許。斜陂，在縣北四里，引靈渌水合北渠。沿潭陂，在縣西三十里，上承趙家陂，下合灘江。觀陂，在縣西五十里，引黄柏、六峒水溉田。昌陂，在縣南六十里，引陽海山水灌田〔二〕。

清渌陂。在陽朔縣西十五里。亦曰清渌塘，溉田甚廣。

湖塘。在臨桂縣東十五里。又有龍塘。二塘相通，廣數百畝。其旁又有潤塘、耿塘。又石家九塘，在縣南。沙塘，在縣西。俱利灌溉。

古育塘。在義寧縣東北。相近爲横塘。又有壺塘，在縣南。皆灌田數百畝。

陵墓

古

雙塚。在臨桂縣境。寰宇記：臨桂縣有雙妃塚，高十餘丈，周迴二里，舊傳二妃尋舜而卒，葬於此。

三國　吴

薛珝墓〔三〕。在陽朔縣西威南山下。

唐

歐陽普贊墓。在臨桂縣北。寰宇記：在桂州北郭外松林盡處，唐初安南都護本靈川人，葬此。其舊宅，今聖壽寺是，有廟在寺北。

宋

唐承裕墓。在全州西覺山鋪下。

明

靖江諸王墓。在臨桂縣北堯山麓。

蔣冕墓。在全州尹家塘。

孝子曹正儒墓。在全州湴塘。

本朝

陳弘謀墓。在臨桂縣東畔村。弘謀任東閣大學士，乾隆三十七年賜祭葬。

陳枚墓。在全州馬山。枚知山東堂邑縣，贈中憲大夫。

祠廟

三先生祠。在府學明倫堂之旁，祀宋周子、二程子，張栻有碑記。今廢。

四賢祠。在府城内，祀明王守仁、山雲、舒清、劉大夏。

三賢祠。在府城内，祀本朝巡撫郝浴、學政王如辰、運使高熊徵。康熙年間修，有孫勷碑記。

雙忠祠。在府城内。本朝康熙二十一年敕建，祀巡撫馬雄鎮、傅弘烈。

諸葛武侯祠。在府西寶積山。元至治間，追封威烈忠武顯靈仁濟王。本朝雍正十一年奉旨修建。

李衛公祠。在臨桂縣東七星山下，祀唐李靖。

裴公祠。在臨桂縣東南訾家洲上，祀唐裴行立。

定南王祠。在臨桂縣疊綵山。郡人立祠，祀本朝定南王孔有德。

陽海祠。在興安縣陽海山下。舊志：一名靈澤廟。宋乾道間范成大請封爲靈澤侯，故名。本朝雍正十年重修，敕封安流襄績陽海山神，御書「陽朔靈源」扁額。

俞公祠。在永寧州西南隅，祀明總兵俞大猷。

七先生祠。在全州學。宋嘉定八年，州守林岊建，祀周、程、張、朱五子及柳開、張栻，岊有碑記。

柳侯祠。在全州北柳山，祀宋柳開。有孫次鐸碑記。

忠孝祠。在全州湘山，祀明曹學臣及子正儒。

平章廟。在府城内西北，祀元平章政事額爾吉訥。本朝乾隆十九年學使許道基有碑記。

舜廟。在臨桂縣東北。寰宇記：在臨桂縣虞山下，宋淳熙間修。本朝康熙十六年，奉敕修，内有御書「清慎勤」扁。乾隆二十三年修，四十五年重修。

伏波廟。在臨桂縣伏波山下。寰宇記：在桂州郭中東北二里。唐乾符二年，敕封靈昭王。本朝乾隆五十八年修。

堯廟。在靈川縣南堯山。宋淳熙間，桂州經略使張栻修，有謁廟文刻石。本朝雍正八年修，嘉慶五年重修。

于公廟。在永寧州南門外，祀唐于向。

廣福王廟。在義寧縣西北十五里。舊稱惠安廟，祀蜀漢裨將武當。當偕諸葛武侯南征，追奔踰嶺，溺死智慧源，後土人祀之，禱雨輒應。紹興間，加封英濟廣福王。其後臨桂、靈川皆有廟。本朝乾隆八年，敕封顯佑英濟廣福王。

二妃廟。在全州城南，祀虞帝二妃。漢初平元年建。唐元和九年修，柳宗元有碑銘。本朝乾隆十二年修，嘉慶四年重修。

盤石廟。在全州西三里，祀宋州守王世行，黄庭堅有記。

寺觀

萬壽寺。在府城南門外。隋建。舊名永寧〔四〕。元賜書「圓覺」，虞集作記。本朝順治十五年重建。

棲霞寺。在臨桂縣東七星巖下。唐建。本朝順治十五年重建。

如意寺。在靈川縣南。唐建。本朝康熙五十八年重建，爲慶賀習儀所。

鑑山寺。在陽朔縣南鑑山下。宋建。

報恩寺。在陽朔縣北。宋景定間建。

上乘寺。在永福縣東門外。明洪武初建。

香林寺。在義寧縣西南。唐咸通五年建。

湘山寺。在全州西門外湘山之陽。唐乾符三年建，有無量壽佛塔。本名光孝寺，又名景德寺，宋賜今額。本朝康熙五十二年，御書「壽世慈蔭」扁額。

慧明寺。在灌陽縣西關外。舊名梁興。唐建。宋祥符間賜額。

大覺寺。在灌陽縣北五十里。舊名黄潭。宋熙寧中賜額。

慶林觀。在臨桂縣東七星山棲霞洞前。又名東觀。唐建。

五嶽觀。在臨桂縣西。唐建，名天慶觀，宋改今名。亦名東觀。

名宦

晉

干寶。新蔡人。始安太守。治尚清静，公退即務著述。

南北朝 宋

顔延之。臨沂人。少帝時遷始安太守。謝晦謂延之曰：「昔阮咸爲始平郡，今卿又爲始安，可謂『二始』。」

齊

裴昭明。聞喜人。永明三年爲始安内史。郡人龔元宣詭云神人與其玉印玉版，書不須筆，吹紙便成字，以此惑衆，前後郡太守敬事之。昭明付獄案罪。

梁

裴邃。聞喜人。天監中遷始安太守。邃志立功邊陲，不願閒遠，乃致書呂僧珍曰：「昔阮咸、顔延之有『二始』之嘆，吾才不逮古人，今爲『三始』，非其願也。」

唐

李襲志。安康人。武德初，高祖召爲桂州總管，封始安郡公，轉桂州都督，前後任桂州二十八年。政尚清省，南荒便之。

魚孟威。咸通中鎮桂州。時靈渠十八斗門已廢，孟威以石爲鏵隄，亘四十里，植大木爲斗門至十八重，乃通巨舟。

宋

柳開。大名人。端拱初知全州。西延洞有粟氏常刼民口糧畜，開作衣帶巾帽，選牙吏勇辯者三輩，使人以利害諭之。粟氏懼，留二吏爲質，率其酋四人與一吏偕來。開厚其犒賜，遣還，如期攜老幼悉至。開賦其居業，作時鑑一篇，刻石戒之。

常延信。平晉人。雍熙中爲全、邵六州都巡檢使〔五〕，充羊狀六砦都鈐轄。誠州蠻歸款，命延信馳入溪峒，索其要領。又逐蠻直趣古鎮，過西延、大木諸峒，蠻人慴服。

曹克明。百丈人。景德中知桂州，兼管勾溪峒公事。州人覆茅爲屋，歲多火，克明選北軍教以陶瓦，又激江水入城以防火災。

馮仲己。河陽人。天聖中自邕州改知桂州，兼廣西鈐轄。會安化蠻犯邊，官軍不利，仁宗遣中人趣仲己討之。仲己疾馳至宜州，單騎出陣，語酋豪曰：「朝廷撫汝甚厚，汝乃自取滅亡耶？」皆仰泣羅拜，率衆降。

陶弼。永州人。慶曆中，討儂智高，以功得陽朔簿。後調陽朔令。課民植木官道旁，夾數百里，行者無暑暍之苦，他郡縣悉效之。

陸詵。餘杭人。知桂州。自儂猺定後，交人浸驕，守帥常姑息。詵至部，其使者黎順宗來，詵召問折諭，懾伏而去。詵遂至邕州，集左、右江四十五峒首詣麾下，閱簡壯丁五萬，補置將吏，更鑄印給之，軍聲益張。交人遣使入貢。

張田。澶淵人。知桂州。異時蠻使朝貢假道，與方伯抗禮。田獨坐堂上，使引入拜於庭，而犒賄加腆。土豪劉紀、盧豹素爲邊患，訖田去不敢肆。京師禁兵來戍，不習風土，往往病於瘴癘，田以兵法訓峒丁，面奏罷戍。

蕭注。新喻人。神宗時，知桂州。既至，種酋皆來謁，注延訪山川曲折，老幼安否，均得懽心。有獻征南策者，輒不聽。

孫構。博平人。神宗時，交阯入寇，以構知桂州，聲言將犄角擣其巢穴。寇聞，引去。

劉彝。福州人。熙寧中知桂州。言：「舊制，宜、邕、桂、融、欽五郡土丁〔六〕，成丁已上者皆籍之。既接蠻徼，自懼寇掠，守禦應援，不待驅策。而近制，主户自第四等已上，三取一以爲土丁。而旁寨多非四等已上〔七〕，若三丁籍一，則減舊丁十之七。餘三分以爲保丁，保丁多處内地，又俟其益習武事，則當蠲土丁之籍〔八〕。恐邊備有缺，請如舊制。」從之。

張頡。桃源人。熙寧中知桂州。黎峒首領請出兵自效，命頡處其事。頡召見，補以牙校，喜而去。詔問何賞之薄，對曰：「荒徼蠻蜑，無他覬，得是足矣。」尋罷兵，海外訖無事。

熊本。鄱陽人。元豐中，宜州蠻擾邊，徙本知桂州。至則諭溪峒酋長，戒邊吏勿生事，請選將練兵代戍，益市馬以足騎兵。

宜州遂無事。時以順州賜李乾德，疆畫未正，交人緣是輒暴勿陽地，本檄問狀，乾德歛兵謝。本因請以宿桑八峒不毛之地賜之，南荒遂安。轉運判官許彥先謀通湖南鹽於廣西，計口授民，度可得息三十萬。本言桂管民貧地瘠，恐不堪命。議遂格。

謝麟。甌寧人。元祐初知桂州。融江有夷警，將吏議致討，麟部土人使極南，而北兵止屯近郡，賴以全者甚衆。

徐勣。南陵人。哲宗時，選桂州教授。王師討交阯，轉運使檄勣從軍，餉路瘴險，民當役者多避匿，捕得千餘人，使者使勣杖之。勣曰：「是固有罪，然皆饑羸病乏，不足勝杖。」使者怒，欲並劾勣，勣力爭不變。郭逵宿留不進，勣謂副使趙卨曰：「師出淹時，而主帥無討賊意，何由成功？」因具蠻人情狀疏於朝。既而逵、卨果皆以無功貶。

沈晦。錢塘人。紹興間爲廣西經略，知静江府。南州蠻酋莫公晟歸朝，用爲本路鈐轄羈縻之。後遁去，旁結諸蠻，歲出爲邊患。晦選老將羅統戍邊，招誘諸酋，諭以威信，皆詣府請降。晦犒遺之，結誓而去。自是，公晟孤立，不復犯邊。

高登。漳浦人。紹興中由富川簿調古縣令。豪民秦琥不法，登置之死，一郡快之。桂帥胡舜陟以古縣爲秦檜父舊治，屬登祀之，登不可。

范成大。吴郡人。乾道九年知静江府。廣西專藉鹽利，漕臣盡取之，於是屬邑有增價抑配之弊〔九〕。成大入奏，謂能裁抑漕司强取之數，以寬郡縣，則科抑可禁。帝從之。舊法，馬以四尺三寸爲限，詔加至四寸以上。成大謂互市四十年，不宜驟改。

張孝祥。烏江人。孝宗時，知静江府，兼廣南西路經略安撫使。治有政績。

張栻。綿竹人。孝宗時，知静江府，經略安撫廣南西路。所部荒殘多盜，栻簡州兵，汰冗補闕，籍諸州黥卒伉健者爲效用，申嚴保伍，羣蠻帖服。朝廷買馬横山，邊民告病，而馬不時至。栻究其利病六十餘條，奏革之。

李浩。臨川人。孝宗時，知静江府，兼廣西安撫。舊有靈渠通漕運及灌溉，歲久不治，命疏通之，民賴其利。邕管所隸安平州，其酋恃險，謀聚兵爲邊患，浩遣單使諭以禍福，許其引赦自新，即日焚撤木栅〔一〇〕，聽大府約束。

應孟明。永康人。孝宗時，知静江府，兼廣西經略安撫。初，廣西鹽易官般爲客鈔，客户無多，折閱逃避，遂抑配於民，公私交病。孟明奏除其弊。禁卒朱興弄兵雷、化間，聲勢漸張，孟明遣將縛致轅門斬之。

趙崇憲。餘干人。淳熙中知静江府，兼經略安撫。静江屬邑十，地肥磽略等，而陽朔、修仁、荔浦賦獨倍。崇憲請加蠲減，詔遞損有差。有羅蔓峒者，歲寇鈔爲暴，民何嚮父子陰導之。崇憲置之法，因嚴民夷交通之禁。先是，部内郡邑有警，輒移統府兵戍之，在宜州者百人，古縣半之。崇憲謂根本單虚，乃各置兵如戍兵數，而斂戍者以歸。

黄疇若。豐城人。淳熙間調靈川令。會萬安軍黎蠻竊發，經略司選疇若條畫招捕事宜，謂須稽原始亂爲區處之方。從之。

詹體仁。浦城人。寧宗時，知静江府。開十縣税錢二萬四千〔一一〕，蠲雜賦八千。

冷應徵。分寧人。理宗時，調静江府司録參軍。治獄平恕，轉運使范應鈴列薦於朝。

姚希得。潼川人。理宗時，知静江府，主管廣西經略安撫司公事〔一二〕，兼轉運判官。希得忠亮清儉，好引善類。廣西官署以錦爲帟幕，希得曰：「吾起身書生，安用此！」以繒纈易之。

鄧得遇。邛州人。理宗時，攝經略事，兼知静江府。德祐元年，移治蒼梧，而静江破，得遇朝服南望拜辭，投南流江而死。

元

石亨祖。真定人。至正間除全州路總管。時蠻猺入寇，城邑居民焚掠殆盡。亨祖築城郭，籍民兵以禦寇，民得安生。

陳南賓。茶陵人。至元中授全州路學正。先是，獠人焚延學宫，南賓至，亟請建廟宇，仿蘇湖學，則白鹿洞教規，訓飭士類，文化遹興。

明

左君弼。廬州人。洪武初授桂林衛指揮僉事。平上思州黄英傑及英覽之亂，威震兩江。

李德。番禺人。洪武初調義寧縣教諭。時喪亂後，黌舍頽圮，生徒零落，義寧在粤西尤號荒陋。德力爲振舉，文教漸興。

康孝良。洪武元年爲永福縣丞。殫心經畫，事無巨細，罔不整飭，縣治、學校、壇宇皆所修建。

李原受。灌陽縣丞。洪武中，蠻獠寇縣，原受調官軍勦平之，復爲築城以備守禦。

鄭曦。福建人。永樂中知永福縣。築土爲城，增修學校，立永福堡於縣西，沿蘭麻、理定、牛攏立堡，建蘭麻驛。悉心經畫，民賴以治。

周健。錢塘人。宣德間知全州。勤於民事，大著聲績。考滿，民乞留，進秩還治。

羅珣。臨安衛人。成化中知桂林府。西延、陽峒諸蠻時出刼爲興、全害。珣檄召六峒丁，簡練以待，蠻謀渡湘，珣至靈川與戰，破之。又引兵伏山口，躡殺幾盡，諸蠻自是斂迹。

蒙宗遠。番禺人。正德中任靈川典史。縣故多猺、獞，募驍民防守，名曰「打手」，皆捕官統之，宗遠約束練習，人咸思奮。賊犯城，率兵斬之，自是諸蠻屏迹。

顧璘。上元人。正德中謫知全州。以興賢養才爲首務，重建柳侯書院，躬親校士。歲旱，嘗徒跣禱覆釜山，雨隨至。

胡鶴。信豐人。嘉靖四年知永福縣。值獞賊亂，悉心守禦。以城北山高受敵，議增高城垣，重建四門、城樓。又於鳳山巔築石城。賊不敢犯。

梁若衡。順德人。崇禎末年知永福縣，爲政有聲。擢左州知州，未赴任。大兵定廣州，陳子壯謀舉兵，若衡應之。事洩，被執死。本朝乾隆四十一年，賜謚節愍。

本朝

馮瑾。保定人。知桂林府。清介平恕，嘗以「體認天理」四字見之施行，獄片言立折，多所平反。

焦勤。武功人。順治十二年知臨桂縣。臺使令鞫大獄，悉心剖折，民以無冤。大兵過省，軍需告急，會本省賦税蠲免，帑無餘金，勤籌畫轉輸，纖毫不以累民。

江楨。寧晉人。順治十二年知灌陽縣。當李定國亂後，鄰兵調至者多掠民間子女，楨力請代贖，有誣陷平民爲盜者，悉釋之，全活甚衆。

吴輅。石門人。康熙初任桂林推官。理逃人及叛盜諸大案以數十計，平心剖決，得減死若干人。衡、永食粤鹽，爲奸商侵漁，委輅行部，悉廉得之，餉賴以足。

黄朱昴。泉州人。康熙二年知永福縣。安集流民，立學校，修教化。時劇賊莫扶豹等恃險刼掠，朱昴單騎至賊巢，開誠慰諭，結以恩信，賊黨皆感泣羅拜，立爲解散，渠魁亦勢孤就擒。

李愫文。沁水人。康熙九年知永福縣。化導獞民，漸改其習，修學建署，皆捐俸成之。後離任去，民爲之泣。

朱王造。平和人。康熙十年知永寧州。吴三桂之變，王造不從賊，全家繫獄三年，死獄中。

錢元昌。海鹽人。雍正九年知桂林府。闢臨桂西鄉花巖下荒地數十頃，修隄築壩，收其租爲秀峯書院膏火，士民交受其惠。

倪國正。成都人。知義寧縣。乾隆五年，桑江苗胡金銀爲亂，國正與臨桂丞吴嗣昌、盧田巡檢魯器、下雷吏目魯懋、永寧千總潘貴入其巢，撫諭之。金銀殺嗣昌等，而閉國正於土室。絶食六日，招之降，不從死。事聞，贈按察使司僉事。嗣昌，正紅旗漢軍人。器，會稽人。懋，山陰人。貴，永寧人。各賜卹有差，建祠祀之，額曰「五忠祠」。

人物

唐

曹唐。臨桂人。太和中舉進士，累爲知府從事，及仕諸幕，頗多贈酧。有詩集。

于向。臨桂人。咸通中，從高駢討安南有功，授本州團練使。黄巢入桂林，溪峒蠻響應，向出兵禦之，巢退走。又敗蠻於都狼山〔一三〕，孤軍深入，蠻遁，向亦被創卒。巢遂陷桂管。

曹鄴。陽朔人。大中間登第，由天平節度掌書記，遷太常博士。時相高璩、白敏中相繼薨。鄴言璩交遊醜雜，進取多蹊徑，請謚爲刺。又責敏中怙威肆行，謚曰醜。其持論不阿如此。後徙居桂林，歷祠部郎中，終洋州刺史。有集三卷。

趙觀文。臨桂人。乾寧二年進士第八人，被黜者訴不當，乃重試，觀文遂魁多士。時劉季述輩專横，觀文以爲言忤時相意，謝病歸。

宋

李觀象。臨桂人。有才略，太祖時官左補闕。

王世則。永福人。太平興國八年廷試第一，太宗幸金明池，宴世則等于瓊林苑。進士賜宴自此始。淳化初，世則以右正言使交州，還朝，條事迹及山川形勢上之。進直史館。與尹黄裳、馮拯等伏闕請立許王爲儲貳，謫蒙州。後徙知永州。

朱道誠。清湘人。幼孤，母俞多病，截髮延醫，卒葬，廬於墓側，有冬筍瑞竹之異。景祐四年，有司以狀聞，賜絹米。及卒，郡守趙晰題其墓曰「朱孝子墓」。其子楊善亦廬墓。至和二年，賜米帛，如其父故事。

唐子正。興安人。治平初舉孝廉，後通判邕州。熙寧八年冬，交阯圍邕，與蘇緘固守，外援不至，城陷，與緘死之。

歐陽闢。靈川人。至和間，與弟簡同學詩於梅堯臣。元祐六年，闢舉進士，任雷州石康令。時蘇軾南遷，與之交遊。乞休歸，居無完壁。

唐叟。興安人。少孤嗜學，家貧，授徒養母。紹聖間，以經明行修，舉爲雷州海康令。蘇軾南遷過之，握手道舊。後調池州通判，遂歸舊隱。鄒浩謫昭日，訪其家，贈詩甚多。

唐諫。清湘人。初名册。元符間，與鄉人蔣舉上書論時事。崇寧間，申嚴黨禁，入黨人籍，屏居田里。後易今名，登政和五年第。嘗知峽州，廉介多惠愛。

李珙。永福人。大觀間，宜州蠻入寇，以禦賊首功，補右職。進築南丹州，以珙攝州監押，爲先鋒，羣蠻畏懼，納款歸疆。積官至武功大夫。劇賊劉花三嘯聚，自虔、吉入寇廣東，朝廷議擇將禦之，除廣東路。至則盡俘其衆，檻賊首送京師。歷邕州團練使。金人圍汴，珙募死士入援，北至衛州，敵衆數萬扼其前，珙戰死。贈忠州防禦使。

蔣炳文。興安人。政和二年通判融州。南渡後，詣行在，上書言時事，宰相趙鼎薦爲中都官。炳文願外職自試，除瓊管安撫。秩滿奏事，忤權臣意，遂辭歸。

唐時。全州人。政和二年進士。初名時臣，御筆爲去「臣」字。紹興中，官鄂、岳間，值岳飛將兵，應付軍需，甚有勞績，飛薦之。召見奏事，任静江理定令。官至澧州守。

蔣周翰。興安人。太學生。靖康初，金人犯闕，上疏請持國書使西夏請兵入援，如唐回紇破安、史故事。不報。後官德慶府教授。

黄齊。臨桂人。紹興二年進士。調富川尉，改判柳州。賜對，齊曰：「桂林賓興數狹，折納輸重。」詔增鄉貢三人，減軍輸布錢九萬有奇。攝新州，踰年種刺竹圍城千二百餘丈。後知廉州，禁採珠，民以不擾。

李守柔。臨桂人。紹興間登第，爲海康令，後改倅邕。邕守武臣，御下嚴，衣糧不時給，將大閲，衆洶洶不靖。守柔勸使移病，爲攝州事，下令發帑給諸將，引首亂者斬之，軍中肅然。歷知梧、宜、新三州。

蔣允濟。興安人。紹興間登第，任新化令。縣人不肯輸租，允濟至官，即爲要約，積年逋租，車牛屬路。後爲賓州倅，攝昭州。先是，官出錢一百予民，民輸布一疋，折布爲錢，十倍取之。允濟疏聞，減其半。尋知潯州，及守邕管，以廉介聞。

劉晞。臨桂人。有詩名。桂帥李愿中邀賦秦城王氣詩，欲以媚秦檜，晞托疾不往。後帥李大異聞而嘉之，題所居巖曰「蟄龍」。

唐俊乂。興安人。博通經史。紹興間進士，廷對以直言被黜，尋起容州倅，移守昭州。政成入奏，除知象州，尋知廉州，未赴，攝鬱林郡。賊謝實犯鄰境，俊乂躬率吏民禦之，實遁去。秩滿，遂請老，家無贏蓄。張栻帥桂時，深歎其清約。

石安民。臨桂人。紹興間登第。爲象州判官，累決冤獄，以明恕稱。分教廉、藤二州，士知嚮慕興起。喜爲詩。弟安行、安持，俱負文名，人號「三石」。同縣張仲孚亦以文藻稱，與安民相引重。著有桂林盛事記。

唐則。興安人。少以學行稱。舉進士，歷官至侍郎。歸，築館授徒，以身率後進，極寒盛暑不少倦，經史皆訓詁成一家言。

陶崇。全州人。少聰敏，十歲賦筆山詩。登嘉泰二年進士，召試館職，撰宋鐃歌鼓吹曲及楚詞七敘以進。理宗在潛邸時，崇爲講讀官，及登極被召，陳保業謹微、慎獨持久之説，又陳郡縣修武備、厚民生、勵士氣。與史彌遠不合，出知信州。卒，謚文肅。

蔣公順。全州人。精研理奥，從魏了翁遊，七年大有得。築室湘源，名曰鶴寄，了翁爲之銘。後劉之傑制置兩淮，攜公順與俱。以解安豐圍，補官監施州清江税，再調沅州黔陽尉，辟桃源令，未赴而卒。弟公峴，受業公順，亦義烈不羣。

滕處厚。全州人。少穎悟，邃於春秋。魏了翁遷渠陽，日往從遊，了翁奇之，留置門下，以古人之學勉之。後調柳州馬平簿，再辟潭州甘泉酒庫，兼帥幕。居官守正不阿。

元

唐朝。興安人。刻意力學，選授辰溪教諭，值湖、湘道阻，乃歸，授徒家塾。每講學必先示濂、洛、關、閩粹論，使之體認自得。嘗析心字之義，爲心法纂圖。後居父喪，不復仕。

秦仲禮。臨桂人。武岡峒賊擾桂城，仲禮從官兵戰，走之。以功授義寧縣尉，威攝邊猺。改臨桂令，兼防禦。修築縣治，葺學宫，團鄉兵，寬徵斂，遠近肅然。

趙元隆。興安人。爲廣西行省都事。明師壓城，元隆分守伏波門，城陷，與同官陳瑜、劉允錫皆死之。

明

王溥。桂林人。洪武進士。由郎中爲廣東參政，以廉名。其弟自家來省，屬吏與同舟，贈以布袍，溥命還之，曰：「一衣雖微，此污行辱身之漸也。」糧運由海道，多漂没。溥身至庾嶺，相度形勢，命有司鑿石填塹，修治橋梁，教民車運，民甚便之。居官數年，笥無重衣。

李文選。臨桂人。洪武時以孝行旌表。

黄驥。全州人。洪武中舉於鄉，爲沙縣教諭。永樂時擢禮科給事中，嘗三使西域。仁宗初，上疏論外夷貢馬及官軍下番之弊，詞甚剴切，帝嘉納之。自是陝西之民少甦。尋升右通政，卒。

易先。全州人。以國子生爲諒山知府，有善政。洪熙元年，交人叛，死之。贈參政。

莫愚。臨桂人。由工部郎中出知常州府。奏請減宜興歲進茶數，禁公差官凌虐有司，嚴核上官薦劾之實。皆報可。秩滿，郡民乞留，巡撫周忱以聞，詔進二階復任。

朱瓊。臨桂人。正統間舉人，知開建縣，有幹濟才。天順三年，流賊攻縣城，瓊身擊賊，無援，死之。

蔣冕。全州人。成化進士。正德時，累官户部尚書、謹身殿大學士。與楊廷和協誅江彬。世宗立，大禮議起，冕固執爲人後之説，與廷和等力争，帝譙讓。及廷和罷政，冕當國，帝逐禮部尚書汪俊以怵冕，而用席書代之，且召張璁、桂萼。冕抗章極諫，帝不悦，令馳傳歸。冕當正德之季，持正不撓，有匡弼功。世宗初，朝政雖新，而上下扞格彌甚，冕守之不移，卒齟齬以去，論者謂有古大臣風。隆慶初，謚文定。

劉本。臨桂人。成化進士，授刑部主事。宅憂廬墓，有白蓮芝草之瑞，有司聞於朝，旌其門曰「孝行」。

蔣曙。全州人。弘治進士，知贛縣，擢保定府，諸豪歛戢。歷廣東參政，平樊家屯賊，以功晉副都御史，撫鄖陽，獲賊首倪道真等。所在有聲績。仕終工部右侍郎。

劉天麒。臨桂人。弘治進士，爲工部都水司主事，分司吕梁。正德初，閹人自南都詣北者，舟經吕梁，天麒不爲禮。及橫索，頗裁抑之。爲諸閹誣奏被逮，謫貴州安莊驛丞。王守仁亦以事謫龍場驛丞，與定交。嘉靖初，追復官爵。

蕭淮。臨桂人。正德進士。由行人擢御史。宸濠將作難，人無敢言者，淮奏宜敕錦衣衛逮至究治。世宗嗣位，淮請刷錦衣冗員數千。歷僉都御史，巡撫延綏。

陳邦修。全州人。嘉靖進士。初授行人，遷給事中，劾郭勛、嚴嵩、張瓚、胡守忠等不職。又極論楚世子逆悖，乞敕定東宫出閣往還儀節，陳清牙牌等疏。帝皆嘉納。累遷南太僕少卿。

屠楷。臨桂人。嘉靖進士。由兵部主事遷吏部。時諸僚高叔嗣、李舜臣等負氣相高，楷獨簡默，諸曹亦以此重之。尚書汪鋐用事，楷典選一無所徇。累升工、吏、兵三部尚書。卒，謚恭簡。

吕調陽。臨桂人。嘉靖進士，授編修，歷官禮部尚書。侍穆宗經筵，每講輒先齋沐，期以精誠悟主，往往援引經傳，列古義以規時政，帝嘉悦之。神宗時，進文淵閣大學士，以朴忠受知。卒，謚文簡。

殷從儉。臨桂人。嘉靖進士。歷官廣東屯鹽僉事，攝嶺東兵備，提孤軍禦倭有勞。隆慶時，累擢僉都御史，巡撫福建，識治體，不爲苛細。仕終副都御史。

唐一岑。臨桂人。嘉靖中舉鄉試，知崇明縣。倭窺吴，道出崇明，一岑督勵戰守，倭來攻，敗之。已盡鋭復攻，力竭城陷，死之。贈光禄寺丞。

蔣焞。全州人。嘉靖進士，改庶吉士，授御史。方入臺，遣監刑，見楊繼盛當刑，即爲具奏，曰：「繼盛越職妄言，自取重辟，其妻哀懇，願以身代，繼盛就刑，妻必併命，恐傷陛下好生之仁，願緩其死。」奏上不報。移疾歸。

曹學程。全州人。萬曆進士。歷知石首、海寧，治行最，擢御史。時册封日本正使李宗誠遁歸，神宗惑石星言，欲遣給事一人充使，因察視情實。學程抗言不可，觸怒，下獄，將置死。子正儒刺血三上書，願以身代。後遇赦，謫戍寧遠衛。天啓中，贈太僕少卿。崇禎中，旌正儒孝子。

吕興周。臨桂人，調陽子。萬曆進士，授禮部主事，遷郎中。時鄭貴妃專寵，神宗將並封三王，舉朝無敢言，興周疏争，中外韙之。

唐世熊。灌陽人。萬曆中舉於鄉，歷知永平府。值兵燹後，極力拯救，全活者萬餘人。遷山東鹽運使。崇禎十一年，分守濟南西門，城陷，死之。本朝乾隆四十一年，賜謚節愍。

唐儼。全州人。萬曆中以孝行旌門。

唐良鋭。全州人。天啓中舉於鄉，知靈壁縣。李自成攻城急，良鋭率民固守，力竭城陷，抗駡而死。本朝乾隆四十一年，賜謚節愍。

蔣秉采。全州人。天啓中舉於鄉，知靈丘縣。崇禎七年八月，大兵攻靈丘，秉采亟募兵死守，力絀衆潰，闔門殉節。本朝乾隆四十一年，賜謚節愍。

文昌時。全州人。天啓中舉於鄉，知臨淄縣，以廉慎得民。城被圍，與訓導周輔共守，城破，舉家自焚，周輔亦殉難。本朝乾隆四十一年，賜謚節愍。

蔣佳徵。灌陽人。天啓四年舉於鄉。崇禎中，知盱眙縣，治甚有聲。縣故無城，佳徵知賊必至，訓民爲兵。十年，賊果來犯，乃設伏要害，而親率兵往誘賊，殲甚衆。賊怒，環攻之，力戰而死。其母亦投繯死。贈尚寶卿，兼建表忠祠，並母奉祀。本朝乾隆四十一年，賜謚烈愍。

文師頤。全州人。天啓甲子舉人。崇禎十五年知汝陽縣，莅任甫三日，流賊陷城，不屈死。本朝乾隆四十一年，賜謚節愍。

朱永吉。桂林人。崇禎間，雲南巡撫王伉討普名聲〔一四〕，擢爲遊擊，屢破賊衆。後吴必奎通賊，永吉身被重傷，力戰不已，會諸軍皆潰，自刎死。本朝乾隆四十一年，賜謚烈愍。

唐一中。全州人。崇禎時由舉人任鉅鹿教諭。大兵破城，抗節死。本朝乾隆四十一年，入祀忠義祠。

蔣秉芳。全州人。崇禎時，流寇猖獗，嘗作南遷疏，言金陵形勢及二祖並建兩都深意，與却敵制勝之方。尋以明經受柳城司訓。賊至，不屈死。本朝乾隆四十一年，入祀忠義祠。

朱宗臣。臨桂人。以功拜鎮西將軍，督兵守平樂。大兵至，諸鎮望風遁，宗臣堅守，城破，死之。本朝乾隆四十一年，賜謚烈愍。

孟泰。全州人。瞿式耜守粤，泰爲兵從焦璉戰有功，授守備，佐守將等禦全州，屢戰勝。後守將降，泰慟曰：「忍負國耶？」盡酖其妻妾死，乃自殺。本朝乾隆四十一年，賜謚烈愍。

趙三薦。全州人。崇禎舉人，知瑞昌縣。擢肇慶同知，未及行，城破，殉難。本朝乾隆四十一年，賜謚節愍。

周震。全州人。官中書舍人。瞿式耜題爲御史，監全州軍。諸將議舉城降，震力争不可，衆怒殺之。本朝乾隆四十一年，賜謚忠節。

劉飛漢。灌陽千户。殉難。本朝乾隆四十一年，入祀忠義祠。

陳大本。陽朔人。性至孝，母死未葬，會鄰家失火，倉卒不能舉棺，伏棺號哭，風爲返，火不之及。同縣莫秉倫亦以孝著，廬墓終身。

本朝

劉霈。灌陽人。順治初，賊曹志建盤踞龍虎關，霈招義勇屢敗之。後以力孤，爲賊所擒，詰之曰：「誰爲主此謀者？」霈厲聲曰：「汝之悖逆，吾恨不能手斷汝。」賊怒，剮之。

朱大寶。灌陽百户所部下軍人。順治三年，羣盜夜砍城行刼，大寶巡邏，見賊突至，奮勇手擊一賊，曳至縣前。羣盜蜂集，爲所殺。邑人立像祀之。

文映朝。全州人。順治間舉於鄉，任安慶府同知。以慈惠綏民，詰奸禦盜，訓士子，卹流亡，士民頌之。有德政録梓行。尋遷户部員外郎。歸，四壁蕭然，人以爲有五柳風。

黄嗣憲。臨桂廩生。潛心理學，邑士請業者，先德行而後文藝。順治己亥，以薦授懷集教諭。邑當兵燹之餘，人文凋敝，嗣憲爲設條規，殷勤訓課，一時士習翕然丕變。

唐之柏。灌陽人。順治丁酉舉人，授漢陽知縣。漢陽自明末困於兵，之柏在任，又當吴三桂肆逆，大兵往來，益著盤錯才，設水口義渡船，清丁户，緝奸宄，修學教士，分校得人。擢知雲南南安州，邑中歛錢助行，却不受。調昆陽，遷順天治中，政績卓然。爲户部刑部郎，上官倚重之。以老乞休。

文秉濂。全州舉人。康熙七年知陝西淳化縣。縣有浮糧，國初已蠲免，後虚報新墾，且溢前額，賦滋重。秉濂力争於臺使者，事乃寢。民感其德，建祠祀之。

唐正發。全州人。事巡撫馬雄鎮。會孫延齡叛，正發懷雄鎮血疏，並負其少子世永、孫國楨，由間道抵京。延齡聞之，收繫正發眷屬，妻蔣氏自經，子一介被戮。賊平，授涼州鎮守備，擢浙撫標中軍遊擊，所至有聲。

易友亮。全州人。爲巡撫馬雄鎮守備。孫延齡之變，幽雄鎮于別室，友亮鬻産賂賊，得通音問。雄鎮死，收遺骸草葬之。事聞，授襄州遊擊。

王之驥。灌陽人。廪生。孫延齡叛，之驥挈家遁迹深山，賦三峯烟雨以見志。延齡慕其名，迫令督餉，之驥堅卧，不食而死。所著有格致集。

楊啓祥。靈川人。康熙時充撫署承舍。巡撫馬雄鎮爲逆帥孫延齡所縶，啓祥奉雄鎮命，偕其子馬世濟潛奔出關，告變於江西巡撫，具疏上聞。賊平，授山西壽陽守備。

余日鼎。永寧州人。康熙間歲貢。吴三桂叛，民駭奔，田蕪不治。左江道劉曉知日鼎行誼，委以招撫逃亡，民咸歸集。任懷遠訓導。兵燹之餘，興修學宫，招徠庠士，興行講學。卒祀鄉賢祠。

劉懋藻。全州人。事親色養備至。明末遭亂，田園荒蕪，舌耕以供菽水。親没，哀毁骨立，飦粥三年。兄弟藹然一室，兄卒後，遺産悉畀諸姪。與人交，然諾不苟。

梁敦峻。全州人。康熙壬子舉人。早孤，事母盡孝，讀書他所，距家數里，每日必歸省。值吴三桂叛，僞黨慕名招之，敦峻奉母遠避深山。後爲延長令，乞侍養歸，十餘年未嘗一夕宿于外。母年九十三，壽終，敦峻亦以哀毁卒。

謝賜履。全州人。年二十，與父明英同中康熙辛酉舉人，知感恩縣。甫兩月，值海寇薄城，賜履禦賊有方。嗣由黔江知縣，累遷户部郎中，出爲永平知府。永平夏澇傷稼，賜履出庫帑以賑饑民，勸富民出粟以助，赴上官請粟百艘，民賴以生。歷任天津道，湖北按察使，巡撫山東、兩浙鹽政，以疾乞休。子庭琪，雍正二年進士，知神池縣，調安邑，擢太原知府，所在有政聲。

蔣延宏。全州人。性孝友。少值兵燹，幼弟被掠，其母以念子故失明。延宏椎胸飲泣，晝夜籲天。越三年，乃從雲南得弟以歸。母喜甚，目忽明。

朱履躍。臨桂人。以孝著。母疾，祝天願以身代。母没，廬墓如禮。平生以敦行爲先，恤孤賙貧，閭黨奉爲模準。又同邑周尚文，事母以孝聞。嘗置義田，營義葬，鄉里推爲長者。

蔣芾。全州人。康熙丁卯舉人，知魏縣。涖政精明，巡撫下其事於所屬，以爲法。魏濱漳河，久罹水患，芾躬負畚鍤，三日夜隄成，衆名曰蔣公隄。後以母病歸，事母至孝，撫弟姪曲盡友愛，增置祭産，助人婚葬無吝色。卒祀鄉賢，魏人亦祀名宦。季弟肇，康熙癸未進士，官檢討。

曾一懋。臨桂人。八歲喪父，母以鍼黹作生計，指爲鍼傷，一懋輒流涕，鄉黨稱孝。雍正八年，有司爲請建坊表其閭。

劉宏基。臨桂人。康熙四十六年知晉江縣。以慈祥爲政，催科不立限，不事敲扑，聽訟得情。士民刊德政詩紀焉。

蔣如昇。全州舉人，知偃師縣。歲饑，漕糧催輓甚急，如昇白于府，請出倉粟代民輸漕，不允。如昇矯令發之，期以明歲秋成來歸。至期，民果如約。與前令王澤長並祀南郭外。

蔣林。全州人。康熙五十四年進士，任檢討。六十年，年羹堯將致之幕府，林遽以假歸。後由郎中歷官福建延平、邵武，浙江嚴州知府。嘗權杭州篆，織造某謀塞海寧尖山，林移書極言不可，不聽。時方四月，乞少緩工，俟田蠶畢，又不聽，且留督役以困苦之。林冒暑雨巡役，泥滑蔽膝，勞來撫循，四萬人依爲慈父。役雖未息，杭人至今頌焉。乾隆元年，擢長蘆運使，不私一錢。以終養歸。

楊家修。臨桂人。康熙五十二年舉人。雍正元年舉孝廉方正。知寶豐縣，以誠治民，民不忍欺。居民有被火者甚熾，家修往救，遽反風火息。

李梅賓。臨桂人。康熙六十年進士，由庶吉士補四川劍州知州。在官不攜家，文檄訟牒不假手於人，簿書暇，輒巡行郊野，咨民疾苦，藹若家人。總督廉其治狀，以清官第一薦，擢直隸廣平知府。秋雨河漲，城下土隄垂陷，梅賓冒雨立隄上，鳩工堵築，廢飲食者三晝夜。水將及隄，左右具筏請登，梅賓叱之曰：「隄不保，則全城無孑遺，守土者將焉避？」既而水遽退。終山東鹽運使。

唐裴然。全州人。康熙癸巳舉人。少孤貧，晝秉耒耜，夜爇松明讀書。雍正末，知隆平縣。勸民息爭訟，勤耕墾，嚴胥役催科騷擾之禁。又立書院，聚生徒以教之。築釜東隄若干步，民立碑隄上以紀焉。旋擢工部主事，尋引年歸。

陳弘誠。其先湖南人，明末避兵遷粵，居臨桂。父奇玉。弘誠少與其弟弘謀、弘議攻舉子業，補縣學生。弘謀既貴顯，而弘誠以獨行爲善於家。築隄堰，立社倉，修道路，建宗祠，人多賴之。乾隆二十九年，御書「友恭篤慶」額以賜。年九十卒。

陳弘謀。雍正元年進士，由檢討累官至雲南布政使。時廣西巡撫金鉷以粵西地多糧薄，令廢官及官生墾荒報捐，以廣賦額，人多就熟田擴其畝數，實未能開墾也。地不加闢，而賦日增。弘謀陳其事，敕下督撫會議，未覆奏，而弘謀復再疏劾，乃鐫級，授天津道。既而總督鄂彌達、巡撫楊超曾會奏墾報不實，請予豁除，而論僞報者如律。歷任江西、陝西、河南、江蘇、福建、甘肅巡撫，擢兩廣總督，節制本郡，尤爲異數。最後以兵部尚書署兩湖總督，尋內轉吏部，官至東閣大學士。凡敭歷數十年，宦迹半天下，清儉不異寒素，而政治卓越，尤盡心水利，凡所興建，輒爲經久之計。其在江南條奏河工五事，及運道蓄洩二事，至今以爲法。乾隆三十五年，加太子太傅，致仕。卒於途。賜祭葬，謚文恭，祀賢良祠。

楊嗣璟。臨桂人。雍正三年進士，由編修改御史。乾隆五年，以吏部侍郎往山西勘獄稱允。尋改宗人府丞。平生喜爲詩，尤工於書。

湯應求。靈川人。雍正五年舉人，知麻城縣，有治行。爭楊氏疑獄，被誣，下獄幾死，後昭雪，復原官。著警心録二卷。

朱亨衍。臨桂人。雍正初任甘肅知縣，嘗攝固原州事。州東南有沙河，多水患，亨衍築隄數十里，州賴以安。再遷平涼府鹽茶同知。同知舊駐固原，距所屬皆遠，輸將訴訟維艱，乃請於上官，移駐海喇都，營城郭廨署，民甚便之。其在固原時，州將御下嚴，役軍士無暇日，歲將盡，聚而譁，衆罔知措。亨衍毅然獨出，諭以禍福，事解。大府即委會鞫，戮首亂數人，餘悉置寬典。在任八年，引疾歸。子若東，乾隆十年進士，官至河南糧儲驛鹽道。若東子依魯、依炅，俱乾隆年間進士。依魯官鴻臚寺卿，依炅官檢討。

呂熾。其先旌德人，祖某遷臨桂。熾幼端慤，俚語嬉笑未嘗出諸口。雍正五年進士，由檢討累官至禮部侍郎、左副都御史。未幾致仕歸，卒於家。熾居鄉，輿服不異平人，事兩親綦孝。

曹鑾。全州人。雍正五年進士，知晉江縣。時嚴墾田令，用贏絀課能否。鑾蹙然曰：「此加賦也，如民命何？」上官切責之，獨不奉命。未幾查豁詔下，巡撫愧之。爲邑，除積年訟棍。邑有典先賢裔女爲婢者，及長，其家贖之，靳不予，鑾廉得實，擇士人嫁之。

曾唯。全州人。由行伍累擢至左江鎮標守備，署撫標右營遊擊。雍正十三年，古州苗亂，唯督師往勦，攻雄台寨，奮勇先登。既深入而後援不至，没於陣。乾隆五年，賜祭贈卹。同時死難者，千總熊禄、把總蔣忠、外委千總黎士俊、把總蔣錫著。

周瑞。臨桂人。雍正十年舉於鄉。歷任山東海豐、商河知縣。海豐有黎敬等五莊，地皆磽瘠，賦同上則，逋欠甚多，民或逃亡。瑞莅任即請免積欠，減糧額，並減其地畝額徵糧税，詞意誠懇。巡撫爲奏請得免，民困獲甦。乾隆二十二年，運河浸溢，其水瀦積，直隸慶雲縣令請於海豐之王家堰開支河以消漫溢，總督爲具奏。興工有日，民間驚恐，以爲堰決則水勢直注，田廬不保。瑞亟按行隄畔，審形繪圖，備陳利害不可開狀，上之。巡撫檄監司再勘不誣，事遂寢。

張椿。臨桂人。父母没，廬墓三年，事聞得旌。先是，椿父官山東日照知縣，以妾女妻日照人。既去官，妾及子楷留居日照。楷最賢，工詩，聞父母没，以毁卒。椿赴山東修其墓。後授富川訓導。

朱若炳。臨桂人。乾隆二年進士，由庶常改授知縣。歷任山東長山、菏澤、歷城等縣，皆有政聲。擢知膠州，歲連祲，既莅任，亟開倉賑之，僚屬僉語必待報可。曰：「吾民旦夕死，胡可待？」復建借米關東之策，巡撫爲奏請允行。又捐俸疏鑿河溪以通商賈，並溉田數百頃。築珠山書院，買田以助膏火。既而調德州，擢江西九江府，調南昌府。

蔣振閭。臨桂人。乾隆十七年舉人，歷官山西、四川、直隸知縣，勇於任事。涖四川平武任時，金川逆命，振閭往營臺站，地爲賊所出没，前營站官方遇害，振閭勾當兩月，不少挫。羊河蠻内亂，密邇平武，振閭請往喻之，單騎抵其巢穴，羣蠻持兵守隘，呼號聲數里不絶，從者震慄。振閭從容呼守者前，諭以利害，皆釋兵叩頭，稱父母去。

郭相良。臨桂人。官四川巡檢。乾隆癸巳，大兵征金川，檄守臺站，爲賊獲，不屈死之。

陳枚。全州舉人。乾隆甲午權山東堂邑縣事。時王倫倡亂，堂邑民王勝如應之。枚收其妻子，登城守禦，城破，駡賊死。其弟武舉元檠，與賊巷戰，格殺數十人，力竭不屈，亦死之。事聞，賜祭葬，加贈道銜，元檠贈千總，皆廕一子。其從兄培敬，以舉人授館陶知縣，屢破賊，賊不敢犯。

陳蘭森。臨桂人，大學士弘謀孫。乾隆丁丑進士，由翰林院編修改部曹，授江西袁州府知府，調南昌府，升鹽道，調糧道，所至有聲。乾隆乙卯，湖南苗疆滋事，時蘭森丁艱在籍，大學士福康安奏調赴軍，總理軍需。迄嘉慶初年，由苗疆至川、陝、楚三省，歷次協勦賊匪，賞戴花翎。服闋，補湖南糧儲道，仍留軍營辦理軍務。後任湖北荆宜施道，因趕辦軍糧，卒於途。詔依軍營病故例賜卹，贈太僕寺卿銜，廕一子。

駱朝貴。臨桂人。寄籍貴州銅仁府。初從田姓入伍，嘉慶元年，以畢赤營千總隨勦邪匪，以功累擢雲南新嶍營參將，調勦川省教匪。六年，升陝西陝安鎮總兵，擊賊李彬於巴州，追勦張添倫於南江。七年，迎勦張、魏二逆於本箐壩，獲僞先鋒張爾文等，尋圍斬首逆張添倫，賞提督銜。九年，官川北鎮總兵，時殲三省殘匪於土地坎、金鷄河等處，擊賊鳳凰寨，獲賊目羅思蘭、李如玉等，三省全功告蕆。調赴陝西協勦寧陝鎮叛兵。十三年，奏請改復駱姓，上允之。十四年，擢湖北提督。十五年卒，賜祭葬。

陳鍾琛。臨桂人。乾隆己亥舉人。由直隸撫寧知縣，薦升山東布政使。登、萊、青三府〔一五〕，夏旱蝗起，鍾琛親往驅捕，不終日捕除盡净，禾稼無傷，而甘霖旋降。旋省之日，閭閻焚香送數十里，感泣而退。及秋，黄河衡家樓决口，山東被災州縣二十餘處，鍾琛督辦賑務，嚴立科條，身親監散，吏胥無侵漁，請帑不過數十萬，而被災之民均沾實惠。後補内閣侍讀學士，擢太常寺卿，以老病乞歸，卒於家。

馬宏樹。全州人。孝行著聞。乾隆四十二年旌。

李文蔚。臨桂人。乾隆三十七年，由武進士選陝西督標右營守備，任漢中都司，奉檄往和闐理糧餉，及率回部采玉，勤敏清慎。嘉慶元年，隨征邪教，與賊戰於太平之通天觀、洞汝河等處，凡七戰皆捷，論功，賞戴花翎。守尚家壩，賊衆大至，與戰一日夜，没於陣。事聞，以總兵例議卹，賜祭葬，予騎都尉世職。

麻允光。臨桂人。由武舉洊升宣化鎮守備。嘉慶四年，調赴川陝軍營。時老林匿匪，竄過沔縣之埠川、官莊一帶，允光隨副將韓加業往捕，相持一晝夜。賊潛自山後繞下，允光率衆仰攻，鏖戰移時，力竭，歿於陣。

蔣尚埛。全州人。與弟尚坪孝行著聞。嘉慶二十一年旌。

卿彬。灌陽人。乾隆五十三年歲貢。五歲喪父，廬墓三十餘年。事大父母暨母不遺餘力，母歿，哀毁骨立，三年不履人門户。所著有周易貫義、洪範參解等書。嘉慶二十五年，入祀鄉賢祠。

揚秉昭。臨桂人。由行伍累功擢遊擊。嘉慶二年，隨征黔楚逆苗，遇擂石猝擊，死之。又外委童上標、馬騰雲先後陣亡。事聞，均廕卹如例。

朱純彩。臨桂人。由行伍出師湖北，拔補把總。嘉慶六年，擢守備。時賊匪冉學勝由楚境竄白河，純彩奮力進攻，中矛傷，卒。事聞，廕雲騎尉。

流寓

唐

李商隱。河内人。給事中鄭亞廉察桂州，請爲觀察判官，寓桂林三年。多所著作。

宋

尚用之。宣和中任本路提刑，後寓桂林。喜獎勸後進。卒葬興安，子孫因家焉。

路允迪。南遷寓桂林。日接後學，訓解義理，著作甚多。

孫偉。謫融州。久寓静江，以講學爲務。桂林學問之源自此始。

仇悆〔一六〕。益都人。秦檜方主和議，以爲異己，以左朝奉郎、少府少監分司西京，全州居住〔一七〕。

元

陳南賓。茶陵人。任全州路學正。先是，獠賊焚刧，延燒學宫，南賓請建文廟，倣白鹿洞學規訓飭士類。後棄官寄家於全，士仍師事之。

劉三吾。茶陵人。至正間避兵靜江，平章額爾吉訥擢主本路學正，遷副提舉，一時從遊者甚衆。

明

蔣珍卿。益都人。景泰進士，任荔浦知縣，以循良稱。謝政歸，道出興安，樂靈渠之秀，遂占籍焉。今縣治前蔣家塘，其舊址也。

列女

宋

馬脈女〔一八〕。全州人。脉病篤，女割股進，脉瘥。淳祐十年，太守朱子恭爲立孝忱坊。

元

唐斗輔妻文氏。興安人。夫亡，氏執義自誓，孝養舅姑。殁，葬無違禮。至治中旌。

明

陳愚妻袁氏。全州人。愚亡，子處厚尚幼，袁守志不渝。姑諷之嫁，袁曰：「烈女不更二夫，脱不諒此心，當一死以從夫地下。」議遂寢。永樂中旌。

趙存質妻唐氏。臨桂人。少寡，養姑撫幼五十餘年。成化中旌。

徐駿妻陶氏。臨桂人。駿卒於龍州，陶聞訃，刺血寫詩藏篋笥，以衣奩悉還舅姑，遂自縊。

劉鼒妻丁氏。臨桂人。鼒亡，子淳三歲，姑諷之嫁，丁曰：「吾命在姑與子矣，不知有他。」堅守五十七年。成化中旌。

龔氏女。永福人。正德中，古田賊刼其村，掠婦女及牛畜去。至河，龔語賊曰：「吾不能行，願得騎牛而渡。」賊從之。乃策牛入水自沉死。

下陑女。逸其姓名。正德間，女將嫁，獞夜掠其村，爲所獲。紿獞以取衣飾，躍入火中死。

張義姑。桂林衛張禮女。禮征安南陣亡，兄福尋亦卒。福妻劉氏有子輝方六歲，時姑年十五，察劉難久留，語之曰：「兄不幸死，遺孤幼。吾張氏女，義當爲張存孤，敢復累嫂！」因不嫁撫輝，爲輝娶婦，後子姓繁衍。嘉靖間旌門，特祠，署曰「義姑」。

唐東昇妻蔣氏。灌陽人。生子照纔三月，昇卒。蔣奉侍舅姑，課子讀書達旦。後照登賢書，以名宦著。天啓中旌。

唐應星妻張氏。灌陽人。隆慶五年，古田猺賊亂，肆刼全、灌，張爲賊所獲，不從，被殺。崇禎中旌。

闞輔宗妻彭氏。臨桂人。宗死，彭守節撫孤。姑病，割股煮粥以進，遂愈。崇禎中旌。

劉寀妻舒氏。桂林人。寀卒，有一子在繦褓，紡績撫孤，事繼姑以孝聞。

曾璋妻鄭氏。臨桂人。璋卒，子幼，鄭與妾同矢志撫孤，時稱雙節。

易氏女。義寧人。賊刼其村，掠易與諸婦女。易恐爲所污，堅不行，爲賊所殺。

黎禧妾黄氏。陽朔人。禧任新淦令，時妖人作亂，聚衆刼縣取印，黄大駡，賊挺刃砍其面，血流滿地。賊退，得不死。事聞，御賜珠冠，讓其正室。壽七十終。

蔣氏女。全州人。父卒，二弟幼且疾，女誓不嫁，謹視弟疾，後皆愈，長各爲娶婦。鄉人高其節義，稱曰「仁姑」。

滕愈澍妻謝氏。全州人。年二十二，明末，爲亂兵所執，不辱，攜二子一女投昭平江中。

蔣極世妻唐氏。全州人。明末爲郝賊所掠，挾之馬上，同渡河，唐奪刀自刎。

蔣維藻妻唐氏。灌陽人。時爲亂兵所擄，守正捐軀。同縣唐納俞妻鄧氏，其妹爲唐之夔妻，皆爲亂兵所擄，誓不從，相持投崖下，俱被害。

陳敬甫妻蔡氏。灌陽人。居寨包嶺山麓，隔山即永明苗賊。苗利陳所有，糾黨刦之，敬甫被殺。氏伏屍慟哭罵賊，强之行，不從，賊羣擁出户，鬢髮盡落，罵益厲，賊怒，揮刀刺之，剖腹洞胸而死。

本朝

朱德佩女。臨桂人。未嫁夫亡，父母議改適，女投井死。同邑鄧十妹，年十六，字韓氏，未嫁夫卒，遂截髮誓不再適。父母嘉之，俾行其志。

王尊德妻唐氏。臨桂人。尊德年老病劇，隣舍火，唐負之再，不能動。火且至，尊德遣之避，唐曰：「君死，妾豈敢獨存？」因以身翼蔽之，遂焚死。

盧懋瑛妻黄氏。臨桂人。懋瑛客死，氏年二十，苦營夫喪，歸葬，事舅姑盡孝，教子立學。年九十卒。

衛枝蘭妻廖氏。臨桂人。枝蘭死，截髮以誓，甘淡泊，守禮法，見宗黨戚屬，不妄言笑，三十餘年如一日。

蔣氏二女。興安人。長玉貞字張氏，未婚守節。次冰潔，方待字而憐姊苦節，願爲閨中侶。居白玉樓，晨夕坐臥其中，雖昆弟莫之見。玉貞年八十三，冰潔年八十一，同時卒。同縣周觀保聘妻李氏，亦未婚守節。

林槐妹。永福人，林光岫養女。入圃採蔬，光岫僕進福欲犯之，槐妹怒罵，僕遂取腰鐮砍殺之。有司杖殺僕，封樹槐妹墓。

曹國瓚妻胡氏。全州人。明末兵變，葬夫贖子，飲冰茹蘗四十餘年。又國瓚女割股療父病，後適謝希濂，克盡婦道。同州王爾祥女，年十六，割股療母病。蔣彥清妻唐氏，夫病危，唐嚙指誓不嫁，撫孤，娶唐氏，能繼姑志。人稱雙節。

唐鎮畿妻蔣氏。全州人。康熙十八年夫婦避兵山中，爲賊所執，過大殿嶺，氏度不能脫，奮身投巖下。賊去，氏復甦，適其弟過，聞泣聲，救之歸。鎮畿被執，投水死。氏念姑老子幼，艱苦守志。

史可傳妻蘇氏。灌陽人。灌俗里户輸運兵糧，可傳糧多折耗，貸營兵銀補之。一日營兵至，誘氏曰：「爾夫負我銀，以爾抵償。」欲挾之去。投繯自縊。

文玉卿女。灌陽人，名兆祥。及笄未字，遭李定國亂，與嫂陸氏避寇火星山箐中，見賊衆搜山淫掠，並自刎。時稱雙烈。

唐之詡妻楊氏。靈川人。守節撫孤，足不出户者三十載。康熙七年旌。

時正煜妻鄧氏。灌陽人。守節撫孤，三子皆成立。與同縣唐之靖妻鄧氏，均康熙年間旌。

蔣士達妻朱氏。臨桂人。士達卒，三子俱在襁褓，朱年二十四。時值兵燹饑饉，朱備歷艱險，撫三子成立。康熙二十五年旌。同縣劉翊妻朱氏、朱旦如妻王氏，均康熙年間旌。

蕭齊審妻劉氏。興安人。夫亡，值兵燹流離，藜藿爲炊，撫其子成立。康熙二十五年旌。

鄧植萼聘妻王氏。全州人。植萼省其父於潯州學署，溺水死。王奔喪守制，撫猶子承祧，亦早没。復鞠幼孫，以延宗祀。康熙五十五年旌。

朱履祺女。臨桂人。字陳坦德，未婚而夫没，女往夫家守節，衆力阻之。托言盥浴，閉户自縊死。康熙六十年旌。

吕一鷺妻李氏。臨桂人。夫亡，事姑至孝，弟死，迎養其母方氏。雍正三年旌。同縣廖應正妻王氏、能文宣妻李氏、周熾妻李氏、朱啓瑞妻徐氏、趙鉉繼妻陳氏、周朝選妻周氏、譚順富妻王氏、譚順貴妻王氏、唐世輔妻周氏、楊光照妻秦氏，均雍正年間旌。

鄭一洪妻朱氏。臨桂人。年二十七，夫亡，廬夫墓側。賊抄掠其室，朱且泣且訴，賊感歎去。撫二孤，中夜篝燈，爲二子課誦，苦節終身。雍正九年旌。同縣王之梅妻潘氏、歐昇琦妻周氏、蕭良梓妻張氏、賀永貴妻張氏、李佳實妻齊氏、曹世貴妻趙氏、朱文彩妻楊氏、馬良驤妻周氏、張驕妻萬氏、朱依雯妻陳氏、粟如昇妻陳氏、李亦章妻胡氏，均雍正年間旌。

鄧章甫妻王氏。全州人。夫亡，撫子愈凱，長娶劉氏。五載而愈凱亡，遺腹生孫，姑媳孤苦相依。雍正三年旌。

湯成用妻石氏。靈川人。夫亡守節。雍正四年旌。

李兆榮妻黄氏。靈川人。年十九，兆榮卒，黄即絶食，欲以身殉。父母苦諭之，未幾，衣麻閫户自經，時雍正八年也。同縣蘇挺健妻粟氏，夫亡子幼，姑以其年少，勸改適，氏斷髮自誓，養姑訓子，歷四十年。

蔣氏女。名蓮姑，全州人。父母早喪，弟甫四歲，女以弟孤苦，誓不字人，撫弟成立，爲娶妻胡氏。弟卒無子，復爲立嗣，以延宗祀，胡亦守志終身。雍正八年旌。

王繼旭妻朱氏。臨桂人。夫亡，以從子體升爲嗣，娶蔡氏。體升卒，復立體謙，娶陳氏，生子爲矯。體謙又卒，一門之内，姑婦節烈，戚里感之。乾隆二十年旌。

童綬妻朱氏。臨桂人。十九而寡，二子相繼夭。朱無所依，乃歸居母家。朱喜讀書，工詩，嫠後絶不復爲，唯以女誡及古女史教授諸姊妹。

王炳妻黄氏。臨桂人。未婚，炳没。黄聞訃奔喪，矢志孝事翁姑，撫弟廷珍長子崇儀爲嗣，嚴爲督課，得成名。乾隆五十三年旌。同縣節婦況剛妻梁氏、劉貴祥妻秦氏、劉玉全妻吴氏、王廷圭妻秦氏、唐明漢妻莫氏、張應璧妻蔡氏、李聚林妻吕氏、楊賢妻張氏、王宗周妻陳氏、謝允安妻龍氏、徐興悦妻李氏、文金洪妻劉氏、劉甫麟妻周氏、朱瑛妻孫氏、梁君錫妻李氏、秦體乾妻李氏、朱士璟妻蔣氏、秦其煜妻王氏、馬允定妻駱氏、郭永正妻朱氏、鄒兆麟妻蕭氏、雍世傑妻李氏、雍世美妻毛氏、雍學詩妻左氏、朱亨茂妻王氏、莫若佑妻李氏、張玉妻秦氏、徐德壽妻唐氏、阮志和妻唐氏、王之美妻周氏、龍金保妻楊氏、龍章錫妻陳氏、秦君璧妻衛氏、劉紹寬妻孫氏、朱爌妻方氏、朱履跰妻秦氏、聶先妻曹氏、龍正國妻黄氏、莫燕妻吕氏、曹助臣妻謝氏、王裕祥妻莫氏、王仲選妻秦氏、黄龍遜妻廖氏、張奇芳妻李氏、劉允書妻晏氏、朱若瓊妻陳氏、李儒正妻聶氏、李敬福妻李氏、冷士德妻陳氏、羅茂瑞妻沈氏、沈秉禮妻鄭氏、晏承德妻黄氏、曾文紹妻鄒氏、李世松妻劉氏、左延圭妻秦氏、陳鍾燦妻廖氏、龍嘉章妻李氏、黄瑞麟妻熊氏、朱一淑妻趙氏、潘宏清妻詹氏、朱依暻妻劉氏、莫疏槐妻朱氏、朱依瑞妻張氏、唐履中妻羅氏、蕭馨仁妻張氏、潘宏澍妻段氏、楊嗣綰妻張氏、陳元瑛妻秦氏、王疏朮妻唐氏、張宏治妻馬氏、孫恕妻葉氏、孫學義妻羅氏、唐世增妻龍氏、鄭士朝妻潘氏、劉永佩妻阮氏、李通壽妻廖氏、李世甫妻秦氏、朱厚地妻許氏、唐傅霖妻楊氏，均乾隆年間旌。

江湛妻莊氏。興安人。幼通曉孝經、内則諸書。夫卒，撫子世林，多方教育，作十戒警之，卒成名。乾隆四年旌。同縣羅惟玶妻彭氏、羅錦妻盛氏、雍然妻文氏、侯之桐妻莊氏、蔣瑞妻王氏、廖逢甲妻張氏、李光墀妻鄭氏、文魁妻莫氏、楊文林妻蔣氏，均乾隆年間旌。

秦世洪妻趙氏。靈川人。夫亡無依，其母勸之改適，不聽，竟與外家絶。凡春秋祭祀與夫忌日，必哀慟絶粒。乾隆九年旌。同縣莫能强妻唐氏，夫亡撫孤，周卹鄰里。時鄰人不戒於火，唐亟捧先人神主出户外，仰天號慟，火竟滅。乾隆十三年旌。

王賓妻徐氏。陽朔人。夫亡守節。乾隆十九年旌。同縣蘇廷琮妻徐氏、蘇汝衆妻陳氏、蘇永撫妻王氏、吴士聰妻蘇氏，均乾隆年間旌。

余居體妻覃氏。永寧人。夫亡守節。同州劉士崑妻傅氏、彭三傑妻蔣氏、黄士安妻佘氏、陳詩妻伍氏、戴文傑妻李氏，均乾隆年間旌。

林之揖妻劉氏。永福人。夫死，有土豪將奪娶之，氏聞持刀欲自殺，家人趣救，乃得免。

胡錫蝦女。永福人。字李氏，未嫁守貞。同縣節婦徐應嵩妻毛氏、梁環妻林氏、駱神法妻丁氏、唐友蕙妻陳氏，均乾隆年間旌。

林鍾嵋妻莫氏。義寧人。夫死，葬甫畢，沐浴衣麻自經。按：舊志載張義妻李氏，山西人，乾隆五年隨義戍義寧，未幾義没，以遺金貯縣庫，且曰：「家有子賡兒，兒幼，道遠不能來，夫死，妾事畢矣。」投江死。有司題旌。

鄧章纓妻曹氏。全州人。夫亡，撫子愈良，篤學成名。嗣愈良亦卒，妻易氏生子，娱侍老姑，出入相隨，苦節終身。乾隆二十年旌。同州劉士謨妻伍氏、馬宏則妻唐氏、鄧丙相妻唐氏、蕭克榮妻李氏、鄧疏茨妻何氏、秦居禄妻張氏、鄧成纓妻文氏、黄廣演妻鄧氏、蔣杞妻曹氏、蔣上梧妻謝氏、蔣上桐妻唐氏、曹增燦妻蔣氏、唐仲金妻秦氏、唐一鵠妻劉氏、文禄模妻蔣氏、陳廣時妻唐氏、陳光憲妻鄧氏、鄧植楷妻王氏、劉文昌妻樊氏、王象九妻蔣氏、唐内文妻趙氏、馬麟妻蔣氏、蔣經任妻鄧氏、陳大志妻蔣氏、蔣柏妻曹氏、蔣梧妻謝氏、蔣桐妻唐氏、唐運咸聘妻易氏、唐汝孟妻吴氏，均乾隆年間旌。按：舊志趙順妻張氏，金壇人，李文壇之婢。時文壇妻兄胡位鑄官全州，張從文壇妻來署，僕李明欲犯之，不從而死。乾隆三十五年旌。

范方齡妻鄧氏。灌陽人。未婚守貞。乾隆四年旌。同縣節婦唐體仁妻鄧氏、陸啓運妻蔣氏、張世禄妻王氏、戴生蘭妻文氏、李廷材妻卿氏、王廷琮妻陳氏，均乾隆年間旌。

梁會瀛妻吕氏。臨桂人。與同縣湯應詔女，未婚守貞，均嘉慶年間旌。

鄧茂桂妻廖氏。臨桂人。夫卒，課二子嚴，壽一百三歲。嘉慶三年旌。同縣鄧煒妻王氏、鄧培績妻潘氏、陽日才妻陽氏、張鸞翊妻陽氏、唐煊妾劉氏、唐勳培妻闞氏、龍爲勛妻秦氏、龍爲功妻熊氏、陳顯熙妻朱氏、朱振沛妻于氏、滕元勳妻周氏、龔廷玉妻董氏、許恢妻呂氏、周發濬妻董氏，均嘉慶年間旌。

湯四正繼妻李氏。興安人。夫亡守節。嘉慶十五年旌。

秦燦妻陳氏。靈川人。夫亡守節，與同縣胡汝明妻蘇氏，均嘉慶年間旌。

李章發女士妹。陽朔人。守正捐軀，與同縣烈婦趙興奉妻廖氏，均嘉慶年間旌。

胡承桂妻秦氏。永福人。夫亡守節，與同縣秦老六妻蔣氏，均嘉慶年間旌。

唐仕榮妻王氏。全州人。夫亡守節，嘉慶三年旌。同州胡天寵妻周氏、馬泰世妻胡氏、馬世燦妻唐氏、唐學相妻趙氏、王允淳妻邵氏、蔣善璣妻陳氏、曹則坤妻劉氏、唐思周妻蔣氏、蔣祖昭妻唐氏、蔣奇相妻顏氏、唐甲雍繼妻蒙氏，均嘉慶年間旌。

仙釋

唐

鄭冠卿。乾寧中，臨賀令，赴調止桂林。入棲霞洞，遇二道士坐石上，弈棋觴酒，令二青衣奏笛，彈箜篌，音律非人間所聞，與酒僅涓滴。出洞，倏不見。冠卿遂絶名利，壽一百四歲。向所遇乃日華、月華君也。

惠能禪師。唐武后時，説法講經於永州南雙瑞巖。人叩其行止，答曰：「僧修於此，不知花甲，但覺時寒時暑，草木盛而復衰。」武后徵召不赴。復往曹溪。世稱六祖。

宗慧。姓周名全真，柳州人。至德初，遊湘源，創居湘山。咸通八年二月十日，端坐逝，年一百四十歲，遺蜕在湘山寺妙明塔。歷代謚爲慈祐寂照妙應禪師，又謂無量壽佛。

宋

石仲元。桂林人，號桂華子。天禧中，爲道士，居七星山。於詩妙究精微，有桂華集。

劉景。字仲遠，桂州人。遇異人，授以術，遂自遊方外。嘗館賈昌朝家，冬夏一裘，終日不食，善談老、莊、周易。皇祐中還家，容色如少年。其所居石室，號劉仙巖。

雷隱翁。名本，桂州人。少磊落不羣，舉進士不第，即棄去，默坐終日。或笑其癡，答曰：「癡猶勝黠。」後遠遊不知所之。元祐中，有朝士遊羅浮，見本嘯傲林下，自道姓名，云雷隱翁。乃知其仙也。

土産

銀。銅鏡。銅器。元和志：俱桂州土貢。

葛。宋史地理志：全州貢。

朱砂。寰宇記：桂州土貢。

冷石。寰宇記：桂州土産，即滑石。有黑白二種。

鍾乳。桂海虞衡志：桂林山中洞穴最多，所産勝連州遠甚。

零陵香。宋史地理志：全州貢。南越志：香有五種，曰檀，曰降，曰羅漢，曰青皮，曰藤。俱出猺峒。

麞皮。韡。簟。唐書地理志：俱桂州貢。

桂心。寰宇記：桂州土貢。

石燕。翠羽。何首烏。明統志：各縣俱出。

蚺蛇膽。寰宇記：桂州土貢。桂海虞衡志：蛇大者如柱，長稱之，其膽入藥。

茶。金志：各州縣出，臨桂之劉仙巖、興安之六峒、全州之湘源特佳。府志：龍脊茶，出義寧縣龍脊山，今屬龍勝廳。

苗蠻

苗。在龍勝廳，自爲一類。峒苗喜結交，尚意氣，人有與暱者，即傾家殞身不顧。本朝嘉慶三年，設苗學額二名。

猺。本五谿槃瓠之後，散處臨桂、興安、靈川、義寧等處。最强者曰羅曼猺、麻園猺，其餘曰黄沙甲、石嶺屯、褒江、贈脚、黄村、赤水監、思中江、竦江、定花、冷石坑、白面、黄大利、小平、灘頭、丹江、縻江、閃江、把界等猺。山谷彌遠，猺彌多，盡隸於義寧縣桑江寨。椎髻跣足，衣斑布褐采，種植外，獵山獸續食，負戴者悉著背上，繩繫於額。臨桂皆熟猺，居三鄉，男女挽髻，青衣緣繡，風俗與土民無甚異，或通婚姻。有平地、大艮、高山、過山之别。在興安者，居五排、七地、六峒及融江、穿江、黄柏江，與民雜處，耕山爲活。在靈川者，居六都，自謂盤古之裔，遷徙無定，以六月六日爲小年。在陽朔者，有笠頭、箭桿、戴板、大源等猺。在永福者，性最淳樸，有白猺，居毛峒里、定二里，亦謂之木皮猺。在全州者，居西延峒，以紅布繚頭者，曰隘猺。青布者，曰令勾猺。績木皮爲鎧曰狗猺。惟恩鄉、建鄉之猺風俗與民同，有子弟就學，列博士弟子者。在灌陽者，散處歸化上、下里，性易馴，民募使佃作，謂之「佃丁」。

獞。與猺異類。花衣短裙，鳥言獸行，居室無問貧富，俱喜架樓，名之曰欄，上人下畜，不嫌臭穢。産自湖南溪峒，入於廣西。其隸版籍輸賦爲熟獞，否則生獞。臨桂西南二鄉接陽朔、永福境多有之。性好剽竊，男子尺帛繚頭，婦人髻綰木梳，短衣長裙，俱貫耳跣足。在興安者，居富江，習俗與臨桂同而不事剽竊。在靈川者，居七都，居服與臨桂猺略同，俗亦如之。在永寧者，俗皆編茅作屋，或窖地以居，性頑悍而頗聽約束。在義寧西北境者，山田瘠埆，歲不再熟，然能畜藏，故凶年亦不爲患。

狼。在永寧州。俗與獞同。男女俱挽髻，前鋭後廣，績麻爲衣，女多以白布蒙首。善雞卜，能騎射。明隆慶初，募那地、南丹狼人征古田，事平，給田使耕。今則服飾與民無異。

狑。在永福縣。來自義寧。其俗與良猺同，而語言各别。婦無鬏髻，以布纏箬作髻，貼插椎髩之下，俗呼爲苦麻狑。視諸猺較馴。

犵狫。一名犵獠。種有五。蓬頭赤足，輕命死黨，以布一幅横圍腰間，旁無襞積，謂之桶裙，男女同制。花布者爲花犵狫，紅布者爲紅犵狫，各有族屬，不通婚姻。炎徼紀聞：廣西桂林有犵種。

校勘記

〔一〕宋嘉熙時建　「嘉熙」，原作「嘉興」，據乾隆志卷三五六桂林府津梁（下同卷簡稱乾隆志）及雍正廣西通志卷一八關梁改。

〔二〕引陽海山水灌田　「陽」，原作「湯」，據乾隆志改。按，陽海山在興安縣南九十里，與此合。「湯陽山」未聞，「湯」當是「陽」之訛誤。

〔三〕薛珝墓　「珝」，原作「翊」，乾隆志同。按，此三國吴威南將軍薛珝之墓，珝訛作翊，參上卷校勘記〔九〕。據改。

〔四〕舊名永寧　「寧」，原作「安」，據乾隆志改。按，本志避清宣宗諱改字。

〔五〕雍熙中爲全邵六州都巡檢使　「邵」，原作「郡」，乾隆志同，據宋史卷三〇九常延信傳改。

〔六〕宜邕桂融欽五郡土丁　「郡」，原作「部」，乾隆志同，據宋史卷一九一兵志改。

〔七〕而旁寨多非四等已上　「寨」，乾隆志同，宋史卷一九一兵志作「塞」。

〔八〕則當蠲土丁之籍　「土」，原作「上」，乾隆志同，據宋史卷一九一兵志改。

〔九〕於是屬邑有增價抑配之弊　「邑」，原作「已」，據宋史卷三八六范成大傳改。

〔一〇〕即日焚撤木柵　「木柵」，乾隆志同，宋史卷三八八李浩傳作「水柵」。

〔一一〕開十縣税錢二萬四千　「開」，雍正廣西通志卷六五名宦同，乾隆志及宋史卷三九三詹體仁傳作「閣」。「二萬四千」，乾隆志及雍正廣西通志卷六五名宦詹體仁傳同，宋史卷三九三詹體仁傳作「一萬四千」。

〔一二〕主管廣西經略安撫司公事　「司」，原作「使」，乾隆志同，據宋史卷四二一姚希得傳改。

〔一三〕又敗蠻於都狼山　「又」，原作「人」，據乾隆志改。

〔一四〕雲南巡撫王伉討普名聲　「王伉」，原作「王位」，乾隆志同，據雍正雲南通志卷一九名宦朱永吉傳改。

〔一五〕登萊青三府　「三」，原作「二」，據文意改。

〔一六〕仇悆　原作「仇念」，據乾隆志及宋史卷三九九仇悆傳改。

〔一七〕以左朝奉郎少府少監分司西京全州居住　「左」，原闕，乾隆志同，據宋史卷三九九仇悆傳補。「住」，原作「駐」，據乾隆志及宋史仇悆傳改。

〔一八〕馬脈女　「脈」，原作「胍」，據乾隆志及雍正廣西通志卷八八列女志改。下文同改。

柳州府圖

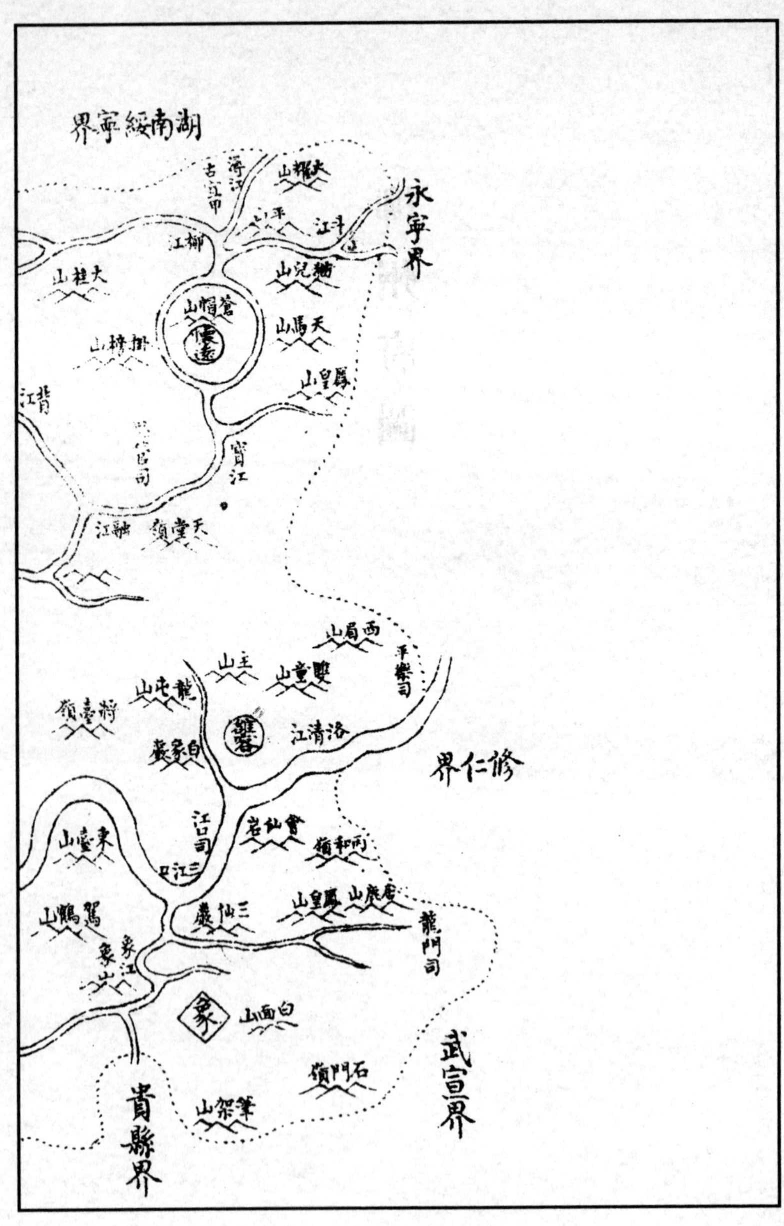
湖南綏寧界
永寧界
柳江
斗江
大桂山
蒼梧山
懷遠
天馬山
鳳皇山
背江
融江
天堂嶺
西眉山
平樂司
雙童山
龍屯山
將臺嶺
雒容
洛清江
白象巖
修仁界
江口司
會仙岩
東臺山
兩和嶺
三江口
三仙巖
駕鶴山
龍門司
象江
象山
象
白面山
武宣界
石門嶺
筆架山
貴縣界

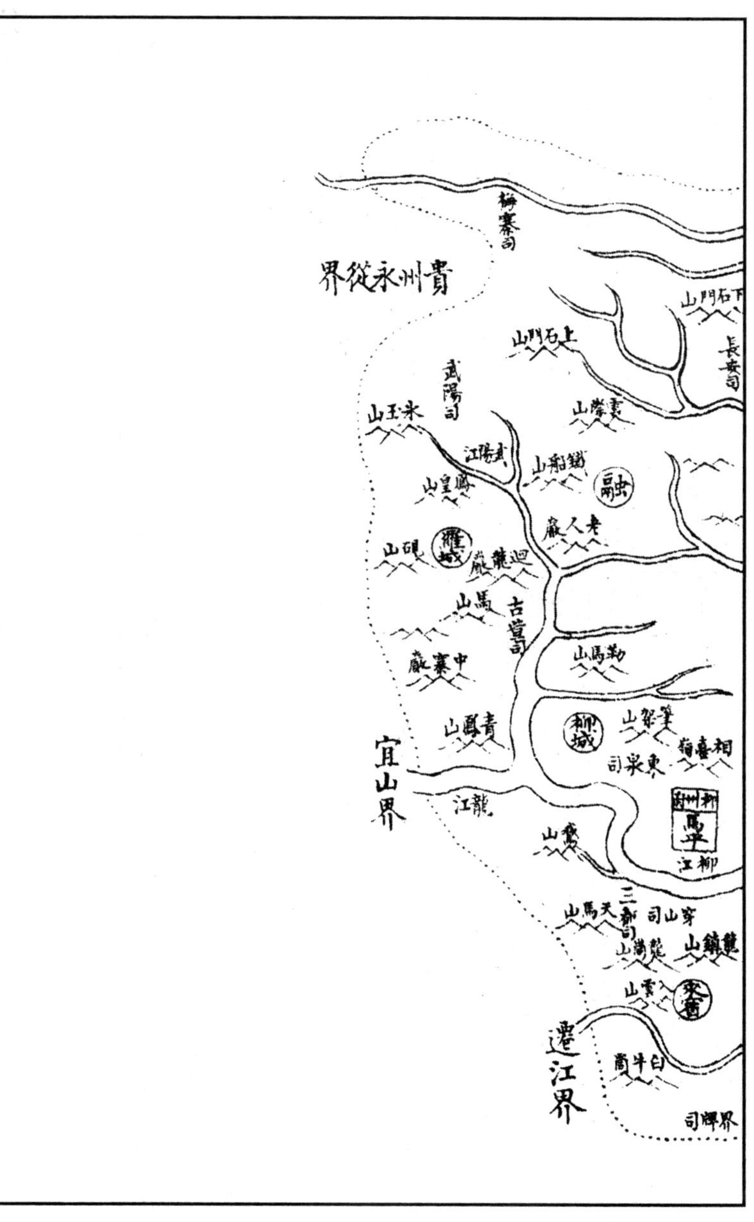

柳州府表

	柳州府	馬平縣	雒容縣
秦	桂林郡地。		
兩漢	鬱林郡地。	潭中縣屬鬱林郡。	潭中縣地。
三國	吴分置桂林郡。	潭中縣屬桂林郡。	
晉	桂林郡移治潭中，後徙廢。	潭中縣郡治。	
南北朝	馬平郡梁置。	潭中縣宋省，齊復置，屬桂林郡。後廢。	
隋	廢。	馬平縣開皇十一年析置，屬象州。大業初屬始安郡。	
唐	柳州初置昆州，貞觀八年更名，天寶初改龍城郡，乾元初復故。	馬平縣初爲昆州治，武德四年析置新平縣，貞觀中爲柳州治，尋省新平。	洛容縣永徽中置，屬嚴州。天授二年屬柳州。
五代	柳州初屬楚，後屬南漢。	馬平縣	洛容縣
宋	柳州龍城郡屬嶺南西路。	馬平縣初爲柳州治，咸淳中屬柳州。	洛容縣
元	柳州路改路，屬廣西道。	馬平縣屬柳州路。	洛容縣
明	柳州府改府，屬廣西布政司。	馬平縣府治。	雒容縣萬曆三年移今治，屬柳州府。

續表

	羅城縣
	潭中縣地。
	齊熙郡地。
象縣 置屬始安郡。	開皇十一年析置臨牂縣。又舊有黃水縣，俱大業初省。
象縣 初屬桂州，後屬柳州。	武陽縣 武德四年復置臨牂、黃水二縣，又置安修縣。貞觀中省黃水、安修二縣。永徽初并省臨牂縣入融水。龍朔二年復置臨牂，更名，屬融州。
象縣	武陽縣
嘉祐六年省。	開寶五年分置羅城縣，屬融州。熙寧七年省入融水。 熙寧七年省入融水。
	羅城縣 洪武二年復置，屬融州。十年改屬柳州府。

柳城縣	懷遠縣
潭中縣地。	潭中北境，牂牁蠻地。
龍城縣 梁置。	齊熙郡地。
龍城縣 屬始安郡。	
武德四年置龍州，貞觀七年廢。 龍城縣 初爲龍州治，又分置柳嶺縣。貞觀七年省，屬柳州。	初爲融州地，後爲古州蠻地。
龍城縣	
柳城縣 景德三年更名。咸淳初爲柳州治。	懷遠縣 崇寧四年置懷遠軍，尋升爲平州，兼置懷遠縣。政和初州縣俱廢，尋復置州。宣和二年賜名懷遠郡，紹興四年廢。十四年復置縣，屬融州。
柳城縣 路治。	懷遠縣
柳城縣 初移今治，屬柳州府。	懷遠縣 洪武十年省。十四年復置，屬柳州府。萬曆十九年移今治。

續表

融縣	象州
潭中縣地。	中留縣地。
	桂林郡吳分置，治武安。
	桂林郡
齊熙郡齊置，梁兼置東寧州。 齊熙縣郡治。	桂林郡治武熙。梁置桂州，尋徙，後又分置象、韶陽等郡。
初廢郡。開皇十八年改州曰融州，大業初廢。 義熙縣開皇十八年更名，爲融州治。後屬始安郡。	廢諸郡，置象州。大業初廢。
融州融水郡初復置州，屬嶺南道。 融水縣武德六年更名。	象州象山郡武德四年置州，治陽壽。貞觀十三年移治武化，大曆十二年復治陽壽。
融州融水郡 融水縣	象州屬南漢。
融州融水郡大觀初置黔南路，三年賜名清遠軍，屬廣南西路。 融水縣	象州象山郡屬廣南西路，景定三年徙。
融州初改路，屬廣西道，尋降州，屬廣西道。 融水縣	象州初治陽壽，升路，屬廣西道，尋降州。
融縣洪武十年降縣，屬柳州府。 洪武初省入州。	象州屬柳州府。

武安縣郡治，後徙。	
武熙縣太康中更名，屬鬱林郡。	
武熙縣宋屬桂林郡，梁郡治。	
陽壽縣置。又有淮陽縣，開皇十八年改名陽寧，大業初省入，屬始安郡。	桂林縣開皇中置，屬始安郡。又有西寧縣，大業初省入。
陽壽縣州治。	武德四年復析桂林置西寧、武德二縣，又於武德置象州。貞觀十二年省西寧入武德，十三年移州治武化。天寶初省武德入陽壽，乾封初省桂林入武仙。
陽壽縣	
陽壽縣	
陽壽縣	
洪武二年省入州。	

續表

	來賓縣
	潭中縣地。
武化縣 武德四年置，並析置長風縣，屬晏州。尋屬象州，大曆十一年省。	嚴州 循德郡 乾封二年置州，屬嶺南道。 來賓縣 武德四年置文安縣，旋更名樂沙，屬昆州。貞觀七年省，尋改置懷義縣，爲嚴州治。天寶二年又更名。
武化縣	嚴州 屬南漢。 來賓縣 屬南漢。
武化縣 熙寧四年省。元祐初復置，南渡後省。	開寶七年省。 來賓縣 屬象州。
	來賓縣
	來賓縣 初改屬柳州府。

循德縣 武德四年置陽德縣，旋更名，屬柳州。後屬嚴州。

歸化縣 乾封二年置，屬嚴州。

省。

歸化縣

省。

大清一統志卷四百六十三

柳州府

在廣西省治西南三百七十里。東西距四百二十五里，南北距八百三十里。東至平樂府修仁縣界二百六十五里，西至慶遠府宜山縣界一百六十里，南至潯州府貴縣界二百七十里，北至湖南靖州綏寧縣界五百六十里。東南至潯州府武宣縣界一百八十里，西南至思恩府遷江縣界一百二十里，東北至桂林府永寧州界一百三十里，西北至貴州黎平府永從縣界五百六十里。自府治至京師七千八百三十里。

分野

天文翼、軫分野，鶉尾之次。

建置沿革

禹貢荆州之域。周爲百越地。秦爲桂林郡地。漢爲鬱林郡潭中、中留等縣地。三國吳鳳皇三年，分置桂林郡。治在府南境。晉及宋、齊因之。梁、陳間分置馬平郡。方輿勝覽：梁置龍州。而諸書不載。隋平陳，郡廢。唐武德四年，置昆州，尋曰南昆州。貞觀八年，改曰柳州。元和志：因柳江爲名。舊唐書地理志：以州界柳嶺爲名。新唐書地理志：以地當柳星更名。天寶初，改龍城郡。乾元元年，復曰柳州，屬嶺南道。五代初屬楚，周廣順元年屬南漢。宋亦曰柳州龍城郡，宋史地理志：州治馬平。咸淳元年，徙治柳城之龍江。屬嶺南西道。元至元十六年，升柳州路總管府，屬廣西道。明曰柳州府，還治馬平。屬廣西布政使司。本朝因之，屬廣西省，領州一、縣七。

馬平縣。附郭。東西距一百七十五里，南北距一百七十十里。東至雒容縣界十五里，西至慶遠府忻城土縣界一百六十里，南至來賓縣界一百二十里，北至柳城縣界五十里。東南至象州界八十里，西南至思恩府遷江縣界一百二十里，東北至雒容縣界七十里，西北至柳城縣界四十里。漢置潭中縣，屬鬱林郡，後漢因之。三國吴分屬桂林郡。晉爲郡治，宋省。齊復置，仍屬桂林郡。梁置馬平郡。隋廢郡，置馬平縣，屬象州。大業初，屬始安郡。唐武德四年，爲昆州治。貞觀中，爲柳州治，五代、宋初因之。咸淳中，爲柳州屬縣，元不改。明爲柳州府治，本朝因之。

雒容縣。在府東北六十里。東西距六十五里，南北距二百里。東至桂林府永福縣界三十里，西至馬平縣界三十五里，南至象州界一百三十里，北至桂林府永寧州界七十里。東南至平樂府修仁縣界六十里，西南至馬平縣界六十里，東北至永寧州界九十里，西北至柳城縣界六十五里。漢潭中縣地。唐永徽中，分置洛容縣，屬嚴州。天授二年，割屬柳州，五代、宋、元、明不改，本朝因之。

羅城縣。在府西北一百九十里。東西距一百里，南北距三百四十里。東至融縣界七十里，西至慶遠府天河縣界三十里，南至慶遠府宜山縣界四十里，北至貴州黎平府永從縣界三百里。東南至柳城縣界一百四十里，西南至慶遠府永順副土司界九十里，東北至融縣界一百里，西北至天河縣界一百里。漢潭中縣地。南齊後爲齊熙郡地。隋開皇十一年，析置臨牂縣。大業初，并入義熙縣。唐武德四年，復置。永徽元年，廢入融水縣。龍朔二年，改置武陽縣，屬融州，五代因之。宋開寶五年，分置羅城縣，屬融州。熙寧七年，俱省入融水。明洪武二年，復置羅城縣，屬融州。十年州廢，屬柳州府，本朝因之。

柳城縣。在府西北八十里。東西距一百八里，南北距二百五十里。東至馬平縣界十八里，西至慶遠府宜山縣界九十里，南至馬平縣界五十里，北至融縣界二百里。東南至馬平縣界五十里，西南至宜山縣界七十五里，東北至雒容縣界六十里，西北至羅城縣界八十五里。漢潭中縣地。梁分置龍城縣。隋屬始安郡。唐武德四年，於縣置龍州。貞觀七年，州廢，屬柳州，五代因之。宋景德三年，改曰柳城。咸淳元年，爲柳州治。元爲路治。明屬柳州府，本朝因之。

懷遠縣。在府北三百一十里。東西距二百四十五里，南北距二百五十二里。東至融縣界五里，西至貴州黎平府永從縣界二百四十里，南至融縣界二里，北至湖南靖州綏寧縣界二百五十里。東南至融縣界十里，西南至融縣界一百里，東北至桂林府義寧縣界一百九十里，西北至貴州永從縣界二百五十里。漢潭中縣北境，牂牁蠻地。南齊後，爲齊熙郡地。唐爲融州地，後爲古州蠻地。宋崇寧四年，置懷遠軍，尋升爲平州，又置懷遠縣爲倚郭。政和元年，州縣俱廢，尋復置平州。宣和二年，賜名懷遠郡。紹興四年，州廢。十四年，復置懷遠縣，屬融州，元因之。明洪武十年，縣廢。十四年，復置，屬柳州府。嘉靖末，爲諸猺所陷。萬曆十九年更置，本朝因之。

融縣。在府西北二百五十里。東西距二百四十里，南北距二百四十五里。東至桂林府永寧州界一百九十里，西至羅城縣界五十里，南至柳城縣界一百二十五里，北至懷遠縣界一百二十里。東南至雒容縣界一百二十六里，西南至羅城縣界八十里，東北至永寧州界一百九十里，西北至懷遠縣界一百八十里。漢潭中縣地。南齊置齊熙縣，兼置齊熙郡。梁大同中，於郡置東寧州。隋平陳，郡廢。開皇十八年，改州曰融州，縣曰義熙。大業初，州廢，屬始安郡。唐武德四年，復置融州。六年，改縣曰融水。天寶初，曰融水郡。乾元初，復曰融州，屬嶺南道。五代屬南漢。宋曰融州融水郡，屬廣南西路。大觀元年，升爲帥府，置黔南路。三年，府罷，賜名清遠軍節度，升爲下都督府。元至元十四年，置安撫司。十六年，改爲融州路，尋降爲州，屬廣西道。明洪武初，以州治融水縣省入。十年，降州爲融縣，屬柳州府，本朝因之。

象州。在府東南一百三十里。東西距一百八十五里，南北距一百里。東至平樂府修仁縣界一百三十五里，西至馬平縣界五十里，南至潯州府武宣縣界五十里，北至雒容縣界五十里。東南至潯州府平南縣界一百三十里，西南至來賓縣界五十里，東北至修仁縣界九十里，西北至雒容縣界五十里。漢中留縣地。三國吳置桂林郡，治武安縣。晉太康中，更名武熙，屬鬱林郡。梁分置象、韶陽等郡。隋平陳，郡皆廢。開皇十一年，改置桂林縣，仍於縣置象州，又分置陽壽縣。大業初，州廢，縣皆屬始安郡。唐武德四年，復置象州。天寶初，曰象山郡。乾元初，復曰象州，屬嶺南道。五代屬南漢。宋亦曰象州象山郡，屬廣南西路。元至元十五年，升爲象州路總管府。大德後，仍降爲州，屬廣西道。明洪武二年，以州治陽壽縣省入，屬柳州府，本朝因之。

來賓縣。在府南一百八十里。東西距一百五十里，南北距一百七十里。東至潯州府武宣縣界七十里，西至思恩府遷江縣界八十里，南至潯州府貴縣界七十里，北至馬平縣界一百里。東南至貴縣界七十里，西南至遷江縣界七十里，東北至象州界七十里，西北至馬平縣界七十里。漢潭中縣地。唐武德四年，分置文安縣，屬昆州，尋改曰樂沙。貞觀七年，省入新平，改置懷義縣，又於縣置嚴州。天寶初，改州曰循德郡，縣曰來賓。乾元初，復曰嚴州，屬嶺南道。五代屬南漢。宋開寶七年，廢嚴州，以縣屬象州，元因之。明初屬柳州府。本朝雍正三年，改屬賓州。十二年，還屬柳州府。

形勢

山兼象縣，江帶龍城。唐李商隱爲柳州鄭郎中謝上表。牂牁與龍、融二江合，宛轉環繞如壺形，束處若領，城居其腹。魏濬西事珥。居嶺嶠之表，接蠻貊之疆。新井記。控扼番落，封疆不啻千里。衆流透迤，爲駱越要害，鎮壓諸蠻。圖經。

風俗

古爲南夷，椎髻卉裳，至唐始循法度。唐柳宗元孔子廟碑。民業有經，公無負逋，嫁娶葬送，各有條法。唐韓愈羅池廟碑。風氣與中州不少異，人少鬭訟，喜嬉樂。宋曾鞏送李材叔知柳州序。民醇事簡，俗阜物庶，視他州爲樂土。圖經。地無桑柘，不事蠶作。通志。

城池

柳州府城。周七里有奇，内城門五，外城門三。舊志在龍江北。唐、宋俱土城，元祐間重築，咸熙初徙龍江南。迄元無城。明洪武元年遷今所，四年築土城，十二年甃甎。嘉靖二十四年築外城。本朝康熙五年修，雍正三年、乾隆三年、三十二年、四十八年、五十年重修。馬平縣附郭。

雒容縣城。周一里有奇，門四。本朝康熙五十二年修，雍正六年重修。

羅城縣城。周二里，門三。明成化時建。本朝康熙三年修，三十三年、乾隆二十五年重修。

柳城縣城。周一里有奇，門三。明成化時建。本朝康熙十年修，雍正七年重修。

懷遠縣城。周三里，門四。明初建於大容江口。萬曆中遷今所，南北築月城二里，外又有土城。

融縣城。周二里有奇，門四。唐建。元至正間修。本朝康熙十九年修，四十八年、五十年、雍正八年重修。

象州城。周三里。明洪武中建，嘉靖九年修。本朝康熙六十年修，乾隆六年、二十年重修。

來賓縣城。周二里有奇，門四，西、南臨河。明洪武間建，永樂間改建甎城，景泰間廢，天順四年修復。本朝康熙六年修，五十六年、雍正二年、十三年、乾隆六年、十四年、四十九年重修。

學校

柳州府學。唐建。元和中，刺史柳宗元修，有碑。明洪武六年，徙建於府治西北隅。本朝康熙十九年修，二十四年、二十七年、五十三年、五十七年、雍正十一年、乾隆四十六年重修。入學額數二十名。

馬平縣學。明洪武間建於城外羅池街東。本朝康熙五年修，二十二年、五十七年、雍正三年、乾隆九年重修。入學額數十二名。

雒容縣學。在縣治西。明初遷建。本朝康熙二十二年修，乾隆八年、三十三年、四十五年重修。入學額數十二名。

羅城縣學。在縣東門外。舊在縣治西北隅，本朝康熙元年遷建，乾隆九年修。入學額數八名。嘉慶三年，增設苗民學額二名。

柳城縣學。在縣西。明嘉靖初遷建。本朝康熙二十年重修，雍正七年修，乾隆三十九年重修。入學額數十二名。

懷遠縣學。在縣治東。明萬曆中遷建。本朝康熙三十四年修，雍正七年、乾隆四十二年重修。入學額數八名。嘉慶三年，增設苗民學額二名。

融縣學。在縣治西。明正統中遷建。本朝順治十八年重建，康熙二十年修，雍正四年、乾隆四十四年重修。入學額數十二名。

象州學。在州治東南隅。明初建。本朝康熙四十九年修，雍正十三年、乾隆十八年重修。入學額數十五名。

來賓縣學。在縣治北。本朝康熙二十九年重建，雍正五年修，乾隆五十年重修。入學額數八名。

柳江書院。在城東。本朝乾隆十年即柳侯祠改置，乾隆二十七年增修。

洛江書院。在雒容縣。本朝乾隆十二年建。

玉融書院。在融縣。本朝乾隆十七年增建。

象江書院。在象州。本朝雍正元年建，乾隆二十五年改建於城西州署舊址。按：舊志載同仁書院，在馬平縣舊址；駕鶴書院，在柳州城東駕鶴山下；正心書院、興文書院，在融縣。今並廢。謹附記。

户口

原額人丁一萬一千四百二十七，屯丁三十二，今滋生男婦大小共九十三萬九千三百九十九名口，計一十五萬三千四百五十四户。

田賦

田地五千九百八十三頃八十一畝五分有奇，額徵地丁正、雜銀一萬九千五百八十四兩三錢六分三釐，遇閏加徵銀一千一百四兩八錢六分六釐，米二萬三千二十八石四斗五升七合七勺。

山川

甑山。在馬平縣東南。柳宗元記：龍壁南絶水，有山無麓，廣百尋，高五丈，上下若一，曰甑山。

駕鶴山。在馬平縣東南。柳宗元記：甑山之南皆大山，多奇。又南且西曰駕鶴山，壯聳環立，古州治負焉。有泉在坎下，常盈而不流。縣志：在縣東南隅，隔江聳立，如孤鶴。下有長塘，冬夏不涸。

東臺山。在馬平縣東南四十五里，臨大江。

屏山。在馬平縣南一里。柳宗元記：南有山，正方而崇類屏者，曰屏山。其西曰四姥山。皆獨立不倚，北流潯水瀨下〔一〕。

雷山。在馬平縣南十里。柳宗元記：雷山兩崖皆東向，雷水出焉，蓄於崖中，謂之雷塘，能出雲氣，作雷雨，變見有光。

仙弈山。在馬平縣西南。亦名仙人山。柳宗元記：四姥山又西，曰仙弈之山。山之西可上，其上有穴，穴有屏，有室，有宇。其宇下有流石，東西九十尺，南北少半。東登入小穴，常有四尺〔二〕，則廓然甚大。無竅，正黑，燭之，高僅見其宇，皆流石怪狀。由屏南室中入小穴，倍常而上，始黑，已而大明，爲上室。由上室而上，有穴北出之，乃臨大野。其始登者得石枰於上，黑肌而赤脈，十有八道，可弈，故以云。寰宇記：仙人山在柳州西南，山上有石，形如仙人。舊志：亦名天馬山。高數百丈，於羣山中獨尊。下有楊文廣洞，相傳宋時儂智高幽楊文廣於此。

石魚山。在馬平縣西南二里。柳宗元記：石魚之山，全石，無大草木。山小而高，其形如立魚。有穴類仙弈，入其穴東，出其西北，靈泉在東趾下，有麓環之。泉大類轂，雷鳴，西奔二十尺，有洄在石澗〔三〕，因伏無所見。舊志：山半有立魚巖。巖之東麓，靈泉出焉，下有龍潭，内又有三洞相通。

新洞山。在馬平縣西南十里。有穴可坐百人，石乳融結，觸之如鐘鼓聲。

峩山。在馬平縣西三里。亦曰鵞山。柳宗元記：峩山在野中，無麓，峩水出焉。明統志：山巔有石如鵞，名鵞山。通志：水自半巔噴出，遠望似雙鵞飛舞，故名。又名深峩山。

黄吉山。在馬平縣西三十里。黄陂水出此。

背石山。在馬平縣西北三十里。柳宗元記：北有雙山，夾道嶄然，曰背石山。有支川東流入於潯水。名勝志：背石山其東山曰桃竹，西曰雀岡，俗名夾道雙山。

龍壁山。在馬平縣東北二十五里。柳宗元記：潯水受背石支川，因自北而東，盡大壁下，其壁曰龍壁。其下多秀石，可硯。舊志：有石壁峭立，下臨灘瀨，郡城之下關也。

龍屯山。在雒容縣西二十里。蜿蜒盤曲如龍。

橫賴山。在雒容縣西三十五里。相近又有聚講山、雞跕山。

雙童山。在雒容縣北。其左爲主山，俗名縣後山。

雷村山。在雒容縣北五十里。舊名雷峒。其東北有謝入山〔四〕。

如來山。在雒容縣北七十里。高聳峭拔。又大定山，亦在縣北七十里。平頭山，在縣北八十里。

屏石山。在雒容縣東北三十里。峰巒高聳，下有石巖出泉。

思微山。在雒容縣東北七十里。頂有甘泉，四時不涸。相近有響山，中渡水出此。又有西眉山，在縣東北八十五里。

東黄山。在羅城縣東三十五里。中有淵秀巖，有水東北入武陽江。又馬山，在縣南十里。

硯山。在羅城縣西里許。卓立端正，爲城西障。又有葵山，在縣西。

冰玉山。在羅城縣西北四十里。色瑩如玉，高寒，四時常冰。

古黎山。在羅城縣西北。古溪水出其下。又有石硯山，在縣西北九十里，聖水出此。

鳳凰山。在羅城縣北二里。山半有巖，路徑陡峻，石壁峭立如屏。

覆鐘山。在羅城縣北十里。有巖圓聳，若鐘之覆。

青陵山。在羅城縣北五十里。山勢延亘，通楚、黔兩省，中多仙蹟，有水流入武陽江。

直滿山。在羅城縣東北二里。山峯矗立，聳出羣山。山半有黄泥巖，巖口宏敞，中深邃，後有瀑布如簾。

伏安山。在羅城縣東北二十里。有水東北入武陽江。

筆架山。在柳城縣東十里。羣峯參差，以形似名。並峙者曰造化巖。

烏鸞山。在柳城縣南二里。高聳臨江，全身皆石，青白相間，形如翔鸞，自縣西關渡河望之，首尾雙翼俱全。下有深潭，澄泓澈底。

青鳳山。在柳城縣西二里。高百餘丈，爲縣案山，上有一竅通明。一名穿山。

雲蓋山。在柳城縣西二十五里。高大峻聳，雲氣常覆其上。又西山，在縣西三十里。

曬網山。在柳城縣西北五里。有兩山夾河而立，一山似舟而停，一山似網而曬，又一山似漁翁倚舟而卧，俗稱「停舟曬網卧漁翁」。

銅磬山。在柳城縣西北十里。一名覆釜山。上有甘泉。

勒馬山。在柳城縣北，對江，舊縣治在其麓。山形曲轉，狀如勒馬。又伏虎山、轎頂山，亦俱在縣北。

古清山。在柳城縣東北七十里，西北去融縣亦七十里。

天馬山。在懷遠縣東。大小凡九山，爲縣治之屏障。又猫兒山，在縣東。有二水，西爲板江，東爲桐木，合流而下。又鳳凰山，在縣東南，大山對峙。

珠玉山。在懷遠縣南十里，濱江。下有珠玉渡，與融縣接界。

蕉花山。在懷遠縣西十五里。有小江流入大江。又榜山，在縣西北一里，亦名挂榜山。

楓木山。在懷遠縣西北。明萬曆元年，官軍敗猺賊於板江東岸，賊懼西遁，聚於楓木，即此。又大桂山，在縣西北。猺人槃瓠種所居。

石門山。在懷遠縣西北七十里大江濱。左右兩山夾峙，峭壁如門，亦名下石門。又融縣西北十里亦有石門山，兩峯夾峙江岸，名爲上石門。

九曲山。在懷遠縣西北，下石門之西。高萬仞，怪石巉巖，中流一泓，碧練千尺。

獨洞山。在懷遠縣西北一百六十里。孟團江出此。其側爲龍頂山，接貴州黎平府界。

武牢山。在懷遠縣西北一百六十里。高拔險峻，俗謂爲武落山。

信洞山。在懷遠縣西北二百里。腮江出此。

平山。在懷遠縣北五里。宋建平州，以此名。亦曰屏山。又北五里爲大耀山。又蒼帽山，在縣北二里。

古泥山。在懷遠縣北一百五十里。峯巒環抱，嵐氣凝聚。潯江源出此。

白雉山。在懷遠縣東北六十里。西坡江出此。

林溪山。在懷遠縣東北一百六十里。石眼河出此。相去十里有古生山，斗江所出。

寶積山。在融縣東五十里。産鐵及盧甘石。相近有浪溪山，浪溪江流經其下。

靈巖山。在融縣東南五里。仰視高遠，青白錯雜，靈壽溪貫其中，有白石巍然如人狀，亦名老君洞。宋咸平中改爲真仙巖，頒太宗御書百二十軸，建樓藏之，有真仙書院。

旗山。在融縣西南四里。山峯卓立，舊設香山驛於下。

獨秀山。在融縣西二里。挺然秀發，上干雲霄。

銅鼓山。在融縣西二十里。明統志：舊傳諸葛亮散埋銅鼓以壓蠻獠，後有得於是山者，故名。

鐵船山。在融縣西三十里。上有仙女泉。

攬口山。在融縣西北十五里。連延數十峯，高千丈，深林密箐，爲邑要區。

雲際山。在融縣北十里。上有翠玉、寒碧二泉。

聖山。在融縣北四十里。山勢高峻，上有舜祠，故名。

白面山。在象州東七里。石壁屹立，横絶大江，中多白石。一名挂榜山。又南三里有鷺鷥巖，一名鷺鷥峽。

石牛山。在象州東四十里。名勝志：山多怪石，常有雲氣蒙罩，天色晴霽時，遥望如牛形。下有濮泉。

雷隱山。在象州東六十里。下有仙女池。風土記：天欲雷雨，則此山先有雲霧。

西山。在象州西，與象山相連。其北有猫兒山，下臨大江。

象山。在象州西，隔江。元和郡縣志：在陽壽縣西北三里許，州名本此。寰宇記：在州西岸五里，高四十丈，其形如象。

象臺山。在象州西北三十里。方輿勝覽：平地突起，巍然一臺，蓋古之州治也，今猶相承謂州爲象臺云。

居鹿山。在象州東北四十里。上有鹿池。又有鳳凰山，在州東北二十里。山勢凌空，如鳳飛狀。

聖塘山。在象州東北一百六里。高峻不可登，上有塘水，相傳熱水源出其下。

賈利山。在來賓縣東三十里。

古郎山。在來賓縣東南五十里。元和志：循德縣有古郎山，在縣西四十里。

石牙山。在來賓縣南三十里。平地有石，峭拔如牙。

居松山。在來賓縣南四十里。名勝志：山有石門，中有自然石盆，夏生蓮花，嘗有魚戲盆中。

穿山。在來賓縣南六十里。九域志：來賓有穿山，山有穴，南北相通。

金峯山。在來賓縣南六十里。泉石甚勝。

龍峒山。在來賓縣西十里。又有入雲山，亦在縣西十里。

龍鎮山。在來賓縣北一里，縣之主山也。亦名三台山。

走馬嶺。在馬平縣西十里。延亘二十餘里，有一峯特起，曰金山。

相臺嶺。在馬平縣北十里。又東北十里曰將臺嶺。

馬蹄嶺。在雒容縣南二十五里。有水東流入永福縣太和江。又六百嶺，在縣南六十里。丙和嶺，在縣東南六十里，與平樂府修仁縣接界。

天堂嶺。有二：一在雒容縣北五十里，有泉不涸；一在象州東北一百里。

四盤嶺。在融縣東北四十里。上下二十餘里，嶺道縈紆。

石門嶺。在象州東南二十里。又十里有金雞嶺。

會仙巖。有二：一在雒容縣南五里，蒼秀玲瓏，下有碧潭；一在柳城縣東，中有丹爐仙蹟。

白象巖。在雒容縣西南七里。石洞玲瓏，中有白石如象形，懸崖上有二籐，從石頂並垂而下，長十餘丈，其直如柱。名勝志：巖有石鐘，擊之鏗然，内有字如篆，不可識。

白龍巖。在雒容縣西北六十里。舊縣治在其下。

回龍巖。在羅城縣東南十里。巖徑幽邃。

中寨巖。在羅城縣西南二十里。巖勢高峻，土人修石橋，從平地蜿蜒而上，深不可測，中產鴛鴦石。

太白巖。在懷遠縣西北七十里，石門之右。相傳唐李白謫夜郎，嘗遊此，故名。

老人巖。在融縣西南四里。疊巘隆起，度高千仞，山腰削壁，忽開巖竇，軒豁明爽。山後有石徑，縈紆而上，俯眺山原，盡在几榻。又有劉公巖，在縣南五十里。宋時郡守劉繼祖所闢。

玉華巖。在融縣西北四里。俗名龍吟虎嘯巖，以石形相似也。玉華溪流其下。又德巖，在縣西南十二里，中多石子，一名彈子巖。

石樂巖。在象州南十里。有石如鼓。又三仙巖，在州北二十里。

燕子巖。在象州北。羣燕巢棲於此，空洞可容千餘人，下有碧潭。亦名龍潭山。

雙泉巖。在來賓縣北一百里。有泉冬温夏涼，相傳昔有人肄業其中，常患無水，忽一日雙泉涌出，因名。

採藍洞。在融縣東北二十里。四山環列，洞中平地如砥。

白牛洞。在來賓縣西南六十里。有白石狀如牛，白馬溪水出此。

鵞江。在馬平縣西南四十里，即峩水，亦曰鵞江。柳宗元記：峩水出峩山，東流入於潯水。通志：鵞水在文筆山下會柳江。又有黄陂水，在縣西三十里，源出黄吉山，合鵞水入柳江。

洛清江。在雒容縣東南三十里。上源即白石水。自桂林府永福縣流入縣界，又西南經江口鎮，亦名運江。又南經馬平縣三江口，合柳江入象州界。又中渡江，在縣東，源出響山，南入洛清江。龍鼻江，在縣西北廢縣西十五里，源出柳城東泉鎮，東南流入洛清江。又三門江，在縣西，自馬平縣流入。山道江，在縣東，自永福縣流入。俱合洛清江。

西江。在羅城縣西。源出縣西北銀村，伏流入地，至慶遠府天河縣復出流合龍江。又聖水，在縣西北，出石硯山，南流入西江。樂登水，在縣西，源出中寨巖，有九曲三潭，深不可測，北流入西江。

武陽江。在羅城縣北。元和志：武陽溪，在武陽縣東十里。寰宇記：武陽水，在縣東南，流一百里會潯溪，達柳州。縣志：在縣北百里，有二源，一出縣西北之平西里，一出縣東北之高懸里，皆至武陽巖合流，東南至柳城縣界，入融江。

柳江。上流即貴州黎平府福禄江，自永從縣界流入懷遠縣西北，名古州江，亦謂之大江，即古潭水也。又南入融縣，東爲融江。又經柳城縣西，合古清、洛淦二水與龍江會，曰合浦。環繞縣南名潭江，亦名柳江。又經府城南，又東南經象州西，名象江。又南入潯州府武宣縣界。水經注：潭水自鐔城，又東南經潭中縣，周水西南來注之。元和志：馬平縣潭水，東去縣二百步。柳江，在縣南三十步。寰宇記：潯江在柳州南三十步，亦名柳江。又融水在融州北六百里，連接敘州郎溪縣界。潭江出黄水縣西北當麗山。名勝志：柳江即城南江，經江口鎮，合相思埭、永福、雒容之水，下潯州與鬱水合，是曰黔江。府志：柳江環府城西、南、東三面，折而東南，與蠶江、洛清江會，曰三江口，即雒容之江口鎮。按：通志柳江一來自古坭，一來自慶遠，經柳城縣合流至郡。古坭山在懷遠縣北，潯水所出，下流入融江，此即從貴州永從縣來一支水也。柳城西南有龍江，自慶遠府流入，本古周水，下流入潭江，此即從慶遠來一支水也。

腮江。在懷遠縣西北。流出信洞山。其南又有孟團江。皆東入大江。

田寨江。在懷遠縣北三十里。源出縣西北大灣泉。又蕉花江，在縣北十五里。源出蕉花村。皆東流入大江。

潯江。在懷遠縣東北。自湖南靖州界流入，繞縣東，西南流入大江。寰宇記：融州有潯水溪，源出敘州西界。縣志：潯江出自老堡東北，城步、義寧二縣水所匯。

石眼江。在懷遠縣東北。源出林溪山。又斗江，源出古生山。皆西入潯江。

西坡江。在懷遠縣東北四十三里。發源白雉山。又板江，在縣北十五里，源出扶勞山。皆南入大江。

背江。在融縣西北十里。其源有三，右爲思杲江，左爲通道江，中爲都狼江，合流至攬口東入融江。以江在縣城背，故名。

又縣南有蔡邕江、高橋江、清流江，縣北有帶江、回回江，皆入融江。

浪溪江。在融縣東北六十里。一發源永寧州高望山，一發源義寧縣大羅山，西流至縣界。又寶江，源出懷遠縣，南流入縣界，折而西，與浪溪江並入融江。居民多設木障爲陂，以溉田畝。又有李獲江，在縣東北，一名南江，西北流入浪溪江。

熱水江。在象州東北十五里。其源曰温湯泉，在州東三十里熱水村，平地涌出，沸如滚湯，下流漸冷，溉田甚廣。又西經城北，謂之第四澗，從牛角洲入象江，亦謂之牛角江。

凌田江。在象州東北二十五里。源出州東四十里濮泉，西北流入象江。又七里江，在州東北四十里，源出天堂嶺，西流入象江。

都泥江。在來賓縣南。自思恩府遷江縣流入，又東入潯州府武宣縣界。元和志：來賓縣在都泥江北。寰宇記：嚴州州門有長水深八丈，從牂牁流下，即此。舊志謂之洪水江。自遷江縣黄牛灘東流七十里至縣南，又東北六十里至武宣縣界，入柳江。

雷江。在來賓縣西北三十里。源出新慶村，南入紅水江。寰宇記縣西有來賓水，即此。

定清江。在來賓縣北五里。源出清水堡，東南流入紅水江。

龍江。在柳城縣西南。源出慶遠府天河縣，與融水會，合流至縣西，合於潭江。即古周水也。漢書地理志：定周有周水，東入潭。水經注：周水自定周，又東北至潭中入潭。元和志：龍溪逕縣南入潭水。舊志：相傳五代梁時有八龍見於江中，故名。

靈壽溪。在融縣南五里。源出縣西南之六村，東流入融江。又有清潭，在縣東南七里，流入靈壽溪。

玉華溪。在融縣西，亦曰玉華江。源出玉華巖下，東流入潭江。

黄金河。在羅城縣北五十里。自通道山流出，灌溉甚廣。

古清河。在柳城縣北。源出古清山。又洛澰河，源出雒容縣黄泥村。皆西流入潭江，不通舟楫。

龍潭。在馬平縣。有二：一爲大龍潭，在縣南雷山下，即所謂雷塘也；一爲小龍潭，在縣西南石魚山下。又羅城縣有龍潭，在縣東門外，與西江水地脈相通。柳城縣東北有龍潭，四面皆石，中豬一潭，水從巨石吐出，一名龍頭江。

軍廳潭。在懷遠縣北三里。兩岸懸崖峭壁，水流入大江。

安靈潭。在融縣西南十五里。源出鐵船山，東流入潭江。

羅池。在馬平縣東。水可溉田。又有白蓮池，在縣東北，池有九竅，泉出其中。

東泉。在象州東北四十里。可引溉田。

城北井。在府城北。有柳宗元祭井文并井銘，鐫於石。

鳳凰井。在象州東。文獻通考：大中祥符元年，象州鳳凰見，其地涌出一泉，味甘美，土人呼爲鳳凰井。

鸞洲。在柳城縣西北關外江中，長里許。

治平洲。在懷遠縣北七十里。廣數百畝，可以耕種。又老堡洲，在縣北八十里。

大洲。在融縣北五里。又落杯洲，在縣北二里。單洲，在縣東南三里。藍洲，在縣東南二十里。皆融江中之洲也。

龍舌洲。在象州西南江中。

古蹟

馬平故城。在今縣北。隋時舊治。元和志：馬平縣，隋開皇十一年析桂林縣置，屬象州。唐貞觀時屬柳州。柳宗元記：古之州治在薄水南山石間〔五〕，今徙在水北直平四十里，南北東西皆水匯。

雒容故城。在今縣東北。元和志：雒容縣，東南至柳州一百二十里，永徽中置。名勝志：雒容舊縣，宋南渡後遷於洛清鄉，今徙上羅鄉之嘉禄村。舊志：唐、宋故縣，本治縣西北白龍巖下，明天順末毁於賊，邑民奔米峒居之，因即山麓甃爲城垣，在今縣東北七十里，去古田縣常安鎮僅隔一水。正德六年，爲古田賊所陷。萬曆三年，始移縣於今治，而以舊縣爲平樂鎮。按：唐志雒容作貞觀中置，與元和志、舊唐志不同。

龍城故城。在柳城縣西南。隋書地理志：始安郡龍城，梁置。元和志：龍城縣，東南至柳州八十八里，隋開皇十年析桂林縣置。寰宇記：龍城，隋縣。唐武德四年置龍州，領龍、嶺二縣〔六〕。宋史地理志：柳州柳城，梁龍城縣，景德三年改。咸淳元年，徙州治於柳城之龍江。舊志：龍城故治在龍江南岸，宋時移府治於龍江，又移縣治於江北，今距縣十里東鄉大社里舊縣村是也。元至大間，移府治復歸馬平，移縣治復歸龍江，而江北之城廢。明初，又移縣於龍江東岸，即今治也。而江南之城亦廢。嘗於此置南湯衛，後又廢。乃設南湯堡，至今土城尚存。按：龍城，隋志皆作梁置，而元和志、寰宇記俱云隋縣，不合。

羅城舊城。在今縣北。宋史地理志：開寶五年置羅城縣，熙寧七年省爲鎮，隸融水。寰宇記：在融州西南九十里。舊志：縣舊治在西羅鄉，洪武三年遷今治。

懷遠舊城。在今懷遠縣北。宋史地理志：崇寧四年，王江古州蠻户納土，於王口砦建軍，以懷遠爲名，割融州融江、文村、潯江、臨溪四堡砦並隸軍。尋改懷遠軍爲平州，仍置倚郭懷遠縣。政和元年，廢平州，依舊爲王口砦，并融江、文村、潯江、臨溪四堡砦並依舊隸融州，廢懷遠縣。紹興四年，廢平州，仍爲王口砦，隸融州。十四年，復以王口砦爲懷遠縣。舊志：洪武十年，廢懷遠縣，置三江鎮巡司。十四年，復置縣治，在大融江、潯江之匯，割融縣金雞鄉屬之，列宜陽、潯江、丹陽、萬石四鎮，附縣僅三鄉，民二百餘家。其外數里猺、獞環巢。嘉靖中，縣爲諸猺所陷，後寄治於融縣。萬曆十九年，始移於丹陽鎮，即今治。

樂善舊州。在羅城縣北。宋史地理志：融州羈縻州一，樂善州。崇寧二年，置樂善砦。寰宇記：樂善州在融州西北一百五十里，雍熙三年歸化。舊志：縣有樂善里，分立四堡，疑即州之舊址。

廢嚴州。今來賓縣治。唐置，宋開寶中廢。元和志：乾封二年，於廢昆州樂沙縣置嚴州，仍改樂沙爲懷義縣，州城南枕大江，當桂州往邕州之路，在嚴岡之上，因爲名。舊唐書地理志：嚴州領縣來賓，州所治。按：元和郡縣志嚴州治循德，與唐志異。而唐志以嚴州爲乾封招致生獠置，又與元和志不合。

潭中廢縣。在馬平縣東南駕鶴山間。漢置縣，屬鬱林郡。晉爲桂林郡治，劉宋省。蕭齊復置，屬桂林郡，後廢。又常安廢縣，沈約宋志引晉太康地志云：桂林郡有常安縣。王隱志無，永初志有，何、徐志無。新志云：今縣南有常安堡。

新平廢縣。在馬平縣南。唐武德四年置，貞觀十二年省入馬平。

廢象縣。在雒容縣南。元和志：象縣西南至柳州六十五里。陳於今縣南四十五里置象郡。隋開皇九年，廢郡爲縣。唐乾封二年，復置。總章元年，割屬柳州。唐書地理志：柳州象縣，本隸桂州，後來屬。宋史地理志：嘉祐六年，廢象縣入雒容。

按：舊唐志作貞觀中置，與元和志不合。

黄水廢縣。在羅城縣西北。隋書地理志：始安郡義熙縣舊置黄水郡，平陳，郡廢，大業初併廢黄水縣入焉。唐書地理志：融州融水本義熙縣，武德四年析置黄水縣，天寶初併入武陽。

安修廢縣。在羅城縣西北。唐書地理志：融州融水縣，武德四年析置安修縣，貞觀十三年省入臨牂。

柳嶺廢縣。在柳城縣西。唐書地理志：武德四年置龍州，並置柳嶺縣。貞觀七年，州廢，省柳嶺。舊志：今縣北古清河入江處有古城村，即古縣。

融水廢縣。在融縣西南。齊置齊熙縣，兼置齊熙郡，治此。隋改縣爲義熙，唐復改爲融水，爲融州治。明初省入融州。元和志：融州南至柳州陸路二百三十里，水路三百八十里。舊志：縣東臨融水，西近香山，南達真仙巖，北倚雲際山。唐始築州城。宋大觀初，創外城，周九里。元至正中燬，縮入內城修築〔七〕，即今治。

陽壽廢縣。今象州治。隋置。元和志：隋開皇十一年，以桂林置象州，大業二年廢。唐武德四年，平蕭銑，立武德縣，仍於縣治重置象州，取界內象山爲名。陽壽縣，郭下，開皇十一年析桂林置。唐書地理志：象州象郡，本桂林郡，武德四年，以始安郡之陽壽、桂林置。貞觀十三年，徙治武化。大曆十二年，復治陽壽。宋史地理志：景定三年，徙州治來賓縣之蓬萊。元史地理志：象州陽壽，倚郭。按：唐時象州治所凡三徙，始武德，既武化，後陽壽。方輿勝覽云有象臺，去州三十里爲古州治。蓋武德廢入陽壽，此即州治之在武德者也。又按：隋志馬平，開皇十一年置象州。而郡、縣志云以桂林置。蓋是時析桂林置馬平，故指馬平爲桂林耳。

長風廢縣。在象州東。唐書地理志：武德四年，析陽壽置長風縣。大曆十一年，省入武化。按：九域志象州有古長風城，蓋即廢縣故址。

桂林廢縣。在象州東南。隋書地理志：始安郡，統桂林縣。唐書地理志：乾封元年，省入武仙。

武德廢縣。在象州西。唐書地理志：武德四年，析桂林置武德縣。天寶元年，省入陽壽。

循德廢縣。在來賓縣東。元和志：武德四年，析桂林立陽德縣，其年改名循德。本屬柳州，永徽初割入嚴州。舊志、寰宇記無此縣〔八〕，蓋五代時廢。今縣東南古浪山下有古浪城，疑即古縣治。又按：永徽年號在乾封前，時嚴州尚未置，何由以縣割屬？元和志誤。

歸化廢縣。在來賓縣南。唐乾封二年置，屬嚴州。宋開寶五年省入來賓。

武陽舊縣。在羅城縣北。元和志：武陽縣東北至融州八十里。隋開皇十一年，析義熙置臨牂縣。唐永徽元年，廢入融水。龍朔二年重置，改爲武陽。九域志：熙寧七年，省爲鎮，入融水。按：唐志武陽，天寶初併黃水、臨牂二縣更置，與元和志不合。疑龍朔初改臨牂爲武陽，至天寶初又以黄水併入耳。又宋志崇寧元年置武陽砦，即古縣也，今仍爲武陽鎮。

西寧舊縣。在象州南。隋書地理志：始安郡桂林，大業初并西寧縣入。唐書地理志：武德四年，析桂林置武德、西寧、武仙三縣。貞觀十二年，省西寧入武德。

陽寧舊縣。在象州西南。隋書地理志：始安郡有淮陽縣，開皇十八年改曰陽寧，大業初省入陽壽。

武化舊縣。在象州東北。元和志：武化縣西南至象州六十五里。武德四年，析桂州建陵縣之南界置，屬晏州。貞觀十二年，州廢，改屬象州。宋史地理志：熙寧四年，廢武化縣入來賓。元祐元年復置，南渡後省。

鉛場。九域志：融水縣有古帶一鉛場。又有礬場。舊志有古帶村，在融縣南，近柳城界。

沛溪場。寰宇記：在融縣西北一百八十里，本融水縣沛溪洞，以其偏遠，輸賦甚艱，因立場，以便於民。舊志：在羅城縣北，久廢。

明秀堂。在府治。宋王安中書扁。

五箴堂。在融縣西融水廢縣，久廢。輿地紀勝：五箴堂在郡治，其東爲坐嘯堂。又廉静堂，在郡治，有荔子，清蔭可人。

南樓。在府治。宋詹體仁重建，張栻有記。又清輝樓，在子城上。又有飛躍亭，舊爲祝聖之所。

待蘇樓。在府治後。宋許申建，取杜甫詩「春生南國瘴，氣待北風蘇」爲名。

望仙樓。在融縣前。以前揖仙人山，故名。

瑶光樓。在象州城西門上。俯瞰溪山，面對長江，晴嵐煙靄，景物之勝，一目而盡。後改曰西峯樓。

東亭。在府城南。唐元和中柳宗元建，有記。

思柳亭。在馬平縣東半里。宋陶弼有詩。

真仙亭。在融縣東真仙巖前。宋郡守鮑粹然建。又有會壹閣，在巖旁。

謝園。在象州南門外。宋進士謝洪、謝澤兄弟立。内有扶疏堂、寒光亭，竹木深邃，蔚有佳致。王安中、孫覿南遷，嘗寓此。

關隘

橋屯隘。在雒容縣北九十里。明萬曆二年，官軍平洛斗諸巢，設兵分屯阨塞，一守橋屯隘，一守都勒隘，一守平徑隘。

中峒隘。在羅城縣西南三十里。路通慶遠，環隘皆山。本朝順治十八年置。

金雞隘。在柳城縣西八十里。又有古木隘，通府治。

鷺頸隘。在融縣西南五十里。

狼村隘。在象州西四十里。兩旁石山，中穿一徑，爲西鄉要隘。

穿山巡司。在馬平縣南四十里。本朝雍正十二年設。

三都汛巡司。在馬平縣西南六十里。本朝雍正十二年設。

江口鎮巡司。在雒容縣西南五十里洛清江口，與馬平縣及象州接界。明洪武六年置運江巡司，萬曆三年移於縣東。今仍還舊治。又有章駝鎮巡司，今裁。

平樂鎮巡司。在雒容縣東北七十里，地名中渡，即明初故縣也。洪武六年置巡司，在縣東十里石溜江。萬曆十四年遷於此，本朝因之。

武陽鎮巡司。在羅城縣北六十里，即故武陽縣也。舊設巡司，今因之。

東泉鎮巡司。在柳城縣南六十里，與雒容縣接界。舊置東泉驛於此，明隆慶二年裁，今有巡司。

古砦鎮巡司〔九〕。在柳城縣西北八十里，與融縣接界。舊置巡司於融江西岸，明成化中移於此，今因之。

梅寨巡司。在懷遠縣北二百里。本朝雍正九年設。

長安鎮巡司。在融縣北四十里。明萬曆元年，討懷遠賊，諸軍集長安鎮，進至板江。二年，又議遷懷遠縣治於此。舊有巡司，今因之。又清流鎮，在縣東南七十五里，舊有巡司，今裁。

思管鎮巡司。在融縣東北一百二十里。明隆慶初討古田賊，分兵一從思管入，即此。舊有巡司，今因之。

龍門寨巡司。在象州東北八十里，東去永安州一百里。山谿險僻，爲猺賊出没之處。舊有巡司，今因之。又鶖頸鎮、尖山鎮，舊皆有巡司，今裁。

界牌鎮巡司。在來賓縣南六十里，與貴縣接界。

新興鎮。在馬平縣東五十里。又都博鎮、歸信鎮，舊設巡司，今裁。又樟木鎮，在縣西六十里，明末平叛獞韋志道立。

通道鎮。在羅城縣北一百五十里，與貴州西山土司接界，去縣最遠，重山隔越，瘴癘倍甚。舊有巡司，本朝乾隆五十一年裁，改設三防塘主簿。又舊有安湘鎮、樂善鎮、中峒鎮三巡司，今並裁。

古清鎮。在柳城縣東北七十里，有堡。又洛好鎮、廖洞鎮，舊俱有巡司，今皆裁。

萬石鎮。在懷遠縣西北，即宋萬安砦也。崇寧四年，置百萬砦及萬安砦。明初置萬安鎮巡司，今裁。又有通天砦，在縣東，宋政和間置，屬平州，宣和中廢。

古泥鎮。在懷遠縣北一百六十里。本朝乾隆四十二年，設古宜甲主簿。

潯江鎮。在懷遠縣東北，即宋潯江堡也。九域志：融縣有融江寨，在州東北三百里。又有文村堡，在州北三百二十五里。潯江堡，在州東北三十六里。臨溪堡，在州東北四百九十五里。皆宋元豐七年置。宋史地理志〔一〇〕：崇寧四年，置懷遠軍，割融州之融江、文村、潯江、臨溪四堡砦隸之。政和元年，州廢，還屬融州，尋復故。舊志又有清流鎮，在縣東南七十五里，及大約鎮、保江鎮、西洞鎮，皆有巡司，後並裁。

蓬萊鎮。在來賓縣東。宋景定三年，徙象州治來賓之蓬萊，元還舊治。舊志：今有蓬萊洲，在縣東南三里是。

魚窩寨。在馬平縣西南。舊志：馬平五都諸賊，竊發不時。明嘉靖間，賊首韋金田等占據水陸二路，督臣張岳會兵征之，分三哨並進，圍魚窩巢。石壁峭立，拔地高數千丈，賊悉力堅守，山四周傾仄，官軍進攻，不能置足，乃爲久困計，乘懈擊之，遂破魚窩巢。馬平之寇遂息。

長平堡。在馬平縣南三十里。烏石堡，在縣南八十里，與來賓縣接界。舊志：縣界去城十里則有獞，五十里外則有猺、狼、狑、犽之屬，設有四方、三江、白面、官道、喇堡、都寒、里團、落滿、樟木、紅羅、石漢等堡，及三都、五都，皆屬險隘，有兵防守。

高天堡。在雒容縣東南六十里。又三板堡，在縣東北。明萬曆中置。

安勞堡。在柳城縣西北。明成化初置，後爲叛猺所據。萬曆初平上油峒復置堡，設兵屯守。

板江堡。在懷遠縣西南五里。明萬曆初討猺賊，官軍至融縣長安鎮，賊屯聚板江，據大洲，四面列艘，官軍進至四維江，泝流斫賊，賊向軍廳潭遁，即此。

沙子堡。在融縣東南一百里。又永安堡，在縣東北一百七十里。皆屬要隘。

托定村。在雒容縣北七十里。明正德時，古田獞覃萬賢陷雒容，據西鄉托定、洛斗諸村，江道多梗，久之始平。

和睦墟。在羅城縣。舊置巡司，本朝乾隆四十二年裁。

雷唐驛。在馬平縣東北七十里。今裁。

雒容驛。在雒容縣南。又有江口驛，在江口鎮。輿程記：自江口驛西南一百二十里至雲騰驛，爲趨府城之道。自江口驛東北一百二十里至大汾驛，又一百二十里至永福縣之横塘驛，爲趨省城之道。今皆裁。

東江驛。在柳城縣西。輿程記：自東江驛而西六十里爲羅斯驛〔一〕，又五十里爲宜山縣之大曹驛，又五十里即慶遠府城。今皆廢。

津梁

太平橋。在府城東門外。城東又有東溪橋。

穿山橋。在馬平縣南四十里。水出縣西南三都，東北至三江口入江。

安定橋。在馬平縣西二里。明永樂中建。

西江橋。在雒容舊縣西一里。

遶江橋。在羅城縣東四十里，跨東黄山水。

浮橋。在羅城縣西北黃金墟。本朝康熙四十年建。

石門橋。在羅城縣北七里。

富龍橋。在柳城縣北七十里。

茶濡橋。在懷遠縣西二里。

裕後橋。在融縣南一里。本朝康熙二十一年重建。

雲錦橋。在象州城中。

楊柳橋。在象州東四十里。

廣濟橋。在來賓縣東門外。

三門江渡。在雒容縣西三十五里。又山道江渡，在雒容縣東三十里。皆設渡夫。

潯陽渡。在融縣東南十五里，爲融水津渡處，今改設博塘。又高街渡，在縣東南五十里。又有和睦渡，在縣東南六十里。

隄堰

黄陂。在馬平縣西三里。其水入柳江。

大陂。在融縣西。又有下陂、龍陂及新田、相思等陂，皆資灌溉。

長塘。有二：一在府城西南鴛鶴山下，有灌溉之利；一在融縣東上團，秋冬不涸。

都博塘。在融縣西南十五里。寬百畝。又山塘，在縣北四十五里，受諸山溪之水。

三里塘。在象州南，廣三里。可灌田。又有大蓮塘，在州東。

陵墓

唐

柳宗元墓。在馬平縣北。按：宗元卒於柳州，將歿時，諄諄以從祔先域爲言。韓愈作墓志，載元和十五年歸葬萬年先人墓側。此地安得復有冢域？當屬附會。

劉蕡墓。在馬平縣西五里。

宋

覃光佃墓。在融縣太平鄉。

祠廟

賢良祠。在府治西。祀唐司户劉蕡。宋紹興間建，賜額。

柳侯祠。在府治北。舊名羅池廟，祀唐刺史柳宗元。内有韓愈羅池廟碑。本朝乾隆二十八年修。

襄惠祠。在馬平縣北關外鎮粤樓，祀明督臣張岳。

蘇公祠。在懷遠縣城中，祀明知縣蘇朝陽。

于公祠。在羅城縣鳳凰山麓。本朝乾隆二十三年建，祀羅城縣知縣于成龍。

雷塘廟。在馬平縣南十里雷山。唐柳宗元有禱雨文。

香山廟。在融縣冷峒。宋天禧間融人梁熹、宜山人吴輔戰没，屢著靈應，封侯廟食，至今尤顯〔一二〕。

寺觀

華容寺。在府城内。本朝康熙二十年建。

大雲寺。在馬平縣仙蹟山下。唐建。柳宗元有復修大雲寺記。山下又有天寧寺〔一三〕，亦名靈泉寺。

開元寺。在馬平縣西。宋吕本中有柳州開元寺夏雨詩。

多吉寺。在羅城縣鳳凰山麓。

河沙寺。在羅城縣平東下里。

名宦

唐

柳宗元。河東人。元和中，徙柳州刺史。因其土俗，爲設教禁，州人順賴。其俗以男女質錢，約不時贖，子本相侔，則没爲奴婢。宗元與設方計，悉令贖歸，其尤貧力不能者，令書其傭，足相當，則使歸其質。觀察使下其法於他州，比一歲，免而歸者且千人。

劉蕡。昌平人。太和初，宦官益横，自蕡對策後旋有甘露之禍，中人深嫉之，誣以罪，貶柳州司户參軍。

宋

張守約。濮州人。至和時，歐陽修薦其有智略，知邊事，擢知融州。峒將吴儂恃險爲邊患，捕誅之。

袁抗。南昌人。撫水蠻寇融州，轉運使俞獻可檄抗權融州推官，督兵糧，與謀軍事。蠻治舟且至，抗即楊梅、石門兩隘建水栅二，據其衝，賊不得入。後因置戍不廢。

黄疇若。豐城人。淳熙間任柳州教授，訓迪後起，以善誘稱。

劉子薦。安福人。度宗時，知融州，以廉静著聞。

明

蘇銓。洪武初，柳州衛指揮僉事。獞賊攻刦融縣，銓率兵往勦，賊敗散，後復聚衆剽掠，銓計擒之，遂畏服不敢出。又于海，亦爲衛指揮僉事，守大藤峽，蠻聚衆攻刦，海破之，一方遂安。

張霖。洪武中，知馬平縣。愛民如子。有虎噬人，霖告於城隍，設檻以捕，明日即獲二虎。峒賊爲患，都督韓觀統兵撫之，賊據險不服，曰：「若張知縣來，即投順。」霖乃衣冠入峒，賊皆感泣出降。

陳駿。河源人。永樂中知柳州府。馬平寇圍城，駿作榜投城下，示以禍福，許其自新，寇斂衆退。歲饑，駿倡屬勸分，計口賑之。

張金陵。吉水人。正統間謫雷塘驛丞。象州屢爲猺、獞侵擾，起金陵署州事。既至，揭榜撫諭，示以恩信，遂解散，民始得安業。

胡高。安福人。成化中知象州。單騎諭峒賊，示以禍福，賊渠法慶慴服就撫。建州治，修學校，境賴以安。

劉璉〔一四〕。鄱陽人。弘治末知柳州府。屢征諸獞有功。正德初，魚峯賊周鑒煽亂，璉率兵數百禦賊，賊敗走。璉追之，援兵不繼，爲所陷，被害。

沈希儀。貴縣人。嘉靖中爲古江參將，平象州、武宣、融縣猺賊。初，柳州城外五里即賊巢，軍民至無地可田。希儀至，渠魁宿猾，誅捕殆盡，諸猺畏服，不敢爲盜。

鄭舜臣。上虞人。嘉靖中知柳州府。時撫臣征古田，調狼兵十餘萬屯城下，狼衆無統屬，恣行擾民，舜臣密遣材官數輩，擒四人磔於市，不書姓名。各營自相疑阻，其患遂息。

馬希武。隆慶中知懷遠縣。當苗、猺蹂躪後，議城舊縣爲守禦，猺不利，嘯聚攻圍。希武與經歷俞冕、典史陸錦、鄭鵬、徐士科、巡檢鄭元英，皆遇害。

蘇朝陽。晉江人。萬曆中知懷遠縣。時縣城殘破，借治融縣。朝陽親歷各峒疆地，遂城丹陽鎮，民猺向化。

本朝

許鴻儒。浙江太平人。順治四年知羅城縣。隨征四載，緣兵燹城荒，土司叛亂，桂林又屢爲僞黨竊據，羅城孤立無援，被執不屈，罵賊死。弟男五人，俱被害。事聞，贈按察僉事，賜卹廕。

于成龍。山西永寧人。順治十八年知羅城縣。革重耗，減鹽引，招集流移，勸墾荒田。地錯苗疆，奸宄雜處，成龍申明保甲，禁帶刀杖，獲盜果實，立即誅戮，自是寇賊屏息。

熊飛渭。南昌人。康熙十二年，知融縣。柳州降帥馬承蔭叛，奸民蘇際盛、曾亞池乘變糾合永寧土司刦擄思管鎮。融城小兵稀，人情危懼，飛渭部署二十四團長，申明約束，各給信牌領事，給錢募民，增寮鋪，集堡目，分城而守。賊知有備，不敢攻，城賴以全。

江皐。桐城人。康熙二十一年知柳州府。地經兵燹，皐殫心綏輯，流亡復業。他邑民有被掠在柳者，資送之。飭關津，撫猺、獞，政績甚著。

錢元昌。海鹽人。雍正六年知柳州府。會苗首據通道鎮恣惡，提督欲舉兵勦之。元昌請緩師，以手札令巡檢單騎往諭，衆皆跪泣，越日，率衆詣府營謝罪，納賦如舊。元昌遂建公署，立墟市以通貿易。

人物

唐

白聳。馬平人。仕爲義勝都將。光啓中，寇入郡境，盡驅其民掠財帛，聳率所部敗賊，奪而歸之。

宋

覃慶元。融州人。景德進士。大中祥符間，拜御史中丞。莊重不阿，遇事敢言，舉朝服其公正。

覃光佃。慶元子。博學能文。開寶進士。爲監察御史，彈劾不避權勢。進武騎尉，知雁州軍事。時沿邊將士多貪功妄殺，及婾惰不職，悉懲以法〔一五〕。尋升沿邊都總管，兼勸農使。外籌軍政，内肅朝儀，咸倚重焉。

覃昌。光佃子。慶曆進士，官至國子祭酒。閉户講學，其教人一本六經。有文集行世。

王之才。雒容人。少好學，與同邑張亞卿齊名。登慶曆進士，歷官工部侍郎，有吏治才。

宋士堯。馬平人。皇祐中，儂智高寇邕州，士堯率兵救之，與智高戰，不勝，被害。贈屯衛大將軍。

明

計仲政。馬平人。洪武初，峒夷猖獗，知縣張霖以才能薦爲巡檢。率民兵與戰，俘馘五百餘，諸峒凛然。總兵韓觀託爲心腹，發縱指使，無不成功，前後四十餘年。致仕卒。

鄧敏。象州人。洪武丁卯舉人，官禮部主事。少孤，事母以孝聞。母卒，居喪哀毀，廬墓三年。有司旌其閭曰思本堂。

郭本。融縣人。景泰二年進士，歷官御史，巡按貴州及浙江。時權璫肆惡，本疏劾之。謫雲南永平主簿。

周琦。馬平人。成化進士。邃于理學，著東溪日談十八卷。成化中，獞賊猖獗，時爲南户部員外，上疏指陳，多中時弊，時論韙之。又同縣簡弼，弘治舉人，官肇慶府通判，亦以講學稱。

吕景蒙。象州人。弘治舉人，歷御史。性矜潔自貴。謫判潁州，轉汲縣令。少嗜學，所著有定性發蒙、象郡學的二書。

戴欽。馬平人。正德進士，擢刑部郎中。爲尚書林俊所重，每屬草稿。欽長于詩，與何景明、馬汝驥輩遊。後坐議大禮廷杖歿。著有鹿原集、玉溪存稿。

佘勉學。馬平人。嘉靖進士，知錢塘縣，擢御史。時大宰汪鋐秉銓不法，列其奸狀以聞，下詔獄，尋以鋐敗得釋。歷天津兵備副使。嚴世蕃嫉之，嗾言官疏劾，事白，補貴州。歷任福建按察使。

徐養正。馬平人。嘉靖進士，授禮科給事中，後官户部右侍郎。劾嚴世蕃奸狀，嵩怒，矯旨廷杖，謫通海典史，量移肇慶府推官。嵩敗，起南京工部尚書。

張翀。馬平人。嘉靖進士，授刑部主事。疾嚴嵩父子亂政，抗章劾之。下詔獄，謫戍都匀。穆宗初，召爲吏部主事，歷僉都御史，巡撫南贛，有勦賊功。仕終刑部侍郎。卒，謚忠簡。

李允簡。融縣人。嘉靖時由舉人知内江縣。旱禱，暴赤日中三日，霖雨大沛。後升思州知府。時許保、黑苗爲亂，參將石邦憲等討之。許保突思州，刦執知府，挾以求厚贖。允簡乃傳語邦憲，令亟進兵，自投盤山關崖下，賊棄之去。思人舁還至清浪衛，卒。詔贈貴州副使。

秦健。馬平人。嘉靖間知祿勸州。鳳朝文叛，健監守汛地，賊攻圍急，遂遇害。

戴希灝。柳州人。嘉靖二十一年爲永昌同知。愷悌廉明，絶請託，勤勸課。在任八載，遷長史。去之日，行李蕭然，士民泣留遮道。

王化。馬平人。嘉靖時知平遠縣。縣故賊藪，化單騎往，日坐草亭中治事，大著恩信。於是各寨盡出所掠子女三千餘人。屢平賊有功，晉廣東按察司、伸威道副使。化生平破賊歷數十戰，渠魁既殲，爲其綏定全活者亦數萬人。

劉順之。馬平人。隆慶六年官徐州。徐頻年被水，築張村隄，塞房村口，又築護城隄。徧歷郊原，問民疾苦。居四年，百度俱飭。

孫克恕。馬平人。萬曆時舉於鄉。歷官貴州副使，分巡思石道。安邦彦之亂，戰死，有虎守其骸不去，蠻人嗟異。事聞，贈太僕卿。

覃文應。柳城人。天啓間授四川巴縣。張獻忠陷城，文應具朝服北向拜，遂投井死。其子懋德亦投井。本朝乾隆四十一年，祀忠義祠。

龍文光。馬平人。天啓進士，崇禎間以吏部郎督學貴州，歷升四川巡撫。值張獻忠寇蜀，城陷，不屈死。本朝乾隆四十一年，賜謚忠節。

戴震。馬平人。崇禎時以鄉薦任浙江常山教諭，旋擢知縣事。土寇竊發，執脅不屈，死之。本朝乾隆四十一年，入祀忠義祠。

本朝

温如珍。馬平人。順治初，龍韜盤踞柳、慶，民遭荼毒，知縣許鴻儒、副將沈邦清俱被害。如珍奉命協剿，陣斬逆韜，恢復柳、慶，授都督僉事。

曹應元。懷遠人。順治初，流賊李來亨等所至蹂躪，應元散家財，聚鄉勇，分布守禦，爲邑之保障。弟應魁，亦以武功著。

曹維屏。懷遠人。康熙十八年，將軍傅弘烈授參將銜，委以團練。維屏躬冒險阻，率苗、獞擒逐餘逆，境賴以安。

楊剛。馬平人。弱冠從軍，歷剿古州、慶遠、桑江諸苗，積功漸升副將，尋擢左江鎮總兵。生平歷數十戰，未嘗敗衂，嘗謂：「用兵之道，静如處女，動如脱兔，二語盡之。」著有平苗紀略。

歐陽永裿。馬平人。由拔貢知合水縣，漸升河南鹽驛道。乾隆二十六年，河決楊橋隄，賑災全活無算。調河陝汝道，擢浙江按察使、廣東布政使。奏言連州排猺地狹人衆，將無所得食，請許其良者編入民籍，以廣謀生之路，而消其生事之端。下督撫議行。永裿歷官數十載，能持政體，所至興修書院，以教士爲務，尤以誠化民。

佘之格。雒容人。由武進士授雲南守備。乾隆三十七年，隨征金川，積功累遷四川漳獵營參將，擊賊於喇穆山梁，陣亡。事聞，議卹廕守備。

馬羣臣。馬平人。乾隆五十三年，隨征安南陣亡。同時死難者，吴忠耀、陸上柏、李元、湯正强、陳國明、劉成亮、袁成剛、黄振雄、王萬年。事聞，均廕恩騎尉世職。

李榮光。馬平人。嘉慶二年，由千總協剿聶傑人等餘匪，陣亡。又王熊飛、鄧得、羅應龍，亦於嘉慶二年隨征黔、楚逆苗，先後遇害。事聞，均廕雲騎尉。

流寓

宋

張庭堅。廣安軍人。徽宗時，蔡京欲引爲己用，庭堅不肯往，京大憾，後遂編管象州。

龔夬。瀛州人。徽宗時，以侍御史抗疏論事削籍，編管象州，徒步適貶所。

列女

唐

全女。柳城人。父亡無嗣，誓不適人，竭力養母。母偶出，遭虎害，女痛哭逐虎，奪回母骸，備棺以殮。停柩未葬，比鄰失火，延燒女屋，抱柩不去，焚死。

元

龍氏。柳城人。寇至，殺其夫，將污之，氏毅然曰：「甘與夫同死，豈肯爲賊辱乎！」駡不絶口，賊怒射之，貫胸而死。

明

龍居德妻羅氏。融縣人。獞蠻刦博塘村，得羅驅之以行。羅伺閒投水，蠻出之，傷一目，堅不行。蠻怒，支解之。

謝氏女。羅城人。正德初，蠻寇劫其里，見謝有殊色，争輿以行。謝罵賊，奪刃自殺。

王化妻計氏。馬平人。嘉靖中，化知江西平遠縣，會田坑賊叛，化寄妻子會昌，而身率鄉兵往擊。會昌訛傳化歿，計乃以兒置妾懷中，慟哭自刎。

蔡氏二女。雒容人。長適諸本紀，夫亡，依其父瑶以居；次許字潘仁。嘉靖中，以征田州，調永順、保靖兵，二女爲兵所掠，計不能脱，相攜墮崖死。

葛若惠妻廖氏。馬平人。崇禎末，土賊破城，廖被執，投河死。同縣孫章林妻王氏、龍偕熊妻鄔氏、秦聘瑜女，俱被掠，投水死。

陳原道妻計氏。馬平人。夫歿，不食死。同縣王象節妻畢氏，夫没，自縊死。鄧氏女受聘未嫁，夫卒，親欲奪其志，遂服其聘服自縊。

計于京妻戴氏。馬平人。避亂居五都鳳山村，夫爲叛兵所殺，妻持鐮刀自刎死。

唐良傑妻盧氏。馬平人，文燿母。文燿奉旨撫賊被執，後賊破城，盧罵賊，投池死。

簡文妾李氏。馬平人。文爲福建布政司經歷，有女曰元，贅陶吾智爲壻。文與妻皆卒於官，二婦與二孤扶喪以歸，路遇賊，吾智與賊抗，溺水死。李被執，輒解囊出白鏹啗賊，且曰：「此外惟一身可表，但乞不驚兩幼子足矣。」語畢，遂投水。賊亦嗟惋去。李漂附岸得不死，收吾智屍，撫養二孤，元亦相依，不他適。人謂爲「簡門雙節」。

王氏二女。柳城人。王士魁女，一名春姑，一名祖姑，俱未字。土寇單鳴珂作亂，二女避古帶村山中，爲賊所逼，並服毒死。

梁氏二女。柳城人。五都寇猝至，劫二女，欲犯之。二女怒駡曰：「賊奴暴虐鄉里，犬豕不若，吾豈爲汝辱耶？」奮起觸石死。

吴振元妻龍氏。融縣人。崇禎末，避兵，土弁擄之至棠陰橋，抱女投水死。其夫聞之，亦不食死。

本朝

龍應貴妻范氏。馬平人。年二十八，夫亡。子甫九歲，家甚貧。氏辛勤紡績，撫孤成立。雍正三年旌。同縣盧朝玉妻王氏、龍聖佐妻徐氏、楊名標妻劉氏、葉承晭妻歐氏、計元龍母胡氏，均雍正年間旌。

吴起龍妻張氏。懷遠人。遭歲歉，翁與夫相繼殁，姑老且病，張服事維謹。家極貧，常忍饑供養。鄰家失火，延及其室，氏棄幼子不顧，銜餤負姑出，須臾子亦至。雍正三年旌。

雷世瑀妻王氏。融縣人。夫亡守節。雍正三年旌。

歐陽永禴妻王氏。馬平人。夫卒，扃户三縊，帛三絶。母氏徐泣諭，勉受命，以猶子爲後，養教如所生。事姑尤謹，戚黨不相見數十年。乾隆十七年旌。同縣歐陽永祐妻鄧氏、王某妻胡氏、葉芷妻陳氏、許鍾憲妻蕭氏、莫維春妻劉氏、韋扶亭妻韋氏，均乾隆年間旌。

歐陽貞女。馬平人，名晚姑。生四歲而孤。字蔡昌，昌賈于外卒。女請奔喪，母曰：「生者母也，死者猶未夫，忍而去此耶？」女懼以戚母，乃止。御縞啜糲，矢志不移。母卒，竟以哀死。同縣季氏女，幼字陳至言，陳憎其命蹇，棄而别取，季依兄紡績自贍，誓不更嫁，人稱爲貞女云。

廖世豪妻盧氏。雒容人。夫亡守節。乾隆三十七年旌。

范開明妻劉氏。羅城人。年二十，夫病篤，泣禱於神，願以身代。後竟不起，遂投繯死。乾隆十八年旌。

賈朝選妻全氏。柳城人。夫亡守節。乾隆十七年旌。同縣何可錦妻莫氏，五十六年旌。

覃揆一妻吴氏。融縣人。年二十七，夫亡，家貧無所依，紡績撫孤〔一六〕，奉姑惟謹。乾隆元年旌。同邑王伸妻胡氏，四年旌。

韋正妻黄氏。象州人。捐軀明志。乾隆六十年旌。

宋國祥繼妻何氏。象州人。年十九而寡，奉姑十餘年。姑病，翦血禱於神而愈。教子鉉，中甲午舉人。後目衰，日事紡績，手皸裂。臨殁時，延醫診治，不許。曰：「吾豈以手與男子診脈者耶？」同縣何宏勳妻馬氏、歐耀臣妻吴氏、孟名世妻王氏，均乾隆年間旌。

韋應坤妻毛氏。來賓人。年二十而寡，子方幼，族人將不利之，毛曰：「若輩利吾所有耳。」悉委之，襁負其子走依外家，遂遷居廖坊，卒全其嗣。深慮如此。

董君甫妻許氏。馬平人。捐軀明志。與同縣金壎妻虞氏，均嘉慶年間旌。

沈正林妻丁氏。雒容人。夫亡守節。嘉慶二十四年旌。

韋潮和妻常氏。柳城人。捐軀明志。嘉慶六年旌。同縣烈婦常扶平妾勞氏，嘉慶十二年旌。

陳良策妻曾氏。象州人。夫亡守節。嘉慶七年旌。同縣梁會瀛妻吕氏、陳以梅妻吴氏，均嘉慶年間旌。

仙釋

宋

佛日禪師。來賓金華峯第一代祖。有戒行。相傳山有寺，大石當殿前，佛日禱於神，忽風雨晦冥，頃之開霽，石已移在山中。

土産

金。元和志：融州貢。宋史地理志：來賓貢。

銀。元和志：柳州、象州貢。

鐵。明統志：融縣出。

布。寰宇記：融州産苧布。又象州有古苧，績以爲布。

香。明統志：懷遠縣出降香。羅城縣出鬱金香。

槵子。宋史地理志：來賓貢。

桂心。元和志：融州貢。

藥。元和志：融州貢防風。寰宇記：象州出人面子。明統志：融縣出蘆甘石、猪腰子（其木生子，形如猪腎，能解藥毒）。又不死草，府産苴草，高一二尺，狀如羊，食之令人多壽，夏月置盤筵，蠅蠅不近。

蚺蛇膽。唐書地理志：柳州貢。

獞錦。府志：各州縣俱出。

苗蠻

苗。府境多有之。男女服以青布，繡花極工巧，俗謂之花衣苗。飲食與狪、狑同。本朝嘉慶三年，增設羅城、懷遠苗學額各一名。

猺。在馬平縣百里外。耕田輸賦，皆熟猺也。在羅城通道鎮有板猺，男衣黑衣，婦人左衽，裙有五色，繫古銅錢，步行有聲。在融縣居背江村，各成村落，有紅、黑、白三種，自謂諸葛武侯征孟獲，流入背江居者。在象州，男女椎髻徒跣，截竹筒而吹，待雨而耕，每歲十月屠牛置酒，召同類以降神，醉則舞刀劒爲戲。在懷遠有二種：居上下隴，耕田納賦，謂之住猺；種山而食，去來無常，謂之流猺。

獞。在馬平縣有覃、蒙、韋三姓，服青椎髻，男女皆同。歲首以木槽傾牲物于内，伏地作犬嗥。在羅城居平西、布政、高懸各里，性頑悍。在懷遠，男女皆斑衣，長僅至臍，裙不過膝，好樓居。在融縣，有獞村，與猺村分地而居，或彼此相錯，習俗大略相似。在象州，服飾習俗，與猺相似。來賓縣十數里外皆獞，男子繚頭跣足，婦人短衣長裙，性好仇殺，捕逮至中途，則劫奪去。此其舊習，今則咸知奉法矣。

狼。羅城郡那等四堡皆有之。男子衣服與漢民同，惟婦人少異。柳城僅六七村，約一百四十餘户，近城者漸效華風，居鄉者大率鄙陋。

狑。在馬平縣，種山捕獸，時至墟市交易，俗最陋簡。在雒容，與狼雜居，距永寧常安鎮僅隔水。羅城之東一、西一、西七、西九、東五、平東上里，懷遠之永吉、三峒等村，皆狑所居，以手搏飯〔一七〕，和以魚鮓爲上食，以宴客。殺牲用翦，無刀砧。

狪。在懷遠縣，與狑雜處。不喜殺，善音樂，彈胡琴，吹六管，長歌，閉目頓首摇足，爲混沌舞。

㹦。在柳城縣，與獞、猺雜處，言語不相通。俗類獠而頗黠桀。性能耐寒，故曰㹦。見官長不知拜跪，以跏趺爲禮。

獴。在柳城縣上油峒，俗似猺、㹦而語言各異。

犽女。馬平、柳城皆有之。黑齒黥面，繡額爲花草蛾蜨之狀，嫁則自荷傘戒途，聚族數十人送之。在深谷者爲生丁、黑丁，雜民處者曰熟丁、白丁。

狚。在懷遠縣，居山谷，種山禾，日暮始舂粟，無隔宿之炊。單衣不利于寒，長袴不利于走，較諸蠻最爲愚弱。

巴。在懷遠縣，石陣臨溪，陰風慄洌，人猶聞鬼哭。相傳昔諸葛武侯立營于此，夜令云：「枕石者去，枕草者留。」中夜撤軍，枕石者不寐，從孔明去。枕草者熟睡，遂留兹土，遺種斯在，尚能操巴音而歌烏烏。

校勘記

〔一〕北流潯水瀨下　乾隆志卷三五七柳州府山川（下同卷簡稱乾隆志）同。按，此句意不甚愜，柳文原亦如此，疑本有訛誤。或言

「流」當作「枕」。

〔二〕常有四尺　「常」，原作「長」，據乾隆志及柳宗元集卷二九柳州山水近治可游者記改。按，周禮注云「八尺曰尋，倍尋曰常」，此其義。

〔三〕有洄在石澗　「洄」，原作「洞」，乾隆志同，據柳宗元集卷二九柳州山水近治可游者記改。

〔四〕其東北有謝入山　「謝入山」，乾隆志及雍正廣西通志卷一六山川志作「謝八山」，未知孰是。

〔五〕古之州治在薄水南山石間　「薄水」，乾隆志同，通行本柳宗元集卷二九柳州山水近治可游者記作「潯水」，或作「薄水」，注家多以「潯水」爲是。

〔六〕領龍嶺二縣　乾隆志及太平寰宇記卷一六八柳州龍城縣作「領龍城、柳嶺二縣」，此省稱當作「領龍柳二縣」。

〔七〕縮入内城修築　「内城」，原作「南城」，據乾隆志改。按，此與上文「外城」相對而言，故言「内城」，「南」爲「内」之形訛。

〔八〕舊志寰宇記無此縣　此句上原無空格，乾隆志同。據文意及下文「又按」字樣，此句上當有「按」字，蓋誤脱。今據例空一格處理。

〔九〕古砦鎮巡司　「砦」，原作「[illegible]」，據乾隆志及雍正廣西通志卷三六廨署改。按，「[illegible]」字典不載，蓋俗訛字。

〔一〇〕宋史地理志　「宋史」，原作「宋書」，乾隆志同，考下引文字略取之宋史卷九〇地理志，據改。

〔一一〕自東江驛而西六十里爲羅斯驛　「羅」，原脱，據乾隆志及讀史方輿紀要卷一〇九廣西九補。

〔一二〕至今尤顯　「尤」，似當作「猶」。

〔一三〕山下又有天寧寺　「天寧」，原作「天安」，據乾隆志改。按，本志蓋避清宣宗諱改字。

〔一四〕劉璉　「璉」，原作「連」，據乾隆志及雍正廣西通志卷六六名宦改。按，本志蓋避乾隆太子永璉諱改字。下文同改。

〔一五〕悉懲以法　「懲」，原作「徵」，據乾隆志及雍正廣西通志卷七六鄉賢改。

〔一六〕紡績撫孤　「撫」，原作「無」，據乾隆志改。

〔一七〕以手摶飯　「摶」，原作「搏」，據文意改。

慶遠府圖

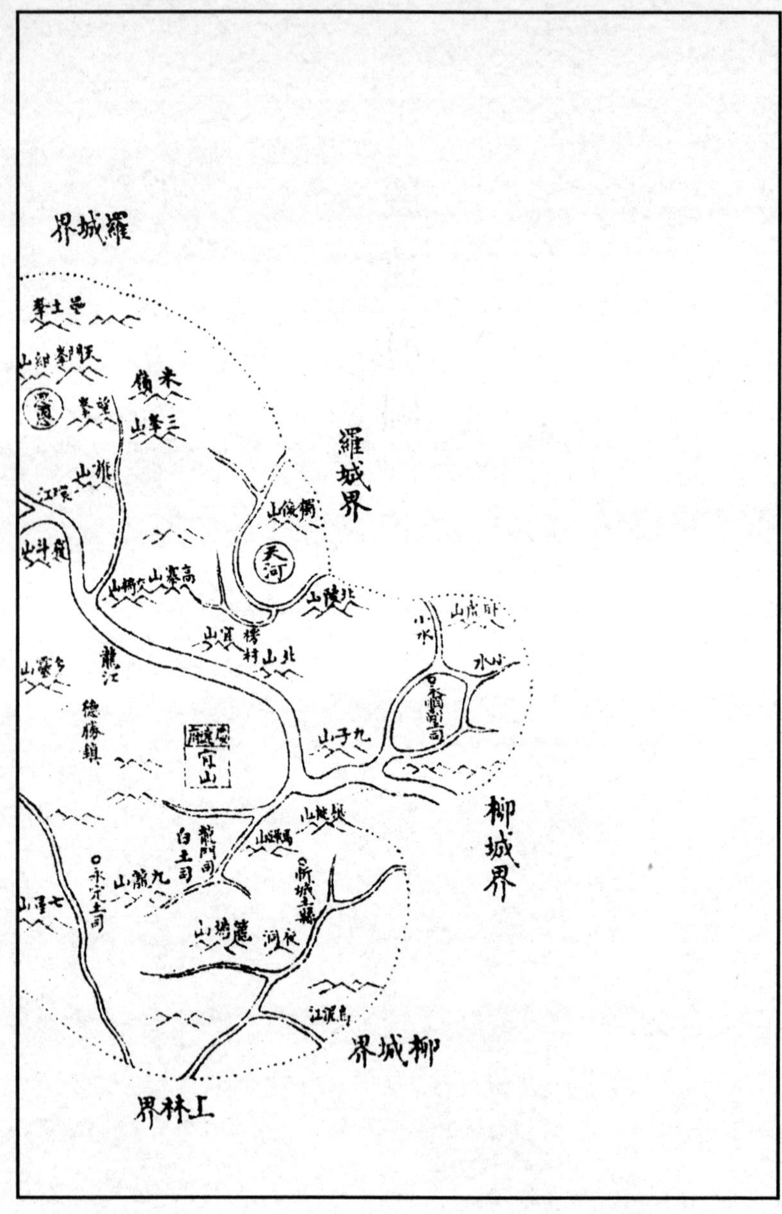
羅城界
羅城界
天河
三峯山
高寨山
龍江
德勝鎮
慶遠府
宜山
九子山
龍門司
白土司
永定土司
九龍山
柳城界
柳城界
上林界

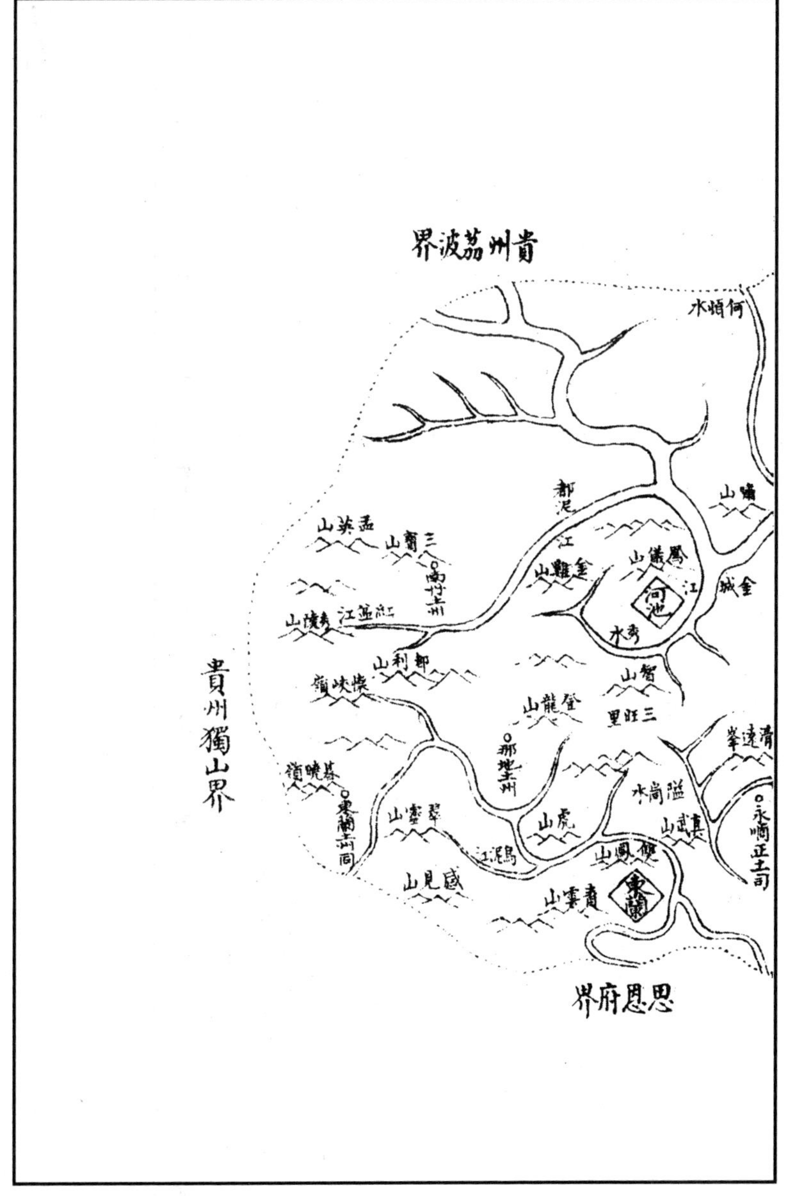
貴州荔波界
貴州獨山界
思恩府界
河池
東蘭
金城
鳳儀山
金雞山
孟英山
南丹土州
那地土州
東蘭土司
都利山
三旺里
登龍山
智山
青雲山
感見山
虎山
真武山
清遠峯
永順正土司
烏泥江

慶遠府表

	慶遠府	宜山縣
秦	象郡地。	
兩漢	鬱林郡地。	
三國		
晉	蠻地。	
南北朝		
隋		
唐	宜州貞觀四年置粵州，乾封中更名，屬嶺南道。	龍水縣貞觀四年置，州治。 崖山縣貞觀九年置，屬柳州。後屬宜州。
五代	宜州初屬楚，後屬南漢。	龍水縣 崖山縣
宋	慶遠府初屬廣南西路，咸淳初升府。	宜山縣宣和初更名，後爲府治。 景祐三年省。
元	慶遠南丹溪峒等處軍民安撫司初曰慶遠路，大德初改置，屬廣西道。	宜山縣路治。
明	慶遠府洪武二年復府，屬廣西布政司。	宜山縣府治。

洛曹縣 初置洛封縣，屬柳州。元和十三年更名。	東璽縣 屬宜州。	羈縻溫泉州溫泉郡 隸桂州都督府。	羈縻思順州 隸桂州都督府。	羈縻蕃州 隸桂州都督府。
洛曹縣	省。			
淳化初改屬宜州，嘉祐七年省。		溫泉州 領溫泉、洛富二縣，屬宜州。	思順州 領安寧、欽化、巖棲三縣，屬宜州，後省。	蕃州 領蕃水、都伊、思寮三縣，屬宜州。

續表

續表

天河縣	
蠻地。	
	羈縻述昆州 隸桂州都督府。 歸化州 隸安南都護府。 琳州 隸黔州都督府。
	述昆州 領夷蒙、夷水、古桂、臨山、都隴五縣，屬宜州。 歸化州 領歸朝、洛迴、洛都、洛巍四縣，屬宜州，後省。 琳州 領多梅、古陽、歌良、多奉四縣，尋省。
天河縣 萬曆中移今治。	

續表

	河池州
	蠻地。
天河縣 貞觀四年置，屬粵州。後屬宜州。	羈縻智州地。
天河縣	
天河縣 大觀初省，靖康初復置，後屬慶遠府。	河池縣 初置，屬金城州，後屬智州。治平二年屬宜州。大觀初增置庭州，改縣曰懷德。四年州廢，復故名。後屬慶遠府。
天河縣	河池縣 屬慶遠路。
	河池州 弘治十七年升州，仍屬慶遠府，嘉靖四年移今治。

思恩縣	
蠻地。	
環州 正平郡 貞觀十二年置,治正平,屬嶺南道。後移來治。	
環州	
熙寧八年省。	羈縻智州 領英羅、富力、智本、蘭江、平林五縣,屬宜州。後省。 羈縻金城州 領金城、河池、寶安三縣,屬宜州。後省。

思恩縣 貞觀中置，屬環州。後爲州治。 正平縣 州治，後州徙縣廢。 福零縣 龍源縣 饒勉縣 武石縣 歌良縣 都蒙縣 與州同置，尋俱廢。
思恩縣
思恩縣 屬宜州，後屬慶遠府。
思恩縣 屬慶遠路。
思恩縣 弘治十七年屬河池州。

續表

東蘭州	
蠻地。	
	羈縻撫水州隸黔州都督府，領撫水、古勞、多蓬、京水四縣。
蘭州領都彝、阮平、如江三縣，屬宜州。	羈縻鎮寧州領福零、禮丹二縣，熙寧八年省。溪州大觀初置，四年省。撫水州祥符中改安化軍。
東蘭州改名。	
東蘭州屬慶遠府。	

續表

	那地土州
	蠻地。
羈縻文州，領思陽、芝山、都黎三縣，屬宜州。又有兇州萬松縣、隆州興隆縣，俱政和四年置，宣和三年廢。	地州，崇寧五年置。 那州，崇寧五年置。
	地州 那州
洪武十二年省。	那地州，洪武初省那州入，更名，屬慶遠府。

	南丹土州
	蠻地。
孚州 大觀五年置，治歸仁縣，旋廢。政和七年復置，宣和三年州縣俱廢。	南丹州 初置，大觀初改曰觀州，四年復故名。 中平縣 屬南丹州，尋廢。
	初置南丹州安撫司，大德初併屬慶遠路。
	南丹州 洪武初復置，二十八年廢州爲衛。永樂一年復故，屬慶遠府。

續表

忻城土縣
蠻地。
芝州忻城郡 初置紆、歸、思、忻、芝五州，天寶初併爲忻城郡。後復曰芝州，屬嶺南道。 忻城縣 州治。 富録縣 平西縣 多靈縣 思龍縣 俱貞觀中置，屬芝州。
忻城縣 屬南漢。
羈縻芝州 屬宜州。慶曆三年廢。 忻城縣 屬慶遠府。
忻城縣 屬慶遠路。
忻城縣 弘治間降爲土縣，仍屬慶遠府。

羈縻紆州
領東區、吉陵、(寶)[賓]安、南山、都邦、紆質六縣，屬桂州都督府。

羈縻歸恩州
領履博、羅遵、都恩、吉南、許水五縣，屬桂州都督府。

紆州
慶曆三年省。

歸恩州
慶曆三年省。

大清一統志卷四百六十四

慶遠府

在廣西省治西南五百七十里。東西距四百七十里，南北距二百九十里。東至柳州府柳城縣界四十里，西至貴州都勻府獨山州豐寧下土司界四百三十里，南至思恩府上林縣界一百二十里，北至柳州府羅城縣界一百七十里。東南至柳州府柳城縣界七十里，西南至思恩府安定土司界一百六十里，東北至羅城縣界五十里，西北至貴州都勻府荔波縣界三百二十里。自府治至京師八千三十里。

分野

天文翼、軫分野，鶉尾之次。

建置沿革

禹貢荆州南裔，周百越地，秦象郡地，漢爲鬱林郡地。明統志：以府爲漢交阯、日南二郡之界。按：今府南去交阯尚千餘里，日南又在其南，中隔思恩、太平、南寧三府，已爲鬱林郡地，二郡之界何得至此？晉後淪於蠻。唐貞觀四年，始開置粵州，治龍水縣。乾封中，改曰宜州。天寶初，曰龍水郡。乾元初，復曰宜州，屬嶺南道。舊唐志：屬安南管。新唐志：屬邕管。五代初屬楚。周廣順元年，屬南漢。宋初亦曰宜州龍水郡，屬廣南西路。宣和元年，置慶遠軍節度。咸淳元年，升爲慶遠府。以度宗潛邸也。元至元十六年，置慶遠路總管府。大德元年，改置慶遠、南丹溪峒等處軍民安撫司，屬廣西道。明洪武三年，仍爲慶遠府，屬廣西布政使司。本朝因之，屬廣西省，領州二、縣三、土州二、土縣一、土州同一、長官司三。

宜山縣。附郭。東西距一百八十里，南北距七十里。東至柳州府柳城縣界四十里，西至河池州界一百四十里，南至永定土司界四十里，北至天河縣界三十里。東南至柳城縣界七十里，西南至永定土司界八十里，東北至柳州府羅城縣界七十里，西北至思恩縣界九十里。古百越蠻地。唐貞觀四年，置龍水縣，爲粵州治。乾封後，爲宜州治。五代因之。宋宣和初，始改曰宜山。南宋爲慶遠府治，元爲路治。明爲府治，本朝因之。

天河縣。在府北少東一百十里。東西距一百五十里，南北距一百三十里。東至柳州府羅城縣界四十里，西至思恩縣界一百十里，南至宜山縣界七十里，北至羅城縣界六十里。東南至宜山縣界四十里，西南至宜山縣界五十五里，東北至羅城縣界三十五里，西北至思恩縣界一百二十里。古蠻地。唐貞觀四年，始置天河縣，屬粵州，後屬宜州。五代因之。宋大觀元年，廢入融州。靖康元年，復置，仍屬宜州。南宋屬慶遠府，元、明不改，本朝因之。

河池州。在府西二百五十里。東西距八十五里，南北距一百九十里。東至宜山縣界五十里，西至南丹土州界三十五里，南至那地土州界一百十里，北至思恩縣界八十里。東南至東蘭州界五十五里，西南至東蘭州界一百三十里，東北至思恩縣界六十五里，西北至南丹土州界六十三里。古蠻地。唐羈縻智州地。宋初置河池縣，屬羈縻金城州，後屬智州。治平二年，改屬宜州。大觀初，於縣置庭州，改縣曰懷德。四年州廢，仍曰河池縣。南宋屬慶遠府。元屬慶遠路。明弘治十七年，升爲河池州，屬慶遠府，本朝因之。

思恩縣。在府西北一百五十里。東西距三百七十里，南北距三百十里。東至天河縣界一百七十里，西至河池州界二百里，南至宜山縣界三十里，北至貴州都勻府荔波縣界二百八十里。東南至宜山縣界三十五里，西南至河池州界四十五里，東北至都勻府古州界三百五十里，西北至荔波縣界一百五十里。古蠻地。唐貞觀十二年，開置環州，治正平縣，兼置思恩縣屬之。天寶初，改正平郡。乾元初，復曰環州，屬嶺南道。後省正平，移州治思恩縣。宋熙寧八年，州廢，以縣屬宜州。南宋屬慶遠府。元屬慶遠路。明弘治十七年，改屬河池州。本朝屬慶遠府。

東蘭州。在府西南四百二十里。東西距一百七十二里，南北距一百五十二里。東至永定土司界三十二里，西至泗城府界一百四十里，南至思恩府都陽土司界一百二十里，北至那地土州界三十里。東南至忻城土縣界一百五十里，西南至泗城府界一百四十里，東北至河池州界八十里，西北至那地土州界一百十里。古蠻地。宋初置羈縻蘭州，屬宜州管。崇寧五年納土。元曰東蘭州。明屬慶遠府。本朝雍正七年，以東院内六哨改流官，以東蘭土州同分轄鳳山外六哨。

那地土州。在府西南三百四里。東西距二百二十里，南北距七十五里。東至河池州界六十里，西至貴州興義府貞豐州界一百六十里，南至東蘭州界三十里，北至南丹土州界四十五里。東南至河池州界五十里，西南至貞豐州界一百五十五里，東北至河池州界五十里，西北至南丹土州界三十里。古蠻地。唐爲猺蠻溪峒，名曰那州。宋崇寧五年納土，置地、那二州。元因之。明洪武初，省那州入地州，改今名，屬慶遠府。本朝因之。

南丹土州。在府西北三百四十里。東西距一百七十里，南北距一百四十里。東至河池州界八十里，西至貴州興義府貞豐州界九十里〔一〕，南至那地土州界五十里，北至貴州都勻府荔波縣界九十里。東南至河池州界六十里，西南至那地土州界八十里，東北至思恩縣界八十里，西北至都匀府獨山州豐寧下土司界九十里。古蠻地。唐爲羈縻極邊之地。宋初置南丹州。大觀元年，改曰觀州。四年，復曰南丹州。元初置安撫司。大德初併司入慶遠路。明洪武初，仍曰南丹州。二十八年，州廢，改設南丹衛，尋復爲南丹土州，屬慶遠府。本朝因之。

忻城土縣。在府南少東九十里。東西距一百二十里，南北距一百二十里。東至思恩府遷江縣界九十里，西至思恩府上林縣界三十里，南至遷江縣界八十里，北至永定土司界四十里。東南至遷江縣界九十里，西南至上林縣界四十里，東北至遷江縣界八十里，西北至思恩府安定土司界八十里。古蠻地。唐初置芝州，治忻城縣。天寶初曰忻城郡。乾元初復曰芝州，屬嶺南道。宋初爲羈縻州，屬宜州管。慶曆三年，州廢，以縣屬宜州。南宋屬慶遠府。元屬慶遠路。明弘治間，降爲土縣，仍屬慶遠府。本朝因之。

永定長官司。在府西南六十里。東西距二百里，南北距一百六十里。東至宜山縣界七十里，西至東蘭州界一百三十里，南至思恩府安定土司界一百里，北至宜山縣界六十里。東南至忻城土縣界五十里，西南至安定土司界十里，東北至宜山縣界五十里，西北至宜山縣界七十里。古蠻地。唐初爲羈縻思順州地。宋初爲思順、歸化二州，後爲宜山縣地。明弘治五年析置今司，屬慶遠府。本朝因之。長官韋姓。

永順正長官司。在府西南三百里。東西距六十八里，南北距一百五十里。東至永定土司界五十里，西至東蘭州界十八里，南至思恩府安定土司界一百里，北至宜山縣界五十里。東南至猺巢四十里，西南至安定土司界五十里，東北至宜山縣界三十里，西北至宜山、河池二州縣交界三十里。古蠻地。唐爲羈縻述昆州地。宋爲宜山縣地。明弘治五年，析置今司，屬慶遠府。本朝因之。長官鄧姓。

永順副長官司。在府治東北四十里。東西距二十五里，南北距三十二里。東至柳州府柳城縣界十里，西至宜山縣界十五里，南至柳城縣界十二里，北至宜山縣界二十里。東南至柳城縣界十五里，西南至宜山縣界十里，東北至宜山縣界三十里，西北至宜山縣界八里。古蠻地。唐、宋後爲宜山縣地。明弘治五年析置今司，屬慶遠府。本朝因之。長官彭姓。

形勢

土壤遐僻，宋史地理志。江山險峻，寰宇記。萬山盤礡，一水抱流。府志。

風俗

民性輕悍，宋史地理志。人風獷戾，常持兵甲，禮異俗殊。以巖穴爲居止。寰宇記。山高地瘠，田寡人稀，民多貧而重去其鄉。府志。猺、獞雜居，天河、思恩又有狑、僚、狪狫、㺅、㹼、狼、狪之屬，皆盤瓠遺種。同上。

城池

慶遠府城。周九里有奇，門六，北倚江，東、西、南三面浚濠。舊土築。唐天寶元年，甃甎。明洪武二十九年增建。本朝康熙二十三年、乾隆三十年重建。宜山縣附郭。

天河縣城。周二里，門三，土築。舊治在高砦，明萬曆間遷今所。本朝康熙二十四年重建，乾隆十年修。

河池州城。周二里有奇，門四，土築。本朝順治十七年重建，康熙二十四年、雍正四年重修。

思恩縣城。周一里有奇，門四，土築。本朝順治十五年重建，康熙五年、二十四年重修。

德勝廳城。周二里，門四。在宜山縣西六十里。明永樂二年壘石築城。本朝雍正六年，設同知駐此理苗。

那地州城。土垣。

南丹州城。土垣。

忻城縣城。周三百三十步，門三，舊土築。本朝康熙二十一年甃石。

永定土司城。石垣，周四十步。

永順正土司城。土垣。

學校

慶遠府學。在府治東新城内。宋淳熙四年建，張栻有記。明末燬。本朝康熙三年重建，雍正八年、乾隆十三年、六十年重修。入學額數二十名。

宜山縣學。在縣治東。明洪武初，因宋故址建，崇禎末燬。本朝康熙四十六年重建，乾隆九年修。入學額數十五名。

天河縣學。在縣治北。明正統七年遷建。本朝雍正元年重建。入學額數八名。

河池州學。在州治東。明弘治十七年建，崇禎末年燬。本朝康熙二十三年重建。入學九名。舊額十二名，乾隆三十一年減三名。

思恩縣學。在縣南門外。明萬曆間建，崇禎末燬。本朝康熙二年重建，乾隆五年、五十一年重修。入學額數六名。

東蘭州學。在州治東。舊爲土州，無學。本朝雍正七年改流，十一年建。入學額數四名。

竹池書院。在宜山縣。明弘、正間建。

李公書院。在府治右。本朝康熙五十八年建〔三〕，中祀知府李世仁。

慶陽書院。在府治學使院舊址。本朝乾隆二十一年建，五十九年修，易名慶江。

屏峯書院。在德勝鎮西。本朝乾隆十年建，十三年修。

鳳岡書院。在天河縣。本朝乾隆四十年建。按：舊志載龍溪書院，在府城西關內；龍江書院，在府城中；香林書院，在府城西南關內。今並廢。謹附記。

户口

原額人丁七千二百六十四，今滋生男婦大小共四十八萬八百五十六名口，計八萬四千七百三十一户。

田賦

田地三千二百五十八頃二十七畝七分有奇，額徵地丁正、雜銀九千八百三十八兩四錢一分八釐，遇閏加徵銀五百六十六兩，米一萬三千四百六十二石六斗一升五合四勺。

山川

九子山。在宜山縣東二十里。九峯排列，鎖龍江水口。一名九頭山。

小曹山。在宜山縣東三十二里。下有潭。今築爲砦，名「水寨」。又有大曹山，在縣東四十里，即古洛曹山也。

鶴山。在宜山縣東南十二里。上有石，色白如鶴。

思黎山。在宜山縣東南。寰宇記：在崖山縣東七里。

大號山。在宜山縣南二里。縣境諸山，惟此獨高。又南一里曰馬蹄山，亦名馬蹄隘。

南山。在宜山縣南五里。有洞軒敞如屋，中有石龍，鱗甲宛然，因名龍隱洞。山左有白雲巖。

九龍山。在宜山縣西南六里。有洞，洞口有潭，引流爲陂，資以灌田。

月山。在宜山縣西三十五里。其形肖月。

都龍山。在宜山縣西。寰宇記：在東璽縣北三十步。

文筆山。在宜山縣西六十里德勝鎮。尖秀挺出。又羊角山，在縣西七十里。屏風山，在縣西八十里。相近又有香爐山。

宜山。在宜山縣北一里。羣山多高大，此獨卑小，下臨龍江，宜於登眺，故名。唐名宜州以此。

會仙山。在宜山縣北一里。亦名北山。盤曲數里，中有白龍洞，潛連龍隱洞。又山旁有青鳥山。

天門山。在宜山縣北二里。兩峯如筍，崒嵂參天，亦名天門拜相山。相近者曰盧山。

龜山。在宜山縣北三里。以形似名。相近又有鐵城山。又壽山，在縣東北二里。

朱砂山。寰宇記：在宜州東北，隔龍江三里。

日山。在宜山縣東北十二里。其形特立而圓，故名。隔江與月山對峙。

東山。在天河縣東一里。石壁峭立，儼如屏障。又有南山，在縣南一里，與東山對峙，翠峯矗立，頂上有泉。

甘場山。在天河縣東二里。形如幞頭，縣治依其麓。又東一里曰鳳頭山。

文峯山。在天河縣東十五里。高出衆山之表。

北陵山。在天河縣東南十五里。山麓有泉。

榜山。在天河縣西三里。形如挂榜。又西二里曰穿山，以石竇相通而名。

高寨山。在天河縣西四里。舊縣治在其下。

烏山。在天河縣西三十里。峯巒高峻，其頂有泉，居民因險築寨其上。又交椅山，在縣西三十五里。

龍德山。在天河縣西北。寰宇記：在天河縣西五里。

石獅山。在天河縣西北二十里。砥柱兩江，以形似名。

獨俊山。在天河縣北二里。衆山相連，此獨孤立而聳秀。

植福山。在天河縣東北二十里。山勢高聳，延亘數里，爲縣之鎮山。

都銘山。在河池州東二十里。舊名都猛隘，極高峻。

鬼巖山。在河池州東三十五里。以巖穴深杳而名。一曰鬼人山。

太平山。在河池州東五十五里。下臨金城江。

羅山。在河池州東南二十五里。古浪溪出此。

智山。在河池州南二里。與州後北山對峙，高聳入雲。

洪鹿山。在河池州南九十五里。又南五里爲振人山，洪龍江出此。

劍甲山。在河池州南一百十里。相近爲天馬山。

北會山。在河池州南一百二十里。

智州山。在河池州西南四十里。盤紆延亘九百餘里，以唐建智州而名。

馬鞍山。在河池州西南一百二十里。那龍河出此。

鳳儀山。在河池州北四里。極險峻，州城半枕其麓。

移嶺山。在河池州北五里。道路縈紆，山崖險峻。

屏風山。在河池州東北三里，舊州城北。嵯峨環繞，如屏之峙。

三峯山。在思恩縣東二十里。三峯並列，下有石洞，寬五六丈，泉自中出，引流溉田。

寒山。在思恩縣東南五里，爲入縣孔道。其地多風，土人謂之寒坡〔三〕。

旗山。在思恩縣東南十里。

覆斗山。在思恩縣南二里。又修煉山，在縣南十里。

嘯山。在思恩縣西四十里。巖竅玲瓏，風響谷鳴，如長嘯然。

紺山。在思恩縣北三十里。以山色名，一名扞山，以其扞蔽縣後也。巖嶂層疊，日光少見，土人又謂之暗山，亦曰暗嶺。

三仙山。在思恩縣北四十里。又四十里爲入懷山。

北荷山。在東蘭州東三十里，紅水河西岸。特立巋然。稍南曰印山，其形方正如印。又思榮山，在州東三十一里。

都夷山。在東蘭州東三十五里。高峯插天，最爲險隘。古都夷縣以此名。又有真武山，在紅水河東岸，遥接都夷。

霸陵山。在東蘭州東南一里。峯迴路轉，曲折玲瓏，林木薈蔚，爲一州勝境。

九曲山。在東蘭州南八十里。巖洞盤旋，峯巒曲折。又南十里有十八鶴山。

青雲山。在東蘭州西十里。横亘綿遠。相近爲雷山，上有關隘。

武篆山。在東蘭州西八十里。一名五篆山。聳秀菁葱，上多大猿奇鳥。

幽洞山。在東蘭州西北九十里。林麓深邃。

雙鳳山。在東蘭州北二十五里。又五里爲福山。

虎山。在那地州南十二里。以山形蹲踞而名。相近有兜婁山。又南三里曰紅山。

感現山。在那地州西南五十五里。

翠靈山。在那地州西四十里。

巴羅山。在那地州西六十五里，即巴羅江水發源處。

登龍山。在那地州東北十里。又十里曰折登山。

金雞山。在南丹州東一里蒙寨前。紅盆江水迤邐繞其東、南二面。

長春山。在南丹州南三里。峯巒疊矗，又爲青雲峯，青雲之水出焉。

都利山。在南丹州南二十里。都泥江出此。

三寶山。在南丹州西二里。有辛周坑，舊採錫處。

秀陵山。在南丹州西二十七里。奇峯怪石，傑出蠻陬，紅盆江出此。

孟英山。在南丹州西北三十五里。産銀砂，明永樂中曾開礦，旋罷。

龍塘山。在忻城縣西八里。又張帽山，在縣西十五里。

疊石山。在忻城縣北四十里。石如纍砌，層次岧嶤。

頭盔山。在永定土司東南七里。半山有數石懸巖前，形如頭盔。

石魚山。在永定土司西二十里。有石如魚形。

旗挑山。在永定土司北十里。

高椅山。在永順正土司治前。高聳約百餘丈。

七星山。在永順正土司東南三十里。

多靈山。在永順正土司東北八十里。突起三峯，軒聳秀麗，遠可眺數百里。

卧虎山。在永順副土司北二十里。其勢猙獰，宛如虎卧。

米嶺。在思恩縣東三十里。諸峯羅立，上有老鼠洞。

青石嶺。在東蘭州西五十里。高低蜿蜒，爲往武緣要道〔四〕。

慕曉嶺。在那地州西北五十六里。又西四里曰懷峽嶺。

望峯。在思恩縣東一里。脈自寒坡迤邐至此。

壘土峯。在思恩縣西北二十五里。如片石層累，高可千丈。一名斧劈峯。

天門峯。在思恩縣東北二十里。峭立插天，山腰一穴如門，中有石柱似龍形，天欲雨，則水如注。俗名天門洞。

清遠峯。在永順正土司北十里。

冷煖巖。在宜山縣北一里。下有洞達山腹，前冷後煖，故名。

龍巖。在思恩縣南五十里。有洞深邃莫測。

通天洞。在天河縣東三里。洞門平坦，四面皆黑，上通一穴。黄甲洞，在縣東三十里。又容樂洞，在縣東南十里。

龍門洞。在天河縣西五十里。翠壁峭立，洞口軒豁，望之如登天門，杳不可測，其下有水通流。又有涵樂洞，在縣北一里。

喇沖洞。在天河縣北三里。外敞内深，中有清泉不竭，下爲龍潭。

夜洞。在忻城縣東十五里。有巖深邃，不透日光，故名。

莫往洞。在永定土司西南八里。峯巒險峻。

清潭洞。在永定土司東北二十五里。

高峯坑。在河池州西三十里。舊嘗産錫礦，置高峯廠於此。

洛蒙江。在宜山縣南六十里。源出忻城縣山中，東北流入龍江。寰宇記：有疊石溪，在崖山縣北六里，源從蕃州界來。疑即此。

流馬江。在宜山縣西。源出縣西南永泰里山峒，東北流入龍江。

小江。在宜山縣東北六里。源出西北諸蠻峒，經天河縣流入龍江。寰宇記有宜水在州北，隔龍江二里。疑即此。

九龍江。在天河縣東二十里。源出龍泉。

東小江。在天河縣東二十里。源出黃甲洞，南流入羅城縣界，流入龍江。

那龍江。在河池州南百餘里。源出馬鞍山，東流入永順土司界，爲刁江。又東南合烏泥江。又靈淺江，在州東南，源出鎮南里。洪龍江，源出振入山。皆東流入永順司界入刁江。

龍江。自貴州都匀府荔波縣流入，經河池州東北，又東經府城北，入柳州府柳城縣界。寰宇記：龍江在宜州北一百步，源從撫水等州合流至城北，東流二十三里，至柳、象、潯、潭、龔、梧等州，歸於南海。舊志：龍江源出貴州都匀府，自獨山州流入，經府西北諸蠻峒，會荔波、思恩諸水，東南流至宜山縣北，折而東入柳城縣界，即右江之上源也。兩岸石筍峭立，湍流迅急。在河池州者，別名金城江，以宋置金城州而名。

環江。在思恩縣南六里。自荔波縣流入，經縣西門外，中有沙洲，唐環州以此名。又東南經宜山縣界，入龍江。

烏泥江。在那地州南。自泗城府流入，東南經東蘭州東北界，又東南經思恩府都陽、安定諸土司，入忻城縣南，又東入遷江縣界。一名都泥江，又名隘洞江，今俗名紅水江。水勢洶涌昏黑，直等黄河。

巴羅江。在那地州西南。源出巴羅山。又平細江，源出翠靈山。俱東南流入烏泥江。

龍泉江。在那地州北。源出州北八里龍泉砦，東南流入烏泥江。

大江。在南丹州南二十里。源出都利山，亦名都利江。東北入河池州界，合金城江。

紅盆江。在南丹州南。源出秀陵山下，東北流二十里，入山而没。

龍塘江。在忻城縣西。源出永定土司，東南流入縣界，合烏泥江。

思吾溪。在天河縣南二里。源出縣西北界，東南流入宜山縣界，合小江水入龍江。

古浪溪。在河池州東南二十五里。一名乾溪。源出羅山，東北流入金城江。

帶溪。在思恩縣北四十里。源出貴州古州苗界，西南流經八萬猺中，二百餘里入縣界，旋折如圍帶，故名。又西南暗流山穴下，至縣西北界，與荔波水合，爲環江之上源。

青雲溪。在南丹州北。源出青雲峯，繞流州北，又東南流入紅盆水。

三潮水。在天河縣西十里。源出北陵山，其水一日三潮，潮退則其流一線。可以溉田，土人謂之聖水。

秀水。在河池州南一里。自州西南白崖，有泉自半巖掛下，形如匹練，東北流經州治南，又東流十餘里，伏入高山下，至六甲里復涌出，入金城江。

猫溪水。在河池州西南。源出高峯坑，東流入秀水。

九曲水。在東蘭州南四十里。源出九曲山，繞銀海池，下合烏泥江。

小水。在永定土司西南。源出永順正土司界，流入司境，又東南入忻城界，入都泥江。又有小水在永順副土司界，有二源，一自羅城縣孟江口流入，經司西，一自柳城縣流入，經司東，至司南合流，至宜山縣界入龍江。

飲軍池。在宜山縣南六里。宋景德間，曹利用討宜州叛軍陳進，嘗飲軍於此，因名。其上堰水分流，東西灌溉，名官陂。

銀海池。在東蘭州南八十里。其水深潤，一日三潮。

龍泉。在宜山縣南一里。泉涌出如勺，而灌田甚溥，其水重於他水。又南一里爲龍塘，即龍泉所瀦也。又百葉泉，在縣東南三里。銅鼓廟泉，在縣東南六里。黑龍頭泉，在縣西六里。皆可引以溉田。

飛洞泉。在思恩縣西十里。自洞中流出。又上善泉，在縣南十里。俱可溉田。

婆娑泉。在思恩縣北四十里暗嶺山左。水不常出，遇行者渴時求飲，呼之即出。

思活源。在宜山縣西南。源洪深而派延遠，浸灌民田，其利甚溥，流入龍江。又懷丁水，在縣西北河池所西，灌田數百頃。

中洲。在思恩縣東北一百五十里。有水源出古州蠻界，南達懷遠鎮，合龍江。中有大沙洲，四面水遶，如海島然，分上、中、下三里，皆猺所居。明萬曆間，知府岳和聲勒碑定賦，以羈縻之。過此即古州八萬猺之地。

古蹟

龍水故城。唐置，爲州治，宋改曰宜山。縣志：舊有土城，在今縣北江北岸宜山下。

天河故城。在今天河縣西南。舊唐書地理志：粤州天河，與州同置。寰宇記：宜州天河，貞觀四年置。元在州西八十里，元和八年移於龍水縣古波里，在州北一百七十里。九域志：縣在州北一百里。舊志：宋縣治在縣北思農鎮江滸。嘉熙元年，遷於高砦。明洪武二年，遷於蘭石村。正統七年，遷於甘場村。嘉靖十三年，又遷福禄鎮。萬曆十九年，始遷今治。

河池故城。在今河池州治東。宋初置。九域志：治平二年，以羈縻智州河池縣屬宜州，在州西二百十五里。宋史地理志：大觀元年，以宜州河池縣置庭州，倚郭縣曰懷德。四年，廢庭州。又慶遠府，南渡後增縣一，河池。州志：明洪武初，改爲亭州，在今州東一里許，後倚屏風山，頹垣具存。永樂初，改爲河池州。嘉靖間，始遷今治。又宋懷德故城，在今州治西，四圍高岡即其遺址。按：寰宇記河池屬金城州，與九域志異。蓋河池先屬金城，後屬智州，至治平時又改屬宜州也。

思恩舊城。在今思恩縣南。寰宇記：環州理思恩縣，在宜州西一百里。九域志：熙寧九年，以環州思恩縣屬宜州，徙治帶溪巖。元豐六年，復還舊治，在州西一百三十四里。舊志：元時舊治，在環江洲。明永樂二十二年，遷於縣東都亮鄉之清潭村。成化八年，遷於歐家山西，去環江洲舊址二里，屢議築城不果。本朝順治九年，遷治於縣北譚村〔五〕。十五年，復還歐家山舊治。

故南丹州。在今南丹土州東北。舊志：唐爲羈縻蠻峒地。宋開寶七年，土酋帥莫洪燕内附，置南丹州，管轄溪峒，以莫氏世其職。大觀元年，廣西經略使王祖道欲急邊功，誣南丹酋莫公佞阻文蘭州不令納土，發兵取其地，殺公佞，改南丹爲觀州。公佞弟公晟密圖報復，焚寶積監。紹興四年，廢觀州，仍以公晟知丹州，其後累世承襲。元至正末，莫國麟納土，升爲南丹州溪峒安撫司。大德元年，議者以南丹安撫司及慶遠路相去爲近，户口少，請併入慶遠，改立慶遠、南丹溪峒等處軍民安撫司。明洪武初，莫金以地内附，授南丹世襲知州，以流官吏目佐之。二十八年，州廢，設南丹衛。永樂二年，以其地多瘴，遷衛於賓州界，復置南丹州，以金子莫禄爲知州撫治之。本朝因莫自乾歸附，仍與舊職世襲。

温泉廢州。在宜山縣東。唐書地理志：温泉州領温泉、洛富二縣，隸桂州都督府。宋史地理志：慶遠府羈縻州有温泉州，領縣二。寰宇記：温泉州理温泉縣，在宜州東六十里。洛富縣在宜州西二十二里。縣志有洛富里，在永定土司東五十里。

歸化廢州。在宜山縣東南。唐書地理志：歸化州，隸安南都護府。寰宇記：歸化州理歸朝縣，在宜州東一百六十五里。領洛迴縣，在州南四十步三鄉；洛都縣，在州東三十里；洛巍縣，在州西二十五里。

廢蕃州。在宜山縣南。唐書地理志：蕃州隸桂州都督府。寰宇記：蕃州理蕃水縣，在宜州南四十五里。領都伊縣，在州西五十步；思寮縣，在州西十里。

歸恩廢州。在忻城土縣東。唐置，屬桂州都督府。寰宇記：歸恩州理履博縣，在宜州南一百三十里。領羅遵縣，在州西十五里；都恩縣，在州北十五里；吉南縣，在州西二十里；許水縣，在州南十五里。九域志：慶曆三年，以羈縻歸恩州地入忻城。

按：新唐志「歸恩」作「歸思」，所領縣缺，而履博等五縣皆屬思順州，與寰宇記不同。

廢芝州。今忻城土縣治。唐置。寰宇記：芝忻州領忻城縣〔六〕，在宜州南八十五里。領平西縣，在州南二十里；富録縣，在州北三十里；思龍縣，在州東二十五里；多靈縣，在州東二十三里。九域志：慶曆三年，以羈縻芝、忻、歸、思、紆五州地爲忻城縣，屬宜州，在州南一百十五里。舊志：元置八仙屯千户，授土官莫保。明洪武初，罷屯官，籍屯田兵爲民，莫氏遂徙居忻城界。正統後，流官僦居府城。弘治中，撫臣鄧廷瓚奏革流官，獨任土官，故莫氏世居其職。本朝順治九年，莫猛歸命，仍予舊職世襲。

廢紆州。在忻城土縣東。唐置，屬桂州都督府。寰宇記：紆州理東區縣，在宜州南一百三十五里。領吉陵縣，在州東一百二十里；賓安縣〔七〕，在州東三十里；南山縣，在州西北十里；都邦縣，在州南七十里；紆質縣，在州西北十里。九域志：慶曆三年，以羈縻紆州地入忻城。

金城廢州。在河池州東北。寰宇記：金城州理金城縣〔八〕，在宜州西一百十里。領河池、賓安〔九〕。舊志：今州東北有金城堡。

廢智州。在河池州東。寰宇記：智州理英羅縣，在宜州西一百三十里。領富力縣，在州西五十二里；智本縣，在州東三十里；蘭江縣，在州西三里；平林縣，在州東南十三里。按：九域志治平二年省富力縣入河池，餘縣蓋先廢也。今州有英羅、智本、蘭江、平林諸村疃，皆以舊縣名。

廢溪州。在思恩縣北。宋史地理志：大觀元年，以宜州思恩縣帶溪砦置溪州，四年廢。通志：廢溪州，即今大溪里。

廢兑州。在東蘭州東南。宋史地理志：政和四年，置兑州並萬松縣。宣和三年，廢爲靖遠砦。

廢隆州。在東蘭州南。宋史地理志：政和四年，置隆州並興隆縣。宣和三年，廢爲威遠砦。

廢孚州。在那地土州東。宋史地理志：大觀元年，以地州建隆縣置孚州，倚郭縣曰歸仁。四年，廢州及縣爲靖南砦，先於南丹州中平縣置靖南砦，今移置此。政和七年，復置孚州及歸仁縣，仍移靖南砦歸舊處。宣和三年，復廢孚州及歸仁縣，置靖南砦。大觀四年，隸觀州，紹興四年廢。

廢永州。在南丹州西北。元置永州、鑾州、福州、延州四長官司，屬思州安撫司。明洪武初，省四州入南丹州，蓋皆宋、元時羈縻蠻州也。舊志：永州故址，在州西北一百二十里邑峩哨。鑾州故址〔一〇〕，在州北二十里移州哨。福州故址，在州西南六十里羅富哨。

思順舊州。在宜山縣東南。唐書地理志：思順州隸桂州都督府。寰宇記：思順州理安寧縣，在宜州東一百四十里。領欽化縣，在州西八里；巖溪縣，在州西三十五里。宋史地理志〔一一〕：思順、歸化二州，慶曆四年併入柳州馬平縣。

述昆舊州。在宜山縣西南。唐書地理志：述昆州隸桂州都督府。寰宇記：述昆州理夷蒙縣，在宜州西八十里。領夷水縣，在州南四十里；古桂縣，在州西九十里；臨山縣，在州西二百里；都隴縣，在州北一百里。按：宋史地理志熙寧八年廢述昆縣爲鎮，入龍水。蓋熙寧前改州爲縣，至熙寧時又併縣俱廢也。今縣西南有述昆鄉，分屬永順正長官司。

舊琳州。在宜山縣西。唐書地理志：隸黔州都督府。寰宇記：琳州治多梅縣，在宜州西六十里。領古陽縣，在州西十五里；歌良縣，在州北十五里；多奉縣，在州南二十里。宋史地理志：慶遠府龍水縣，熙寧八年廢古陽縣爲懷遠砦入焉。按：唐志歌良縣爲邕州都督府之環州所領，而琳州不領歌良，至宋時乃割入琳州。

鎮寧舊州。在思恩縣西。宋置。寰宇記：鎮寧州，在宜州西北山路三百里。領縣二：福零縣，在州東六十里；禮丹縣，在州西三里。宋史地理志：慶遠府思恩縣，熙寧八年省鎮寧州及禮丹縣入焉。舊志：今縣西有鎮寧鄉，即舊州。按：福零本隸環州，宋時割入鎮寧州，不知何時併廢。

舊環州。在思恩縣西北。舊唐書地理志：貞觀十二年，李弘節開拓生蠻，置環州，治正平，領福零、龍源、饒勉、思恩、武石、歌良、都蒙八縣〔二〕，與州同置。寰宇記：環州理環洛峒，是諸峒要衝，故以「環」名州，在遊盧水南，整水西。舊志：環州自徙治思恩，領都亮，而正平、龍源、武石、饒勉四縣皆廢，福零縣割入鎮寧州，歌良縣割入琳州。

撫水舊州。在思恩縣北。唐書地理志：撫水州隸黔州都督府。寰宇記：撫水州，在宜州西北一百八十里。領撫水縣，在州南一百二十步；古勞縣，在州東南二十里；多蓬縣，在州西北三十里；京山縣，在州西北七里。宋史地理志：慶遠府有羈縻安化州。又蠻夷傳：撫水州在宜州南，其酋皆蒙姓。祥符九年，蠻人歸附，詔以州爲安化軍，撫水縣曰歸順縣，京水縣曰長寧縣。

舊蘭州。在東蘭州東南。寰宇記：羈縻蘭州，在宜州西山路六百五十里。領縣三：都彝縣，在州南一百八十步；阮平縣，在州南六十里；如江縣，在州東六十里。土夷考：宋時有韋君朝，居文蘭峒，爲土夷長。傳子晏鬧。崇寧五年内附，因置蘭州，以晏鬧知州事，俾世其官。元改爲東蘭州。明洪武十二年，以州隸慶遠府，韋氏世襲如故。本朝順治九年，韋光祚歸附，仍與舊職世襲。雍正七年，以東院内六哨改設流官知州，以土酋韋朝輔爲州同，分轄鳳山外六哨。

舊文州。在東蘭州西南。寰宇記：羈縻文州，在宜州西山路七百二十里。領縣三：思陽縣，在州南一百二十步；芝山縣，在州北一百二十里；都黎縣，在州東二里。宋史地理志：文州，崇寧五年納土。大觀元年，置綏南砦，紹興四年廢。明統志：洪武十二年，省安習、忠、文三州入東蘭州。舊志：交州故址，在州西南二百四十里蘭陽哨。又有上芝山哨，在州西一百四十里。下芝山哨，在州西一百十里，即故芝山縣。

舊地州。今那地土州治。舊志：宋熙寧中，土酋羅世念歸附。崇寧五年，諸蠻納土，因置地、那二州，使羅氏世知地州事。明洪武元年，羅黄貌歸附，省那州入之，因改爲那地州，仍使羅氏世襲知州，佐以流官吏目。本朝順治九年，仍與舊職世襲。廢那州在今州南，唐置，屬黔州都督府，明省。今有那周里。

洛曹廢縣。在宜山縣東。元和志：柳州洛封縣，東南至州一百七十里，本烏蠻所住村名。乾封三年，招慰蠻户，因爲縣。寰宇記：洛曹，舊洛封縣。元和十三年，觀察使奏，洛封縣元置在洛曹山，請改爲洛曹縣。詔從之。宋史地理志：慶遠府龍水縣，淳化五年以柳州洛曹來隸。嘉祐七年，廢入龍水。通志：洛曹廢縣址，在大曹驛所。

崖山廢縣。在宜山縣東南。唐書地理志：柳州，貞觀九年置崖山縣，後省。寰宇記：崖山縣，在宜州南二十里。唐貞觀四年置。宋史地理志：景祐三年，廢崖山縣。按：唐志柳州崖山縣，貞觀九年置。寰宇記作貞觀四年置。疑柳州、宜州並有崖山，非以柳州崖山改屬宜州也。

東璽廢縣。在宜山縣西。舊唐書地理志：粵州東璽，與州同置。寰宇記：在宜州西六十里。文獻通考：宜州，五代時爲馬氏所據，後入南漢，省東璽。

都亮廢縣。在思恩縣東。宋置。寰宇記：都亮縣，在環州東二十里。舊志：縣東有都亮鄉，即故縣，或曰即唐之都蒙縣也。

中平廢縣。在南丹土州北。宋史地理志：大觀元年，於南丹州中平縣置砦，曰靖南，尋撥隸庭州。大觀四年，移靖南砦於孚州。舊志：本州哨有中村，即故縣。

永定土司。今永定土司治。明置。土夷考：明正統六年，老人黄祖記與思恩土官岑瑛通謀，議割地附於思恩，土人韋萬秀以復地爲名倡亂。成化二十二年，南鄉、清潭等猺賊復叛，願取前地別立長官司。弘治五年，撫臣鄧廷瓚奏割歸、善、洛三鄉及都博、端簡二里二十四村地，立永定司，以韋槐爲正長官，韋朝和爲副長官，世襲。本朝順治九年，韋盛春來歸，世襲如故。

永順正土司。今永順正土司治。明置。土司志：明弘治元年，全州人鄧文茂以平大峒門猺、獞功，授懷遠鎮世襲土巡檢。二年，撫臣閔珪委文茂平宜山縣述昆鄉及七十二峒猺、苗，因奏請分宜山西南境述昆鄉緑河、吉利二里二十七村及古陽鄉永泰里地，立永順司，以文茂爲長官世襲。本朝順治九年，鄧世廣來歸，世襲如故。

永順副土司。今永順副司治。明置。土司志：明弘治初，益都人彭訪爲慶遠衛指揮，協勦述昆及思農等處猺賊有功，撫臣奏請分宜山東北境思農里十六村地，立永順副土司，以訪爲土巡檢世襲。本朝順治九年，彭熙聖來歸，世襲如故。

慶遠故衛。在府治東北。明洪武二十九年置。今廢。

河池廢所。在宜山縣西六十五里，東去德勝鎮五里。明洪武二十八年置千户所，以扼七十二峒之衝，隸慶遠衛，在河池州城内。永樂六年徙於此。城周四里，門四。今廢。

富仁監。在河池州。寰宇記：富仁銀監，在宜州西二百十里，屬文州。九域志：富仁監，宋乾德二年置，在宜州西二百九十三里。

富安監。在河池州。寰宇記：富安砂監，在宜州西一百三十里。九域志：富安監，淳化二年置，在州西南一百五十七里。又有寶富一銀場，不知何時廢。按：寰宇記與九域志二書道里遠近不同，未詳孰是。

玉田場。在宜山縣西南一百三十里。宋置，今廢。

籌邊樓。在府治後。舊名望仙。規模壯麗，甲於諸樓。

南樓。在府南城上。有黄庭堅所書范滂傳刻石其中。又慈惠樓，在府北城上。

御書閣。明統志：在府城西二里。宋守張自明建。

慶遠堂。在府治正廳之東。又宜山堂，在慶遠堂後。四賢堂，在宜山堂後，因馮京、黄庭堅、趙抃、吕璹以名。

瘞鶴堂。在府城南龍塘。

關隘

東關。在宜山縣東。明成化三年，壘石爲垣，以護民居，亦曰迎恩關。又西、南二廂亦各爲關，皆設兵防守，其西關曰香山關。

雷山關。在東蘭州東北七十五里，與河池州三旺里接界。

石門關。在那地土州東十里。

盤利關。在那地州東北一里。

大山關。在南丹土州東八十里，與河池州接界。

羅佚關。在南丹土州南二十五里，與那地州接界。

下域關。在南丹土州西南三十五里。

甲界關。在南丹土州西二十五里。

都感隘。在天河縣東南。寰宇記有都感場，在宜山縣北六十里。

老鼠隘。在思恩縣東四十里米嶺上，南接宜山縣、河池州界。高五十丈，其路峻狹。

龍門巡司。在宜山縣西南七十里。本朝雍正九年設。

白土巡司。在宜山縣西南一百四十里。居七十二峒之中，爲西、南、北三巢之心腹，綿亘四十餘里，實巖疆之要區。本朝乾隆六年設。

大曹鎮。在宜山縣東四十五里。旁有大曹渡，即龍江渡處也。舊設巡司及大曹驛於此。今皆裁。

懷遠鎮。在宜山縣西三十五里，即故懷遠砦也。舊有巡司，又有土副巡司，今裁。

德勝鎮。在宜山縣西六十里。舊名德勝寨。明萬曆六年嘗置戎政行館於此。本朝雍正八年，移理苗同知駐守，兼轄兩巡檢。

東江鎮。在宜山縣西一百二十里。舊有巡司，今裁。

福禄鎮。在天河縣西南四十里。又思農鎮，在縣北。古波里，在縣北四十里。皆古縣治處也。

思立砦。在宜山縣北。宋史：淳熙十一年，安化蠻蒙光漸等犯宜州思立砦，廣西將沙西堅討平之。九域志：縣有懷遠、思立二砦。

德謹砦。在天河縣西四十里。宋史地理志：大觀元年，以天河縣併德謹砦、堰江堡隸融州，靖康元年復故。舊志：天河多夷種，散布四境。東爲狑獠，名曰猲狫。南則狼種，性稍淳樸。北則略與華同，呼爲「百姓」。

安遠砦。在河池州西北四十里，今爲安遠里。宋史地理志：大觀二年，庭州置安遠砦。宣和五年，移砦於平安山。

普義砦。在思恩縣西四十里。舊有巡司，今裁。九域志：思恩縣有普義、帶溪、永寧三砦。

思忠砦。在東蘭州界。宋史地理志：政和中，於隆、兑二州置思忠、安江、鳳麟、金斗、朝天等五砦。宣和三年，並廢。舊志又有綏南砦，在州東，宋大觀初置，紹興四年廢。

毘兔砦。在東蘭州西一百四十里。

木門砦。在南丹土州東。宋史地理志：紹興四年，廢觀州爲高峯砦，存留木門、馬臺、平洞、黄泥、中村等堡砦。今皆廢。

毘峩砦。在南丹土州北一百二十里，與泗城府接界。爲州要隘。

金城堡。在河池州東北金城江北。舊置巡司，或曰即故州也。州界猺、獞十居七八，其力作及走墟市皆由婦人，謂之坐男使女。

冷水堡。在思恩縣東南四十里大路。爲入縣要衝，山徑錯雜。本朝康熙二年撥兵防守。

蒙山堡。在思恩縣南五十里。相近又有下利堡，係河池、宜山二州縣大路，爲縣南要衝。本朝康熙六年撥兵駐守。舊志：思恩有五十二峒及儀鳳、茆灘、上中下疃等里，皆猺、獞所居。

三寨堡。在忻城土縣北。舊有巡司，今裁。

武律堡。在永順土司。寰宇記：琳州南至本州武律鋪界三十里。司志：武律村在司西吉利里，舊嘗置堡於此。

三旺里。在河池州南一百三十里。元史地理志：思州軍民安撫司三旺土州。舊志：明洪武初省三旺州入河池，爲三旺里。萬曆初，割東蘭、那地二州各三里來屬，是爲三旺六里。本朝設州同駐此。

㮘村。在宜山縣北。本朝雍正七年，移縣丞駐此。

津梁

定遠橋。在府城西門外。

洛黄橋。在宜山縣東十五里。平可方軌。

延壽橋。在宜山縣東二十里。

大通橋。在天河縣南半里。

廣源橋。在天河縣北二里。

冷水橋。在河池州東七里。

都黎橋。在思恩縣西北二十里。

大曹渡。在宜山縣東四十里。又懷遠渡，在縣西四十里。又龍江渡，在縣北，下有太平石。

江口渡。在天河縣南二十五里，通道所經。又清潭渡，在縣北三十里。

環江渡。在思恩縣西一里。

羅墨渡。在忻城土縣南三十里。一名羅脈渡，與賓州、上林縣接界，烏泥江渡處也。柳州八寨有羅墨渡，即此。

金城渡。在河池州東五十里。

隄堰

官陂。在宜山縣南六里。堰龍泉水分流，東西灌溉，匯於城，引入飲軍池。又潭臺陂，在城東八里。南陂，在城東南二里。白牛陂，在城東南六里。牛軌潭陂，在城南六里。西窯車江陂，在城西南三里。九龍江陂，在城西八里。皆利灌溉。

懷德陂。在河池州西二里。水自西來，環繞陂下。又蔣村陂、羅家水陂，在州東。又官村陂，在州東北。俱可灌田。

陵墓

宋

馮京祖墓。在宜山縣北天門山麓。

明

高嵩墓。在宜山縣北山麓。

祠廟

三元祠。在宜山縣學左，祀宋馮京。

山谷祠。在宜山縣西關内，西竺寺南，祀宋黄庭堅。本朝嘉慶六年修，以范信中配祀。

忠孝祠。在宜山縣城隍廟西，祀明同知葉禎及義勇璩禮、周昌。

遺烈祠。在宜山縣西關外，祀唐刺史蘇仕平及子日朝。大順三年，嘗討文蘭州叛蠻有功。其子日朝，光化三年復死黑苗之難，故祀之。

龍江廟。在天河縣南門外，祀江神。

寺觀

香山寺。在府城南關内。

西竺寺。在府城西關内。

名宦

宋

張從吉。臨朐人。太宗時，知宜州。屢破溪蠻，轉運使陳堯叟上其狀，遷殿内崇班。

馮伸己。河陽人。仁宗時，知宜州。樂善蠻寇武陽，伸己遣諭，悉還所掠。莫世堪負險强黠，爲邊患，伸己以計擒之，置於法。

吕璹。晉江人。景祐初，通判宜州。會儂智高入寇，轉運使檄璹與兵會，或勸勿行，不聽，將二千人躡賊後，得首虜爲多。

趙抃。蘭溪人。慶曆中，爲宜州别駕。誠心愛民，尤加意士類，講究身心性命之學，士習爲之丕變。出入琴鶴相隨，建放鶴亭於大號山嶺，鶴死，瘞於龍塘之源，民思公德，即其地建瘞鶴堂云。

范祖禹。英宗時，爲龍水令。惠愛宏深。

蘇紳。晉江人。神宗時，爲宜州推官。後宜州蠻叛，時紳已爲三司鹽鐵判官，上言勦蠻事甚悉，朝廷施用其策。

謝麟。甌寧人。元祐初，以西上閤門副使招捕辰溪猺賊功，詔使經制宜州獠，降其種落四千八百人，納思廣峒民千四百室，得鎧甲二萬，褒賜甚渥。

俞若著。宜州通判。崇寧中，黄庭堅謫居是州。時黨論甚嚴，士大夫削軌掃迹，惟若著爲經理館舍，敬禮不怠，又遣二子執諸生禮，人咸嘉之。

張自明。建昌人。嘉定間，以宜州教授攝州事。施政循良，甚重教化。以州用羸錢二十萬建龍溪書院。後授知宜州。

韓璧。淳熙間，知宜州。清儉愷悌，修建學宮，作興士類。先是，養士之租歲入僅五十斛，璧增至二百斛，且月給公帑錢以助供給。

明

王仕忠。武昌人。洪武中，知宜山縣。慈祥愷悌，深得民心。甫三載，升知壽州，民不忍其去。

翟迪。淄川人。永樂間，知慶遠府。以寬簡得人心。在郡九年，當報政之京，士民詣郡攀留不得，相隨入都者數百人，伏闕請還，報可。

楊禧。雲南太和人。正統中，知慶遠府。廉公仁恕，秩滿，民乞留。進秩視事，加至布政使。

葉禎。高要人。天順初，爲慶遠府同知。時兩廣猺賊蠭起，列郡咸被害。禎募健兒，日訓練，峒酋韋最强數敗官兵，禎生縶之。其黨悉衆攻城，旗山守將擁兵不救，禎率健兒赴戰，賊卻去，禎子公榮殲焉。頃之，賊復圍雞刺諸村，禎率三百人趨赴，戰於人頭山下，身被數創，手刃賊一人，與從子官慶及三百人皆死。時三年正月晦日也。嶺南素無雪，是夜大雷電，雪深尺許。賊驚異，釋圍去，諸村獲全。事聞，贈右參議，守臣立廟祀之。

吳讓。南海人。天順三年，知慶遠府。所轄東蘭、南丹、那地三州土官各餽白金三百兩，悉卻不受。南丹知州莫必善倍數力懇，讓口占四句遺之曰：「貪泉爽酌吾何敢，暮夜懷金豈不知。寄語南丹賢太守，原封回贈莫相疑。」居一年卒，民泣慕之。

周一清。臨海人。天順中，知慶遠府。值猺賊爲亂，乃募壯士，籍民兵，賊不敢犯。後征大藤峽有功。

姜瑄。弋陽人。成化中，知慶遠府。劇賊韋七旋、韋萬妙等久擁衆爲亂，督撫不能平。瑄先後討斬之，諸蠻震懼，東蘭等州咸歸侵地。

王顯高。綿州人。嘉靖初，知慶遠府。剛介嚴明，盡除積弊，凡蠹役害人者悉繩以法。南丹等州猺蠻桀驁，痛懲之而復其侵地。尤加意教化，新學宫，復書院，士習丕變。

秦𣔻。無錫人。嘉靖中，知慶遠府。沉毅有謀。時永定土司韋啓邦屢劫官帑，有司畏其驍勇，不敢發。𣔻誘啓邦至，斬之。苗民懾服。

戚秉忠。萬曆中，官指揮，署河池哨。會横嶺賊藍龍返焚劫，秉忠密賂其僕，動息皆知，斬其黨藍金、藍本偉等。龍返集衆來攻，秉忠領兵潛伏洞口，伺間直入，殺龍返，横嶺遂平。

本朝

白啓明。奉天人。康熙二十一年，知慶遠府。時初經兵燹，田畝蒿萊，啓明竭力撫循，勸民墾闢，境内饒裕。復以時修舉廢墜，建學宫，葺城垣，皆捐俸成之，不以擾民。

王焜。會稽人。康熙間，知宜山縣。會廣藩變殉難，詔贈按察司僉事，賜祭葬，蔭一子。

吴正一。錢塘人。雍正五年，知天河縣。戒蠻獠仇殺，踰年治稱最。蠻莫東旺屢犯法，正一親入寨掩捕。古州苗亂，粵西兵進勦，餉恐不繼，正一偵知懷遠有小江道梅寨泝流直達古州，正一乘舸犯險，曲折向前，苗人來役者輒勞以煙鹽，皆踊躍願爲導。今古州接濟兵米，水道便利，乃其創始功也。

人物

宋

馮京。龍水人。慶曆中舉進士，自鄉舉、禮部至廷試皆第一。試知制誥，避婦翁富弼當國嫌，拜龍圖待制，知揚州，改江寧府。召還知開封府。出按撫陝西，請城古渭以斷夏人右臂。除端明殿學士，知太原府。神宗即位，改御史中丞。王安石爲政，京論其更張失當。進參知政事，數與安石論辯，爲呂惠卿所譖，罷知亳州，徙成都。哲宗即位，范祖禹薦爲宣徽南院使，拜太子少師。致仕卒，謚文簡。

何旦。宜州人。神宗時，以邊賞補三班崇職，官至武經郎。嘗爲海南、四川都巡檢司。蘇軾謫海外，旦與友善，及還家無所有，惟多藏蘇軾手書而已。

何浚。宜州人。宣和間，貢赴辟雍，帝幸學，問春秋疑難，對稱旨，賜進士出身。

唐鳳儀。宜州人。慶元間，以時科文學出身，初授賓州司理參軍，後爲化州路推官，所至以廉能稱。

明

馮俊。宜山人。天順進士。歷刑部郎中，折獄明信。成化中，擢福建臬副。歷廣藩，不避强禦，所至有聲。升副都御史，巡撫四川，奏改馬湖土知府爲流。俊天性剛毅，遇事敢爲，尤砥礪清節。

高嵩。宜山人。弘治中舉於鄉，伴讀興府。世宗即位録功，拜太僕少卿，遣行視京營諸處操騎及順、保、和三郡馬政。會議大禮，有上言乞遷顯陵者，嵩極言不可，乃止。遷太僕卿，上言馬政便宜數事，甚著剴切。

李文鳳。宜山人。嘉靖進士。歴官雲南僉事，以疾歸。性簡亮，博識書傳，更勤諮詢，著有月山叢談。

陳學夔。宜山人。嘉靖進士。知江夏縣，以卓異擢御史，甚著風采。巡按陝西，禦賊有功，復按雲南。以骨鯁廉直得罪，左遷。後復擢湖廣常、岳兵備。

本朝

高熊徵。宜山人。順治庚子副貢生。康熙十三年，吴逆搆亂，孫延齡叛，時岑溪失守，僞總兵陳士龍據之，熊徵與邑紳士募鄉勇，斬士龍，復岑溪。十八年，授桂林教諭，興學勸士，文風丕變。後升井陘知州。廣西巡撫彭鵬廉知其實，特疏薦之，超擢兩淮鹽運使。在官多惠政。

璩之潤。宜山人。性敏嗜學。少從父避兵于中里，父被獲，潤涕泣往救，兵憐之，釋其父。與弟建醉真堂，讀書其中。

周宗斌。宜山人。由外委隨征安南，陣亡。又闞如成、邵永亮、李傑、黄飛驪，俱同時遇害。

流寓

宋

黄庭堅。分寧人。崇寧中，趙挺之執政，庭堅素與有隙，轉運判官陳舉承風旨，上庭堅所作荆南承天院記，指爲幸災，除名，羈管宜州。

列女

明

王尚忠妻彭氏。宜山人。姑耄而瞽，彭曲意承順，以孝著。尚忠爲都司差役，攜彭偕往，舟經洛黄灘，獞寇遮刧，尚忠被害，賊逼彭登岸，彭乘閒投水死。

彭諫妻劉氏。宜山人。諫遇賊害死，劉聞之，閉户自縊。衆往救，氣未絶，密護視之。氏乃不飲食，喪至，劉往迎，且行且哭，因囓舌死。

王凱妻汪氏。慶遠人。年二十二，夫罹罪被箠，肉腐。氏朝夕侍湯藥，不能療，乃告公姑曰：「夫死，妾不能獨生，幼女幸善撫之。」扼吭而死。

甘誠妻宋氏。南丹衛人。生子霖甫晬，誠卒家貧，織紝自給。母强之改嫁，氏哭曰：「婦人之義，從一而終，况吾爲世禄之家，適他姓，何以見先人？」誓死不二，撫霖成立，任柳慶參將。正德十三年旌。

本朝

陳氏。宜山人。遇暴不從被害。雍正二年旌。

崔岠妻歐氏。思恩人。年二十三，夫死。舅姑議改適，氏潛聞奔哭夫墓，飲食不入者三晝夜，姑慰解，誓不奪志。土俗男女生週歲，皆帶銀圈於項，名曰命圈，解輒有殃。姑病，氏禱于神，解圈爲藥餌資，或諷止之，氏曰：「姑死，我獨生何爲？」姑愈，氏竟無恙。雍正五年旌。同縣曾三省妻韋氏、陳雄妻莫氏，均雍正年間旌。

何依義妻莫氏。南丹土州人。雍正八年，土官莫我謙征古州，改定旦寨，被圍，依義入圍，救之出。苗追之，依義拒敵死。莫氏守節撫孤。義夫節婦，蠻中所僅見者。

李良正妻楊氏。天河人。夫亡守節。乾隆二年旌。

蘇繼洵妻謝氏。宜山人。夫亡守節。乾隆三年旌。

韋扶海女。獞人。有姿色。未嫁守正捐軀。乾隆九年旌。

韋孝女。天河人。父母與兄食菌，中毒同日死。女幼許字顧姓，願終身奉其家祀，顧莫能强。撫一子繼韋氏嗣，始終如一。

楊世國妻李氏。河池人。生一子甫週歲，世國死。氏年少家貧，嘗撫子德明泣曰：「吾所以不死者，以有爾在也。」後德明從征古州歿於軍。氏哭失明，終身荼苦。乾隆二年旌。同縣劉士元妻王氏、莫踰綱妻陳氏、劉王氏、楊李氏，均乾隆年間旌。

陳國球妻覃氏。思恩人。夫亡守節。嘉慶八年旌。

仙釋

陸禹臣。河東人。避亂入南嶽，遇道士，授以仙術，且謂曰：「汝得志，當在山窮水絶處。」乃跋涉隱宜之北山，居巖修煉。

後仙去。

吴優。宜山人。爲州吏，遇異人授一杖，欲有所往，攜之頃刻至。家去郡治三十里，每日昏暮歸家，昧爽在郡，人咸異之。後卒，櫬至桃源山，重不可舉，俄頃螻蟻啣土蓋棺，成一巨冢。鄉人因立廟祀之。

羅仙。宜山人。嘗牧牛於會仙山下。一日，遇老翁，飲以水一勺，身遂輕，舉步如飛。後仙去。

盧德洪。宜州人。幼棲南山廣化寺，一旦失所在。郡守張自明寓京師，一僧來謁，曰：「小僧宜州人，住廣化寺，姓盧名德洪。聞君任吾州，故來謁。」遂留談，出一履爲符。自明至宜，遊南山，問德洪所在，衆僧愕然云：「本僧别去久矣。」自明焚香祝曰：「汝有靈，引我以香。」已而香拂山左石室中，覩之有竅露光明，德洪坐化於内，一履在前，與昔所遺無二。

土産

銀。宋史地理志：宜州貢銀。又河池有銀場。明統志：南丹土州孟英山出。

錫。河池、南丹、那地三州出。

丹砂。唐書地理志：宜州有丹砂。寰宇記：宜山有富安砂監。又撫水州有固屑場，出硃砂。

布。寰宇記：宜州土産都洛麻狹幅布。府志又有葛布、棉花、青麻。

楮皮紙。府境出。

藥。府境出荳蔻、草果、馬檳榔。

山羊。金志：南丹、那地土州出。常食三七葉，取其血佳。

三七。金志：南丹、那地各土司俱出。

千年健。府志：各土司出，永順頗佳。

苗蠻

苗。在東蘭州。習俗頗馴。

撫水蠻。在宜州南，有縣四，曰撫水、京水、多逢、古勞，唐隸黔，其酋皆蒙姓，同出有上、中、下三房及北遐一鎮，民則有區、廖、潘、吴四姓。亦種水田采魚，其保聚山險者，雖有畬田，收穀粟甚少，但以藥箭射生鳥獸，無牛羊桑柘地。椎髻跣足，走險如履平地。言語侏儷，畏鬼神，喜淫祀，刻木爲契。

安化蠻。在宜州西。最鷙悍，官月給生料鹽以拊之，猶日侵省地以耕，民不與争，官亦不能禁。

西南蕃。在宜州境。又有大小張、大小王、龍、石、滕、謝諸蕃，地與牂牁接。人椎髻跣足，或著木履，衣青花斑布，以射獵仇殺爲事。其南連邕州南江之外者，羅殿、自杞等以國名，羅孔、特磨、白衣、九道等以道名，而峩州以西，别有酋長。無所統屬者，蘇綺羅、坐夜、面計、流求、萬壽、多嶺、阿誤等蠻，謂之生蠻。

猺。在天河縣阿練里之山峒、念峒，有頂板、赤膊、過山諸種。男子蓄髮挽髻，裹以花布。婦人以長帶束額，耳帶大圈。在河池，婚姻以牛爲禮，嫁時不製衣被。女過宿即返，有越數年始回夫家者。在思恩居五十二峒及儀鳳、茆灘、上中下疃之間，男衣短狹青衣，婦女小袂長裙，歲首祭先祖，擊銅鼓跳躍爲樂。在東蘭居四埲十三哨，言語軥輈，即獞人亦不能喻。在南丹，男女皆蓄髮挽髻，負戴以額，不與他類通婚姻。在忻城，俗貧而陋。

獞。在宜山縣。男薙髮留辮，女未嫁者披髮，已嫁者挽髻。在天河，有八千一百餘户。居西鄉者，出入佩環刀，持鏢鎗，性頑難化，近頗畏法。在河池、思恩，俗與猺同。在東蘭有獞女，能作花巾，以白布畫花卉人物于上，織成極工巧。

獠。今右江西南一帶甚多，有飛頭、鑿齒、鼻飲、白衫、花面、赤褌之屬，言語與漢迥別。性鄙吝，善耕作，尤好種棉。無年甲姓名，一村中推有事力者曰「郎火」，餘但稱「火」。歲首以土杯十二貯水，隨辰位布列，郎火禱焉，經夕集衆往觀，若寅有水而卯涸，則知正月雨二月旱，自以不差。

狪狫。即獠人。服色尚青，男衣短狹，老者衣細褐，女則短袂長裙。宜山、天河皆有之。

狼。在那地土州。衣服同漢民。耕田而食，征調則爲狼兵。明沈希儀用以破賊。南丹、忻城皆有土狼。

狑。詳見桂林府。宜山、思恩亦有之。

狄。即水苗、猺之别種，南丹及荔波境上有之。男女皆挽髻向前，項飾銀圈。性兇暴，睚眦之仇必報，有事不訟官。

獉。在宜山縣龍門。與狄、獞雜居。在南丹種甚多，服飾略同獞。性特愚，爲獞欺脅。

浪。先自廣東陽山縣而來，語言百世不變。性好種畬，居無定所，土瘠即去。每歲孟春，男女上山斫柴，作歌爲樂。宜山、永定、永順多有之。

校勘記

〔一〕西至貴州興義府貞豐州界九十里　「九十里」，原作「十里」，據乾隆志卷三五八慶遠府建置沿革（下同卷簡稱乾隆志）補。按，上文云「東西距一百七十里」，此作「九十里」方合，「九」字誤脱。

〔二〕本朝康熙五十八年建　「十」下原重「十」字，顯爲衍文。據乾隆志删。

〔三〕土人謂之寒坡　「坡」，原作「陂」，乾隆志同，據雍正廣西通志卷一六山川改。按，本志下文望峯條云「脈自寒坡迤邐至此」，考其方位，正謂此山。

〔四〕爲往武緣要道　「武緣」，乾隆志作「武篆」，疑是。按，武緣屬思南府，與此相隔遥遠，不應出此。武篆在東蘭州西八十里，與此相隔三十里，當是。

〔五〕本朝順治九年遷治於縣北譚村　「譚村」，原作「潭村」，據乾隆志及雍正廣西通志卷三四城池改。

〔六〕芝忻州領忻城縣　「芝忻州」，原脱「忻」字，據乾隆志及太平寰宇記卷一六八嶺南道宜州補。

〔七〕賓安縣　「賓」，原作「寶」，據乾隆志及太平寰宇記卷一六八嶺南道宜州改。

〔八〕金城州理金城縣　「金城州」，原脱「城」字，據乾隆志及太平寰宇記卷一六八嶺南道宜州補。

〔九〕領河池寶安　乾隆志同。按，太平寰宇記卷一六八嶺南道宜州金城州僅領縣二：金城、寶安。並無河池縣。

〔一〇〕蠻州故址　「蠻」，原作「蠻」，據乾隆志及上文改。

〔一一〕宋史地理志　「宋史」，原作「宋書」，乾隆志同，考下引文字乃出自宋史卷九〇地理志，「書」乃「史」字之誤，因改。

〔一二〕都蒙八縣　「都蒙」，乾隆志同。按，舊唐書卷四一地理志作「蒙都」，此實本於新唐書卷四三上地理志。

思恩府圖

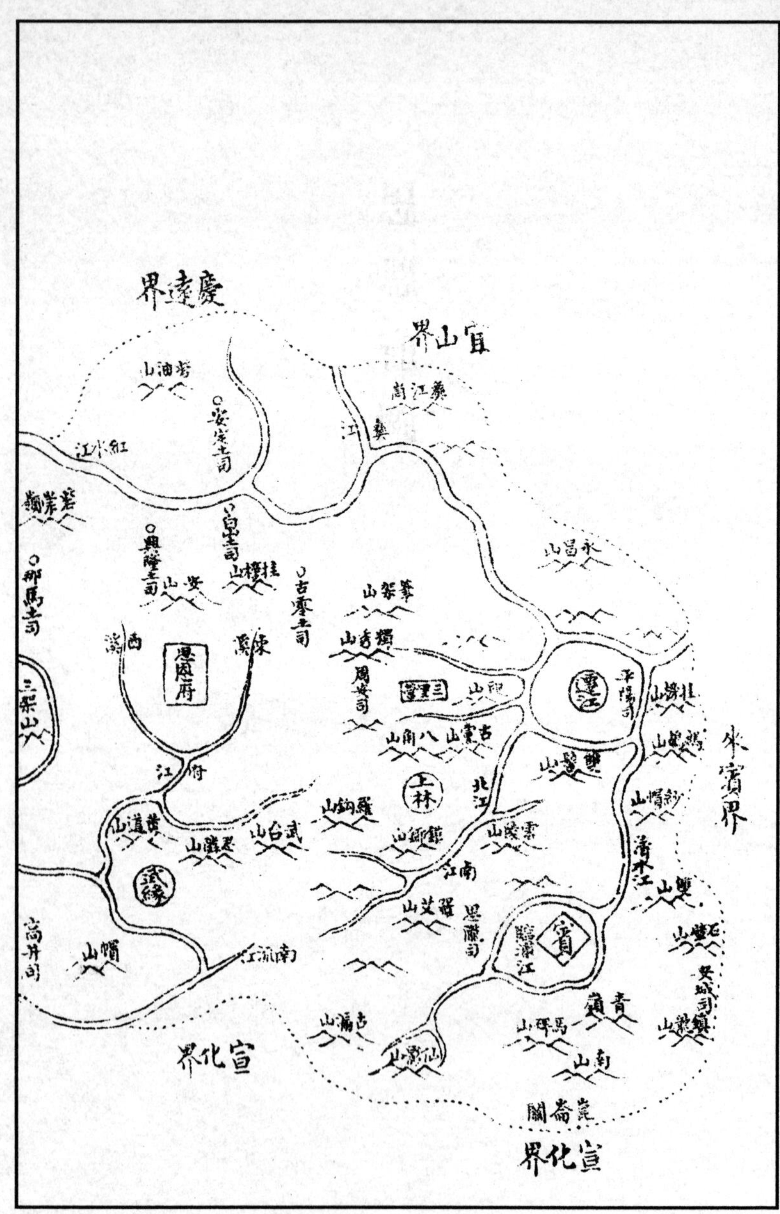

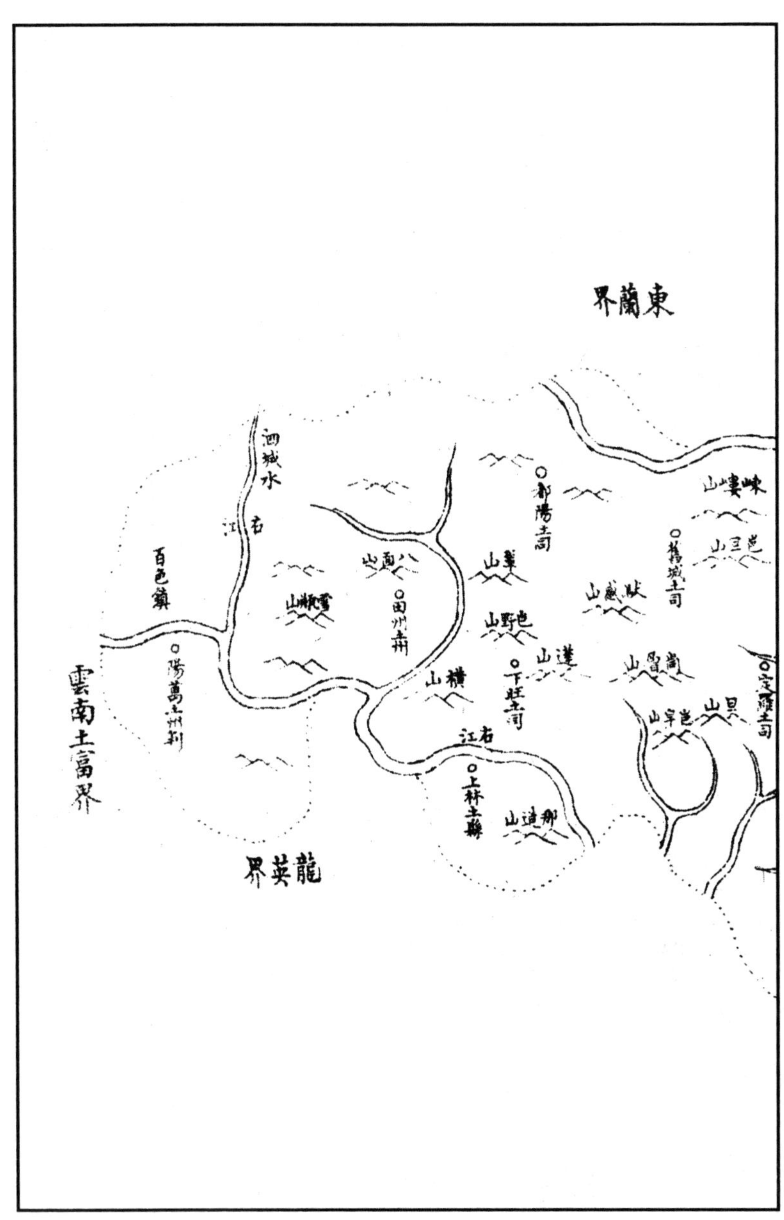
東蘭界
雲南土富界
龍英界
百色鎮
右江
江右

思恩府表

	思恩府	武緣縣
秦		
兩漢	鬱林郡地。	領方縣地。
三國		
晉	晉興郡地。	晉興縣大興初置。
南北朝		晉興縣
隋		武緣縣置屬鬱林郡，尋廢。 開皇十四年廢。
唐	羈縻思恩州屬邕州。	武德五年復置。 晉興縣復置。
五代		武緣縣 晉興縣
宋	思恩州屬邕州右江道。	武緣縣 樂昌縣開寶五年更名，景祐三年省。
元	思恩州屬田州路。	武緣縣屬南寧路。
明	思恩府初屬田州府，永樂初直隸廣西布政司。正統五年升府，尋改軍民府。弘治末改流。	武緣縣萬曆七年改屬思恩府。

續表

賓州				
鬱林郡地。		領方縣 屬鬱林郡，爲都尉治。		
		臨浦縣 吴更名。		
		領方縣 初復故名。		
領方郡 梁置。		領方縣 梁爲郡治。		安城郡 梁置。
廢。		領方縣 屬鬱林郡。		安城縣 改郡爲縣，屬鬱林郡。
賓州領方郡 貞觀五年置州，天寶初曰安城郡，至德二載更名。	琅邪縣 武德四年析置，屬南方州，貞觀五年屬賓州。	領方縣	思干縣 武德四年置，貞觀中省。	保城縣 屬賓州，至德中更名。
賓州領方郡 屬南漢。	琅邪縣	領方縣		保城縣
賓州安城郡 開寶五年州廢，六年復置，更郡名，屬廣南西路。	開寶六年省，移州並領方縣來治。	徙。		開寶六年省。
賓州 初升賓州路，屬廣西道，後降州。	領方縣			
賓州 屬柳州府。	初省入州。			

續表

遷江縣	上林縣
領方縣地。	領方縣地。
羈縻思剛州 屬邕州都督府。	澄州 武德四年置南方州，貞觀八年更名，屬嶺南道。 上林縣 武德四年析置。 無虞縣 武德四年置。 止戈縣 武德四年置。 賀水縣 武德四年置，屬澄州。
羈縻思剛州	上林縣 無虞縣 止戈縣 賀水縣
遷江縣 天禧四年改置，屬賓州。	開寶五年省。 上林縣 屬邕州，端拱三年改屬賓州。 省。 省。 省。
遷江縣	上林縣
遷江縣	上林縣

續表

田州土州				
鬱林郡地。				
蠻地。				
田州横山郡 開元中置，治都救。天寶初置郡。	都救縣 州治。			恩城州 置屬邕州。
田州	都救縣			恩城州
田州 屬邕州右江道。		羈縻婪鳳州 屬邕州右江道。	上隆州 屬横山寨。	恩城州
田州路 升路。	來安路 屬右江道。	廢。	上隆州 屬田州路。	恩城州
田州 洪武初升府，嘉靖七年降州，增置田寧府。八年府廢，復爲州，直隸廣西布政司。	洪武初升府，尋省入。		成化三年徙廢。	直隸廣西布政司，弘治中廢。

上林土縣
蠻地。
上林縣屬橫山寨。
上林縣屬田州路。
上林縣屬思恩府。

大清一統志卷四百六十五

思恩府

在廣西省治西南一千一百五十里。東西距九百九十五里，南北距三百七十里。東至柳州府來賓縣界二百八十五里，西至雲南廣南府土富州界七百十里，南至南寧府宣化縣界一百三十里，北至慶遠府永定土司界二百四十里。東南至宣化縣界二百四十里，西南至太平府龍英土州界六百二十五里，東北至慶遠府宜山縣界三百六十里，西北至慶遠府東蘭州界二百四十五里。本府境，東西距二百一十里，南北距三十五里。東至上林縣界九十里，西至下旺土司界一百二十里，南至武緣縣界十里，北至興隆土司界二十五里。東南至宣化縣界一百里，西南至南寧府歸德土州界四十里，東北至白山土司界六十里，西北至定羅土司界五十里。自府治至京師八千六百十里。

分野

天文軫、翼分野，鶉尾之次。

建置沿革

禹貢荆州南裔。周百越地。漢爲鬱林郡廣鬱、領方等縣地。按：府境在鬱江之北，南界南寧、太平，俱爲鬱林故地。明統志作交阯郡地，誤。晉、宋以後，爲晉興郡地。唐置羈縻思恩州，隸邕州都督府。宋亦曰思恩州，屬邕州右江道。見宋史地理志，寰宇記、九域志同，而明統志作屬遷隆鎮。元屬田州路。明初屬田州府。永樂三年，直隸廣西布政使司。正統五年，升爲思恩府，尋改爲軍民府。弘治末，改設流官。

本朝因之，屬廣西省，領州一、縣三、土州一、土縣一、土州判一、土司九。

武緣縣。在府南七十里。東西距二百七十七里，南北距一百三十八里。東至上林縣界八十五里，西至南寧府歸德土州界一百九十二里，南至南寧府宣化縣界六十里，北至興隆土司界七十八里。東南至宣化縣界五十里，西南至南寧府隆安縣界一百二十里，東北至上林縣界一百八十里，西北至定羅土司界八十里。漢鬱林郡領方縣地，隋析領方置，屬鬱林郡，尋省入嶺山。唐武德五年復置，屬邕州。宋因之。元屬南寧路。明萬曆七年，改屬思恩府，本朝因之。

賓州。在府東一百五十里。東西距一百五十里，南北距一百二十里。東至潯州府貴縣界一百二十里，西至上林縣界三十里，南至南寧府宣化縣界九十里，北至遷江縣界三十里。東南至宣化縣界一百里，西南至武緣縣界四十里，東北至潯州府武宣縣界八十里，西北至遷江縣界四十里。漢置領方縣，屬鬱林郡，爲都尉治。後漢因之。三國吴改曰臨浦縣。晉初復故，宋、齊因之。梁兼置領方郡。隋平陳，郡廢，縣仍屬鬱林郡。唐初屬南方州。貞觀五年，始於縣置賓州。天寶初曰安城郡。至德二載，改領方郡。乾元初，復曰賓州，屬嶺南道。五代屬南漢。宋開寶五年，州廢，以縣屬邕州。六年復置，曰賓州安城郡，屬廣南西路。元曰賓州路。至元十六年，置下路總管府，屬廣西道，後降爲州。明初以州治領方縣省入，屬柳州府。本朝雍正三年，升爲直隸州，領遷江、上林、來賓、武宣四縣。十二年，改屬思恩府。

遷江縣。在府東少北二百八十里。東西距六十五里，南北距二百十五里。東至柳州府來賓縣界五里，西至上林縣界六十里，南至賓州界六十里，北至柳州府馬平縣界一百五十五里。東南至潯州府貴縣界六十里，西南至上林縣界五十五里，東北至來賓縣界四十里，西北至慶遠府忻城土縣界九十五里。漢領方縣地。唐置羈縻思剛州，屬邕州都督府。宋天禧四年，改置遷江縣，屬賓州。元、明因之。本朝初屬柳州府。雍正三年，分屬賓州。十二年，改屬思恩府。

上林縣。在府東一百八十里。東西距一百八十里，南北距二百五十里。東至賓州界六十里，西至古零土司界一百二十里，南至賓州界八十里，北至慶遠府忻城土縣界一百七十里。東南至賓州界七十里，西南至武緣縣界九十里，東北至遷江縣界九十里，西北至古零土司界六十里。漢領方縣地唐武德四年，析置上林縣，又於縣置南方州。貞觀八年，改曰澄州。天寶初，改賀水郡。乾元初，復曰澄州，屬嶺南道。宋開寶五年，州廢，縣屬邕州。端拱三年，改屬賓州。元、明因之。本朝初屬柳州府。雍正三年，分屬賓州。十二年，改屬思恩府。

田州土州。在府西四百五十里。東西距四百里，南北距三百五十里。東至下旺土司界一百六十里，西至雲南廣南府土富州界二百四十里，南至鎮安府向武土州界一百六十里，北至慶遠府東蘭州界一百九十里。東南至上林土縣界一百四十里，西南至鎮安府奉議州界九里，東北至興隆土司界二百二十里，西北至泗城府界一百十里。漢鬱林郡地。唐開元中始置田州，治都救縣。天寶初，曰橫山郡。乾元初，復曰田州，屬嶺南道邕管。貞元二十一年廢，後復置爲羈縻州。宋亦曰田州，屬邕州右江道。元升爲田州路。明洪武初曰田州府。嘉靖七年，降府爲州，復添設田寧府治焉。八年府廢，復爲田州，屬廣西布政使司。本朝康熙三年，改屬思恩府。乾隆九年，析置陽萬土州判。

上林土縣。在府西南二百七十里。東西距三十里，南北距三十里。東至下旺土司界十里，西至鎮安府向武土州界二十里，南至南寧府果化土州界二十里，北至土田州界十里。東南至白山土司界十五里，西南至太平府佶倫土州界三十里，東北至土田州界十里，西北至向武土州界三十里。宋置，屬橫山寨。元屬田州路。明嘉靖初，改屬思恩府，本朝因之。

白山土司。在府北八十里。東西距一百九十里，南北距五十五里。東至下旺土司界十里，西至南寧府果化土州界一百八十里，南至武緣縣界四十里，北至興隆土司界十五里。東南至武緣縣界四十里，西南至南寧府歸德土司界一百八十里，東北至安定土司界四十里，西北至上林土縣界一百八十里。古百越蠻地。唐、宋以後爲思恩州地。明嘉靖七年，分置白山土司，屬思恩府，本朝因之。

興隆土司。在府北七十里。東西距二百五十里，南北距一百六十里。東至白山土司界三十里，西至慶遠府東蘭州界二百二十里，南至武緣縣界八十里，北至安定土司界八十里。東南至白山土司界三十里，西南至那馬土司界三十五里，東北至安定土司界三十五里，西北至土田州界二百四十里。唐、宋後爲思恩州地。明嘉靖七年，分置興隆土司，屬思恩府，本朝因之。

定羅土司。在府西一百四十里。東西距四十里，南北距三十五里。東至白山土司界十里，西至武緣縣界三十里，南至武緣縣界十五里，北至舊城土司界二十里。東南至武緣縣界三十里，西南至武緣縣界三十里，東北至那馬土司界四十里，西北至舊城土司界三十里。唐、宋後爲田州地。明嘉靖七年，分置定羅土司，屬思恩府，本朝因之。

舊城土司。在府西北二百五十里。東西距七十里，南北距六十里。東至興隆土司界五十里，西至都陽土司界二十里，南至那馬土司界四十里，北至慶遠府東蘭州界二十里。東南至定羅土司界二十五里，西南至下旺土司界三十五里，東北至興隆土司界六十里，西北至都陽土司界五十里。唐思恩州治，宋、元因之。明正統七年，徙廢。嘉靖七年，分置舊城土司，屬思恩府，本朝因之。

下旺土司。在府西二百十里。東西距五十五里，南北距三十三里。東至舊城土司界十五里，西至土田州界四十里，南至上林土縣界三里，北至舊城土司界三十里。東南至白山土司界三十里，西南至土田州界三十里，東北至舊城土司界三十里，西北至土田州界十五里。唐、宋後爲田州地。明嘉靖七年，分置下旺土司，屬思恩府，本朝因之。

那馬土司。在府西北九十五里。東西距五十里，南北距六十里。東至興隆土司界三十五里，西至白山土司界十五里，南至武緣縣界四十里，北至舊城土司界二十里。東南至武緣縣界五十里，西南至武緣縣界三十五里，東北至興隆土司界三十五里，西北至定羅土司界三十五里。唐、宋後爲思恩州地。明嘉靖七年，分置那馬土司，屬思恩府，本朝因之。

都陽土司。在府西北二百八十里。東西距一百十五里，南北距四十七里〔一〕。東至舊城土司界二百里，西至土田州界三百里，南至南寧府歸德土州界十里，北至興隆土司界二百里。東南至興隆、舊城二土司界二百三十里，西南至舊城土司界二十里，東北至土田州界四百里，西北至慶遠府東蘭州界五百里。唐、宋後爲田州地。明嘉靖七年，分置都陽土司，屬思恩府，本朝因之。

古零土司。在府東北八十里。東西距一百八十四里，南北距四十四里。東至上林縣界四里，西至武緣縣界一百八十里，南至上林縣界四里，北至白山土司界四十里。東南至上林縣界八十里，西南至上林縣界二十五里，東北至上林縣界一百里，西北至白山、下旺二土司界二十里。唐、宋後爲思恩州地。明嘉靖七年，分置古零土司，屬思恩府，本朝因之。

安定土司。在府東北一百六十五里。東西距二百三十里，南北距一百十里。東至慶遠府忻城土縣界一百八十里，西至土田州界五十里，南至興隆土司界三十里，北至慶遠府永定土司界八十里。東南至古零土司界一百五十里，西南至土田州界六十里，東北至慶遠府宜山縣界二百里，西北至都陽土司界一百里。唐、宋後爲思恩州地。明嘉靖七年，分置安定土司，屬思恩府，本朝因之。

形勢

居西粤之極西，邊徼之末。東絡柳、桂，西跨滇、黔，南接邕州，北達慶遠。襟牂牁而帶紅水，幅幁數千里。府志。

風俗

猺、獞雜處，不事詩書。自明始建學，粗知禮義。明統志。土俗重財輕殺，出入以刀自衛。府志。居民力田，不事商賈。男裹青幘，女戴竹笠，婚娶不避同姓，市廛多婦女貿易，疾病惟事巫覡。同上。

城池

思恩府城。周一里有奇，門三。兩河匯於南門，北倚山麓。舊治在砦城山，明正統十年遷喬利，嘉靖六年遷今所，甃甎，萬曆十九年修。今閉西門，城屬九土司承修。

武緣縣城。周三里有奇，門四，池廣一丈。明洪武二十四年建。本朝康熙三年修，乾隆三十一年重修。

賓州城。周二里有奇，門四，南倚江爲濠。明初因宋址重建。

遷江縣城。周三里有奇，門三。東、北臨江，西、南開濠，濶三丈。明初建。本朝康熙中修，乾隆九年重修。

上林縣城。周二里有奇，門二。明成化中改建。本朝康熙二十一年修。

百色城。周三里有奇，門三。在田州西一百里。本朝雍正八年建。乾隆八年建月城，周一里有奇。三十年，建護城三，各周六丈。

上林土縣城。周一里有奇，門二。本朝順治十八年建，有濠。

舊城土司城〔二〕。以山爲城，東西徑二里，南北徑一里，凡四山口皆有石牆。明永樂間築，仍開四門，有濠塹。

下旺土司城。周三百步，門三。明正統間築。

那馬土司城。周一百四十步，門二。明正統間築。

都陽土司城。土牆，周一百二十步，無濠塹。明末燬。

學校

思恩府學。在府治東。明萬曆六年建。本朝康熙十一年、雍正元年、乾隆六十年重修。入學額數二十名。

武緣縣學。在縣城南門外。明洪武二年建。本朝康熙三十九年、雍正元年重修。入學額數二十名。舊額十五名，乾隆三十年增五名。

賓州學。在州治東。本朝康熙四年重建，雍正元年、乾隆三十六年重修。入學額數二十名。

遷江縣學。在縣治西。本朝順治九年建，雍正八年修。入學額數八名。

上林縣學。在縣治北。本朝康熙四十三年重建，雍正元年修。入學額數二十名。

賓陽書院。在賓州城内。本朝乾隆四十一年建。

化成書院。在田州。本朝乾隆二十年即州署東義學改建。按：舊志載陽明書院，在府治西；修文書院，在武緣縣；敷文書院，在賓州。今並廢。謹附記。

户口

原額人丁一萬四千五百八十六，今滋生男婦大小共四十九萬六千九百二十八名口，計八萬四千四百四十一户。

田賦

田地八千八百九十二頃五十二畝七分有奇，額徵地丁正、雜銀四萬二千十三兩六錢九釐，遇閏加徵銀一千二百一兩三錢三分五釐，米三萬八千二百七十八石二斗六勺。

山川

大名山〔三〕。在府東三十里。一名大鳴山。與上林、武緣二縣接界。高數百丈，延袤三百里。上有風穴，高秀爲府境諸山之最。

玉印山。在府東四十里。平地突起，石峯森列，其上方平如印，故名。

鷹山。在府西北七十五里。臨江屹立。又西有仙迹山，上有池。

安山。在府北十里。爲府治後屏。林木深邃，土人因訛爲暗山。

仙女山。在府北四十里舊府城中。前有大潭，水光如鑑。

三台山。在府北四十二里。

崇武山。在府北五十里。高峻爲一方巨鎮。

起鳳山。在武緣縣東十里。平地突起兩峯，軒聳秀麗，如雙鳳之騰霄，故名。

思隣山。在武緣縣東十五里。明統志：昔鄉人何隣者有道術，年百餘歲，不知所適，人思之，因名。

武臺山。在武緣縣東二十里。形如半月，縣境諸山，此最秀。

伊嶺山。在武緣縣南三十里。上有望仙巖，極深邃。

暗山。在武緣縣南三十里。兩山相夾，林木深阻，相傳儂智高嘗結壘於此。

帽山。在武緣縣西南十五里。山形圓聳。

都結山。在武緣縣西南六十里。嶙峋高峻。相近又有房山。

劍脊山。在武緣縣西北六十里。狀如劍脊，中有隘路，往來通行。又峥山，在縣西北七十里。上有泉，甚清洌。

南山。在武緣縣西北一百二十里。三潮水出此。

黄道山。在武緣縣北二十里。有巖。

銅泉山。在賓州東十七里。

石壁山。在賓州東三十里。其並峙者曰白羊山，旁有廖平巖，四圍堅密如城郭，清勝奇絶。

雙山。在賓州東三十里。以兩山相對而名。

鎮龍山。在賓州東南八十里，與潯州府貴縣接界，亘百餘里。

馬碑山。在賓州南二十里。上有遺迹。又南五里爲楊山，下有川，入臨浦江。

領方山。在賓州南三十五里。古郡縣皆以此名。

南山。在賓州南四十里。連峯聳翠，爲州前案。

武淥山。在賓州南六十里。

仙影山。在賓州西南二十里。相傳有二仙女遊此，因留影巖石間。宋陶弼有詩。

古漏山。在賓州西南三十里。有泉如滴漏，四時不竭。宋咸平中，州守王舉鑿崖燒石，開闢關路，以通行旅，往來稱便。

登臺山。在賓州西南八十里。極其危聳，接南寧永貴、武緣、上林諸山（四），迤邐二百餘里。又名天柱山。

馬鞍山。在賓州西二十里。又金雞山，亦在州西二十里。

羅鳳山。在賓州北十五里。蜿蜒横亘，爲州後屏。

掛榜山。在遷江縣東半里。隔江延亘十里，爲邑屏障。又萊山，在縣東五里。

寶積山。在遷江縣東南二里。疊石崔嵬，不通道路，山巔稍平可居，亦曰堡積山。

鷓鴣山。在遷江縣東南，隔清水江十里。巖谷險峻。亦名白鶴山。下有白龍洞。

紗帽山。在遷江縣東南，隔清水江八十里。以形似名。有巖可容百人，巖中有水不竭。

雙髻山。在遷江縣南十里。兩峯並峙。相近曰佛頂山。

岜梧山。在遷江縣西南五十里。

印山。在遷江縣西，隔紅水江二里。中有八仙洞。山半有遇仙巖，巖内産鴛鴦石，亦曰鴛鴦窩。

煙合山。在遷江縣西三里。層巒疊嶂，巖壑深蔚，雲常聚其上。

古黨山。在遷江縣西十五里。

瓦山。在遷江縣西三十里。有巖，上層玲瓏光徹，可容數百人，下層平坦，可居牛畜。

朝山。在遷江縣西四十里。武節水出此。

泊艦山。在遷江縣西北五里。下有巖，容數百人。有石筍甚奇，舟行經此多駐觀，故名。

永昌山。在遷江縣北七里。又有甲山，在縣東北十五里。

馬陂山。在上林縣東四里。北江經其下，名馬陂江。又雙山，在縣東二十五里。磨山，在縣東四十里。

羅密山。在上林縣東五十里。巖洞幽勝。相近又有獅子山。對峙者曰螺山。皆平地突起，旁有獅螺江。

雲陵山。在上林縣東南十五里。最高秀。

羅艾山。在上林縣東南十八里。明統志：昔有羅艾隱居於此。

石蓬山。在上林縣東南三十里。平地突起，中有巖洞，容數百人。下有小江，穿石縫中，水清碧多魚。

雞籠山。在上林縣東南三十里。中有洞，宏闊可容百人。又金鷄山，在縣東南六十里。

鏌鋣山。在上林縣南三十二里。方輿勝覽：昔有人得古劍於此，因名。

古淥山。在上林縣西南三十五里。下有古淥水。又高眼山，在縣西南四十里。其山最高，林木深鬱。

羅鈎山。在上林縣西六里。山勢盤曲如鈎。

大明山（五）。在上林縣西四十餘里，與思恩府、武緣縣接界。蜿蜒疊翠，中有五峯，直插霄漢。上有潭，深不可測。時吐異光，遠燭數里，因名。南江出此。

都茗山。在上林縣西北六十里。其山産茶，又謂之茶山。北江出此。

扶嵐山。在上林縣北五里。八峯分矗，若扶摇霄漢之上，一名八角山。

石光山。在上林縣北十里。山石潔白，日照有光。

岜野山。在土田州東三十里。

䆠山。在土田州東一百二十里。兩峯對峙若門，土人呼門爲䆠。

横山。在土田州東南十里。山勢蜿蜒横列。唐郡名横山因此。

曼洞山。在土田州西南二百二十里，接鎮安富州界。峯巒層峙，溪壑連絡。

怕武山。在土田州西十里。

雪瓶山。在土田州西北八十里，接泗城府界。其形若瓶。

岜馬山。在土田州西北一百八十里，接東蘭州界。

八面山。在土田州北十五里。樹木周圍。

詳山。在土田州北。明統志：在上隆州南。

那造山。在上林土縣南。山勢峻削，人迹罕至。

筆架山。在白山土司南，喬利舊治東南十餘里。起伏三峯，形如筆架。

獨秀山。在白山土司南，喬利舊治東十五里。平地突起，其形如笏，亦名印笏山。

九兒山。在白山土司西南二百里，丹良舊治西。山峯有九，遠望如嬰兒隱立。

挂榜山。在興隆土司東南二十里。平遠蒼翠，狀如懸挂。

旗山。在興隆土司西南八里。高峯突起，溪流環繞。

雞籠山。在興隆土司西南八十里。形極方廣。

七首山。在興隆土司西六十里。山有七峯，形如人立。

感土山。在定羅土司東二十里。秀麗清幽，中有巖穴。

三架山。在定羅土司南二十里，與武緣縣接界。三峯尖聳，形如筆架。

獨鳳山。在定羅土司北三十里。形如獨鳳，峯巒稍平。

將軍山。在定羅土司東北二十里，與那馬土司交界。峯高出，怪石巉巖。

馱感山。在舊城土司西南三里。磊石巉巖，下有涌泉。

八峯山。在舊城土司北。一名元武山。八峯高聳，四面略有畬田。上有泉，味極甘。又有岜砦巖，清幽可愛。

崍嶁山。在舊城土司東北三里。層峯磊石，下有石池，水涌不竭。

壘石山。在下旺土司東一里。山峯秀聳，石壁巉巖。

蓬山。在下旺土司南，與司城相連。峯巒尖聳，爲司治後屏。

波岌山。在下旺土司西四里。亂石巉巖，有泉涌出，每日三潮三汐。

鬼山。在下旺土司北六里。深林岑鬱，其下有泉。

蘇埠山。在那馬土司西南二十里。

岜旦山。在那馬土司西北十里。峭壁插天，中有石洞幽絶。

峩山。在那馬土司西北十五里。

强山。一名順山，在都陽土司南一百二十里。峯巒高聳，下有石巖。

岜阜山。在都陽土司北三里。爲司治後屏。

峒層山。在都陽土司北十五里。山勢高大，峯巒重疊，下有巖洞。

旦山。在都陽土司東北十五里。其下有洞，虛敞清幽，怪石林立，狀類人物。

虎頭山。在古零土司南三里。一峯高聳，儼若虎形。

紗帽山。在古零土司北三里。獨立無附，勢干雲霄，後高前低，以形似名。

龍角雙峯山。在古零土司東北二里。兩山並峙，尖峯突兀，以形似名。

呰油山。在安定土司西北二十五里。山勢崔巍，四面峭壁屹立，旁有石磴，嶔崎可梯而上。其巔有署宇臺榭，相傳爲昔蠻王屯駐之所。

紫金嶺。在武緣縣南二十里。又南五里有天井嶺，頂有泉，故名。

高峯嶺。在武緣縣南五十里，嶺南爲宣化縣界，通南寧要道。山峯險峻，路逕崎嶇。

青嶺。在賓州東南五里。

圓珠嶺。在賓州南門外。大江環流，如珠圓抱。

銅鼓嶺。在賓州南三里。人行嶺上，逢逢有聲。又南三十里爲窑嶺。

争光嶺。在上林縣東七里。俗稱嶺夜有光，與大明山相映〔六〕，故名。一名章光嶺。南、北兩江，合流其下。

雷矮嶺。在上林縣西南三十里〔七〕，與向武州接界。山巒高聳，東西穿徑，皆黄茅青草，行人無所憩息。

東嶺。在白山土司東十五里。

黄旛嶺。在興隆土司東南三十里。嶺勢峻絶，一望黄色，如樹幟然。

闖標嶺。在那馬土司南四十里，接武緣縣界。勢極高峻。

穠企嶺。在那馬土司西十五里。

呰祟嶺。在那馬土司北二十里。嶺勢嵯峩，爲司後屏。

靖遠峯。在府東北四十里。明弘治中，官軍討岑濬，登峯頂以望賊氛。事平，因名曰靖遠。

獅子巖。在府南十里，接武緣縣界。山勢蹲踞，儼如獅子。峯巒聳秀，東、西、南三面懸崖絶壁，中有巖洞，玲瓏深邃。

白雲巖。在府東北五十里。林壑甚勝，有泉自巖出，流成溪澗。

韋公巖。在武緣縣東北一百里。又獅子巖，在縣北四十里。

甘村巖。在賓州西南二十里。中極幽深，下有潭。又白村巖，在州西二十里。相近有葛仙巖。

黑洞巖。在遷江縣西南四十里。巖不甚高，有路可通往來。巖口有石壁，障之頗幽暗，然炬而入，内復光明。旁多竹樹，中有池三道，産金魚。

暖巖。在土田州北。明統志：在思城土州南十五里。其巖深邃，可蔽風雨。

七星坡。在武緣縣西三十里。

仙女洞。在武緣縣西南三十里。石巖深廣，三面皆石壁，亦名朝天巖。

智誠洞。在上林縣東二十里。矗立千仞。明統志：唐韋厥隱居處。

白雲洞。在上林縣北二十里。常有白雲覆其上。

羅洪洞。在上林縣東北五十里。明統志：宋韋旻隱此〔八〕。

石洞。在土田州北。明統志：在上隆州治東。一名隱仙洞。

彝江峒。在安定土司東一百五十里。峒勢條直如巷，中瀉小水，前横大江。

大察峒。在安定土司北五十里。猺蠻穴聚，其中最爲險扼。

府江。在府南。其源有二。一曰東溪，在府東北一里，源出三台山。一曰西溪，在府西北二里，源出筆架山。夾城而南，至府南合流，又南入武緣縣界，與西江合。

馱蒙江。源出那馬土司界闔標嶺，東北流經鷹山下，至府北四十里，一曰清水江。又東北入紅水江。

南流江。在武緣縣東南二里。源出上林縣大明山，西南流，至縣西南合西江，又南至宣化縣界入大江。明統志：靈犀水在鬱江上流。即此。

那楞江。在武緣縣南。源出葛墟隘，北流經紫金嶺右，與紫金江合。又北流至縣西南十里，入南流江。

西江。在武緣縣西門外。源出上林縣大明山，一曰劍江。西南流至縣北四十里，與府江合。又南，合南流江。中有石鼓，相傳擊之則致風雨。

李依江。在賓州東三十里。源出琅邪鄉，北流入思覽江。又龍巽江，在州東六十里，源出貴縣界龍潭。鷹埠江，在州東四十里，源出鷹砦泉。武陵江，在州東南三十里，源出武淥山。皆流合思覽江。又寶水，在州南三十里，源出州南上清里，北流經州東，入思覽江。

臨浦江。在賓州西二十里。源出宣化縣界，北流入思覽江。又丁橋江，在州西二十五里。古漏水，源出古漏山。皆流合臨浦江。

思覽江。在賓州東北，即古賓水也。九域志：賓州有賓水。舊志：源出潯州府貴縣，西北流近鄒墟，下流合清水江。水漲可通小舟。

北三江。在遷江縣東北五十里。有二源，合流東南下，居人多引以灌田。入紅水江。

南江。在上林縣南四里。源出大明山，東至章光嶺與北江合流。舊志有澄江，在縣南二里，源出大明山。唐澄州以此名。又龍母江，一名龍馬江，在縣南三里，源出高眼山。化龍江，在縣南八里，源出淡竹山，一名淡竹水，一名單竹江。周利江，在縣南十五里，源出縣西南界，與化龍江合。俱入馬陂江，皆所謂南江也。又樊廟江，在縣南十五里，源出古淥山，亦流合南江。

右江。自泗城府西林縣流入土田州南，又東南經上林土縣東北，又東南入南寧府果化土州界。寰宇記：右水源出土田州，西北流入鬱江。明統志：源出雲南土富州，歷上林洞，經土田州流入南寧府界。通志：自土富州流入，至剥色埠與西林縣水合，繞州前東南流八十里，至上林縣境，可通舟楫。

紅水江。自慶遠府東蘭州流入，經舊城、興隆、安定諸土司，入慶遠府忻城土縣界，又經遷江縣北入來賓縣界。一名鳴坭江〔九〕，其下流又名都泥江，在止戈廢縣北一百九十里，去嚴州一里。舊志：水自東蘭州界東南流入興隆土司界，經上段九成頭南，又經舊城土司東北，又東流經興隆土司治北，入安定土司南，又東入忻城土縣界，至遷江縣東北隅，與清水江合流。其分界處謂之北府淵。夏秋水紅黄而難飲，春冬水清淺而難行，中有險灘十五處，皆極高險，大小舟無敢進者，名曰消魂灘。

姑娘江。在白山土司東十里。源出東嶺，北流入紅水江。

清水江。一名北江。源出古零土司界，東流入上林縣，至章光嶺與南江合。經縣北又東入遷江縣界，爲清水江。經縣南折北，流至縣東北入紅水江。舊志有里仁江，在上林縣北十里。周江，在縣北二十里。源俱出茶山並流數里而合。又黄龍江，源出羅鈎山，亦經縣北流合焉。又東逕馬陂山陰，爲馬陂江。皆所謂北江也。遷江縣界有魚梁灘，最險，僅容小舟，可達上林界鄒墟埠。

彝江。在安定土司東一百五十里。源出東蘭州界，東南流入紅水江。

三潮水。在武緣縣西一百三十里。源出南山，其水一日潮汐者三。

布排水。在武緣縣東北十五里。源出黄道山，南流出東門橋，合南流江。

武節水。在遷江縣西南八里。源出朝山，東流入紅水江。寰宇記：上林縣界有武濟水，即此。

賀水。在遷江縣西南四十里。源出岜梧山。其北有武繩水，源出黑洞巖，一名龍降江。合流東入清水江。

大羅溪水。在上林土縣南二十五里，即向武州枯溶江，下流入右江。

大含溪水。在上林土縣北，即向武州泓渀江。下流入右江。

七首水。在興隆土司西南。源出七首山，北流入紅水江。

雞籠水。在興隆土司西。源出雞籠山，東北流經舊司治東，北入紅水江。又清水江，在司東北二十里，源出安定土司界，亦流入紅水江。

馱感水。在舊城土司西南。源出馱感山石穴，南流出都陽土司，入歸德土州界。

崍嶁水。在舊城土司北。源出崍嶁山石池，西南流繞城西，至馱感山穴，不知所之。相傳潛通馱感水。

隴囂水。在下旺土司東南。源出山中，北流合波岌水。又隴穰水，在司北五里，源出鬼山。東流合波岌水。

波岌水。在下旺土司西南四里。源出波岌山，環繞司治東北流，入舊城土司。

蘇埠水。在那馬土司南。源出蘇埠山，從坑塹涌出，東流合峩山水，又東經司城南，又東北入興隆土司界，入紅水江。

峩山水。在那馬土司西。源出峩山石穴，南流入蘇埠水。

穠企水。在那馬土司西北。源出穠企嶺，由石穴涌出，東北流入舊城土司石穴。司北田畦，多賴灌溉。

咘岜水。在都陽土司西南一百二十里。源出平地，有穴闊數丈，初觀澄清可鑑，移時混濁，色赤如血，久之復成米色，每日色凡三變。流不數武，匯入咘敬潭，其潤過於咘岜水，其深莫測。水從潭底涌出，流經順山，東入武緣縣界。河側田疇，皆賴灌溉。

司前水。在古零土司東。源出上林縣山中，迂繞司左，由紗帽山後達下遠潭，入刁律隘山根，莫測所之。溪澗水盈尺，亢旱則涸，士民常于司内掘地，取水飲之。

韋大村水。在安定土司北五十里山隙下，清泉涌出，分爲二派。一西經大察峒口，迂迴嶺溪，自山縫瀉出，南至刁河隘西入地，潛入於江。一東南流經地六村東，又南入小嶺，達紅水江。

萬洞溪。明統志：在土田州西二十里。其水深濶，居民常漁於此。

橋榜溪。在定羅土司東。自武緣縣流入，北合架溪。

産溪。在定羅土司西。源自舊城土司流入，經鐵鎖橋折而北，合架溪。

架溪。在定羅土司北二十里。自舊城土司流入，折而東，北經那馬土司界入紅水江。

明鏡湖。方輿勝覽：在賓州南三十五里。濶五頃。又有明鏡湖，在上林縣西南一里。

羅坡潭。在武緣縣東四十里。其深不測，相傳中有龍窟。西合南流江。

馬潭。方輿勝覽：在賓州東七里。通志：馬潭塘，在州東二十里，旱禱於此。

下遠潭。在古零土司治後。闊數丈，其水澄碧。

寶珠池。在府南二里。

布雍泉。在武緣縣南葛溪北。又應衆泉，在縣西陸楚橋西。

白鶴泉。在賓州南三十里。源出南山，東通鷹砦泉，合李依江。

潮泉。在遷江縣西八十里。泉水涌出，一日三潮，流至羅月鎮，入紅水江。

那霸泉。在土田州西五十里。四時不竭。

咘蘭泉。在土田州北上隆故州東二里。源出州東北十三里四圍山，南入右江。

黄牛灘。在遷江縣東七里紅水江中，有石突出，形如黄牛，水勢洶激，舟觸輒壞。其尾曰銅鼓灘，尤險。

白瀑灘。在遷江縣東北八里。有水入紅水江，江口瀑高丈許，水勢下奔，形如瀑布。

涌泉井。在府北舊城東北三里。其水一日三涌。

潭布井。在武緣縣南。四時不涸，灌田數頃。

古蹟

思恩故城。在府西北一百五十里。唐書地理志：羈縻思恩州，隸邕州都督府。寰宇記：唐景龍二年，屬邕州，管縣四，在州西陸路四百九十里。府志：思恩舊州城，即今舊城土司也。明洪武初，土酋岑永昌歸附，授知州世襲。正統五年，從安遠侯柳溥議，升爲府，尋改爲軍民府。七年，岑瑛以府治遐遠，遷於喬利，在今府北四十里白山土司界。弘治末，岑濬寇亂，改設流官。正德中，土酋王受與田州土目盧蘇合謀煽亂，嘉靖六年，督臣王守仁撫平之。七年，移府治於武緣縣止戈里之荒田驛，即今府治，於故城置舊城土司，以黄集讀爲巡檢，世襲。

琅邪故城。今賓州治。元和志：賓州琅邪縣，西北至州二十五里。武德四年，析領方縣置，屬南方州。貞觀五年，割屬賓州。寰宇記：宋開寶六年，省入賓州，廢縣在州東二十里。輿地紀勝：開寶六年，移州及領方縣皆治於舊城北二十里廢琅邪縣，即今治。

領方故城。在賓州西。漢置。唐於縣置賓州。宋移州及領方縣皆治於琅邪縣，而故縣遂廢。

安城故城。在賓州東。元和郡縣志：賓州保城縣，西至州五十里，梁置安城郡。隋改爲縣，屬鬱林郡。貞觀中，割入賓州。至德中，改名保城。舊志：宋開寶六年，廢入領方。今安城鎮。

遷江故城。在今遷江縣北。九域志：縣在賓州東北八十五里。通志：舊城在今城北岸，宋嘉定三年建。明洪武二十三年遷於南岸，即今城。

田州故城。在今土田州東南。唐書地理志：田州，開元中開蠻洞置。寰宇記：在邕州西北水路五百五十里。先屬桂州，景雲元年割入邕州，屬右江道。土夷考：明洪武元年，土官岑伯顔歸附，世襲知府。嘉靖五年，姚鏌討平岑猛之亂，改置流官。七年，王守仁以州境九目之亂，請仍置岑氏治田州，降府爲州，分設土巡司以殺其勢，添設田寧府，統以流官，俾總其權。明年，林富奏罷府治，惟分置十八土巡司。本朝順治初，岑漢貴歸誠，仍予舊職。通志：故州治在州東南三十里，今名上、下田州甲，有舊州墟。又有武龍甲，在州西一百八十里，即故武龍縣也。

上林故城。在今上林土縣東。土夷考：宋皇祐間置，屬横山寨。明洪武二年，土官黄嵩内附，授世襲知縣。本朝順治初，黄國安歸誠，仍予舊職。通志：舊有土城在今縣東十里余甲對岸，明末廢。本朝順治十八年，遷於那料村，即今治。

喬利故城。在今白山土司西南三十里。四圍皆山。明正統七年，岑瑛遷思恩府治於此。成化初，築城。嘉靖七年，王守仁平思恩田州，又移府治於荒田驛，分府境置九土司，以此爲白山司，常敘列九司之首，俗曰「頭司」，以王受爲巡檢，世襲。明末，移治隴兔村，在今司西五十七里。本朝順治初，仍予世職。康熙十三年，又移治博結村，即今司治。

廢澄州。今上林縣治。元和志：澄州，漢鬱林郡之領方縣也。武德四年，置南方州。貞觀八年，改爲澄州。州南至賓州八十八里。又上林縣，武德四年分置於上林洞口，因以爲名。文獻通考：開寶二年，廢澄州，以止戈、無虞、賀水三縣併入上林。

婪鳳廢州。在土田州東。宋史地理志：邕州、婪鳳州屬右江道。州志：元廢，明置巡司，今爲婪鳳塘，在州東九十里。

上隆廢州。在土田州北。明統志：宋置。元屬田州路。明初因之。土夷考：洪武初，以上林知縣岑永通管州事。成化三年，移治潯州界武靖州，而故州遂廢。府志：故州在州北八十里。

恩城廢州。在土田州北二百五十里。唐置。土夷考：明初，岑氏世襲知州。弘治中，岑欽與田氏相攻，官軍討之，欽服罪。既而思恩岑濬作亂，欽孫桂佩黨於濬，官兵討濬，并誅桂佩，州由此遂廢。

鳳化廢縣。在府境。明正德七年增置，屬思恩府，無城郭廨宇，縣令借居民村，遷徙無常。嘉靖七年，王守仁奏請割賓州上林縣無虞鄉三里地屬之，移治三里，在府東北一百五十餘里。并割上林縣亦屬思恩爲輔。明年，林富議以三里地遷置南丹衛，遂并鳳化縣裁之，上林亦還舊屬。

樂昌廢縣。在武緣縣南。晉大興初，置晉興縣，屬晉興郡。元和郡縣志：晉興，本漢領方縣地，晉於此置晉興縣。隋開皇十四年省。武德五年復置，南至邕州一百里。寰宇記：宋開寶五年，改爲樂昌縣，在邕州東北六十里。九域志：景祐三年，併入武緣。通志：故縣在今縣南三十里，今爲樂昌鄉。

思干廢縣。在賓州西南。唐武德四年置，屬南方州。貞觀十二年，省入領方。

無虞廢縣。在上林縣東。元和郡縣志：澄州無虞縣，西南至州三十六里。武德四年，析領方縣置。舊志：宋開寶五年，省入上林，今有無虞鄉。

止戈廢縣。在上林縣西。元和志：澄州止戈縣，東至州八十里。武德四年，析領方縣置。宋史地理志：開寶五年，廢止戈入上林。

賀水廢縣。在上林縣東北。元和郡縣志：澄州賀水縣，西南至州一百六十里。武德四年，析柳州馬平縣置。唐書地理志：澄州賀水，本隸柳州，武德八年來屬。宋史地理志：開寶五年，廢賀水入上林。

來安故路。在土田州西。元史地理志：右江來安路軍民總管府。土夷考：宋皇祐間，岑翔以平儂智高功，駐守來安路，自是世爲土官。明洪武初，岑伯顔以田州、來安二路來降，升爲府。七年，來安酋岑即廣叛，命討平之，尋以來安省入田州。

興隆故司。在今興隆土司西五里。明嘉靖七年，置於喬利，以韋貴爲巡檢世襲。明末，移治剥何村，西去舊司五里。本朝順治十七年，仍予世職。

定羅故司。在今定羅土司治東。宋爲田州武顒里〔一〇〕。明嘉靖七年，徐吾隨王守仁征勦有功，授土巡檢世襲，治木頭城南。明末，移治舊司西側。本朝仍予世職。

下旺故司。在今下旺土司東北。宋爲下旺原。明嘉靖七年，韋良保隨征王受有功，授土巡檢世襲。本朝順治五年，仍予世職，遷治那海堡石城東北，去舊治二百里。

安定故司。在今安定土司東南，地名舊州。明嘉靖七年，潘良隨征岑猛有功，授土巡檢世襲。明末移治地六村。本朝仍予世職。

周鹿城。今那馬土司治。舊有石城，相傳明正統間土官岑瑛嘗圍獵守鹿於此，因名守鹿城，後訛爲周鹿城。嘉靖七年，於此置那馬土司，以黄理爲巡檢世襲。本朝因之。

羅坡石城。在武緣縣東四十里羅坡潭側。又東二十里有鏌鋣金城。皆明正統中土官岑瑛所築。

岑瑛城。在定羅土司東二十里。明正統間土官岑瑛壘石所築。

都陽十八砦。今都陽土司治。明弘治中，土酋岑濬作亂，甃都陽司砦石城十八所。嘉靖七年，置都陽土司於邑阜村，以黄留爲巡檢世襲。司境所轄有上、下二段，近治曰上段，孤立一掌之地，所領下段皆迢遞在司西南百數十里之外，踰越隣境而遥轄之。本朝仍予世職。

古零堡。在古零土司治東一里下勞山下。明嘉靖七年，以覃益隨征有功，移置今司，授土巡檢世襲。本朝仍予世職。

遷江屯田所。舊在遷江縣治東。明洪武二十五年建，隸都司。嘉靖七年，遷置所於縣東南境，接潯州府界。今廢。

買馬市。宋紹興三年，置買馬市於横山寨，或曰即今田州東平馬塘之地。

翠中樓。在賓州城北墉。又有環山樓，舊名凌霄，又名觀風。

芙蓉樓。在賓州東城上。

留哩樓。在故上隆州治東。明洪武十七年，知州岑永通建。

閲武堂。在賓州城中。宋陶弼有詩。

嘉樂亭。在府城西二十里。明正統十三年，知府岑紹建爲遊觀之所。

關隘

古漏關。在賓州西南四十五里。以古漏山名。宋置。

鏌鋣關。在上林縣南二十里鏌鋣山上。宋置。

匹夫關。在安定土司東一百八十里紅水江北。峭壁萬仞，下臨大江，鳥道一線而渡，極爲險峻。

老村隘。在土田州東一百二十里，路通鎮安府。又狼村隘，在州南三十里，接奉議州。那簡隘，在州西南二百四十里，路通雲南土富州。萬山隘，在州西南二百八十里。壬村隘，在州北一百八十里，接東蘭州。那林隘，在州北二百里，路通泗城府。皆屬險要，設兵防守。

工堯隘。在土田州東。明嘉靖初，官兵討岑猛，猛以勁兵屯工堯隘。新志：鞏山口，在州東一百二十里，爲州險隘，有兵防汛，即此。

曼峒隘。在土田州西南一百二十里。明末置。

下遠隘。在白山土司北四十里，接安定土司彝江猺界。

岜闗隘。在興隆土司西八十里，與田州接界。

瑶隴隘。在都陽土司東北十五里。山勢嵯峨，茂林幽澗，多藏奸宄。

清水隘。在古零土司東南三十里，路通上林土縣〔一〕。

羅降隘。在古零土司南三十里，接武緣縣界，有兵防守。

刁律隘。在古零土司西北三十里。兩峯夾道，斜徑崎嶇，接下旺土司界。

彝江隘。在安定土司東一百八十里江北彝江峒東。兩山夾水，山左有徑，達慶遠府界。

劍隘。在安定土司東南三十里江北。兩山峙立，成一夾道，行人過此，每爲股慄。

刁房隘。在安定土司北五十里，接慶遠府永順司界。疊嶂密林，崎徑邃壑，旁即大察峒。

高井寨巡司。在武緣縣境。原駐土上林，本朝乾隆十九年移駐羅墟。

安城巡司。在賓州東六十里，即故安城縣。

平陽巡司。在遷江縣東四十里。本朝乾隆八年置，由陽朔縣伏荔市移駐。

周安巡司。在上林縣北一百七十里。本舊周安堡，即明遷安八寨之一。八寨者，思吉、周安、古卯、古蓬、古鉢、都者、羅墨、剥丁，後又益龍哈、布哈爲十寨。其地東達柳州三都、阜嶺、北四諸峒，西連東蘭等州及彝江諸峒，南連思恩及賓州、上林銅盤、渌毛諸峒，北連慶遠忻城東歐、八仙諸峒，周環五百里，猺、獠占據。明嘉靖初，王守仁潛師破八寨，議移南丹衛於周安堡，撫臣林富又議移于三里，皆不果。萬曆七年，督臣劉堯誨請分設三鎮，以周安、古卯爲一鎮，思吉、古鉢、羅墨爲一鎮，古蓬、都者、剥丁爲一鎮，各置土巡司戍守，以思恩府參將轄之，隸於賓州，建參將署於三里，龍哈、布哈各築左右堡，募兵置戍，遷南丹衛八所與參將同城而居。自是八砦帖服。本朝乾隆四十六年，置巡司，由思吉鎮移駐。舊志：周安鎮，在縣北八十里。思吉鎮，在縣西北一百二十里。古蓬鎮，在縣東北一百里。

思隴巡司。在上林縣南境一百二十里。本朝乾隆四十三年置，由甘蔗園移駐。

百色巡司。在土田州百色鎮。本朝乾隆四年置，屬百色同知。

都稜鎮。在武緣縣西，水路一百里。

清水鎮。在遷江縣東南六十里。元置巡司。又舊有羅目、李廣二鎮巡司，久裁。

羅白鎮。在遷江縣西。九域志：遷江縣有羅白一鎮。舊志：縣西有羅月鎮，即羅白之誤也。

三畔鎮。在上林縣西三十里。元置巡司。又舊有琴水橋巡司，在縣東北，久裁。

岜馬鎮。在土田州北岜馬山下。明嘉靖七年，王守仁撫定田州土目盧蘇等，因分州地置十八巡司，以盧蘇爲岜馬甲司，餘曰淩時，曰大田子甲，曰萬岡甲，曰陽院，曰思郎，曰累彩，曰怕河，曰武隆，曰拱甲，曰牀甲〔一二〕，曰婪鳳，曰下隆，曰砦桑，曰思幼，曰侯周，曰縣甲，曰篆甲。俱以土酋世襲，今皆廢。

三里營。在上林縣東北六十里，謂巡業撫安、古城等里也。自砦猺占據，改爲龍哈、布哈二寨。明萬曆三年，撫臣郭應聘改設思恩參將駐守於此，因築三里城，又築龍哈、布哈二堡。八年，督臣劉堯誨移賓州之南丹衛於三里，與思恩參將同城駐守。本朝改爲三里營，設守備防守。舊分駐州同，乾隆三年改設縣丞。

博澌寨。在武緣縣東六十里。明正統中置巡司，後裁。

横山寨。在武緣縣南四十里。明正統中置巡司，後裁。

西舍寨。在武緣縣西北一百里。元置巡司，後裁。

何旺堡。在府東四十里大名山下。明萬曆七年，知府侯國治平山賊置，有土兵防守。

丹良堡。在白山土司西南二百二十里。相傳宋皇祐中，有王清者，隨平儂智高，授丹良堡土舍。明嘉靖中，其裔孫王受以功授白山土司巡檢，仍以堡地屬之。司志：司境分爲二段，附司治爲下段，領六城頭，丹良爲上段，領十城頭，在今司西南下旺司南境，中隔興隆、那馬、定羅三司，去今司治遠者至二百三四十里。

順山堡。在都陽土司南一百二十里。明末，因歸德、隆安土猺爲亂，設堡，以同知駐此，今廢。

梁村墟。在賓州東一百二十里，與潯州府貴縣接界。舊置巡司，後移於安城。

鄒墟。在上林縣東北七十里，與賓州及遷江縣接界。

岜等墟。在舊城土司東北五十里紅水江南，與興隆土司接界。

剥色市。在土田州西一百里。右江所經，有剥色渡，水陸交會，爲滇、黔來往之衝，府屬襟喉之地。

津梁

南關橋。在府南。本朝康熙五年建。

永濟橋。在府南。明萬曆間建。

隆興橋。在府北四十里。

東門橋。在武緣縣東門外。

鄧橋。在武緣縣西南十里。

平武橋。在賓州東南五里。

太平橋。在賓州南門外。附近有迎春橋。

五星橋。在遷江縣東南十里。

龍降橋。在遷江縣西南二十里。

淡竹橋。在上林縣東八里。相近有周利橋。

鎮武橋。在上林縣北七十里。

廣濟橋。在土田州東十里。

武陽橋。在土田州北。明統志：在故上隆州北五十里。

喬利橋。在白山土司西南三十里。

保合橋。在興隆土司南三十里。

喬陽橋。在興隆土司南三十里。

鐵鎖橋。在定羅土司西一里。

古麗橋。在下旺土司東門外。

周鹿橋。在那馬土司東南數步。明正統間建。闊五丈，長四倍之，爲四境通衢。

那陽橋。在都陽土司東南一百五十里。

盤詰渡。在遷江縣東門外清水河。又都歷渡，在縣西洪水河。

清水渡。在安定土司西南四十里紅水江渡處。其水上下皆赤，至此忽透出清流，四時不混。

隄堰

梁鴉塘。在賓州東四十里。州境陂塘得名凡十餘處，俱有灌溉之利。

祠廟

報功祠。在賓州南二里，祀宋狄青、余靖、孫沔。

崔清獻廟。在賓州學左，祀宋崔與之。

梁太尉廟。在賓州南門内，祀宋梁仲保。

博帶廟。在賓州南二十里。漢馬援裨將戴仁南征時卒此，故祀之。

韋侯廟。在賓州西門外，祀唐韋厥。厥，上林人，誅蠻有功，宋封侯，歲時祀之。

黄暘廟。在那馬土司西北岜旦山，祀明土司黄暘。

岑公廟。在都陽土司治前，祀明思恩土知府岑瑛。

寺觀

壽寧寺〔一三〕。在賓州東。宋建，明初改名報恩。

勝業寺。在上林縣西南一里。中祀唐韋厥。

名宦

宋

蒙延永。長沙人。五代末，知賓州。宋初以捍賊死節。

楊居政。開寶中，知賓州。始創州治，建城衛民。

王舉。咸平中，知賓州。開古漏關，鑿崖燒石，舊時人迹不到，至是可通車馬。

崔與之。廣州人。寧宗時，擢發遣賓州軍事，郡政清簡。

明

蔡運。南康人。建文時，知賓州，有惠政。永樂初，以勤王論死。

吴孟球〔一四〕。定安人。成化中，知賓州。八寨蠻屢爲寇亂，孟球單騎入寨撫諭，皆羅拜受約束。後以憂去，八寨峒夷及南丹、賓州二衛所旗軍相率乞留，孝宗許之。

高友璣。樂清人。正德初，田州土知府岑猛以罪廢，改置流官，命友璣以右參政知田州事。至則開示順逆，待以至誠，爲設科條，建學校，平猺賊，四境静謐。會朝議復猛官，召還。

張鳳。宜春人。正德初，以左參政署思恩府事。時兵變後土目縱横，鳳撫輯流亡，修舉廢墜，在任六年，威惠翔洽。

張祐。廣州人。嘉靖時，王守仁平田州寇，命祐部分其衆，即請以副總兵鎮之，屢破劇賊。

桂鏊。貴池人。嘉靖間，知思恩府。有文武才。王守仁奏遷府治於荒田驛，經營開創半賴於鏊。在任數載，四境静謐。

侯國治。南海人。萬曆初，知思恩府。先是，學宫在郭外，草創簡陋，每河漲，諸生病涉，國治爲遷於府治東。

李應祥。九谿衛人。以武生從軍，積功至思恩參將。萬曆七年，巡撫張任大征十寨，應祥與有功，即其地設三鎮，築城列戍，應祥方職營建，會擢松潘副總兵，當事者奏留之，以新秩涖舊任。時馬平賊韋王明寇亂，力戰破之，四境安輯。

朱國杞。嚴州人。崇禎末，知思恩府。值隆安縣土賊馬日仙挾妖術倡亂，犯思恩，國杞遣官兵一戰擒之，餘寇悉平。

本朝

劉日襄。武昌人。順治初，知賓州。土寇反，城陷，不屈死。事聞，贈廣西參議。

莊振徽。福清人。康熙三年，知武緣縣。民多以刦掠爲事，告冤者月以百數，振徽莅任數月，親擒渠魁十九人，斃於杖下，邑境以安。武緣無斥鹵，人多淡食，乃招商運鹽於廣東。

張綏遠。奉天人。康熙中，知思恩府。有惠政。郡治半屬土司，廣建義學，由是猺俗漸知禮義。

人物

唐

韋厥。上林人。武德間，持節壓服生蠻，開拓化外，詔領澄州刺史。

宋

梁仲保。賓州人。勇鷙出衆，以三班奉職，充本州團練。寶元中，知州吴元球以仲保豫平安化蠻之勞，親增給奬之。儂智高引衆向賓，仲保迎戰，勢不敵，死之。

韋旻。上林人。元祐間，應舉不第，遂隱於羅洪洞，據山林泉石之勝，聚書樓中，閉門誦讀，學問淹通。

明

楊宗盛。賓州人。洪武中，以舉人讀書成均，學士宋訥試其文，稱善，授編修。

岑暎。思恩人。爲本地土知州，謀略過人。正統中，嘗奉征調，屢著功勳，遂晉州爲府，秩加都指揮使。

宋迪。賓州人。性至孝，親有不悦，肅衣冠待罪，必俟釋乃退。天順時，舉於鄉。授廣南府通判，盡心民事，改補順寧府判。稱廉吏。

李璧。武緣人。弘治中，舉於鄉，任蘭溪教諭。從章懋講學，蒐輯三禮經傳，考訂鐘律，及鄉射冠婚儀節。累官户部員外郎。所著有名儒録、明樂譜諸書。

黄暘。那馬土司目。嘉靖三十五年，以從征南贛功，升都司僉書，加同知俸。致仕，民被其澤，立像祠之。

甘用世。賓州人。家貧力學，事母孝。嘉靖中舉於鄉，知龍游縣，甚得民心。以乞養歸，親歿，哀毁嘔血卒。

蒙詢。賓州人。嘉靖舉人。任湖廣承天府推官，遷知歸州。申減茶税，楚人思之，立祠以祀。

宋琉〔一五〕。賓州人。嘉靖舉人。知銅梁縣，專尚德化，釋李芳等九人之冤。酉陽、永順十四司搆怨，往招撫之，衆皆輯化。遷儋州知州，鋤豪强，寬傜役，弭昌江水患，復榕莊公田，化生黎爲編民，奏立順黎、附黎二圖，鄉人安業。卒於官，後祀東坡祠。

潘仁晃。武緣人。任蘄州州判。天啓初，以不立魏忠賢生祠，忤上官，去職。子玉達，以破土賊功授世襲副巡檢。

蘇良楨。武緣人。以明經任山東濱州州判，遷衛經歷。後家居。崇禎十七年，羣盜入城，同弟良輔、良臣率鄉勇拒戰被害。本朝乾隆四十一年，俱祀忠義祠。

駱士昇。武緣人。崇禎末，賊入城，獲士昇，誘以利，不從，罵賊而死。本朝乾隆四十一年，祀忠義祠。

李弟。上林人。年十四，盜殺其父，弟奮身拔刀連殺三賊，抱父屍，竟爲賊害。詔旌其門。

本朝

黄埏。武緣人。歲貢生。康熙二十二年，由訓導調河池州學正。州故多虎患，埏爲文告神，患遂息。邑民集千人，以私讐相尋殺，埏單騎往諭，皆帖服散去。上官知其賢，交薦之。遷廣東長樂知縣，汰公費銀二千餘兩。歲饑疫，設法賑之，製藥給之，民用以甦。

王萬化。白山土司巡檢。事母至孝，修行恂謹。後以病乞休，子如綸襲職。

潘如禄。安定土司巡檢。吴三貴叛〔一六〕，如禄忠節自矢。康熙十五年，將軍傅弘烈兵出廣、肇，如禄率師先出迎，給總兵銜，激勵各土屬，合兵破賊，乘勝規取滇、黔。

岑宜棟。田州土知州。奉職以能敏稱。乾隆三十八年，以軍功賜四品頂帶。五十三年，征安南，宜棟率土兵與大兵合，屢戰輒勝。踰年正月，於黎城擊賊陣亡。事聞，賜祭葬，廕雲騎尉。弟宜樫，陽萬土州判岑潔子，直隸試用布經歷，以病歸。至是亦率兵，與棟同歿於陣。

方雲超。賓州人。由行伍洊升守備。嘉慶二年，隨勦逆苗，以功賞戴藍翎。七年，調征湖北邪匪，奮勇擊賊，墜崖死之。

又千總譚會龍、把總蕭玉亮，隨征黔、楚逆苗陣亡，事聞，均廕雲騎尉。

流寓

宋

王鞏。莘縣人。從蘇軾游。紹聖間，軾得罪，鞏亦竄賓州，數載始還。

列女

明

虞汴妻李氏。武緣人。少孀守節，家貧，事姑以孝聞。

王旒妻豐氏。武緣人。年二十二，夫死，守節養姑，有謀婚者，豐正色拒之。

梁容女。武緣人。年十七，八寨賊流劫犯其家，擄之行。至村前樹下，抱木號呼。賊曰：「爾不畏死乎？」梁曰：「人誰無死，縱畏之，不能免也。」賊知不可奪，遂殺之。

舒錦妻陳氏。賓州人。夫亡子幼，孀居二十餘年，鄰人不識其面。子泰力學，以貢生任長樂訓導，迎養。萬曆元年旌。

本朝

韋俊廉妻陸氏。武緣人。夫亡，姑年七十，氏紡績以養。俊廉之從嫂蘇氏，亦嫠居，貧不能自存，氏常周之以堅其志，苦節六十五年。雍正六年旌。

陳所約妻吴氏。賓州人。夫亡守節。雍正十年旌。

黄璽妻莫氏。武緣人。夫殁守節。乾隆四年旌。同縣蒙乂離妻韋氏、阮生寶妻周氏、韋特奢妻韋氏、豐恒妻吴氏，均乾隆年間旌。

吴川妻黄氏。賓州人。夫亡守節。乾隆四十一年旌。

李進國妻翁氏。遷江人。捐軀明志。與同縣蕭廷敬妻黄氏，均乾隆年間旌。

楊思誠妻韋氏。上林人。夫殁守節，撫孤成立。乾隆十二年旌。同縣李奇生妻謝氏、譚束妻張氏、周棫材妻李氏，均乾隆年間旌。

仙釋

明

姚清溪。賓州人。洪武十三年，學道于龍虎山，常騎虎。遇旱，禱雨如注。南寧孽龍爲祟，清溪斬之。有蛇食人，又殺之。

後白日飛昇。

何璘。賓州人。恬澹輕名利，採藥茹芝。至天順中，年百三十餘，飄然不知所適，人咸稱爲羽化。

盧六。上林人。性不食肉。一日往樵大冥山，見二童子衣白衣，異之。童子謂曰：「更十日可來，授汝道。」如期而往，端坐石上而化，人以爲尸解去。又有莫四者，亦坐化於大冥山洞〔一七〕。

土産

金。宋史地理志：賓州、遷江、上林貢銀。

鉛。上林縣出。

綿。布。麻。靛。草紙。舊城土司出。

藤器。唐書地理志：賓州、武仙貢。

篾簟。九土司俱出。

金蛇。一名地鱔，出賓州。本草綱目：大如中指，長尺許，常登木飲露，體作金色，照日有光。白者名銀蛇，解中金毒藥。

苗蠻

苗。在興隆土司者，與猺雜居，風俗習尚亦略同。在古零土司者，性悍喜鬭，出入佩刀。

猺。在武緣縣，居大鳴、黄道二山下。男子辮髮作髻，服青短衫，胸繫花布。婦人加摺裙，織花爲飾。婚姻不避同姓。在賓州，好殺喜鬭，春秋二社，男女以扇帕相博爲戲，謂之博扇。在遷江，種畬爲業，服青布，食野菜。屬下里者，地平性淳。屬上里者，地險性悍。在上林東北鄉順業里，習俗略似賓州。在田州，居恩城深山中，男皆蓬首，女垂髻至額，席地飲食，以薯蕷爲糧，出以鎗弩自隨。在興隆，鋤畬種粟，每歲正月，男女聚墟市，聯歌歡洽，各以梹榔致贈。在定羅，與蠻雜處，上元節以杵舂槽成聲爲樂。在那馬，婚娶最早，有子甫離襁褓，即爲畢姻，視他猺粗知禮法。

獞。賓州以南多有之，風俗似猺，而性特獷悍。在上林，男衣長，女短衣長裙，戴竹笠，衣綴鵝毛爲飾，著織花抹胸。彼此相呼曰呢哦。

獠。在賓州者，習俗與猺相似。在上林者，憑依山險，昔常跳梁，今皆向化。

狼。在遷江者，與猺、獞雜居，風俗亦略相似。在上林者，居秀馬、清水、刁博、猪婆各隘，崇岡疊嶂，昔憑險滋亂，今皆畏法。

狄。在賓州。喜鬭，習俗婚嫁與獠、猺同。

犽。在賓州。俗與獠、猺相似，不及武宣之馴。

校勘記

〔一〕東西距一百十五里南北距四十七里　乾隆志卷三五九思恩府建置沿革（下同卷簡稱乾隆志）作「東西距五百里南北距二百十里」。按，據下文東至舊城土司界二百里，西至土田州界三百里，南至歸德土州界十里，北至興隆土司界二百里，則乾隆志東西、南北里距與之恰合，未知本志何以差誤如此之甚。

〔二〕舊城土司城　原作「舊城土司」，脱下「城」字，據乾隆志補。

〔三〕大名山　乾隆志同，雍正廣西通志卷一七山川思恩府作「大明山」，蓋異名。

〔四〕接南寧永貴武緣上林諸山　「永貴」，南寧府無此縣名，疑當作「永淳」。

〔五〕大明山　乾隆志同。按，讀史方輿紀要卷一一一廣西六思恩府下有大名山，云即大明山也，接上林、武緣二縣界。本志前文已出大名山條，此似不當重出。

〔六〕與大明山相映　「大明山」，原脱「明」字，據乾隆志及讀史方輿紀要卷一〇九廣西九、雍正廣西通志卷一七山川補。

〔七〕在上林縣西南三十里　「上林縣」，乾隆志同，當作「上林土縣」。下文云與向武州接界，則非上林縣明矣。雍正廣西通志卷一七雷矮嶺屬上林土縣，是。此當補「土」字。

〔八〕宋韋旻隱此　「旻」，原作「旼」，據乾隆志及明一統志卷八三廣西柳州府山川改。按，本志避清宣宗諱改字。下文同改。

〔九〕一名嗚坭江　「嗚坭江」，乾隆志作「塢泥江」，本志慶遠府山川及讀史方輿紀要卷一〇九廣西四、明史卷四五地理志皆作「烏泥江」。

〔一〇〕宋爲田州武顒里　「顒」，原作「禺」，據乾隆志及雍正廣西通志卷四五古蹟改。按，本志避清仁宗諱改字。

〔一一〕路通上林土縣　「上林土縣」，乾隆志同。按，以輿圖考之，當是上林縣，「土」字衍。

〔一二〕曰牀甲　「牀甲」，原作「狀甲」，據乾隆志及明史卷四五地理志、讀史方輿紀要卷一一一廣西六改。

〔一三〕壽寧寺　「寧」，原作「安」，據乾隆志改。按，本志避清宣宗諱改字。

〔一四〕吴孟球　「球」，乾隆志及雍正廣西通志卷六六名宦作「俅」。

〔一五〕宋琉　「琉」，乾隆志及雍正廣西通志卷七九鄉賢作「瑬」。

〔一六〕吴三貴叛　「吴三貴」，當是「吴三桂」之誤。

〔一七〕亦坐化於大冥山洞　「坐」，原作「生」，據文意改，形近而訛也。

泗城府圖

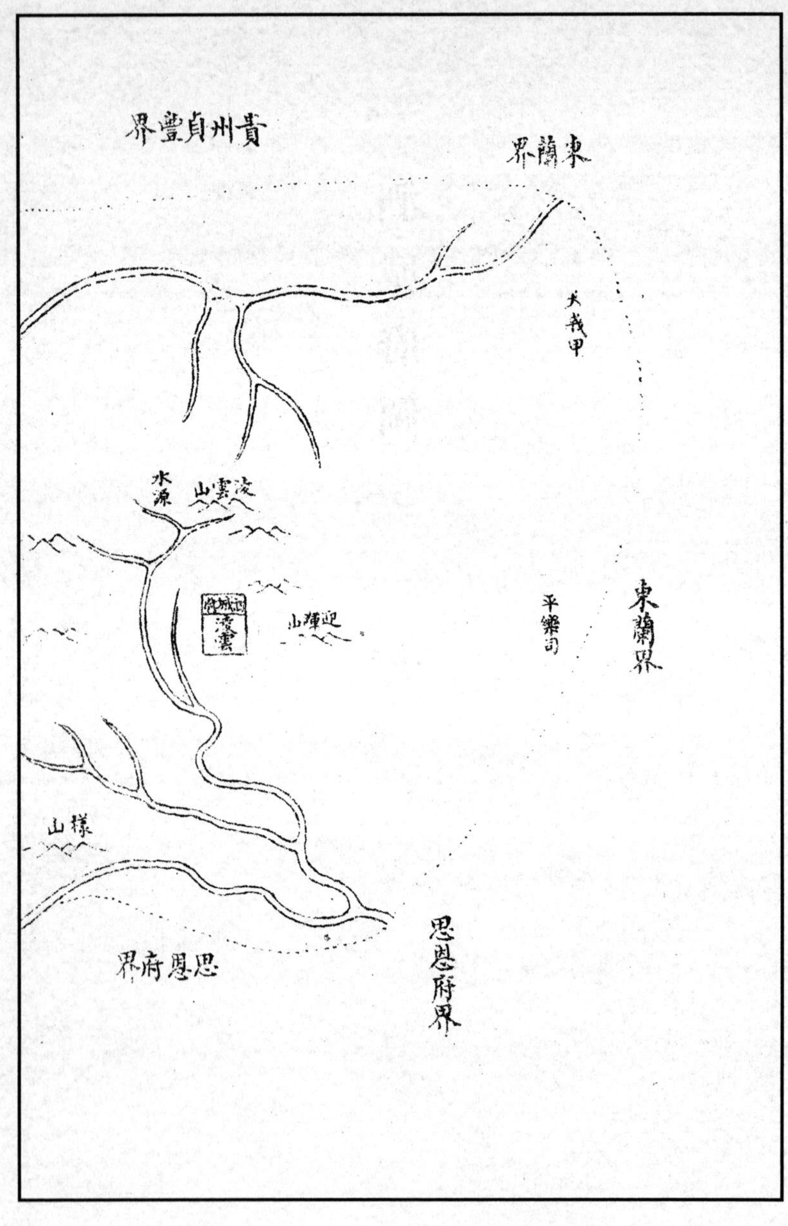
貴州貞豐界
東蘭界
水源
凌雲山
泗城府
凌雲
迎暉山
平樂司
東蘭界
様山
思恩府界
思恩府界

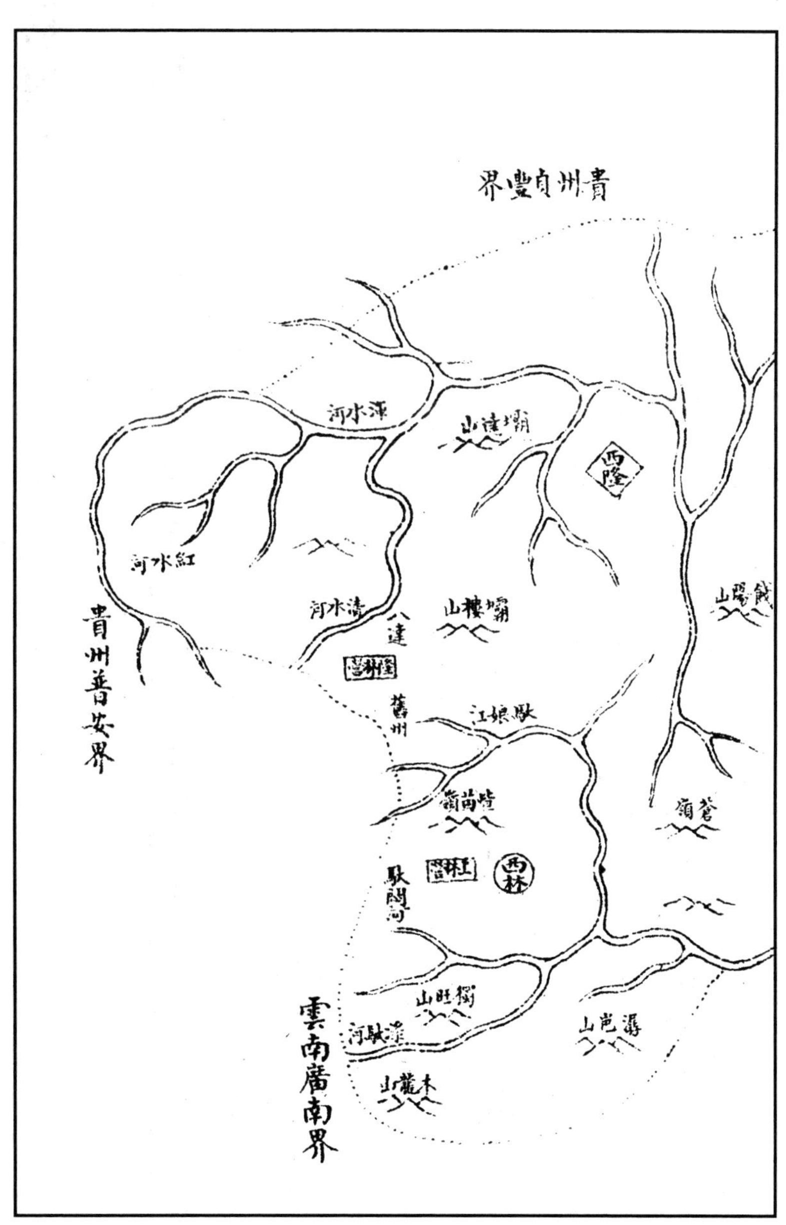
貴州貞豐界
貴州普安界
雲南廣南界
渾水河
紅水河
清水河
西隆
西林
八達
舊州
馱娘江
馱閣河
潦馱河
錢陽山

泗城府表

	泗城府	淩雲縣
秦		
兩漢		
三國		
晉		
南北朝		
隋		
唐		
五代		
宋	泗城州皇祐中置，屬邕州横山寨。利州屬邕州横山寨。	泗城州地。
元	泗城州屬田州路。利州唐興州屬來安路。	泗城州地。
明	泗城州洪武初移治古礴洞，直隸廣西布政司。利州嘉靖初省入。廢。程縣洪武二十一年置，正統中廢。	泗城州地。

續表

西隆州	西林縣
安隆砦。	
永樂初置安隆長官司，屬廣西布政司。	永樂七年置上林長官司，屬廣西布政司。萬曆中省入。

大清一統志卷四百六十六

泗城府

在廣西省治西南二千四十里。東西距六百五十里，南北距五百二十里。東至慶遠府東蘭州界二百里，西至貴州興義府普安州界四百五十里，南至思恩府土田州界一百五十里，北至興義府貞豐州界三百七十里。東南至土田州界一百四十里，西南至雲南廣南府界七百五十里，東北至東蘭州界四百七十里，西北至貴州貞豐州界四百里。自府治至京師九千五百里。

分野

天文翼、軫分野，鶉尾之次。

建置沿革

古百越蠻地。宋皇祐中置泗城州，屬邕州横山寨。元屬田州路。明屬廣西布政使司。本朝順治十五年，升爲泗城府，尋改爲泗城軍民府，隷思恩府。雍正四年，改設流官，屬廣西省，領州

一、縣二。

淩雲縣。附郭。東西距六百十里，南北距五百二十里。東至慶遠府東蘭州界三百里，西至西隆州界三百十里，南至土田州界一百五十里，北至貴州興義府貞豐州界三百七十里。東南至土田州界一百四十里，西南至西林縣界二百四十里，東北至東蘭州界四百五十里，西北至貴州貞豐州界四百里。古百越蠻地。宋、元、明俱泗城州地。本朝順治十五年，升泗城爲軍民府，設理苗同知分駐。乾隆三年，裁同知，置淩雲縣，爲泗城府治。

西隆州。在府西北四百三十里。東西距六百七十里，南北距四百五十里。東至淩雲縣界一百二十里，西至雲南廣南府界五百五十里，南至西林縣界一百七十里，北至貴州興義府貞豐州界二百八十里。東南至西林縣界八十里，西南至廣南府界四百七十里，東北至貴州興義府普安州界四百七十里，西北至廣南府羅平州界四百九十里。古百越蠻地。元置安隆砦，屬泗城州。明永樂元年，置安隆長官司，屬廣西布政使司。本朝康熙五年，改置西隆州，屬思恩府。雍正十二年，升爲直隸州。乾隆七年，改屬泗城府。

西林縣。在府西五百七十里。東西距三百四十里，南北距三百三十里。東至淩雲縣界二百四十里，西至雲南廣南府界一百里，南至雲南廣南府土富州界二百里，北至西隆州界一百十里。東南至土富州界一百八十里，西南至廣南府界一百八十里，東北至淩雲縣界二百三十里，西北至西隆州界一百三十里。古百越蠻地。宋、元曰上林洞，屬泗城州。明永樂七年，置上林長官司，屬廣西布政使司。萬曆中，併入泗城州。本朝康熙五年，始置西林縣，屬思恩府〔一〕。雍正十二年，改屬西隆州。乾隆七年，改屬泗城府。

形勢

山明水秀，地僻林深。西南接雲南，北抵貴州，當粵、滇、黔三省之總會。府志。

風俗

地生烟瘴，亦有霜雪。府志。民居架木爲巢，或結茨山頂，依傍巖穴。同上。地鮮平疇，土人皆鑿山以耕，導泉引澗，功勞而收薄。同上。

城池

泗城府城。舊無城郭，築石牆周二里，門三，無濠，四面皆山。本朝雍正五年改流，南北設上下兩關。嘉慶二年，改建城門二，建營防守。凌雲縣附郭。

西隆州城。周一里有奇，門二。本朝雍正九年建，乾隆四年修。

西林縣城。周一里有奇，門四。本朝康熙六年築。

八達城。舊係土城，門四。本朝嘉慶三年增建甃甎。西隆州同、隆林遊擊駐此。

學校

泗城府學。在府城隔江西岸。本朝康熙三十年建，雍正元年、乾隆五年重修。入學額數十名。舊額十二名，乾隆五十七年減二名，淩雲縣學額在内。

西隆州學。在州治東關外。舊在扁牙山麓。本朝康熙十五年建，乾隆二年遷建，嘉慶四年修。入學額數四名。舊額六名，乾隆五十七年減二名，嘉慶三年增設苗民學額二名。

西林縣學。在縣城。本朝雍正二年建。入學額數四名。

雲峯書院。在淩雲縣治南。本朝乾隆十七年建。

安隆書院。在西隆州治西。

毓秀書院。在西林縣治西。本朝乾隆四十一年建。按：舊志載三台書院，在西隆州，今廢。謹附記。

户口

額編人丁無，今滋生男婦大小共三十二萬六千六百一十七名口，計六萬五千一百七十四户。

田賦

田地二百九十二頃三十八畝八分有奇，又首報田二十二伯，額徵地丁正、雜銀七千五兩七錢七分二釐，遇閏加徵銀二百八十九兩三錢三分七釐，米一千六百二十七石九斗八升六合三勺。

山川

淩霄山。在淩雲縣東半里。府治以此爲障。

迎暉山。在淩雲縣東一里。山勢朝陽，故名。

巴牙山。在淩雲縣西南廢利州西二里。又有白麗山，在廢利州北。

餞陽山。在淩雲縣西一百二十里。山林端雅，如餞納日。

淩雲山。在淩雲縣北半里。極高峻。

回顧山。在淩雲縣東北廢程縣東五十里。

砦兕山。在西隆州南。綿亘十餘里。

壩樓山。在西隆州西南一百二十里。高聳矗天，上下三十餘里。

壩達山。在西隆州西二百五十里。渾河繞其下。

樣山。在西林縣東二百四十里，與淩雲縣接界。深林箐嶂，谷無居人。

累峯山。在西林縣東南二百里。峯巒層疊，迤邐平布二十餘里。

潺岜山。在西林縣東南二百里。巖穴出泉，林麓葱蔚。

夾山。在西林縣東南二百四十里，與土田州及雲南廣南府接界〔二〕。

晚架山。在西林縣南二十里。

獨旺山。在西林縣南四十里。中峯尖聳，石壁峭立。

木龍山。在西林縣西南一百五十里，與廣南府接界。

界亭山。在西林縣西北一百二十里，與西隆州接界。

大山。在西林縣東北二百三十里，與淩雲縣接界。峯巒綿亘。

蓮花峯。在淩雲縣北五里。下有泉。

蒼嶺。在西林縣東二百里。一名蒼冒嶺。數峯並峙，後一峯有土寨遺址。

喈苗嶺。在西林縣西北八十里。層巒峭壁，行半日始抵其巔，高處一石穴出泉，居民賴以汲飲。

靈洞。在淩雲縣北半里。巖穴深廣，石皆異形，有泉出洞中。

紅水江。在淩雲縣北一百五十里。一名渾水河。源出雲南陸涼州，由州西南壩達山入境，流經西隆州北，逶迤經淩雲界而東，又東流經東蘭州界。巨石横流，怒濤奔激，泥沙泛濫，濁如黄河。

盤江。在淩雲縣東北一百四十里。自貴州永寧州流入，合紅水江。

馱娘江。在西林縣東二十里。其上流爲同舍河，源出雲南廣南府馬别山，東流經西隆州西南，又東入縣界，繞縣東南，與渌馱河合流而東，至瓦村隘入土田州界。水色甚清，即右江之上源也。

清水河。在西隆州西。源出雲南維摩州界，東流入州界，經壩達山北入渾水河。

渌馱河。在西林縣西南。自雲南廣南府流入，與馱悶河合，繞縣治南，又東合馱娘江。馱悶河，在縣西，亦自廣南府流入。

隴高水。在西隆州西。源出州西南一百里，北流入渾水河。

阪作水。在淩雲縣西南。明統志：在廢利州南八十里，南流。又有濛泓水，在廢利州東一百三十里，東流。阪麗水，在廢利州北二里。三水皆小溪，亂石嵯岈，不通舟楫。

澄碧水。在淩雲縣東北三里。源出靈洞，南流繞府城西，又東南合龍淵水，注分水洲橋，入都陽土司界。龍淵水，在淩雲縣南三里。

布柳水。在淩雲縣東北。舊志：在廢程縣西，流入那地土州界，合都泥江。

古蹟

泗城故城。在府西南。宋皇祐間置，明洪武初移治古磡洞，即今府治。土夷考：宋皇祐間，餘姚人岑仲淑從狄青平儂智高，青還，留仲淑鎮邕州，都督三江諸州，子自亭襲爲沿邊安撫使、來安路都總管，遂世守邊土。明洪武初，岑善忠歸附。六年，改古磡洞爲泗城土州，授土知州世襲。本朝順治十五年，岑繼禄以從征滇、黔功，升泗城軍民府，授爲知府。雍正五年，泗城府土官以罪參革，改流。

唐興廢州。元置，屬來安路。明初廢。府志有唐興甲，在府南一百里。

廢利州。在府西南六十里。明統志：利州，古百越地，號阪麗莊，宋置，屬邕州横山寨。土夷考：洪武初，土官岑氏附，授知州世襲。正統中，岑顔爲岑豹所殺，乃以流官州判管州事。嘉靖初，以其地併入泗城。

廢程縣。在府東北三百二十里。舊名程丑莊。明洪武二十一年置縣，屬泗城州。正統間，爲岑豹竊據。後廢。

安隆長官司。今西隆州治。明永樂初，以泗城土官岑善忠次子子德平普安土酋功，置安隆司，以子德爲長官世襲。本朝康熙五年，改設流官。明年，知州石篤生建州治於扁牙寨之壩樓山，尋遷砦兇山，西去舊治一百二十里。

上林長官司。在西林縣東南一百九十里。明永樂中，以岑善忠第三子子成世襲長官。嘉靖初，子成裔絶，因以流官吏目管司事。本朝康熙五年，置西林縣，移治砦角村，而以故司爲上林塘，仍撥百總駐防。

關隘

羅博關。明統志：泗城州境有博羅關，置巡檢。今廢。

迎暉關。在淩雲縣北三里。明天啓間置。北接貴州貞豐州界，東北接慶遠府東蘭州界。有兵防汛。

朝陽關。去淩雲縣五里，接西隆州、西林縣界。有兵防汛。

相葛隘。在淩雲縣東二百八十里。

骨遭隘。在淩雲縣東北三百里。

麥林隘。在西隆州西南四百八十里，接雲南師宗州界。又小古障寨，在州西二百五十里，接貴州𢑥𤘲界。八卧寨，在州北二百里，接貴州興義府界。皆有兵防汛。

上林隘。在西林縣東一百九十里。

瓦村隘。在西林縣東南一百九十里。江道所經，近接夾山，猺人出没。

那比隘。在西林縣南一百六十里。又那腊隘，在縣南一百七十里，兩山夾徑，必由谷口出入。俱有兵防汛。

豈厚隘。在西林縣南一百九十里。

那佐隘。在西林縣西南二百二十里，接富州界。萬峯夾峙，中有小徑，設百總駐防。

皿鐵隘。在西林縣西一百里。路最險要，外通雲南廣南府。

普馱隘。在西林縣西北一百十里。本朝康熙六年建。路達西隆州，山徑盤曲，最爲險要，有兵防汛。

平樂巡司。在淩雲縣東二百里。本朝雍正十一年置，分駐平樂一甲。乾隆五年，歸淩雲縣管轄。

潞城巡司。在西林縣二百里。本朝乾隆三十二年置，分駐潞城亭。

隆林營。在西隆州西南二百十里八達城。設遊擊駐此。

上林營。在西林縣城西。設都司駐此。

皈樂墟。在淩雲縣南一百四十里。本朝雍正五年，設右江鎮駐此。七年，改駐百色。有左營守備防汛。

八渡墟。在西林縣。舊有主簿，本朝嘉慶二年裁。

天峩甲。在淩雲縣境。山高林密，蠻獞錯居。本朝乾隆四年，設縣丞駐此。

八達。在西隆州西南土黄甲，逼近滇、黔苗寨，最爲扼要之地。本朝雍正七年，設州同駐此。

津梁

鎮龍橋。在淩雲縣南。本朝康熙二十五年建。舊名鎖龍橋。

接龍橋。在淩雲縣北半里。本朝康熙二十二年建。

瓦村橋。在淩雲縣北三里。本朝順治十三年建。

汾洲橋。在西隆州南三十里。

八渡。在西隆州北二十里。又坂壩渡，在州北一百二十里。

北渡。在西林縣南一百里。

隄堰

太平溝。在淩雲縣南。源出淩雲山，田畝資以灌溉。

站墟溝。在淩雲縣西南。源出唐興、站墟、皈樂等處，灌田百餘頃。

淪伍溝。在淩雲縣西。源出布鱷泉，田畝資以灌溉。

龍川溝。在淩雲縣北。源出平志山下，可灌龍川甲一帶田畝。

祠廟

三界廟。在淩雲縣南。

寺觀

大佛寺。在淩雲縣隔江對岸。明萬曆間建，本朝康熙五十六年修。

萬壽寺。在淩雲縣南屏藩山頂。

三清觀。在淩雲縣南。明崇禎間建。

名宦

本朝

劉德健。錦州人。雍正五年，知西隆州。苗、獞狡悍，稱難治，德健每折獄，必示以曲直，不少貸，民漸受約束。請兵勦獶顔光色等，從督軍務，以積勞卒於官。得旨，賞歸櫬銀五百兩。

列女

明

岑瑄妻盧氏。瑄爲泗城土知州，無嗣，土民推盧氏權攝州印。天順六年，以征貴州苗功，封貞壽夫人。又沙定，盧氏女，盧故，衆推沙定管理州事。天順八年，亦征貴州苗功，封鎮國夫人。

本朝

陳士奇妻張氏。淩雲人。年二十一，夫亡，養舅姑，撫孤子，越五十餘年。乾隆年間旌。

李文秀妻胡氏。西隆人。守節養姑，教子成立。與同州王抱浩妻韋氏，均乾隆年間旌。

盧卜意妻羅氏。西林人。遇暴捐軀。乾隆年間旌。

區殿選聘妻岑氏。淩雲人。未婚守志。嘉慶二十四年旌。

土產

蠟。降香。雄黃。縮砂。草果。烏藥。麖。明統志：俱泗城州出。

苗蠻

苗。西隆州接雲、貴界多有之。本朝嘉慶三年，設苗學額二名。

猺。在泗城府。居深谷，耕山獵食。有酋長，每歲首以篠荷麂、鹿、獐、狐、雉、兔之類，率所部百數人，投獻官府，曰拜年。見郡守，俯伏不敢仰視。其拜，袖長委地，拱而左，再拜，拱而右，如是拱伏八拜乃已。犒以肴酒及餻餅，跪飲盡酣，袖所餘餅餌而去。在西林散處林谷，所種山稻、穇子、野芋，終年一收。捕禽獸爲食。男女衣裈色青，領袖皆錦，男結髮搖扇，女裹花帕，露胸跣足，習於背負。

獞。在西隆州。男衣帶皆黑，婦女衣不掩膝，長裙細摺。呼父曰博，母曰迷。

狼。在泗城府。與猺錯居。耕山獵獸，性頑悍。今則奉法惟謹。

獞。在西隆州。好居山巓，名曰寨。男女冬夏皆尺帛裹頭，狹衣短裙，暑則婦女亦裸體跣足。宴會必歌唱，聲音紇那不可曉。好疑尚鬼。

猍。在西隆州。男蓄髮以青布包首，頸插烟袋，出常攜鋤，能作獞語。婦人衣藍，領袖裙脚則以紅、黑各色緣之。

狆。風俗與獞相類，西隆州有此種。

校勘記

〔一〕屬思恩府　「恩」，原作「城」，據乾隆志卷三六〇泗城府建置沿革（下同卷簡稱乾隆志）及雍正廣西通志卷九沿革、清朝通典卷九五州郡六廣西省改。

〔二〕與土田州及雲南廣南府接界　「廣南府」，原作「廣德府」，據乾隆志及輿圖改。

平樂府圖

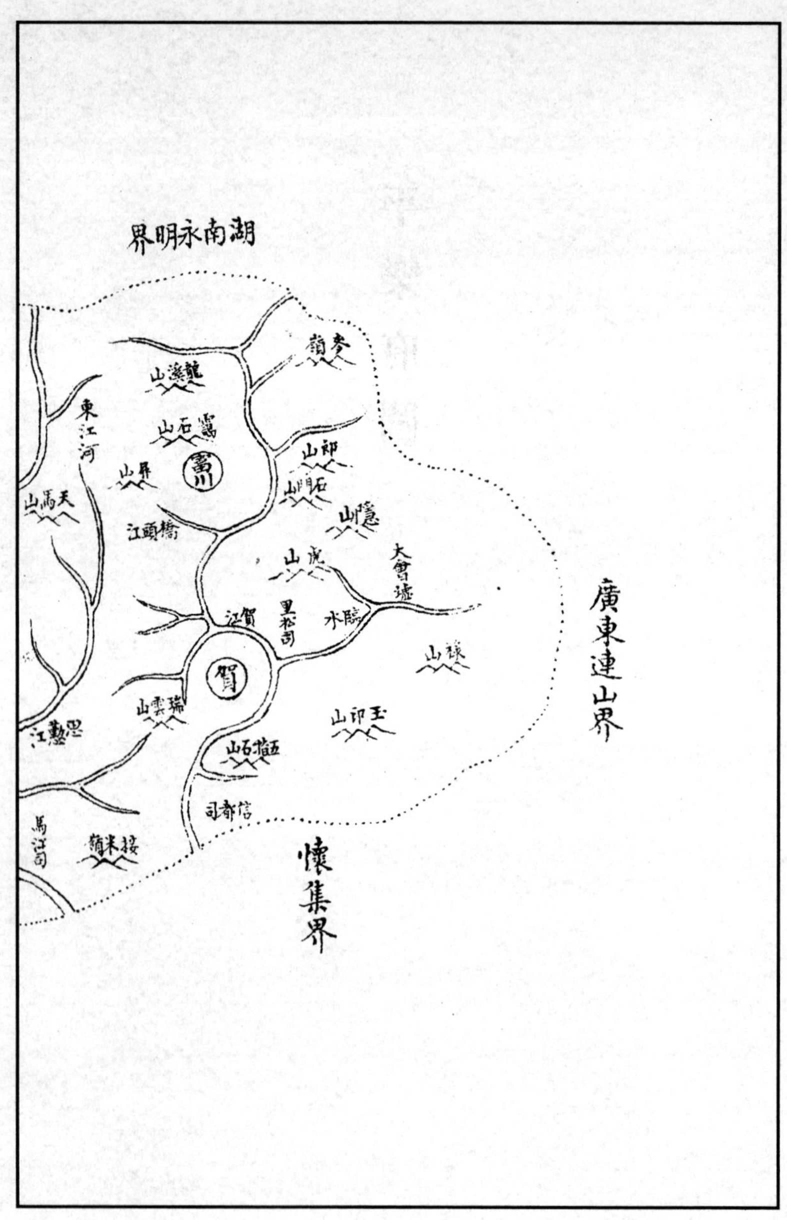
湖南永明界
廣東連山界
懷集界
賀
富川
東江河
江頭橋
賀江
臨水
大會墟
天馬山
信都司

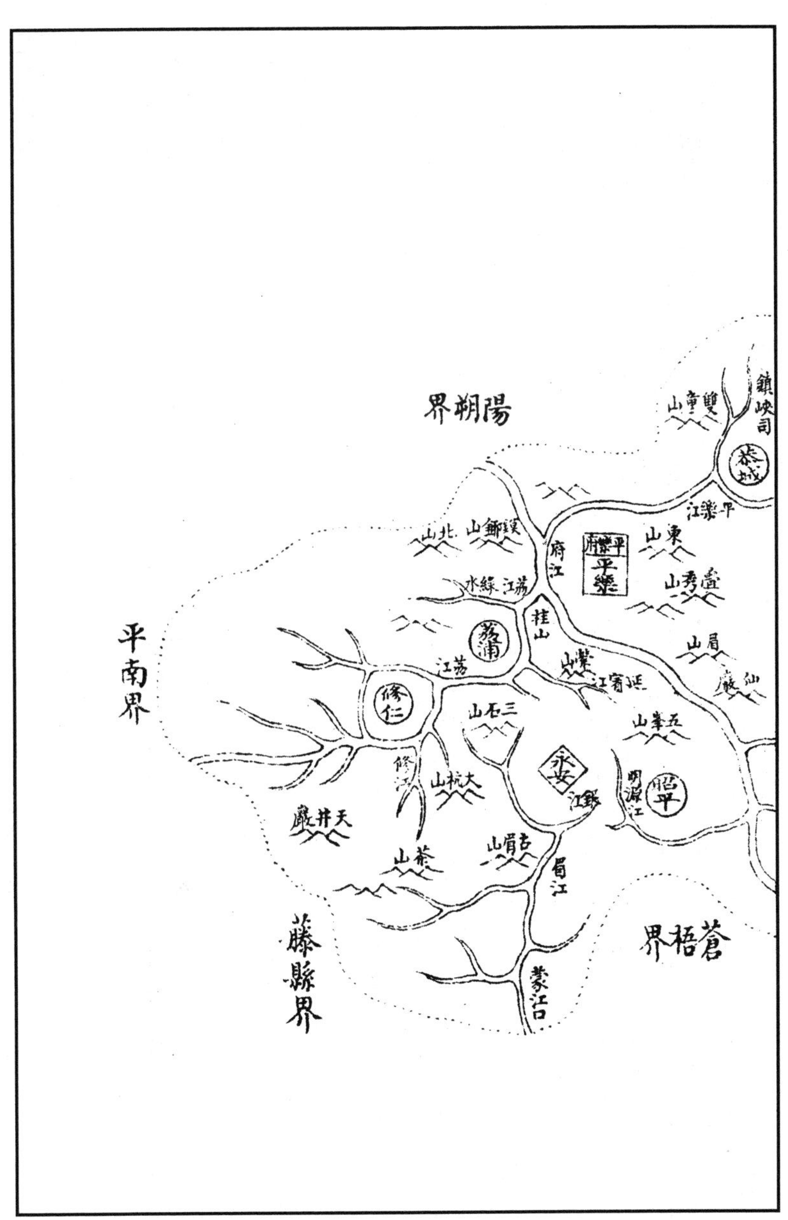

陽朔界
平南界
藤縣界
蒼梧界
雙童山
鎮峽司
恭城
平樂江
平樂府
平樂
府江
東山
叠秀山
北山
綠水
荔江
桂山
荔浦
眉山
延寗江
修仁
三石山
五峯山
永安
昭平
明源江
修江
大杭山
天井巖
古眉山
眉江
蒙江口

平樂府表

	平樂府	平樂縣	恭城縣
秦	桂林郡地。		
兩漢	蒼梧郡地。	荔浦、富川二縣地。	富川縣地。
三國	吳爲始安郡地。	平樂縣吳置，屬始安郡。	平樂縣地。
晉		平樂縣	
南北朝	宋屬始建國，齊屬始安郡。	平樂縣	
隋		平樂縣	
唐	昭州平樂郡武德四年置樂州，貞觀八年更名，屬嶺南道。	平樂縣州治。又分置沙亭縣，貞觀七年省。永平縣證聖初置，屬昭州。	
五代	昭州初屬楚，後屬南漢。	平樂縣 永平縣	
宋	昭州平樂郡屬廣南西路。	平樂縣 開寶五年省。	
元	平樂府大德中改府，屬廣西道。	平樂縣府治。	
明	平樂府屬廣西布政司。	平樂縣	恭城縣成化十三年移今治。

續表

	富川縣	賀縣
	富川縣屬蒼梧郡。 馮乘縣屬蒼梧郡。	
	富川縣吴屬臨賀郡。 馮乘縣吴屬臨賀郡。	臨賀郡吴黄武五年置。
	富川縣 馮乘縣	臨賀郡
	富川縣 綏越縣陳置。 馮乘縣	臨賀郡宋泰始五年更名臨慶國，齊復故。
	富川縣 大業初省。 馮乘縣屬零陵郡。	初廢郡，置賀州，大業初廢。
恭城縣武德四年置，屬昭州。	富川縣 武德四年復置，貞觀十二年省。 馮乘縣屬賀州。	賀州臨賀郡武德四年置州，屬嶺南道。
恭城縣	富川縣 馮乘縣	賀州
恭城縣	富川縣 開寶四年省。	賀州初屬廣南東路，後屬廣南西路。
恭城縣屬樂平府。	富川縣	賀州屬廣西道。
	富川縣洪武九年改屬平樂府，二十八年移今治。	賀縣洪武十年降縣，屬平樂府。

續表

	荔浦縣
臨賀縣屬蒼梧郡。 封陽縣屬蒼梧郡。	荔浦縣屬蒼梧郡。
臨賀縣郡治。 建興縣吳置，屬臨賀郡。 封陽縣吳屬臨賀郡。	荔浦縣吳屬始安郡。
臨賀縣 興安縣太康初更名。 封陽縣	荔浦縣
臨賀縣 蕩山縣梁置。 興安縣 封陽縣	荔浦縣
臨賀縣大業初廢，十二年復置，屬蒼梧郡。 蕩山縣大業二年省。 桂嶺縣開皇十八年更名，屬熙平郡。 封陽縣屬蒼梧郡。	荔浦縣
臨賀縣州治。 蕩山縣武德四年復置，屬賀州。 桂嶺縣屬賀州。 封陽縣屬賀州。	荔浦縣武德四年於縣置荔州，並析置崇仁縣。貞觀十二年州廢，尋省縣入，屬桂州。
臨賀縣 蕩山縣 桂嶺縣 封陽縣	荔浦縣
臨賀縣 蕩山縣開寶四年省。 桂嶺縣 封陽縣開寶四年省。	荔浦縣
臨賀縣 桂嶺縣末廢。	荔浦縣
臨賀縣洪武二年省入州。	荔浦縣弘治四年改屬平樂府

續表

	修仁縣	昭平縣
	荔浦縣地。	臨賀縣地。
永豐縣 吳分置，屬始安郡。	建陵縣 吳分置，屬蒼梧郡。	
永豐縣	建陵縣	
永豐縣	建陵左縣 宋屬始建國。齊加「左」字，屬始安郡。梁復故。	靜州梁壽郡、靜慰郡 梁置。
廢。	建陵縣	初廢二郡，大業初廢州。
豐水縣 武德四年復置，屬昭州，後屬桂州。長慶三年更名。	修仁縣 屬桂州。貞觀初置晏州，又置武龍縣。十二年州縣俱廢。長慶初更名。	富州開江郡 武德四年復置州，貞觀八年更名，屬嶺南道。
永寧縣 梁復更名。	修仁縣	富州
熙寧中省。	修仁縣 熙寧中省入荔浦，元豐初復置。	開寶五年省。
	修仁縣	
	修仁縣 初屬桂林府，弘治四年改屬平樂府。	

續表

龍平縣 梁置，州郡治。	龍平縣 屬始安郡。	龍平縣 武德四年析置歸化、安樂、博勞等縣，九年省入，爲富州治。	龍平縣	龍平縣 屬昭州。熙寧中屬梧州，元豐中仍屬昭州，宣和中更名昭平，淳熙六年復故。	龍平縣 屬平樂府。	昭平縣 洪武十八年省入平樂。萬曆四年復置，更名，仍屬平樂府。
豪静縣 梁置，兼置武城郡。陳置逍遥郡。	豪静縣 廢諸郡，屬始安郡。	貞觀中省入蒼梧。				
		思勤縣 聖曆元年置，並置武安州。開元二年州廢。	思勤縣	開寶五年省。		
開江縣 梁置，兼置開江郡。	郡縣俱省。	馬江縣 武德五年復置，屬梧州。神龍初屬富州。長慶初更名。	馬江縣	開寶五年省。		

續表

永安州
荔浦縣地。
隋化縣 開皇十年分置，屬始安郡。
蒙州 蒙山郡 武德四年置南恭州，貞觀八年更名，屬嶺南道。 立山縣 武德四年更名，爲州治。又分置欽政縣，貞觀十二年省。 正義縣 武德五年分荔浦置純義縣，屬荔州，尋屬南恭州。貞觀中屬蕭州，尋還屬蒙州。永貞初更名。
蒙州 立山縣 正義縣
熙寧五年省。 立山縣 屬昭州。 熙寧五年省。
立山縣 屬平樂府。
永安州 成化十三年復置，更名，屬桂林府。弘治四年改屬平樂府。 洪武十八年省入平樂縣。

東區縣
武德五年分立山縣置，屬荔州，尋屬南恭州。貞觀六年屬蕎州，尋屬蒙州。

東區縣

熙寧五年省。

續表

大清一統志卷四百六十七

平樂府一

在廣西省治南少東一百八十里。東西距一千四十里，南北距二百七十里。東至廣東連州連山縣界五百六十里，西至潯州府平南縣界三百八十里，南至梧州府蒼梧縣界二百六十里，北至桂林府陽朔縣界十里。東南至梧州府懷集縣界二百里，西南至梧州府藤縣界四百七十里，東北至湖南永州府永明縣界一百里，西北至陽朔縣界六十里。自府治至京師七千六百四十里。

分野

天文翼、軫分野，鶉尾之次。

建置沿革

禹貢荆州之域。周爲百越地。秦爲桂林郡地。漢爲蒼梧郡荔浦、富川、馮乘、謝沐、臨賀等縣地。三國吴分置平樂縣，屬始安郡，晋因之。宋屬始建國。齊仍屬始安郡，梁、陳、隋因之。唐武德四年，於平樂縣置樂州。貞觀八年，改曰昭州。元和郡縣志：取境内昭潭爲名。天寶初，曰平樂郡。乾元初，復曰昭州，屬嶺南道。五代初屬楚。周廣順元年，屬南漢。宋仍曰昭州平樂郡，屬廣南西路。元大德中，改平樂府，屬廣西道。明屬廣西布政使司。本朝因之，屬廣西省，領州一、縣七。

平樂縣。附郭。東西距八十里，南北距一百里。東至昭平縣界七十里，西至桂林府陽朔縣界十里，南至昭平縣界七十里，北至陽朔縣界三十里。東南至昭平縣界一百十里，西南至荔浦縣界五里，東北至恭城縣界六十五里，西北至陽朔縣界六十里。漢蒼梧郡荔浦、富川二縣地。三國吴甘露元年，分置平樂縣，屬始安郡，晉至隋因之。唐武德四年，於縣置樂州，後爲昭州治，五代及宋因之。元、明爲平樂府治，本朝因之。

恭城縣。在府東北六十里。東西距一百七十里，南北距一百四十五里。東至富川縣界一百二十里，西至桂林府陽朔縣界五十里，南至平樂縣界十五里，北至湖南永州府永明縣界一百三十里。東南至平樂縣界三十里，西南至平樂縣界五里，東北至湖南永明縣界六十里，西北至桂林府臨桂縣界一百四十里。漢富川縣地。三國吴以後爲平樂縣地。唐武德四年，始析置恭城縣，屬樂州。後屬昭州，五代及宋因之。元、明屬平樂府，本朝因之。

富川縣。在府東少北二百六十里。東西距六十三里，南北距一百七十里。東至湖南永州府江華縣界六十二里，西至恭城縣界一里，南至賀縣界九十里，北至恭城縣界八十里。東南至湖南江華縣界五十里，西南至昭平縣界一百三十里，東北至湖南永明縣界七十里，西北至恭城縣界八十里。漢置富川縣，屬蒼梧郡，後漢因之。三國吴改屬臨賀郡，晉及宋、齊以後因之。隋初屬賀州。大業初，改屬始安郡。唐武德四年，仍屬賀州。天寶初，改曰富水，尋復故。五代、宋、元因之。明洪武九年，改屬平樂府，本朝因之。

賀縣。在府東南三百七十里。東西距二百九十里，南北距一百八十里。東至廣東連州連山縣界一百九十里，西至昭平縣界一百里，南至梧州府懷集縣界一百十里，北至富川縣界七十里。東南至廣東肇慶府開建縣界一百八十八里，西南至梧州府蒼梧縣界一百七十里，東北至湖南永州府江華縣界二百四里，西北至昭平縣界七十里。漢置臨賀縣，屬蒼梧郡，後漢因之。三國吴黄武五年，置臨賀郡，晉因之。宋泰始五年，改曰臨慶國，齊復故。隋平陳，廢郡，置賀州。大業初，州廢，又廢縣入富川縣。十二年，復置臨賀縣，仍屬蒼梧郡。唐武德四年，復於縣置賀州。天寶初，改臨賀郡。乾元初，復曰賀州，屬嶺南道，五代因之。宋亦曰賀州，初屬廣南東路。大觀二年，割屬廣南西路。元曰賀州，屬廣西道。明洪武二年，省臨賀縣入州。十年，改州爲賀縣，屬平樂府，本朝因之。

荔浦縣。在府西少南七十五里。東西距九十里，南北距六十一里。東至平樂縣界六十五里，西至修仁縣界二十五里，南至永安州界十五里，北至桂林府陽朔縣界四十六里。東南至平樂縣界四十五里，西南至永安州界三十里，東北至平樂縣界五十五里，西北至桂林府永福縣界九十里。漢置荔浦縣，屬蒼梧郡。三國吴改屬始安郡，晉以後因之。唐武德四年，於縣置荔州。貞觀十二年，州廢，縣屬桂州，五代、宋、元因之。明弘治四年，改屬平樂府，本朝因之。

修仁縣。在府西少南一百二十里。東西距一百二十五里，南北距二十五里。東至荔浦縣界十里，西至柳州府雒容縣界一百十五里，南至大峒諸猺界二十里，北至荔浦縣界五里。東南至永安州猺界七十五里，西南至柳州府象州界一百十里，東北至荔浦縣界五里，西北至桂林府永福縣界一百十里。漢荔浦縣地。三國吴分置建陵縣，屬蒼梧郡，晉因之。宋屬始建國。齊曰建陵左縣，屬始安郡。梁置建陵縣，隋因之。唐初屬桂州。貞觀元年，於縣置晏州〔二〕。十二年，州廢，還屬桂州。長慶元年，改曰修仁，五代因之。宋熙寧四年，省爲鎮，入荔浦。元豐初，復置，仍屬桂州，元因之。明初屬桂林府。弘治四年，改屬平樂府，本朝因之。

昭平縣。在府南一百二十里。東西距二百十里，南北距一百九十五里。東至賀縣界一百八十里，西至永安州界三十里，南至梧州府蒼梧縣界一百四十里，北至平樂縣界五十五里。東南至賀縣界一百七十里，西南至梧州府藤縣界一百八十里，東北至富川縣界一百四十里，西北至永安州界九十里。漢臨賀縣地。梁分置龍平縣，兼置静州及梁壽、静慰二郡。隋初，郡並廢。大業初，州廢，以縣屬始安郡。唐武德四年，復於縣置静州。貞觀八年，改曰富州。天寶初，改開江郡。乾元初，復曰富州，屬嶺南道，五代因之。宋開寶五年，州廢，以縣屬昭州。熙寧八年，改屬梧州。元豐八年，還屬昭州。宣和中，改曰昭平。淳熙六年，復曰龍平。元屬平樂府。明洪武十八年，省入平樂縣。萬曆四年，復置昭平縣，仍屬平樂府，本朝因之。

永安州。在府西南一百八十里。東西距一百二十里，南北距一百八十八里。東至昭平縣界三十里，西至修仁縣界九十里，南至梧州府藤縣界一百十里，北至荔浦縣界七十八里。東南至昭平縣界三十里，西南至潯州府平南縣界二百里，東北至昭平縣界六十里，西北至荔浦縣界四十里。漢荔浦縣地。隋開皇十年，分置隋化縣，屬始安郡。唐武德四年，改曰立山，於縣置南恭州。貞觀八年，改曰蒙州。天寶初，改蒙山郡。乾元初，復曰蒙州，屬嶺南道，五代因之。宋熙寧五年，州廢，以立山縣屬昭州。元屬平樂府。明洪武十八年，省入平樂縣。成化十三年，復置，曰永安州，屬桂林府。弘治四年，改屬平樂府，本朝因之。

形勢

清湘、九疑，犬牙相入，居蒼梧、始安之間。昭潭志序。灘瀧至昭而中分。方輿勝覽。樂川匯於前，仙嶺擁於後。江山氣象，變化無窮。清華閣記。環以縈、密諸山，匯以灕、樂二水。勝概天出，嶺表要領。圖經。

風俗

風聲氣習，視沅、湘猶伯仲。昭潭志。民居多竹茨茅户。同上。氣候不齊，一日數變，昔號瘴鄉。

圖經。民猺雜居。府志。

城池

平樂府城。周二里有奇，門四，東、北跨鳳皇山嶺。宋治平元年建。元至正間甃甎。明洪武十三年增築，萬曆間建龍頭磯隄。本朝康熙六年、五十三年、五十七年重修。平樂縣附郭。

恭城縣城。周二里，門三，池廣一丈。舊治在鳳皇山下，唐武德八年建。明成化間遷今所，正德、萬曆間屢修。本朝康熙四年、九年重修。

富川縣城。周三里有奇，門四。明洪武二十九年建。本朝康熙十一年修，乾隆八年重修。

賀縣城。周三里有奇，門三，池廣七丈。舊土築，宋甃甎。明嘉靖十一年、隆慶四年屢修。本朝乾隆六年修。

荔浦縣城。周一里有奇，門二。舊治在永蘇里，明景泰七年遷今所，成化十四年甃甎。本朝康熙四十七年修。

修仁縣城。周一里有奇，門三。舊土築，明成化十四年甃甎。本朝康熙五年、雍正五年重修。今增北門。

昭平縣城。周一里有奇，門三。明成化間築，萬曆四年甃甎，四十一年修。

永安州城。周二里有奇，門三。明成化中築。本朝順治十八年、康熙五年、二十二年重修。

學校

平樂府學。在城西鳳凰山麓。明嘉靖四年改建。本朝順治十六年，康熙九年、五十年、乾隆二十一年重修。入學額數二十名。

平樂縣學。在縣治北。舊附府學。本朝康熙四十二年重建，雍正四年、乾隆四十二年重修。入學額數十五名。

恭城縣學。在縣治西。明嘉靖間遷建。本朝康熙九年、四十五年、乾隆五十六年重修。入學額數十二名。

富川縣學。在縣治北。明正德元年改建。本朝康熙四年、乾隆十二年重修。入學額數十五名。

賀縣學。在縣西南。明嘉靖二十三年遷建。本朝康熙九年、雍正七年重修。入學額數十五名。

荔浦縣學。在縣治西。明景泰七年遷建。本朝康熙中重修。入學額數八名。

修仁縣學。在縣治東南。明成化間遷建。本朝順治十二年、康熙十一年、雍正七年重修。入學額數八名。

昭平縣學。在縣治西。本朝康熙元年建，五十六年遷建南關外。入學額數十二名。

永安州學。在州治南門外。明萬曆初遷建。本朝康熙五年重建，十八年、雍正三年重修。入學額數十五名。

道鄉書院。在平樂縣北關外，祀宋鄒浩。本朝康熙六年易名訪賢書院，四十九年別建道鄉書院於北門内，雍正二年修。

鳳巖書院。在恭城縣。本朝嘉慶十一年建。

富川書院。在富川縣東門内。本朝乾隆十六年建。

正誼書院。在荔浦縣東南。本朝嘉慶五年建。

眉江書院。在永安州。本朝康熙二十年建。按：舊志載平樂縣有明賢書院，富川縣有江東書院，賀縣有明陽書院，今並廢。謹附記。

户口

原額人丁一萬一千九百三十三，今滋生男婦大小共八十五萬八千二百三十八名口，計一十三萬一百十八户。

田賦

田地七千三百九十二頃二十三畝二分有奇，額徵地丁正、雜銀三萬七千二百七兩五分九釐，遇閏加徵銀一千六百五十一兩六錢七分二釐，米三萬五千六百二十石二斗七升八合五勺。

山川

鳳凰山。在平樂縣東北隅。城跨其上。

東山。在平樂縣東二里。又東爲疊秀山，八峯挺峙，亦名八公山。

團山。在平樂縣東十五里。有堡。

穿山。在平樂縣東五十里。三峯並列，半壁開一竅，廣數十丈，可通往來。

眉山。在平樂縣東南九里。聳翠如黛。又黑山，在縣東南五里，矗立霄漢，一徑中通，亦名岩嶨山。

雲山。在平樂縣東南四十里。九峯四垂如雲。

誕山。在平樂縣東南八十里。一名聖山。巍峩插天，絶頂高平，下有泉。

南山。在平樂縣南二里。俗呼屏風山。下有巖曰雙峯。又南爲五馬山，在府江南岸，突起五峯，中峯高聳，與郡治對。又獨秀山，在縣南五里，高數十丈，峻峭特起。

縈山。元和志：在平樂縣南十里。明統志：在縣東南九里，山勢縈迴曲折，上有九峯，曰高崖、羊欄、月巖、兜鍪、馬鞍、跨鐙、石旗、石劍、丫髻，險不可涉。

華蓋山。在平樂縣西南十里。高萬仞，尖峯峻削，無樹木，四時蒼翠，俗呼火燄山。

昭山。在平樂縣西灕、樂二水合流處。一名西山，又名印山。有巨石屹立江中，方正如印。

密山。在平樂縣北十里。數峯迴合，環擁郡治。

目巖山。隋書地理志：平樂縣有目山。元和志：目巖山在縣北三十八里，巖内兩孔相對如人目，瞳子白黑分明，因號爲目巖。通志：在縣北二十里。

洛山。在平樂縣東北五十里。周四十餘里，爲富、賀往來要道，舊設三堡戍守。

魯溪山。在平樂縣東北界。高數百丈，環跨平樂、恭城、富川、賀、永安五州縣及湖南永明縣界。上有塘，方廣數畝，名分水塘，塘水出平樂曰魯溪江，出龍平巡司曰滂源，出恭城曰上平江，出富川曰白稿江。

鳳凰山。在恭城縣東二里。兩峯開豁，中峯昂聳，如鳳飛翔。舊縣城在山下。

銀殿山。元和志：在恭城縣東二十八里。其下有鍾乳穴十二所。舊志：一名兼山，常有白雲繚繞，遠視如宫殿，故名。

五馬山。在恭城縣南一里。五峯亭立，故名。又天馬山，在縣南八里。相近有高峯山。

三台山。在恭城縣南三十里。三峯聳峙。旁有馬鞍山。

矖袍山。在恭城縣西南三里。雲出即雨，土人視爲占驗。

雙童山。在恭城縣西五里。

石盆山。在恭城縣西二十里。石骨崚嶒，約二三里，左有巖如盆，水色澄碧，夏秋不雨或漲。中産遊風魚，味甘滑，率以穀雨前後出巖口。

金龍山。在恭城縣西二十里。

島坪山。在恭城縣西五十里。西水江出此。

仙姑山。在恭城縣北八十里。三峯並列，旁有小巖，清泉不竭。

虎山。在富川縣東二里許。有巖曰龍水。又穿山，在縣東十里，上有仙巖。

石門山。在富川縣東三十里。四圍峭壁，有門僅容一人，其中平原曠野，居民百餘家。又東南五里曰豹山，其陰有洞。

穿光山。在富川縣東四十里。有巖。一曰穿石山。

隱山。在富川縣東四十里。中有潛德巖。

東山。在富川縣東南九十里。多産喬木，俗呼姑婆山。横跨二廣，凡富、賀諸賊多倚此爲逋藪。

龍頭山。在富川縣南五里。碧溪水出焉。

白馬山。在富川縣南二十里。下有白馬泉。又五里曰文筆山。

峽頭山。在富川縣南二十里。富川經此。又有峽口山，在縣西七十里。皆以兩山夾川而名。

鐘山。在富川縣西南七十里。上有石，扣之如鐘。又里許有碧雲巖，寬敞深邃，奇異萬狀。

寶劒山。在富川縣西南八十里。有石如劒，故名。

白雲山。在富川縣西南一百二十里。旁有丹竈山，下有竈溪水。

屏山。在富川縣西三里。形如屏障，西溝水出此。

靄石山。在富川縣北一里。山形高聳，四時常有烟靄冒於峯頂，因名。又二里爲獨秀巖。

龍溪山。在富川縣北五十里。龍溪水出此。

郎山。在富川縣東北五十里。中有穿石巖。

禄山。在賀縣東十里。又有郎江山，亦在縣東十里。

浮山。在賀縣東南十里。挺出江中，障縣水口。一名玉印山。

長林山。在賀縣東南。寰宇記：長林山在廢封陽縣東北三十五里。高五百丈，周迴七百里。

海螺山。在賀縣南十五里。山中石子如螺，有泉清澈，四時常滴，亦名滴水巖。一曰天堂嶺。

五指石山。在賀縣南八十里信都谷中。五峯並列如掌。

尖峯山。在賀縣西南十五里。峻峭孤高，挺出羣峯之上。

蚤山。在賀縣西南。寰宇記：在蕩山縣南四十里。高一千餘丈，周圍三百里。其山春前花卉競發，朝陽早見，俗呼爲早山。

丹甑山。在賀縣西十里。本名幽山。寰宇記：幽山南接蒼梧，北通道州。府志：山高千餘丈，唐李郃爲守〔二〕，更名丹甑。亦曰甑山。宋守鄧璧見其山時有雲氣上浮，又名曰瑞雲。泉流不竭，注爲池，名曰仙池。

玉泉山。在賀縣西北十里。其泉皎潔，與仙池水俱流入橘江。

橘山。唐書地理志：臨賀縣東有銅冶，在橘山。舊志：在賀縣東北二十五里。上有七十二峯，攢奇競秀，其中多橘，故名。

銀瓶山。在荔浦縣東十里。相近有對雞山，兩山對立，宛如雞形。舊嘗産銀，宋置銀場於此。

延賓山。在荔浦縣東二十里。下有土司城，城後二里許有三奇山，山明水秀。有三天門，上至頂，有數井，極清洌，每日三潮。中有坪，可容萬人。

桂山。在荔浦縣東三十里。有洞曰天豪，峭壁中懸，緪梯以上，洞内有石筍、蓮塔諸勝。

火燄山。在荔浦縣東四十五里。峯巒疊出，亦名銅鼓嶺。山頂有塘寬數畝，深丈許。或曰即古之方山。寰宇記：荔浦縣有方山，對九疑山，高下相類。

八仙山。在荔浦縣東南丹竹江口。八山並列官道旁。又有笏山，在縣東南五里，壁立如笏，頂寬百餘丈。

鶖翎山。在荔浦縣東南六里。巖壑相承，虚明變幻。下有鶖翎巖，宋時嘗更爲娥英山。

聖山。在荔浦縣南一里。上有巖，雲合則雨，中有石乳。又獨秀山，在縣南三里。又古架山，在縣南八里，山後有洞，極寬廣，山半有泉清洌。

青山。在荔浦縣南二十里。林木葱翠，隆冬不凋，故名。上有雙魚石，下有洞，洞中有橋尺許，水深無底。猺、獞雜處，荔江遶其後。又有小青山，穹窿百尺，有五巖。

大杭山。在荔浦縣西南二十五里。兩山夾峙，有二泉不竭，與永安州接界。

鏌鋣山。在荔浦縣北三十五里。險峻如刃，昔人置閣於上，土人謂之界牌峽。山後爲北塞山，下有洞，可入。又北山，在鏌鋣西，高千尋，頂有坪，濶數百丈，有二泉，寒洌，冬夏不涸。

羅仁山。在修仁縣東三里。一名獨山。高千丈，巍然突立，四圍懸崖峭壁，惟南一穴可通山頂，容四五百人。稍南，水遶其下。又二里爲太平巖，深邃而險。

崇仁山。在修仁縣南五里。高數百丈，雲興即雨。亦曰崇仁巖，因古崇仁縣爲名。

文筆山。在修仁縣南二十里。爲縣學對山。

黄峒山。在修仁縣南二十里。地極深險。又南十里爲龍岡山。又德峰山，在縣南三十里。

大猺山。在修仁縣南黄峒山後。叢山疊箐，路險難行，寬袤六七十里，修水自此發源。内有六噶、六定、三片、六段等猺。

大峒山。在修仁縣南百里。山嶺層疊，綿亘數百里，達潯州府平南縣界，皆諸猺所居，不通行旅。

駱駝山。在修仁縣西十五里。

修仁山。在修仁縣西二十八里。縣因以名。

德峯山。在修仁縣西三十里。高出衆山，可以望遠。

松明山。在修仁縣北一里。山多松，人採之以代炬。

蘇山。在修仁縣北十里。高千丈，前一石壁，有泉下滴。宋皇祐間，知縣狄遵誨討山寇於此，夢蘇武神，因禱焉。師捷，請於朝建廟祀武，因名。

仙會山。在昭平縣東八十里。山頂有平石，似棋枰，俗名神仙聚會山。其西有雙皇嶺。相近又有玉坡山，高數十丈，巖内有石乳下垂，下有坡，石如白玉，故名。

望高山。在昭平縣東昭平里。高峻可遠眺。

葫蘆山。在昭平縣東二五都潘家寨南。高五里，甚險峻，匍匐而上，其頂寬平，約數畝餘，突生一石，石旁有臺。

蓮花山。在昭平縣東二五都。形如蓮瓣，環麓有水，俗呼出水蓮花。相近有蘇石山，平原突起，高百丈，舊名梭石山，上有泉曰燕泉。明嘉靖八年猺亂，鄉人避居於此，被圍七日，富川知縣金傑來援得免，以其垂死得蘇，因更今名。

北陀山。在昭平縣東南九十里。高峻難登陟。後有天池。一名峽口塘，其源不竭，舊爲猺、獞出没處。里道記：北陀山有水路，自峽口至大江一百五十里，有六十五灘，萬曆三十七年，郡守陳啓孫開鑿，遂通舟楫。

天門山。在昭平縣東南一百四十里，接賀縣界。上有石門插天，曰天門嶺。

五指山。在昭平縣東南一百八十里。衆山中五峯特出，巖内空廣，可容萬人。有江水穿流，巖口僅一道可容出入，四壁陡絶，明萬曆初建立營堡，撥兵戍守。

五將山。在昭平縣南六十里。又有古袍山，在縣南一百里。

黄京山。在昭平縣南一百五十里。上灘水經此入江。

金田腦山。在昭平縣西八里。其東有明源洞，明源水出焉。

銅鼓山。在昭平縣西二十里。峯巒巖壑，次第相望。又富玉山，在縣西四十五里，亦高廣。圖經云東列天門，西環富玉。

五峯山。在昭平縣北五里。五峯並峙，亦名五指山，爲縣主山。

獨山。在昭平縣東北一百二十里。巍然特立，周圍皆峭壁，不可攀躋。其南一穴，廣二十六步，深三十步，高千尋，可通山巔。寇起，居民緣梯而上，寇不可犯。

印岡山。在昭平縣東北。元和志：在思勤縣北四十五里。

三昧山。在永安州東五十里。一名平峒。峒口河出此。

古眉山。在永安州南三十里。明成化三年，韓雍討藤峽賊，令別將夏正越古眉、雙髻諸山，伏林峒，扼其東奔，即此。有古眉營，在東麓。

蒙山。在永安州西南五里。唐書地理志：蒙州取州東蒙山爲名，下有蒙水。

力山。在永安州西南三十里。巖谷深險，舊爲賊巢。舊志：藤峽、府江之間有力山，險於藤峽數倍。其地獞人善傅毒弩矢，中人則立斃。明正德五年，王守仁討藤峽賊，賊走保永安力山，後進兵搗平之。

蓮花山。在永安州西五里。諸山聯絡，狀若蓮花。

茶山。在永安州西四十里。綿亘深遠，林箐叢鬱，迤西皆猺人盤踞。西江水源出此。

三石山。在永安州西北十五里。

天堂山。在永安州西北五十里。崎嶇百里，始至其頂。

羣峯山。在永安州北四十里。羣峯環聚，巖隈深阻。舊置巡司於此。

石鼓山。在永安州東北十二里。頂有大石如鼓，遇寇變則自鳴。

銀山。在永安州東北十五里。有石如銀，光耀奪目，故名。銀江流遶其下。

天門嶺。在平樂與賀縣接界。上有石門。

仙宫嶺。在平樂縣北二里，宋鄒浩謫官時僦居處。高百餘尺，四望形如「金」字，一名金字嶺。下有感應泉，浩有詩並序。

冬熱嶺。在恭城縣西五里。高峻難行，嚴冬過嶺，亦汗流浹背。

麥嶺。在富川縣東北六十里，與湖南永明、江華諸縣交界。

桂嶺。在富川縣東南一百二十里，賀縣東北百里，與湖南江華縣、廣東連山縣接界，即古臨賀嶺也。一名萌渚嶠。裴淵廣州記：五嶺一曰臨賀。鄧德明南康記：五嶺第四曰臨賀萌渚嶺。水經注：萌渚之嶠，五嶺之第四嶺也。元和志：萌渚嶠，在馮乘縣北一百三十里，桂嶺在桂嶺縣東十五里。寰宇記：嶺高三千餘丈，東接連州，北接道州〔三〕。名勝志：萌渚嶠，廢馮縣基在焉〔四〕。晉陶侃之擊杜弘，宋潘美之擊劉鋹，岳飛之擊曹成，俱由於此。

長標嶺。在富川縣北六十五里。相傳李靖討蕭銑，嘗駐師植標於此。

馬鬃嶺。在荔浦縣東四十里，與火燄山隔江相對。上有石如雞冠，一名雞冠嶺。

天井嶺。在修仁縣南十五里。上有一壑，寬丈許，深數丈。

接米嶺。在昭平縣東百餘里。高數千仞，石峰巉巖，鳥道如綫，其尤險者曰馬頸，曰石磦，爲獞、猺淵藪。本朝雍正三年開鑿跨嶺除道，闊五六尺，上下四十里，行旅便之。

白坑嶺。在昭平縣北。寰宇記：白土坑在廢富州城北隅，其土白膩，又名鉛粉，郡人取以爲貨，終古不竭。

摩天嶺。在永安州東十里許。又州北三十里有通天嶺，岩峭嵯峩，勢若插天。

龍嶽峯。在平樂縣東五里。一名龍躍峯。下有考槃澗水。

秀峯。在富川縣西北七十里。平地突起數十仞，秀甲雲表。

昭潭岡。在平樂縣東二里考槃澗口。下有十六灘。一名昭潭洞。灘、樂二水匯而爲潭，岡在其北，亦曰昭岡潭。

朝岡。在賀縣東北。元和志：朝岡在桂嶺縣東北四十五里。又有程岡，在縣東南一百二十里。並有鐵鑛，自隋至唐採取。

滴珠巖。在平樂縣東三里。東巖水從石巖而下，舊名滴水巖。又有珠巖，在縣東十五里，玲瓏曲折，有石如珠，亦名迎仙洞。

白雲巖。在平樂縣東八里。叢林蓊鬱，洞門中開，其外百餘步，澗水潺湲，兩岸陡絶，人迹罕至。

瑞山巖。在平樂縣東三十里。四巖相連，曰高巖、下巖、癸水巖、大口巖。

羅山巖。在平樂縣東北八十里。水環巖外，乘筏而入，秉炬行百餘步，緣梯而上，可達山巔。

金芝巖。在恭城縣東五里。上有石乳，垂結如芝。

穿巖。在恭城縣西十五里。一名太極巖。有水從巖中流出，山石峻聳玲瓏，洞口闊二丈餘，高亦如之，旁有石柱圍數尺，高與巖齊。

魚田巖。在恭城縣西三十里。從巖口泛舟入，凡數折，沙平水曲，樹斷雲連，最稱幽勝。

甑頭巖。在恭城縣北八十里。高險難登。宋寶祐初，邑人周元鶚刊文石壁。又有佛巖，在縣北六十里，宋田開讀書處。相近有峻巖，宋周述讀書處。

桃母巖。在富川縣西北八十里。地多桃。

觀音巖。在賀縣北二十五里。巖洞深窅聳翠，乳竇天成。

麒麟巖。在荔浦縣東十里。兩山對峙，巖口有潭，其水由丹竹江出荔河。

藍村巖。在荔浦縣東南四十里。景物幽奇，洞口深黑，遊者必須燃炬而入。

天門巖。在荔浦縣東南藍村巖南五里。舊名黄姜巖。其中又有太極、拱辰、廣寒諸巖，雲壑深邃。

官巖。在修仁縣東以弄村後。一名以弄巖。懸崖壁立，巖在山半，巖口高丈許，可容數百人，有水滴下不絕。相近又有涼洞巖，石山高聳，巖在其下，口高二丈許，内可容數十人，巖盡處有深潭，避寇者多居於此。

象鼻巖。在修仁縣東南半里。下臨水際，碧潭瀠洄，内深數丈，名象鼻潭。

佛子巖。在昭平縣東昭平里。巖口高十丈，闊如之，内可容十榻。旁穿一穴，容數十人，積乳下垂，巧踰雕畫。相近又有仙巖，僂身而入，中有深潭沙洲。

羊角巖。在昭平縣東二五都。雙峯插漢，山半有巖，内分二道，其右較寬，可容百人。相近又有穿巖，其巖穿山二面，光明軒敞，可容百人。

干城巖。在永安州西一百六十里杜莫寨旁二里。萬竅玲瓏，特闢洞天，若堂奥然。

仙迴洞。在昭平縣西北七十里，接永安州界。明萬曆中置堡於此。

官巖洞。在永安州北六十里杜莫寨山中。高丈許，有石室極光明，風雨不能侵，常以此作公館。相近又有仙女洞，去杜莫寨三里。又榕洞，在州北六十里。

鼓鑼峽。在平樂縣東南三十二里龍頭磯下。有石如鼓鑼，水漲則洄洑旋轉，舟不敢行。又龍門峽，在縣東南一百十里府江中。一名松林峽。冬月水小極險惡，明萬曆中加開鑿，漸爲坦道。

陽里穴。元和志：平樂縣東三十一里有陽里穴、那溪穴、新穴，皆出鍾乳。

灕江。亦名桂江。自桂林府陽朔縣流經府城南，名府江。又南經昭平縣東，又南入梧州府蒼梧縣界。史記南越列傳：戈船將軍下灕水。水經注：灕水自熙平，又南逕平樂縣界，左合平樂溪口，又合瀨水，上有灕水關。又南，左合靈溪水，又南至廣信。元和志：灕水東去龍平縣二十一步。又桂江，在開江縣西二里。方輿勝覽：灕水合樂川以至梧，灘瀧三百六十，至昭而中分。自昭而上至静江，不甚險惡。自昭而下至梧，多鋭石，灘高而水湍急。經略志：府江東岸有葛家、石狗等衝，接恭城之站面。西岸有銅亮、銅鏡等衝，接荔浦之三峒，山勢陡絶，道里遼闊。舊志：灕江自平樂縣界歷滑石灘、鱖魚灘，又歷更鼓灘，與荔浦江合。又東匯樂川水爲昭潭。又東歷韭菜灘、三門灘、足灘，遠近羣灘參差環匯，夾江兩岸皆高山盤束，朦朧陰翳，長六七百里，猺、獞多窟穴於此。明萬曆十四年，撫臣吴文華命工併力疏鑿，遂成坦途。

沙江。在平樂縣東。源出縣東北洛山，西流合魯溪江，至榕津與誕山江合，流入樂川。魯溪江，源出魯溪山之分水塘。

誕山江。在平樂縣東南一百里。源出誕山，西流合沙江入樂川。

平樂江。自湖南永明縣流經恭城縣南，又西南經府城東北，又西南入灕江。水經注：平樂溪水，出臨賀郡之謝沐縣南歷山，西北流逕謝沐縣西南，又西南流至平樂縣東南，左會謝沐衆溪，派流湊合，西逕平樂縣南，又西南流注於灕水，謂之平水。元和志：平樂水西去恭城縣二百步。又平樂溪，在平樂縣南三里。水之西岸有昭潭，周迴一里，其深不測。寰宇記：平樂江，在平樂縣東八十里，江中有懸藤灘、黎壁灘。舊志：今名樂川水，由恭城至平樂，合誕山、沙江諸水入灕。又有平川江〔五〕，一名上平江，源出恭城縣九十里灌陽縣界平川，南流過縣北六十里，入樂川。又有南平江，在縣東南六十里，其上源爲白水、淘江，西流入樂川。

勢江。在恭城縣東四十里。源出仲家猺峒中，流合樂川。又北洞水，在縣東十五里，源出銀殿山，西流入樂川。一名葛家溪。又下山水，在縣東五里，亦入樂川。

西水江。在恭城縣西。源出縣西北黄山，南流至平樂界入樂川。又有高橋溪，源出縣西高堆嶺，東流合西水。又有蘇陂水，在縣西四十里，亦流入樂川。

富江。在富川縣西。又南經昭平縣東北，謂之思懃江，即古靈溪水也。水經注：靈溪水出臨賀富川縣北符靈岡，南流逕其縣東，又南注於灕水。元和志：靈溪水今名富水，去富川縣西二里。又富川水，在思懃縣東五十步，南流經龍平縣南入灕水。寰宇記：富水在富川縣西四十里，源出浮蓋山下，南流入富川、思懃廢縣，其水灌注田疇，居民豐贍，故名。舊志有白蕖澗，在富川縣西南百里，源出猺中沙坪村，亦謂之沙江，南流經白霞寨，又南至思懃廢縣，與韋峒濁水江合。又西南一百二十里，至昭平縣東北入灕江。蓋即富江也。

賀江。自富川縣發源，南流經縣東，又南至賀縣東與臨水合，又南入廣東開建縣界。本古臨水也。水經注：封水出馮乘縣西謝沐縣東界牛屯山，謂之臨水。東南流逕萌渚嶠西，又東南，左合嶠水。又逕臨賀縣東，左會賀水。又西南流至郡南，又西南逕封陽縣東爲封溪水。又西南流入廣信。元和志：臨水東去臨賀縣十步，又有賀水合，更名臨賀水。又臨賀水東去封陽縣百步。寰宇記：臨水源出馮乘縣西北臨山下，南流至臨賀縣界。明統志謂之賀水，云源出富川縣靈亭鄉，東流合臨水。舊志：賀江源出富川縣石鼓山之巔，迤邐而南，合神源、大源諸水，經縣城東南，合西溝、蘆溪、將軍諸水。又過峽頭、鐘山，經賀縣城東，合臨水。又東合橘江，至縣東南八里，有龍溪水注之，湍流奔激，亦謂之龍門灘。按：水經注臨水大於賀水，其發源之馮乘縣與經流之萌渚嶠，並在今富川界，而賀水別出興安，在今賀縣東北界。元和志、寰宇記皆與水經注合，是今賀水之實爲臨水，臨水之當爲賀水無疑。自明統志以出富川者爲賀水，出桂嶺者爲臨水，諸志從之，其名遂舛。明統志又云富江在富川縣東，源出靈亭鄉桃母巖，則又誤以臨水爲富江矣。

橘江。在賀縣東三里。源出橘山，南流入賀江。

荔江。自桂林府永福縣流經修仁縣北，又東經荔浦縣南，又東至平樂縣西南，合灕江。即古瀨水也。水經注：瀨水出荔浦縣西北魯山之東，逕其縣西，與濡水合，又東注於灕。元和志：荔江水在荔浦縣南一里。寰宇記：荔江源出崇仁縣西北荔山，其源多桂，樵採無雜木。舊志：源出永福縣西南界廢理定縣，流經修仁縣北十里，有東陂、朝陽諸水注之。經荔浦縣，有山月、丹竹、延賓諸水注之。又有東江，源出永安州，亦北流入焉。荔水至平樂縣西五里，合灕江，謂之荔浦江口。又湖塘江，亦源出永安州，流入平樂縣界，合荔水入灕江。

延賓江。在荔浦縣東三十五里。源出上洞，流合荔水。

丹竹江。在荔浦縣東南。源出峑門砦，北流過獨秀山入荔水。

山月江。在荔浦縣北，即古濡水也。水經注：濡水出永豐縣西北濡山，東南逕其縣西，又東南流入荔浦縣，注於瀨溪。又注於灕水。舊志：山月江，一名沙月江，在縣北二十里鐘山下，源出縣西北雞籠猺南源，東南流經山月嶺，入荔水。

修江。在修仁縣南。源有二，一出大猺山六定、六噶諸猺峒，一出永安州之滴水猺界，東流與黃峒水合。又東北經縣東南，至荔浦縣界合荔江。向可通小舟，今沙石壅塞。又有橫牆江，發源崇仁山，流入沉沙口，至縣東南一里。按：元和志有駱駝水，在建陵縣西七里。又有建水，出縣北建山，南流經縣東。寰宇記駱駝水源出龐山，西南注建水。駱駝水蓋即今修江，建水今無可考。

富郡江。在昭平縣東南。源出賀縣界，西流經馬江廢縣，亦名馬江。又西流入灕江。又有招賢河，在縣東南一百九十里，通馬江。

明源江。在昭平縣西五里。源出金田腦山，流經練灘，入灕江。

歸化江。在昭平縣北八十里。源出永安州界仙迴洞，流經廢歸化縣，因名。又東南入灕江。

濁水江。在昭平縣東北。源出賀縣界棋盤石，二水分流，東流爲沙田江，入賀水。西流爲濁水江，會白藁水入思懃江。

銀江。在永安州東十二里。源出平峒，流經銀山，又南會西江，又南流入眉江。

眉江。在永安州南。又南入梧州府藤縣界，即銀、西二江之下流，古蒙水也。元和志：蒙水舊名涇水，在立山縣北二里。又曰蒙水，在正義縣南四里。又曰涇水，西北去東區縣三十五里。寰宇記：州東蒙山下有泉源，流爲蒙水。州志：蒙江一名眉江，在州南二十里，以灣曲宛若眉狀而名。又蒙江口，在州南五十里，下達五屯所。又激江，在州南，源出古眉山，與蒙水合流入灕。

西江。在永安州西。源出茶山，東流過六峒，會銀江。州志有峒口河，在州東北五里，源出三昧山，西流至州城。又古阜河，在州西北三十里，由石牛潭東流至州城。二水夾合，蓋峒口即銀江，古阜即西江也。

西溝水。在富川縣南。源出屏山。又盧溪水，在縣南三里，一名橋頭江，源出縣西十里黑石源。又碧溪水，在縣南五里，源出龍頭山。並東流入富江。

蕅源水。在富川縣北二十里。源出猺中塘背村，北流入湖南永明縣界。

臨水。在賀縣東南。自縣東北流合賀江，本古賀水也。水經注：賀水出興安縣西北，逕羅山，東南流逕興安縣，又西南流至臨賀郡東，右注臨水。元和志：賀水出賀州東北界，西流注臨水。明統志謂之臨水，云源出桂嶺，南流至賀縣東，與賀川合流而下。舊志：臨水在縣東南一里，源出桂嶺，一名桂嶺江。

崇仁水。在修仁縣北。寰宇記：崇仁水源出謝山，東流合白石水〔六〕。

上灘水。在昭平縣南。源出縣西南之鹽峒，東流經黄京山，入灕江。

六樟水。在永安州西南二十里。自潯州府武宣縣流入，東入眉江。

金斗水。源出永安州北七十里金斗崖，流合古東、古爽諸川，又東北至平樂縣界，入荔江。又有金麻江，源出榕洞。

平溪。在平樂縣南三里。北流注於昭潭。又考槃洞，在縣東二里，西南流注於昭潭。

竈溪。在富川縣西南。源出丹竈山，西南流入灕江。方輿勝覽：水在縣西五十里。

秀溪。在富川縣西七十里。源出秀峯，一名秀峯澗，南流入灕江。

錫溪。寰宇記：在臨賀縣東北四十五里。源出錫山。其水清冷，人久飲則損腰脚，今土人多患跛躄。

官潭。在恭城縣東。源出湖南永明縣，東南流九十里過縣南，又西入樂川。又有白面潭，在縣東二里。牛岂潭，在縣東五里。五海潭，在縣東二十五里。犀牛潭，在縣西二十里。

金沙泉。在府治東南，即李商隱詩所謂「繩爛金沙井」是也，遺迹猶存。

沸水泉。在賀縣西二十里。泉涌如沸，灌溉甚溥。又有玉山泉，在縣西北。

温泉。寰宇記：在臨賀縣東北四十五里。源出劣下山半巖，石壁中出泉三道，一熱，一冷，一温，各有眼。五十步作二舍，西流入錫溪。通志：今温泉有二處，一在南鄉洞，一在里松鄉。又有温泉在昭平縣東南馬江里。

古碧泉。在永安州南十里。又有甘露泉，在州北七十里官道旁，行人掬飲，云可避疫。

梅公井。在府東。宋守梅摰所鑿。

七分水井。在賀縣南五十里。從平地涌出，四時不涸，灌田甚廣。

古蹟

平樂故城。在今平樂縣西南。元和志：吴甘露元年，分富川縣置平樂縣，屬始安郡。宋史地理志：昭州平樂，大中祥符元年，移治州城東。舊志：故城在縣西南三里荔浦江口，亦名樂州城。

恭城故城。在今恭城縣東。唐書地理志：昭州恭城，蕭銑置。元和志：縣西南至昭州九十里。宋史地理志：太平興國元年，徙治於北鄉龍渚市，景定五年復舊。縣志：縣舊治在縣東鳳凰山下，明成化十三年，以水患始移於黄牛岡之原，即今治。

富川故城。在今富川縣西南。元和志：富川縣東南至賀州一百四十五里，本漢舊縣。舊志：故城在鐘山下，自漢至元皆因之。明洪武初，置守禦千户所於藹石山南，相距七十里。二十八年，併遷縣於此，即今治也。

臨賀故城。今賀縣治。漢置縣。三國吴置郡。吴志：赤烏二年，都督廖式殺臨賀太守嚴綱，自稱平南將軍，攻零陵、桂陽諸郡。遣吕岱討平之。水經注：郡對臨、賀二水之交會，故取名焉。

荔浦故城。在今荔浦縣治西。元和志：荔浦縣，北至桂州二百四十七里，本漢舊縣，因荔水爲名。縣志：舊縣治在今縣西荔江之濱，後遷今縣之南，濱江。明洪武元年，始築土城。景泰七年，移於後山，即今治。通志又有荔州故城，在縣西四十里。

建陵故城。在修仁縣南。元和志：建陵縣，北至桂州三百四十里，吴孫氏置。九域志：縣在桂州西南二百六十七里。縣志：舊縣治馬良坪，在縣西三里，或曰治南隘口。明永樂初，爲賊所陷。景泰初，遷壩寨村，在縣南二里。天順中，復陷於賊。成化十五年，遷於五福嶺，即今治。

龍平故城。今昭平縣治。梁置龍平縣，唐爲富州治。元和志：富州，西北至昭州一百六十里，東北至賀州二百十里，西至蒙州九十里。寰宇記：龍平縣，乾元元年移於古武城郡，爲理所。舊志：縣舊治太平嶺，在府江西岸，有城，明初廢。成化中，置昭平堡，尋陷於寇。正德三年，遷堡城於府江東岸，置守備司。萬曆四年，復置縣。六年，移還江西岸舊址，即今治。

蒙州舊城。在永安州治南。元和志：蒙州，東至富州九十里，西北至荔浦縣八十里，本漢蒼梧郡荔浦縣地。隋開皇十年，分置隋化縣，屬桂州。唐武德四年，於此置南恭州。貞觀八年，改爲蒙州，因蒙水以爲名。領立山、正義、東區三縣。又立山縣，郭下，本隋化縣，武德四年改置立山縣，屬荔州，改屬蒙州。宋史地理志：昭州立山縣，熙寧五年廢蒙州入焉。舊志：明洪武中廢立山縣，置古眉寨巡司，在今州南二十里。古眉，蓋即古蒙之訛也。成化十三年，以地處萬山之中，民少猺多，難以控禦，因復置州，移於今治。立山舊址，今在州治東。

沙亭廢縣。在平樂縣西。唐書地理志：昭州平樂，武德四年析置沙亭縣，貞觀七年省。寰宇記：廢沙亭縣，在昭州西三十五里，唐證聖元年置，聖曆二年廢。有沙亭水在舊縣西北。

永平廢縣。在平樂縣東北。元和志：昭州永平縣，西南至州九十里，證聖元年割平樂縣永平鄉置，因鄉爲名。縣南臨永平水，西流入平樂縣界。寰宇記：開寶五年，併入平樂。縣志：故址在縣東北歷塘村。

綏越廢縣。在富川縣南。隋書地理志：始安郡富川縣，大業初省綏越縣入焉。唐書地理志：梧州蒼梧縣，貞觀八年以賀州之綏越來屬。十二年省綏越。舊志：廢縣在蕩山縣南百里。按：綏越凡再置，俱不知在何時，今考唐志，賀州本綏越郡，隋志「永平郡賀州，陳置綏越郡」，則縣之始置疑在陳時，其重置當與沙亭等縣同在武德四年。

馮乘廢縣。在富川縣東北。元和志：馮乘縣，東南至賀州一百八十里，界内有馮溪，因以爲名。本漢舊縣，屬蒼梧郡。吴屬臨賀郡。隋大業三年，改屬零陵郡。唐武德四年，屬賀州。寰宇記：廢馮乘縣，在賀州北一百二十里，開寶四年省入富川。舊志：在今縣北七十里靈亭鄉。

封陽廢縣。在賀縣南。元和志：封陽縣，北至賀州一百四十五里，本漢舊縣，屬蒼梧郡，在封水之陽，故名。吴屬臨賀郡。隋屬蒼梧郡。武德中，屬賀州。唐書地理志：封陽，貞觀元年省，九年復置。寰宇記：開寶四年，省入臨賀縣爲信都鄉。縣志：今有信都鎮，在縣南百里，即封陽墟也。

蕩山廢縣。在賀縣西。元和志：蕩山縣，東至賀州一百七十二里。蕭梁立。隋大業二年省。唐武德四年復置。有蕩山在縣西七里。唐書地理志：賀州蕩山縣，天寶後置。寰宇記：開寶四年，廢蕩山入臨賀縣爲招賢鄉。縣志：招賢鄉，今屬昭平縣。

桂嶺廢縣。在賀縣東北。元和志：桂嶺縣，本漢臨賀縣之地，吴分置建興縣，屬臨賀郡。晉改興安縣。隋開皇十八年，改爲桂嶺，屬熙平郡，因界内桂嶺爲名。唐武德四年，改屬賀州。西南至州八十二里。明統志：廢桂嶺縣，在賀縣境，元末省。縣志：在縣東北一百里桂嶺下。

崇仁廢縣。在荔浦縣西南。唐書地理志：武德四年，析荔浦縣置崇仁縣，屬荔州。貞觀十二年，改屬桂州。後省。

武龍廢縣。在修仁縣西北。唐書地理志：桂州修仁，貞觀元年置武龍縣，十二年省。

歸化廢縣。在昭平縣西。宋書州郡志：鬱林郡歸化縣，疑是江左所立。隋書地理志：始安郡龍平縣，平陳後又置歸化縣。大業初，廢歸化、安樂、博勞三縣入焉。唐書地理志：富川龍平縣，武德四年析置歸化、安樂、博勞，九年俱省。寰宇記：歸化廢縣，在龍平縣西北三十里。安樂廢縣，在縣東北五里。博勞廢縣，在縣北三十二里。

馬江廢縣。在昭平縣東南。元和志：開江縣，北至富州一百里，本漢猛陵縣地。梁於此置開江郡。隋開皇十年，罷郡爲縣，屬静州。大業二年廢。唐武德五年，復置，屬梧州。唐書地理志：富州馬江，本開江，後隸梧州，又復隸柳州，長慶三年更名。寰宇記：時桂管觀察使殷侑以開州有開江縣名同，因按圖經云其江是漢馬援所開，請改馬江縣，從之。開寶五年，併入龍平。縣志：廢縣，今爲馬江里。

豪静廢縣。在昭平縣南。隋書地理志：始安郡豪静縣，梁置開江、武城二郡，陳置逍遥郡，隋平陳，郡並廢。唐書地理志：武德時，以豪静隸梧州。貞觀十二年，省入蒼梧縣。縣志：廢縣在縣南百餘里。

思勷廢縣。在昭平縣東北。元和志：思勷縣，南至富州一百四十里，聖曆元年分龍平縣置。二年，於縣置武安州，開元二年廢，以縣屬富州。宋史地理志：開寶五年，以思勷入龍平。縣志：廢縣在縣東北陶唐村之東南。唐志作天寶後置，與元和志不合。

欽政廢縣。在永安州。唐書地理志：蒙州立山，武德五年析置欽政縣，貞觀十二年省。舊唐志：武德四年，置南恭州，割荔州之立山、東區、純義三縣置嶺政縣，即欽政之訛。又州志有常安廢縣，在今州西北三十里，唐初置，尋廢。考新、舊志俱無，不知何據。

永寧舊縣。在荔浦縣西北，本三國吴永豐縣也。元和志：永豐縣，北至桂州二百一十里。吴甘露元年，析漢荔浦縣之永豐鄉置，隋開皇十年省入陽朔縣，唐武德四年復置。唐書地理志：桂州豐水縣，本永豐縣，隸昭州。武德四年，析陽朔縣置，後來屬。長慶三年更名。文獻通考：静江府永寧，唐豐水縣，梁改。宋史地理志：熙寧四年，廢爲鎮，入荔浦。元祐元年復置。南渡後，無永寧縣。九域志：荔浦縣有永寧鎮。縣志：永寧鎮，在縣之西北五十里。

東區舊縣。在永安州東南。唐武德五年分立山縣置，屬荔州，尋屬南恭州。貞觀六年，隸鷰州，十年還屬蒙州。元和志：縣西北至蒙州八十里。熙寧五年，省入立山。

正義舊縣。在永安州西北，唐武德五年分荔浦置純義縣，屬荔州，尋屬南恭州。貞觀六年，改屬鷰州，十年還屬蒙州。永貞元年，避諱改曰正義。元和志：縣東南至蒙州三十里。寰宇記：在州西北二十三里，宋熙寧五年省入立山。

孤州廢城。在平樂縣。輿地紀勝：在平樂縣東南四十里，唐天册萬歲元年所築，光大元年廢〔七〕。名勝志：古州城，今訛爲孤州。舊志：相近又有崑崙城，建置未詳。

銀場。在賀縣。九域志：臨賀縣有太平銀場。又有寶場，開寶四年省。寰宇記：寶城場，即古劣下場，廢入縣爲温泉鄉。舊志：太平銀場，在賀縣之東北橘山，久廢。

錫場。在賀縣。元和志：臨賀縣北四十里有大山，山有東游、龍中二冶，百姓採沙燒錫以取利焉。縣志：錫鑛有六，皆在縣北。

政平樓。在府治前。今改安定門樓。

書雲樓。在府治南。

三瑞樓。在府治西城上。又名七松樓。

籌邊樓。在府城東南。

御史堂。在恭城縣東五里，宋御史周渭讀書處。

十箴堂。在賀縣治内，刻宋周必大十箴於石。

中和堂。在賀縣舊州治中。久廢。

拱北軒。在府城北仙宫嶺下。又得志軒，皆宋鄒浩所搆，有記。

雙榕閣。在府治東二里江邊。居兩榕之間，故名。今廢。

天繪閣。在府城北。宋鄒浩嘗居此三年。

清音閣。在賀縣西五里。宋守譚良佐建，以旁有瀑布，故名。

明秀亭。在府城南門外。

翱風亭。在府城北仙宫嶺。宋鄒浩建以爲避暑之所，有記。

梅公亭。在府治東北鳳凰山。宋梅摯建，以昭州所爲詩及五瘴説刻石嵌於壁。又有十愛亭，在府治西北，亦摯建。十愛者，月、士、寺、觀、角、水、路、樂、酒、果也，各有詩。

關隘

南關。在平樂縣東南昭潭岡下。又北關，在縣北鎮夷門外。舊皆設官榷税。

龍虎關。在恭城縣東北七十里。九域志：恭城縣有荆峽、松門、永安三鎮。舊志：今龍虎關，即荆峽鎮也。關南屬恭城，北屬湖南永明縣。

虎口關。在恭城縣西十里，接平樂縣界。明末曹志建，據縣所立。

荔平關。漢書地理志：荔浦縣有荔平關。元和志：關在縣南，蓋在荔水之上，久廢。

鏌鋣關。在荔浦縣北三十五里鏌鋣山上。

南隘關。在修仁縣西南四十里，亦曰南隘口。九域志修仁縣有南隘鎮，即此。舊志：内分十排，東界石牆堡，南北界雒容、象州、永福，皆猺、獞所居。

馬騮隘。在平樂縣東南五里。一名馬鹿巷。爲往粤東陸路要扼。

牛巖隘。在富川縣東。民猺雜居，與湖南江華縣山界相連，設兵防守。

古蘇堡隘。在永安州東南，接昭平縣界。又有馬鬃嶺隘，在州北，接荔浦縣界。平坦堡隘，在州西北，接修仁縣界。皆猺、獞雜居。本朝康熙六十年，設兵防守。

鎮峽寨巡司。在恭城縣北六十里，與湖南永明縣接界。倚山臨江，實爲險要。明萬曆初置巡司，今因之。又舊有白面寨巡司、西嶺寨巡司，今俱裁。

白霞寨巡司。在富川縣西南一百五十里。有巡司，司前有白霞渡。又舊有寨下巡司，在縣西北秀峯村，今裁。

信都鎮巡司。在賀縣南一百里，即古南鄉鎮也。宋潘美圍賀州，南漢將伍彦柔趨援，美潛以奇兵伏南鄉岸，擒彦柔，即此。舊有巡司，今因之。

里松鄉巡司。在賀縣東北。本朝嘉慶二十年，移會寧墟巡司駐此。

馬江塘巡司。在昭平縣一百三十里。本朝嘉慶四年設。

鐘山鎮。在富川縣東南鐘山下，即古縣治也。縣徙後，因置鎮，有土城，周不及二里，門二。舊移邊蓬巡司於此，今廢。

平日鎮。在永安州西南。九域志：立山縣有桂峽、平旦、萬峩、利來四鎮。舊志有平坦堡，在州西南五十里，疑即平旦之訛。

水涯營。在平樂縣東一百八十里。明萬曆二年築城，設土巡司，防禦南村、義水、仙家、西水、魚狗、冗峒、糯峒、葛峒、石峒、金井、横溪、東岸、峩峒、高砦、盧家、粟峒諸堡猺、獞衝口。

麥嶺營。在富川縣東北。本朝移同知住此，兼設都司防守。

石牛營。在賀縣西南百里。明萬曆八年築土城，置兵戍守。

桂嶺營。在賀縣東北。明萬曆間於桂嶺適中要地建立大營，設守備駐守，分防十三營。今於桂嶺、賴村、停歇、龍水、大汭、黄峒、牛瑞、石牛等八營分兵防守，餘廢。

九衝營。在昭平縣東。倚山爲險，猺、獞嘗屯聚於此。明萬曆中，設營戍守。

北陀營。在昭平縣東南一百三十里北陀山前。明萬曆二十八年，總督戴輝築城，設撫夷同知於此。天啓初革。其兩旁有鎮夷左右二營。本朝設兵戍守。

仙迴營。在昭平縣西北七十里仙迴洞。明萬曆十三年，土舍黄仲拙築城，兼領古眉寨巡司，今廢。

韋峒營。在昭平縣東北九十里。明萬曆八年，黄仲拙築城，有兵戍守。

華蓋營。在荔浦縣東五里，爲猺、獞出没之所，舊設把總防汛。經略志：縣南接府江，西通修仁，西北連永福之黄磊，北達陽朔之金寶頂，皆稱阻隘，而東面尤險。華蓋營鎮壓諸巢，最爲重地。

古眉營。在永安州南三十里古眉山下，州境要害。舊置巡司，明萬曆七年改置土巡司，今廢。

羣峯營。在永安州北羣峯山下。明洪武中置羣峯土巡司於峽口堡北，後遷於杜莫寨。萬曆中又遷於貓兒堡，在今州北五十里。

站面砦。在恭城縣東南。其北爲淘江砦。縣志：勢江源在縣東，與站面、淘江相匹，舊設勢江土司。

上中峒砦。在荔浦縣東南十五里。又東有下峒砦、舊日、朦朧三峒，皆諸蠻所據。明隆慶六年，巡撫郭應聘討平之，設土司世守。萬曆十年，又移下峒司於延賓江，在縣東三十里。

峯門砦。在荔浦縣東南二十五里。又南源砦，在縣西北三十五里，皆有城。明萬曆中築，設土司戍守，後移峯門司於中峒，南源司於下峒，今皆裁。

開建寨。在平樂縣東南。宋潘美討南漢，進次昭州，破開建砦，即此。又白田寨，在縣東南，宋皇祐中張忠邀擊儂智高於白田，即此。

大寧寨〔八〕。在賀縣東北桂嶺營西南。明置巡司。又沙田寨巡司，在縣北晏城鄉，後遷於縣西點燈寨。俱萬曆八年裁。

杜莫寨。在永安州西北七十里。猺、獞出没處。萬曆二年，築城置戍。又有白花洞口土巡司，久廢。

大會墟。在賀縣東北一百五十里，與大寧寨近。五方雜處。本朝嘉慶二十年，設縣丞駐此。

廣運堡。在平樂縣東南六十里府江東岸，即舊廣運驛也。明弘治中築城。又足灘堡，在縣東南九十里灘江東岸，明正德初築城。

鳳凰堡。在恭城縣東六十里。有屯兵防守。又有永鎮堡，在縣北八十里，即宋之永安鎮也，今廢。

東厢堡。在富川縣東。明築十七堡，後並廢。本朝康熙十一年，以黄沙嶺、柳木營、仙姑塘巖口、平石源、牛巖四處與湖南接壤，設兵防汛。

王猺堡。在荔浦縣西北。迤東又有夾版、都鳳、紅頭、以墩、板幹、朝天共七堡，皆本朝所立，撥兵戍守。横亘一百二十里，山川崎嶇，道路迂曲。

石牆堡。在修仁縣西三十里。明萬曆間勦平獞盗，因立石牆於隘口，爲提調司。本朝設把總防汛。

昭潭驛。在平樂縣西，水驛也。其東爲遞運所。西北至桂林府陽朔縣古祚驛一百里，東南至昭平縣龍門驛二百里。

龍門驛。在昭平縣南九十五里，水驛也。北至平樂縣昭潭驛二百里，東南至梧州府蒼梧縣府門驛二百里。

校勘記

〔一〕貞觀元年於縣置晏州　「晏州」，原作「宴州」，據乾隆志卷三六一平樂府建置沿革（下同卷簡稱乾隆志）及舊唐書卷四一地理志改。

〔二〕唐李部爲守　「部」，原作「郃」，乾隆志同，據雍正廣西通志卷一四山川及本志平樂府名宦改。

〔三〕北接道州　「道州」，原作「通州」，據乾隆志及太平寰宇記卷一六一嶺南道賀州改。

〔四〕廢馮縣基在焉　「馮縣」，乾隆志同，當作「馮乘縣」，脱「乘」字。

〔五〕又有平川江　「平」，原作「名」，據乾隆志及雍正廣西通志卷一四山川改。

〔六〕東流合白石水　「白」，原作「曰」，據乾隆志及太平寰宇記卷一六二嶺南道桂州改。

〔七〕光大元年廢　乾隆志及輿地紀勝卷一〇七廣南西路昭州並同。按，唐無「光大」年號。讀史方輿紀要卷一〇七廣西二引通志云「天册萬歲元年所築，尋廢」，蓋以「光大」無考故不取。考五代時，前蜀有光大（或作光天）年號，然廣西非其屬地。廣西五代時先屬楚，後屬南漢，劉玢時年號爲光天，疑此「光大」爲「光天」之誤。

〔八〕大寧寨　「寧」，原作「安」，據乾隆志及雍正廣西通志卷三五廨署改。按，本志避清宣宗諱改字。

大清一統志卷四百六十八

平樂府二

津梁

儒林橋。在府學西。旁有龍池。

東安橋。在府城南關内。俗呼通濟橋。

浮橋。在平樂縣匯塘灣。本朝康熙五十六年，造船五十隻，貫以大鍊，並設橋夫二十名。雍正十年修。

大通橋。在平樂縣東。一名攬勝橋，跨考槃澗水。

桂嶺橋。在平樂縣東滴水巖左。

團山橋。在平樂縣東團山堡東。

通津橋。在平樂縣西門外。俗呼鐵鑪橋。

接龍橋。在平樂縣北澗之北一里。橋止一拱，高可數丈，闊亦如之。本朝雍正十年修。

石面橋。在平樂縣東北十二里石面山前。

盤龍橋。在平樂縣東北沙亭之右。

高橋。在恭城縣西二十里。

通仙橋。在富川縣南八十里。

登瀛橋。在富川縣西北秀峯。

東江浮橋。在賀縣東門外。一曰大橋關。明弘治中建爲榷税之所。本朝康熙九年、雍正二年重修。設船二十四隻，橋夫四名。

照壁橋。在賀縣南門外。

桂花橋。在賀縣治西。

登仙橋。在賀縣西北。

利涉橋。在荔浦縣北二里。

龍脊橋。在昭平縣東南。

金帶橋。在永安州治前二十步。水由東關直達西關。

接龍橋。在永安州北一里。

榕津渡。在平樂縣東四十里，官渡。舊置榕津巡司於此，今裁。

南門渡。在平樂縣東，通荔浦、修仁、永安諸境官渡。

驛前渡。在平樂縣東昭潭西。俗呼令公渡，又名西山渡。

野鴨渡。在賀縣西二里。一名大江坪渡。

芳林渡。在賀縣北。舊志有芳林鎮在其上，宋潘美伐南漢，兵至芳林，即此。又有林峒渡，在縣東。俱官渡。

越王渡。在賀縣東北。寰宇記：在桂嶺縣南二十七里賀水邊。相傳越王常渡於此，石櫛石履猶存。

排河渡。在永安州西。舊爲鎮龍橋，後圮。本朝康熙十二年設官渡。又龍渡，在州西北峽口。石牛渡，在州北十里。

隄堰

龍頭隄。在平樂縣西北。明萬曆間御史佴祺築。

千家堰。在恭城縣北六十里。長五十餘丈，溉田甚廣。一名千金堰。又北十里有石牛堰。

河頭堰。在恭城縣東北隅。民資灌溉。

東陂壩。在修仁縣東五里。由修江至瀨灘，堰水入溝，灌東鄉田。又榕水壩，在縣南八里，堰水入大圳，灌縣前大洞田。大壩，在縣南十里，由馬蹄江堰水入大圳，灌縣西南諸田。

周塘。在平樂縣東。積水灌田，四時不涸。

木良塘。在平樂東北仙宮嶺。源出山谷間。一名迴龍津。

陵墓

明

三烈墓。在昭平縣東。貞女劉辰秀與庶母張氏、郭氏葬此，有祠。

祠廟

五賢祠。在府學東。宋郡守王光祖建，祀梅摰、鄒浩、孫武德、徐正、柴肅。

鄒侍郎祠。在府學後，祀宋鄒浩。

七賢祠。在府城北。舊爲道鄉書院，祀宋鄒浩，明嘉靖時建。後又增祀范祖禹、胡銓，後爲三賢祠。萬曆間郡守周祈又增祀唐韓思彦、韋陟，宋黄葆光、洪興祖，改今名。春秋二仲，守令致祭。

周王祠。在恭城縣治東，祀宋周渭。

李王廟。在富川縣北長標嶺，祀唐李靖。

太尉廟。在富川縣北秀峯，祀宋毛炳。

忠祐廟。在賀縣治東南。宋乾道中建，祀唐陳侯，逸其名。明統志：忠祐顯應，侯姓陳氏，乾道中郴寇欲犯境，十里外望見城上執兵者甚衆，遂遁。淳熙中，陳峒賊入境，亦震慴而退。事聞，賜廟額，累封惠靈公。

天后廟。在昭平縣城外江滸。本朝康熙三十七年建。

寺觀

東山寺。在平樂縣東二里下關。一名光孝寺。本朝康熙三十二年修。

資壽寺。在平樂縣南二里南山下。一名南山寺，又名資聖寺。

沸水寺。在賀縣甑山麓，上有瀑布泉。

迴龍寺。在修仁縣南。本朝康熙五年修。

泗州寺。在永安州治南。本朝康熙六年修。

丹霞觀。在富川縣西三十里。相傳張道陵於此上昇。

玉虚觀。在賀縣。宋建。又有賢天觀，在桂嶺江口，宋鄒浩有詩。

佛慧庵。在府治東。前有金沙池，一名金沙禪林。本朝康熙四年修。

紫微庵。在恭城縣城外江口黄牛石下。本朝康熙十二年建，扼縣城水口。

玉樞宫。在昭平縣南門外。本朝順治十八年修。

名宦

唐

敬超先。代宗時，爲昭州刺史，有善政。杜甫題高適詩序云：「今海内忘形故人，獨漢中王瑀、昭州敬使君超先在。」

李郃。延唐人。太和中爲賀州刺史，有惠政。

宋

周輔成。道州人。大中祥符間，爲賀州桂嶺令，有惠政。即周子之父也。

梅摯。新繁人。景祐間知昭州〔一〕。時官嶺南者多憚瘴癘，不願往，摯作仕有五瘴説鐫於石。

高登。漳浦人。紹興二年，授富川縣主簿。董弅聞其名，檄讞六郡獄，復命兼賀州學事。學故有田舍，時已罷歸買馬司，登請復舊，守不能奪，卒從之。

俞獻卿。歙人。爲昭州軍事推官，會宜州陳進亂，象州守不任事，轉運使檄獻卿往佐之。及至，守謀棄城，獻卿曰：「臨難苟免，可乎？賊至當力擊，奈何棄去？」初，昭州積緡錢巨萬，獻卿盡用平糴，至積穀數萬，及大兵至，賴以餽軍。

柴中行。餘干人。寧宗時，廣西轉運使辟爲幹官，攝昭州郡事。蠲丁錢，減苗斛，賑饑羸。轉運司委中行代行部，由桂林屬邑歷柳、象、賓入邕管，問民疾苦，先行而後聞，捐鹽息以惠遠民。

元

余永。至正間，以湖廣宣慰使權知平樂。先是，學宫在考槃澗西，燬於兵，拓拔元善攝郡，監覈學租，捐俸募民新之，永受規畫，程功之力居多。

明

張信。河南人。洪武初，平樂府同知。政務大體，尤屬意農桑學校，後以課最擢知府。

馬宥。山東人。洪武初，知荔浦縣。加意新附之衆，經制立法，建學校，立城社，置四鄉八都十七里，百廢具舉。

張昊。海康人。永樂中，知平樂縣。奏復軍營侵地，建堂宇學舍。

伍繪。四會人。景泰間，知荔浦縣。改遷城邑，建文廟學舍，民得安堵，盜賊屏迹。

尹浦。山陰人。成化中，由通判擢平樂同知。府境皆巉山深箐，猺憑險出没剽掠。浦縱火悉焚林薄，猺潰散。規築城堡，據守要害，自是平樂遂爲安土。

余玉。内江人。弘治中，知平樂府。草寇爲患，玉增鑿後山爲二塹，以嚴外衛，於城下闢爲路，令軍士更番巡警。賊聞，不敢近。

梁魚。順德人。弘治間，知平樂縣。先是，猺蠻梗化，軍旅數興，田野半蕪。魚奏蠲樂山、津平二里浮糧五百餘石，間有不能輸者，復移商税助之。

張祐〔二〕。鉛山人。正德間，任府江兵備副使。會荔浦寇起，親率兵督戰，破之。修恭城縣城，建富川守禦所，築鍾山鎮城，葺廣運、足灘二堡，飭邊固圉。

金傑。湯溪人。嘉靖中，知富川縣。會滂溪寇起，傑定計勦之，賊大挫而遁。嗣是諸峒巢不敢動。

方思賢。順德人。萬曆中，知昭平縣。北陀獞黄璉寶等負險不服徵輸，監司議征勦，思賢直抵其巢，宣布威德，猺、獞皆帖服。

歐陽東鳳。潛江人。萬曆中，遷平樂知府，撫諭生猺，皆相親如子弟，因白督學監司，擇其俊秀者入學，猺漸知禮義。税使横行，東鳳力抗之。

唐夢鯤。番禺人。崇禎中，知富川縣。有撫猺功。

本朝

尹明廷。吴縣人。順治中，知平樂府，有惠政。李定國陷城，執之去，明廷不爲屈，潛逸歸。後賊敗，巡撫陳維新仍令守平樂。明廷星夜馳至，賑恤貧乏之被難者。定國復來攻，遂死之。詔贈太僕卿，廕一子入監。

周永緒。盱眙人。順治中，以按察副使分守平樂。時疆域新附，永緒拊循備至，民賴安輯。李定國陷城，被執，不屈死之。

涂起鵬。潛江人。順治八年，知平樂縣。會賊衆犯城，起鵬衝鋒力戰，被執，不屈死。詔贈按察僉事，予祭，廕一子入監。

楊榮蔭。陽城人。康熙七年，知平樂府。先是，奸猾輩利猺、獞所有，多借人命奸盗羅織，致猺、獞走險，激成大獄。榮蔭廉其情，力杜積弊，一時豪健股栗，囹圄空虚。

唐鳳。潮陽人。康熙七年，以都司僉書守賀縣。軍法嚴明，桂嶺諸猺、獞憚之。孫延齡附吴三桂叛，鳳詣督府陳破賊方略，以援勦游擊鎮岑溪。時土鎮逢起，鳳破斬僞總兵林萬勝、孫雲客於藤縣義昌鄉，王邦相、張宏等於容縣坡里，民賴以安。

劉欽隣。儀徵人。康熙十三年，知富川縣。孫延齡附吴三桂，欽隣募義勇爲戰守具，會守防把總楊虎、奸民蔣吉士等私受僞劄，執欽隣送桂林，啗以高爵，不爲屈，囚之，自縊死。贈太僕少卿，謚忠節。

吴錫綬。山陰人。康熙十七年，爲羅定都司。平樂久爲賊據，錫綬率所部從撫蠻將軍傅弘烈，集兵恢復。賊將吴世琮擁衆猝至，錫綬同千總謝得功、譚瑛，把總翟應麟、白隊、雷震、何華、楊昌、梁大等出戰，力盡，並死之。

陳大輦。黄岡人。康熙四十五年進士，授永安知州。永安處萬山中，皆猺、獞，風俗最乖，大輦爲定婚嫁喪葬之制，俾習而行之，建學以興文教，俗用丕變。

胡醇仁。山陽人。雍正二年，知平樂府。時修仁十排獞賊負固爲暴，甫視事，即討平之。在郡五載，正己率屬，興利除弊，士民愛戴。六年，征八達寨猺賊，奉檄監紀軍務，以瘴卒於行營。

人物

漢

徐徵。荔浦人。延熹五年〔三〕，由中郎爲蒼梧郡督郵。時中常侍唐衡遣客至蒼梧買珍奇，客怙衡階，多減所直。又淫兇過甚。徵收客郡市，髡笞已，乃白太守。太守大怒，收徵付獄，主簿力請乃釋。郡中稱其敢決。

宋

周渭。恭城人。建隆初，劉鋹據五嶺，渭脱身北走，上書言時務，太祖召試稱旨。累官至殿中侍御史，改兩浙、益州轉運使，賜金紫。真宗嘉其清節。

陶紹宗。平樂人。開寶間，從潘美擒劉鋹，以功授龍平縣令，除鋹苛政，境内大治。太祖聞其賢，擢光禄卿。

林通。富川人。仁宗時爲御史，棄官歸。素工詩。隱居豹山，邑人名其山曰隱山，巖曰潛德。

韓迥。昭州人。仕至太子中舍。嘉祐中，引疾歸。轉運使李師中高其氣概，以詩贈之。

元光。昭平人。隱居樂道，不求仕進。崇寧中，鄒浩謫居昭州，與光游，有贈詩。

林勳。賀州人。政和進士。爲廣州教授。建炎三年，獻本政書十三篇，大要因古井田，約税錢米，及賦兵馬更番之數，婦貢絹綿，非蠶鄉者以布麻代。書奏，擢桂州節度掌書記。又上比校書二篇，歷指桂地當墾田出穀之數。張栻得其書寄朱子，謂勳一生用功於此，所至有惠政，乃廣中人材之卓然者。

陶致完。平樂人。紹興進士，拜監察御史。立朝方正，爲秦檜所忌，解綬歸。

毛士毅。富川人。高宗時，知石城縣。賊李接攻城，士毅與尉曰：「當以死衛百姓。」遂糾合義丁，與賊戰，衆寡不敵，被執，罵賊死。贈承事郎。

毛炳。富川人。性倜儻不羈。乾道中，以平寇功，授横、貴、廉三州都巡檢使。後交寇犯境，死難。贈太尉。

毛温。富川人。爲欽州靈山簿。時交阯寇陷欽、廉、白三州，守吏皆望風遁，温糾合土豪，與戰輒勝，賊勢遂挫而遁。事聞，召對加職。

明

陶秀。昭平人。事親孝，盡以家產付弟。知會昌縣，有以賄入者，輒峻卻，決獄無留滯。

李時敏。平樂人。成化時，知信宜縣，以材武稱。嘗與孔鏞共平猺賊，以功遷知化州。粵人並稱孔李。

蔣璣。恭城人。弘治舉人，知連城縣。縣初無城，璣築城鑿濠，工甫就，而武平賊劉隆鄉亂，鄰縣多被剽掠，惟連城得全。

莫駿。平樂人。正德舉人，累官南京户部員外郎，以廉介稱。爲諸生時，猺賊掠其村，母齊氏遇害。駿請兵深入，俘其賊後，檄擣它賊，輕入被執，不屈遇害。贈府同知。

李安。富川人。常熟主簿李昭宗養子。嘉靖中，倭航海來犯，安從昭宗爲前鋒，屢殺賊，後以力寡不支遇害。首以獻。仍上兵食戍守之宜爲久遠計，昭人誦其功。

唐世堯。平樂人。萬曆進士，授寧波推官，擢吏部主事。佐冢宰陸光祖，推舉萬國欽、饒坤，皆以國本建言得罪者，隨鐫秩歸。中人有採榷於昭者，官吏莫敢誰何，世堯以大義力折之，諸璫側目。世堯亦不復出仕，居家以孝友稱。

蕭日高。平樂人。崇禎中，任峨嵋縣主簿。流賊張獻忠圍城，日高悉力拒守，城破，殉難死。本朝乾隆四十一年，賜謚節愍。

唐鍾祚。平樂人。流寇肆虐，鍾祚募團練仙迴，廣東陳恩兵突入仙迴剽掠，鍾祚佩劍，率二僕往諭之，被執，罵不絶，主僕皆罹害。本朝乾隆四十一年，入祀忠義祠。

本朝

張宗璠。恭城生員。事親以孝聞。父没未葬，値僞兵至，鄉人逃匿，璠守父喪不去。兵欲毁棺，璠以身蔽之，刀刃交加，幾死不避，賊爲感動。康熙二十年旌。

甘受調。平樂人。家頗饒，悉以與兄弟。甲寅吴三桂之亂，晦迹猺山，有捧僞檄招之者，峻拒之。亂平，築别業於桃竹山池，名曰宛在，從遊者皆繞池而舍。父疾，清夜默禱，乞以身代。里有貧而病者，割館穀以助。

駱之塤。恭城人。同母莫氏避難北流，母爲兵所執，塤哀懇救母，兵露刃脇之，再四不免，母子俱被害。

袁啓翼。平樂人。居昭平銅鼓峽，閉户讀書，著隱居志恒言五卷、詩論序記二卷、葩經約旨歌一卷。子景星，官翰林，提督四譯館、太常少卿。贈啓翼如其官。

歐日榮。平樂人。幼失父兄，無賴子奪其産。及長貧甚，母死不能厚葬，每過墓哀號不忍去。雖當燕會，一念及親，輒復流涕。撫其幼弟倍至，嘗著勉學三十餘則，以垂爲家訓。

歐陽榛。平樂廩生。鄉人有逋賦鬻其妻子者，榛代贖之。又捐金以助婚，備棺以恤死，饑年則傾資以賑，無所惜。病篤時，焚夙逋舊券而没。

毛上習。賀縣人。康熙二十九年，知諸暨縣。捐俸賑饑，斷事無苛，征糧有法。立義學，邑中寒士若坐春風。一時號爲清白慈祥。在任三年，疾卒，奠送者塞道。

吴元琪。其先雲南昆明人。父澂，官平樂府經歷，父卒，遂籍平樂。中乾隆辛卯進士。由郎中除歸德知府，治河有能聲。尋降同知，簡發福建，會林爽文亂，元琪護軍餉，助臺灣城守，招降莊錫世，升浙江知府。元琪少孤，其友闕上達恒周之，後官歸，餽上達金。上達爲買田而籍其歲所入之數，元琪卒，悉以畀其子。上達篤於信義，附載。

黄啓宗。富川人。年二十，偕其父拾成鋤地山中，虎突出噬拾成，啓宗執鋤奮擊，虎逡巡舍其父去。

流寓

唐

陶英。青州人。累官太尉。天祐初，上書指斥時政，忤朱全忠，以太尉拜征南將軍，領兵出鎮昭州，蓋遠之也。明年，全忠篡位，英懼，解兵柄，隱於誕山家焉。同時有李慰者，以避地來，世爲婚姻，門閥相高，居東樂仁里，人稱其居爲陶李洞。

宋

范祖禹。華陽人。哲宗時，貶昭州别駕，安置賀州。

鄒浩。晉陵人。徽宗時，竄昭州，僦居仙宫嶺下。所居有清華閣，得志、拱北二軒。五年始得歸。

黄葆光。黟人。蔡京使言官論其附會、交結、泄漏密語，詔以章揭示朝堂，安置昭州。

洪興祖。丹陽人。秦檜當國，坐嘗作程瑀論語解序，語涉怨望，編管昭州。

胡銓。廬陵人〔四〕。紹興八年，上書力排和議，編管昭州。

周弘易。崇寧間，佐武郎，擢武德大夫，由遂寧徙居恭城。見縣西平坡中一山亭亭直上，遂卜居讀易，名曰翠微峯，即今之西嶺寨也〔五〕。

明

鍾行旦。筠連人。崇禎間，知荔浦縣。流寇猖獗，募丁壯守禦，民賴全活。會親卒，遂卜居荔浦之筆村，人號筆山先生。

列女

隋

鍾騫妻蔣氏。臨賀人。歸鍾，生二子士雄、士略。士雄仕陳，持節帥嶺南，陳主慮其反復，執蔣氏於都。隋平陳，遣歸臨賀，既而虞子茂作亂，遣人召士雄，蔣謂之曰：「汝若背德忘義，我當自殺。」士雄不敢從亂。隋主聞而異之，封安樂縣君。

宋

周渭妻莫氏。恭城人，名荃。渭北走時，荃尚少，父母欲改嫁之。荃立誓曰：「渭非久困者，避難遠適，必能自奮。」於是親蠶績碓春以給朝夕，二子皆畢婚娶，凡二十六年。太平興國初，乃復見渭。朱昂作莫節婦傳。

明

周祐妻黄氏。恭城人。祐任龍門教諭，令氏歸侍養老姑。舟至白沙冲口，遇寇，欲污之，不從，與妾李氏、僕婦阿會俱罵賊被殺。

林棟女。富川人，名閨善。爲賊所刦，欲污之，不從，被害。

陳仲鑑妻雷氏。賀縣人。正德間，上下峒猺賊肆行，見雷，擁之行，欲污之，雷罵不絶口，賊以刃脅之，罵愈厲，被殺。

唐鍾祚妻孫氏。平樂人。鍾祚團練仙迴，崇禎末，廣東流賊突入剽掠，鍾祚率二僕往諭之，皆遇害。孫氏偕妾馬氏往收屍，爲賊所執，欲污之，並罵賊死。

劉鸞妻黄氏。荔浦人。鸞早卒，氏撫孤矢志，以壽終。按：舊志載劉辰秀，銅仁人。正德中，父仁官梧州通判，卒。辰秀偕庶母張氏、郭氏及從兄時復等，奉柩過昭平堡，值猺賊聚衆刦掠，辰秀指江曰：「萬一不免，死此而已。」賊至，辰秀乘間投水死，張抱幼女祁秀繼之，郭復繼之。辰秀時年十六，張年二十，郭年二十八。賊去，家人索其尸，藁葬昭平江上。嘉靖間旌表，立祠曰三烈。

本朝

平樂婦。不詳姓氏。順治七年，官軍下平樂，婦被執，欲污之。婦指所攜二子，紿之曰：「此累我不便。」次第投二子城下，隨以身墮，母子俱斃。土人即其地瘞之。表曰「貞節烈婦」。

祝紹煐妻陳氏。平樂人。夫亡，子宏壇甫六月，陳撫養成立，娶李氏，逾年歿。歿三日，生子華，李氏矢志撫孤。邑令黄大成旌其門曰「雙節存孤」。後其孤又夭，雙嫠凍餒，黄給租養之終身焉。

陳廷禮妻諸氏。平樂人。事姑以孝聞。廷禮早亡，撫遺腹子齊孟。齊孟又早卒，聘貢生林榮女，年二十，往哭奠，執婦禮，事孀姑，亦以孝聞。

陳詩妻歐陽氏。恭城人。值吴逆亂，避難山林。未幾詩卒，詩父及弟亦相繼歿。氏年二十三，子甫三月，又數遭兵火，室廬蕩然。事病姑，撫弱息及遺姪，皆成立。康熙五十九年旌。

王文曦妻楊氏。富川人。夫亡守節，與同縣王廷瑄妻熊氏，均康熙年間旌。

陳聖敬妻羅氏。賀縣人。夫亡守節，撫子成立，訓孫成名。康熙五十九年旌。

陸九姑。荔浦人。字劉未婚，劉死，守志不嫁，年至耄耋。

雷萬春妻黄氏。荔浦人。年十九，守節。同縣文鳳奇妻徐氏，何龍先之母莫氏，蔣暎璧之母向氏、妻曹氏，葉惠元妻邱氏，姚舜裔妻胡氏，朱錦菲妻徐氏，皆撫孤守節。

何氏女。昭平人。順治十一年避兵至思庇冲，有卒見女少艾，追之幾及，女即赴水死。

黄九英妻李氏。昭平人。吴逆之變，氏避亂至淮灘石碶，兵至欲污之，氏襁負幼女，紿之曰：「莫驚吾女。」因解襁，乘間投石碶死。

董永煌妻徐氏。昭平人。夫早亡，氏年二十一，苦志撫孤。同縣王大楷妻宋氏、王仕煃妻黄氏，皆夫亡守節。

龍騰雲妻莫氏。永安人。夫早亡，攜孤避亂山中，備嘗艱苦。寇平而歸，教子成立。同州姚承業妻莫氏、妾陸氏，同居守節撫孤，二子俱列宫牆。

周氏女。富川人。馬平教諭何鈴妻。未嫁，時值兵亂，父老母病，族人皆逃。氏侍父母守志勿去，兵感其孝，相戒勿驚。

雍正三年旌。

熊夢弼妻唐氏。富川人。年二十，夫亡，鬻奩斂葬，後遂自經，以救免。雍正八年旌。

唐美烜妻藍氏。永安人。姑病篤，氏年十九，割股作羹以進，姑得愈。雍正三年旌。

林鵬雲妻王氏。平樂人。夫亡守節。乾隆二年旌。同縣盧瀛妻容氏、陳之屏妻閻氏、蕭上玉妻袁氏、蕭露湛妻閻氏、林燽妻吴氏、莫聯昇妻廖氏、王士達妻徐氏、陳齊遵妻胡氏、莫大組妻李氏，均乾隆年間旌。

傅肇序妻周氏。恭城人。夫亡守節。乾隆二年旌。同縣傅肇元妻張氏、張淮南妻周氏、容而泰妻龍氏〔六〕、常禮端妻莫氏、蔣佐妻葉氏，烈婦周奇章妻李氏，均乾隆年間旌。

王廷表聘妻汪氏。名粹玉，富川人。幼讀書，喜忠孝節烈事。字廷表，表年十八卒，氏臨尸哀哭，納髮棺中曰：「他日黃泉以相質也。」終身足不履庭，年七十二卒。同縣莫尚信聘妻鍾氏、王世澤妻義氏、汪本淮妻李氏、周吉士妻陳氏，均乾隆年間旌。

李挺三妻伍氏。荔浦人。夫亡守節，與同縣蔣增蘭妻楊氏，均乾隆二十九年旌。

獞婦羅氏。荔浦人。早喪夫，誓不易志。獞俗少閨範，尚聲歌，人或以歌誘之，正色不爲動。事姑盡孝，撫子成立，苦節五十餘年。

潘士成妻潘氏。荔浦人。守志捐軀，與同縣徐呈裴妻諸葛氏，均乾隆年間旌。

吴維南妻陶氏。昭平人。夫亡守節。乾隆六年旌。同縣黎文第妻莫氏、廖存美妻鍾氏、黎接三之母董氏，均乾隆年間旌。

馮殿魁妻金氏。永安人。夫亡守節。乾隆四年旌。同州陳詩妻伍氏，乾隆二十一年旌。

莫大璣妻蕭氏。恭城人。夫亡守節。嘉慶二十五年旌。

伍倫修妻梁氏。修仁人。夫亡守節。嘉慶十年旌。

陳本善妻莫氏。永安人。夫亡守節，同州陳本直妻覃氏、陳光典妻陽氏、楊遂榮妻黄氏、蔣掄達妻杜氏，均嘉慶年間旌。

仙釋

宋

安昌期。恭城人。皇祐間舉進士，官永淳縣尉。解印後，即棄家，縱游山水。善歌。治平間，攜一童往峽山廣慶寺，入不復返。後見石壁題詩，有「丹竈非無藥，青雲別有梯」之句，人傳爲羽化云。

明

姚二仔。平樂人。生不茹葷。年十五，登火燄山中峯頂，立片篷爲起居。山頂有池，産金絲大鯉二尾。池南有桃一枝，結實，取啖之。時歲旱禱雨，司理唐邦教聞其有道行，請之，果得雨。反山後訪之，惟餘片篷而已。

土産

金。元和志：蒙州貢麩金。宋史：孝宗時，廣西提點刑獄李椿奏罷昭州金坑。

銀。元和志：昭州、賀州、富州俱貢銀。九域志：臨賀縣有太平銀場。

銅。唐書地理志：臨賀縣有銅冶，在橘山。

鐵。元和志：賀州桂嶺縣東南程崗、北朝崗並有鐵鑛。

錫。唐書地理志：賀州馮乘縣有錫冶三。富川縣有錫。元和志：臨賀縣北有東游、龍中二冶，百姓採沙燒錫以取利。

鍾乳。元和志：平樂縣東有陽里穴、那溪穴，皆出鍾乳。又恭城縣東銀殿山下有鍾乳穴十二所。

蕉布。寰宇記：昭州産紅蕉。明統志：平樂縣有紅蕉布。

竹布。元和志：賀州貢竹布，富州貢班布。寰宇記：昭州産壽竹。明統志：平樂、恭城出筋竹，縣婦能以竹作衫充暑服。

花簟。寰宇記：賀州貢龍鳳花紋簟。

弓。元和志：賀州貢班竹彈弓面。

千金籐。元和志：賀州貢。

蚺蛇膽。元和志：賀州貢。

石斛。元和志：賀州貢。

白蠟。寰宇記：賀州寶城場出。

黎母汁。寰宇記：賀州貢。

蛸蟜。寰宇記：賀州大障山都貴源出，夷人取其血以解毒。

鉛粉。寰宇記：出富州城北白土坑。

降香。平樂縣出。

苗蠻

猺。在平樂府。散處林麓，貯粟巖竇，男女服飾與桂林獞同。性耐饑，日啖鹽數顆，草木皆可食。在恭城有三十有五村，習俗與平樂略同。在富川有四種，曰七都、上九都、一六都、畸零，皆來自黔中五溪，散處三十六源，賦而不役。種棉花豆苧，燒木炭以市利。在賀縣巢居山坳水涌間，冬無布絮，爇木枝禦寒，故多黧黑。在荔浦居山谷中，疾病惟事巫覡，吹牛角，喪葬用長鼓，以手擊之。在修仁境，東自曉村而南，皆猺所居。又有秀里、金峒諸猺，不與民通。在昭平，東北有南峒猺，西北有古阜、嶺阻、立龍、花州等猺，皆以山寨命名。男女花布裹頭，女以花布緣領，束花帶，著花裙。在永安有剃頭、長髮、過山三種。

獞。恭城附縣八村，民獞雜處。在賀縣就編户者爲熟獞，性馴。遠者爲生獞，性悍。在荔浦者，來自柳、慶、古、田，散居咸、亨、通、津四里，狀貌服俗，頗與猺同。修仁正西老縣村至寨堡爲石牆汛，去汛五里曰頭排，至五排、十排，自石牆西而南曰九排、七排、八排、六排，皆獞人，性愚悍，類北獞，服飾亦略同。昭平恩來里之北陀、九冲、鹽山，獞人聚處其中，俗淳樸。在永安與民雜處，男女歌唱，昏聘用檳榔，病則屠牛賽鬼。

狑。荔浦溪峒中有之，俗與猺異，而性兇很。

校勘記

〔一〕景祐間知昭州　「景祐」，原作「景和」，乾隆志卷三六一平樂府名宦（下同卷簡稱乾隆志）同，宋無「景和」年號，據明一統志卷八四平樂府名宦及雍正廣西通志卷六五名宦改。

〔二〕張祐　「祐」原作「祜」，據乾隆志及雍正廣西通志卷六七名宦、粤西文載卷六五名宦傳改。

〔三〕延熹五年　「熹」，原作「禧」，「禧」下有「中」字，據雍正廣西通志卷七六鄉賢及粤西文載卷六八人物傳改、删。按，百越先賢志卷三徐徵傳「五年」作「四年」。

〔四〕廬陵人　「廬」，原作「盧」，據乾隆志及宋史卷三七四胡銓傳改。

〔五〕即今之西嶺寨也　「寨」，原作「塞」，據雍正廣西通志卷八六遷客及粤西文載卷六七遷客傳改。

〔六〕容而泰妻龍氏　「容而泰」，乾隆志作「容而安」。

梧州府圖

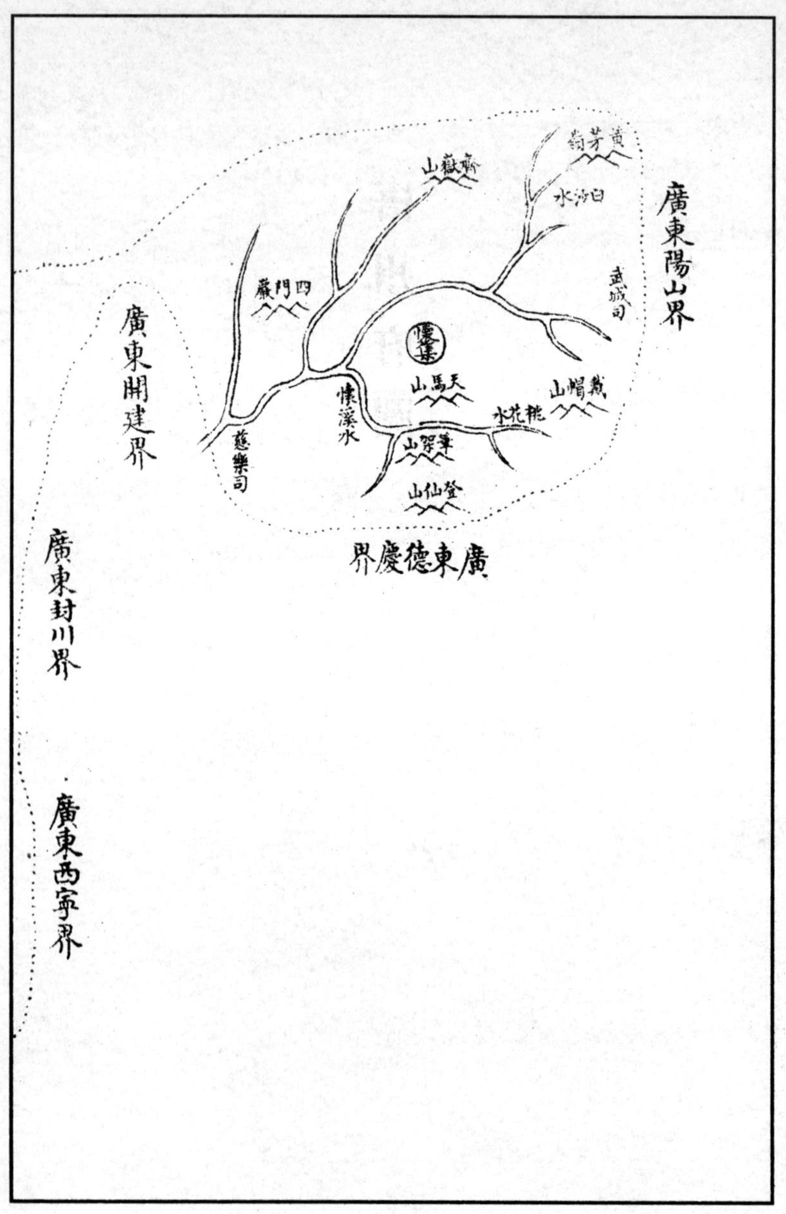

黃芽嶺
嶠嶽山
白沙水
廣東陽山界
四門巖
武城司
懷集
廣東開建界
天馬山
戴帽山
懷溪水
桃花水
華架山
慈樂司
登仙山
廣東德慶界
廣東封川界
廣東西寧界

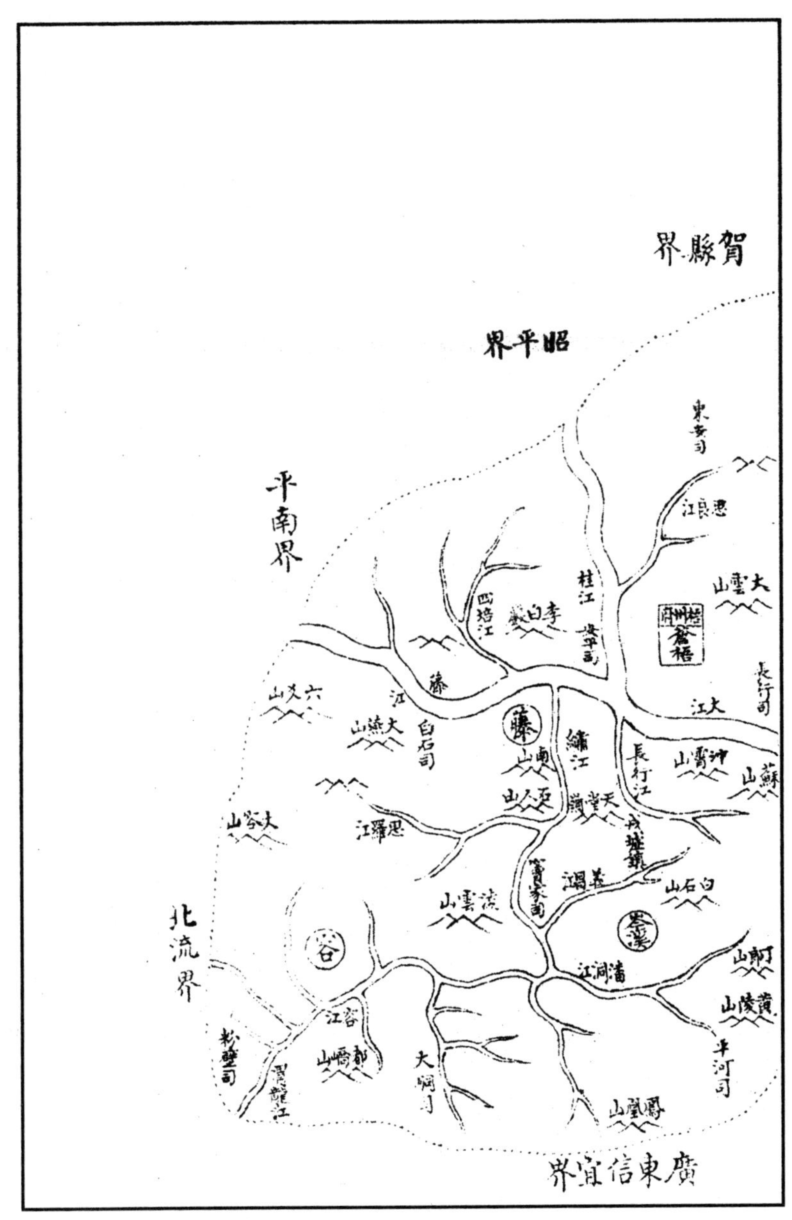
賀縣界
昭平界
平南界
北流界
廣東信宜界
蒼梧
藤
岑溪
容
桂江
大江
長行江
繡江
白石司
平河司

梧州府表

	梧州府	蒼梧縣
秦	桂林郡地。	
兩漢	蒼梧郡 初爲南越地，元鼎六年置郡，元封五年兼置交阯刺史。後漢屬交州。	廣信縣 郡治。
三國	蒼梧郡 吴分屬廣州。	廣信縣 新寧縣 吴置。
晉	蒼梧郡	廣信縣 寧新縣 太康元年更名，尋廢。 遂城縣 置屬蒼梧郡。
南北朝	蒼梧郡	廣信縣 寧新縣 宋省，齊復置。 遂城縣
隋	徙廢。	蒼梧縣 更名，屬蒼梧郡。 省。 戎城縣 開皇十一年更名，屬永平郡。
唐	梧州 蒼梧郡 武德四年置州，屬嶺南道。	蒼梧縣 戎城縣 初屬藤州，後屬梧州。
五代	梧州 初屬楚，後屬南漢。	蒼梧縣 戎城縣
宋	梧州 蒼梧郡 屬廣南西路。	蒼梧縣 熙寧四年省。
元	梧州路 至元十四年置安撫司，尋改路，屬廣西道。	蒼梧縣 路治。
明	梧州府 改府，屬廣西布政司。	蒼梧縣 府治。

續表

	藤縣
猛陵縣屬蒼梧郡。	猛陵縣地。
猛陵縣	
猛陵縣	永平郡升平五年置，治安沂。 大寧縣義熙中析置，屬永平郡。 安沂縣郡治。
猛陵縣	永平郡齊移治夫寧，梁兼置石州。 夫寧縣齊爲郡治，梁爲州郡治。 安沂縣齊屬永平郡，梁更名安基，兼置建陵郡。
省入豪静。	永平郡初廢郡，改州名藤州，大業初復郡。 永平縣開皇中更名，後爲郡治。 安基縣屬永平郡。
孟陵縣武德四年復置，更名，屬藤州。貞觀八年改屬梧州。	藤州感義郡武德四年復置州，天寶初更名。 鐔津縣州治，貞觀初更名。 義昌縣初屬藤州，貞觀中爲泰州治，二十三年縣廢，至德二載更名。
孟陵縣	藤州屬南漢。 鐔津縣 義昌縣
開寶四年省。	藤州感義郡屬廣南西路。 鐔津縣 義昌縣開寶三年省。
	藤州屬廣西道。 鐔津縣
	藤州洪武十一年降縣，屬梧州府。 鐔津縣洪武五年省入州。

容縣				
合浦縣地。				
陰石郡梁置。				
廢。	隋安縣開皇十九年置，屬永平郡。	賀川縣開皇十九年置，屬永平郡。	淳民縣開皇十九年置，屬永平郡。	
容州普寧郡元和中移治，屬嶺南道。	貞觀末省。	貞觀末省。	感義縣武德七年更名，屬藤州。	寧風縣貞觀五年置，七年爲泰州治，十八年州廢，屬藤州。
容州初屬楚，後屬南漢。			感義縣	寧風縣
容州普寧郡屬廣南西路。			開寶三年省。	開寶三年省。
容州初升路，尋降州，屬廣西兩江道。				
容縣洪武十年降縣，屬梧州府。				

續表

蕩昌縣 武帝析置，屬合浦郡。			
陰石縣 梁更名，郡治。			
普寧縣 初更名奉化，開皇十九年又改屬永平郡。			寧人縣 開皇十五年置安人，十八年更名。
普寧縣 初分置新安縣，屬容州。貞觀十一年省，元和中移州來治。	渭龍縣 武德四年置，屬容州。	宕昌縣 武德四年置，屬容州。建中三年改屬禺州。後廢。	欣道縣 初屬藤州，貞觀二十三年更名，屬容州。
善寧縣	渭龍縣		欣道縣
普寧縣	開寶五年省。		開寶五年省。
普寧縣			
省入州。			

岑溪縣
猛陵縣地。
永業縣 梁置永業郡，尋改縣，後省。
永業縣 開皇十六年復置，屬永熙郡。
義州連城郡 武德四年置南義州，貞觀初改義州，屬嶺南道。 龍城縣 武德四年置，州治。至德二載更名岑溪。 義城縣 武德五年析置，乾元中廢。 永業縣 初更名安義，屬南義州，至德中復故。 連城縣 武德五年置，屬南義州。
義州 岑溪縣 永業縣 連城縣
太平興國初改南儀州，熙寧四年省。 岑溪縣 屬藤州。 省。 省。
岑溪縣
岑溪縣 洪武十一年改屬梧州府。

續表

懷集縣		
四會縣地。		
懷化縣元熙中置，屬新會郡。		
懷集縣宋元嘉中改置，屬綏建郡。	洊安縣齊置，屬廣州。	永固縣宋文帝置，大明初省入開建。
懷集縣屬廣州。	洊安縣屬熙平郡。	
懷集縣武德五年置威州，貞觀初廢，屬南綏州，尋屬廣州。	洊水縣武德五年置齊州，貞觀初廢，屬綏州。十三年屬廣州。至德二載更名。初復置，屬廣州。開元二年省。	
懷集縣	洊水縣	
懷集縣	開寶五年省。	
懷集縣改屬賀州。		
懷集縣洪武九年改屬梧州府。		

大清一統志卷四百六十九

梧州府

在廣西省治東南八百里。東西距二百三十里，南北距六百三十五里。東至廣東肇慶府封川縣界四十里，西至潯州府平南縣界一百九十里，南至廣東高州府信宜縣界四百二十里，北至平樂府賀縣界二百十五里。東南至廣東羅定州西寧縣界二百六十里，西南至鬱林州北流縣界三百九十八里，東北至廣東連州陽山縣界四百八十里，西北至平樂府昭平縣界一百五十里。自府治至京師八千三百六十里。

分野

天文翼、軫分野，鶉尾之次。

建置沿革

禹貢荆州徼外地。周爲百越地，後爲楚地。戰國策蘇秦説威王曰「南有蒼梧」，即此。秦屬桂林郡。漢初屬南越。趙陀封其族趙光爲蒼梧王，即此。元鼎六年，置蒼梧郡。元封五年，爲交阯刺史治。後漢建安末屬交州。交廣春秋：建安十五年，交州移治番禺。三國吴分屬廣州，晉及宋、齊因之。隋平陳，罷郡爲蒼梧縣，屬蒼梧郡。時郡治封川。唐武德四年，始置梧州。天寶初，曰蒼梧郡。乾元初復曰梧州，屬嶺南道。五代初屬楚。周廣順元年，屬南漢。宋亦曰梧州蒼梧郡，屬廣南西路。元至元十四年，置安撫司。十六年，改梧州路，屬廣西道。明曰梧州府，屬廣西布政使司。本朝因之，屬廣西省，舊領州一、縣九。雍正三年，升鬱林爲直隸州，以博白、北流、陸川、興業四縣屬之。今領縣五。

蒼梧縣。附郭。東西距六十五里，南北距三百十里。東至廣東肇慶府封川縣界四十里，西至藤縣界二十五里，南至岑溪縣界九十五里，北至平樂府賀縣界二百十五里。東南至廣東羅定州西寧縣界七十五里，西南至藤縣界五十四里，東北至廣東肇慶府開建縣界一百九十五里，西北至平樂府昭平縣界一百八十里。漢置廣信縣，爲蒼梧郡治，後漢至陳因之。隋開皇中，郡廢，改縣曰蒼梧。大業初，屬蒼梧郡。唐武德四年，於縣置梧州，五代及宋因之。元爲梧州路治。明爲梧州府治，本朝因之。

藤縣。在府西六十里。東西距一百六十五里，南北距四百四十里。東至蒼梧縣界三十五里，西至潯州府平南縣界一百三十里，南至容縣界一百七十里，北至平樂府昭平縣界二百七十里。東南至岑溪縣界一百九十里，西南至平南縣界一百二十里，東北至蒼梧縣界六十里，西北至平樂府永安州界一百四十里。漢猛陵縣地。晉升平五年，置永平郡，治安沂縣，領夫寧縣，劉宋因之。南齊徙郡治夫寧。梁兼置石州。隋平陳，郡廢，改州曰藤州，縣曰永平。大業初，改州曰永平郡。唐武德四年，復於永平縣置藤州。貞觀初，改縣曰鐔津。天寶初，改藤州曰感義郡。乾元初，復曰藤州，屬嶺南道。五代屬南漢。宋亦曰藤州感義郡，屬廣南西路。元曰藤州，屬廣西道。明洪武五年，省鐔津縣入州。十一年，改州爲藤縣，屬梧州府，本朝因之。

容縣。在府西南三百二十里。東西距九十里，南北距一百七十里。東至藤縣界六十里，西至鬱林州北流縣界三十里，南至廣東高州府信宜縣界一百里，北至潯州府桂平縣界七十里。東南至岑溪縣界六十里，西南至北流縣界七十八里，東北至潯州府平南縣界一百二十里，西北至潯州府桂平縣界七十里。漢合浦郡合浦縣地，晉武帝析置蕩昌縣，屬合浦郡，宋、齊因之。梁改置陰石縣，並置陰石郡。隋平陳，郡廢，改縣曰奉化。開皇十九年，又改曰普寧，屬永平郡。唐初改屬銅州，尋屬容州。元和中，移州來治，屬嶺南道。乾寧四年，升寧遠軍節度使。五代屬南漢。宋仍曰容州普寧郡，屬廣南西路。元爲容州路，尋降爲州，屬廣西兩江道。明洪武十年，省普寧縣入州，復改州爲容縣，屬梧州府，本朝因之。

岑溪縣。在府西南一百八十里。東西距一百八十里，南北距一百二十五里。東至廣東羅定州西寧縣界一百二十里，西至容縣界六十里，南至廣東高州府信宜縣界一百十里，北至藤縣界十五里。東南至西寧縣界八十里，西南至容縣界六十里，東北至蒼梧縣界一百二十里，西北至藤縣界二十五里。漢猛陵縣地。梁置永業郡，尋改爲縣，後省。隋開皇十六年，復置永業縣，屬永熙郡。唐武德四年，析置龍城縣，兼置南義州。貞觀元年，州廢，縣屬南建州。二年，復置義州。五年，州廢，縣仍屬南建州。六年，復於縣置義州。天寶初，改州曰連城郡。至德二載，改龍城縣曰岑溪。乾元初，復曰義州，屬嶺南道。五代屬南漢。宋太平興國初，改曰南儀州。熙寧四年，州廢，以縣屬藤州，元因之。明洪武十一年，改屬梧州府，本朝因之。

懷集縣。在府東三百六十里。東西距一百七十里，南北距一百九十里。東至廣東肇慶府廣寧縣界一百里，西至肇慶府開建縣界七十里，南至肇慶府德慶州界七十里，北至廣東連州連山縣界一百二十里。東南至廣寧縣界六十里，西南至肇慶府封川縣界一百三十里，東北至連州陽山縣界一百二十里，西北至平樂府賀縣界九十里。漢南海郡四會縣地。晉元熙中，析置懷化縣，屬新會郡。劉宋元嘉中，改置懷集縣，屬綏建郡，齊以後因之。隋改屬廣州。唐武德五年，於縣置威州。貞觀初，州廢，屬南綏州。十三年，屬廣州，五代及宋因之。元至元十五年，屬賀州。明洪武九年改屬梧州府，本朝因之。

形勢

地總百越，山連五嶺。史通。居百越五嶺之中，連九疑七澤之勝。方輿勝覽。唇齒湖、湘，襟喉五羊。宋丘翔蒼梧郡賦。南控容、邕，西顧桂、柳，東應廣、肇，於以坐制諸蠻。明制府廳壁記。

風俗

人性輕悍，俚人質直尚信，諸蠻勇敢自立，重賄輕死。隋書地理志。藤州俗以青石爲刀劍，如銅鐵法，婦人亦爲環以代珠玉。新寧多俚獠，善爲犀渠。南儀州俗不知歲，唯用八月酉日爲臘，長幼相賀，以爲年初。寰宇記。

城池

梧州府城。周四里有奇，門五。三面環濠，北倚山險。宋開寶元年建。明代屢修。本朝順治十五年修，康熙六年、雍正十年重修。蒼梧縣附郭。

藤縣城。周二里有奇，門四。東、北臨江，西、南以塘爲池。明成化二年建。本朝康熙三十八年修，雍正元年、乾隆六十年重修。

容縣城。周二里有奇，門三，池廣五丈。唐舊址。明成化四年改建，嘉靖、萬曆間修。

岑溪縣城。周二里，門二。明成化十年築，萬曆二十六年重建。本朝康熙二十五年修。

懷集縣城。周五里有奇，門四，池廣三丈。明成化四年甃甎。本朝順治十六年修，康熙四年、雍正二年重修。

學校

梧州府學。在府城東門外。宋紹興二十二年建。本朝順治十三年重建，康熙二年修，三十五年、乾隆三十四年重修。入學額數二十三名。

蒼梧縣學。舊在府學右，後圮。明成化間，遷建於府學内。本朝康熙三十九年，復遷建於城東門内舊址，五十八年重建。舊額十八名，乾隆三十年增五名。

藤縣學。在縣南學嶺之麓。元至順三年建。本朝康熙二十五年修，雍正八年、乾隆三十一年重修。入學額數十二名。乾隆二十五年修。入學額數二十名。

容縣學。在縣治西南。明初因元故址建。本朝康熙五十四年修，乾隆二十年、六十年重修。入學額數八名。

岑溪縣學。在縣治北。明天啓元年改建。本朝順治十五年修，康熙八年、雍正四年、乾隆二十八年重修。入學額數八名。

懷集縣學。在縣治東。明初因宋故址建。本朝順治十四年修，康熙十八年、雍正三年、乾隆二十八年重修。入學額數二十名。

迴瀾書院。在府治東。本朝康熙三十五年建，舊名迴瀾，改名茶山。雍正三年重建，更題曰傳經，十二年仍更今名。乾隆三十四年修。

鼓巖書院。在府城北。本朝乾隆二十五年建，三十四年修。

繡江書院。在容縣治西。本朝康熙二十九年重建。

藜經書院。在岑溪縣治内。按：舊志載梧州府有梧山書院、東湖書院，容縣有勾漏書院，藤縣有三元書院，岑溪縣有文昌書院，懷集縣有文昌書院，今並廢。謹附記。

户口

原額人丁二萬六千二百五十五，今滋生男婦大小共六十八萬七千三百八名口，計一十二萬六千三百二户。

田賦

田地一萬一千七百五十九頃三十六畝二分有奇，額徵地丁正、雜銀五萬三千七十五兩二錢六分八釐，遇閏加徵銀一千四百二十八兩二錢五分二釐，米五萬五千一百六十五石七斗五升九合五勺。

山川

大雲山。在蒼梧縣東三里。自桂林來，蜿蜒高聳，郡之主山也。有旗、鼓二山夾峙左右，上有扶虎巖。亦名大蟲山，搜神謂扶南王范尋養虎於此，有犯罪者，投與虎，不噬乃赦之，故名。又雲蓋山，在縣東二里，即大雲分支。

金石山。在蒼梧縣東三里。相近爲阜民山，下有嘉魚池。

沖霄山。在蒼梧縣南隔江二里。舊名火山。寰宇記：火山直對州城，隔桂江水。嶺表録云，火每三五夜一見於山頂，如野燒，廣十丈餘，食頃而息。或言其下水中有寶珠，光照於山如火。上有荔枝，四月先熟，以其地熱，故謂火山。方輿勝覽：或言越王尉陀藏神劍於山阿，故深夜騰光。其下水深無際，有獸名雲麖，三足，郡有災祥則先鳴。

蘇山。在蒼梧縣南八里。宋蘇軾南謫，嘗泊舟山下，因名。

銅鑊山。在蒼梧縣南一百里，與廣東西寧縣接壤。石壁嶙峋，四面陡絶，路通一綫，山頂平曠，有池水。

石英山。在蒼梧縣西桂江上，屹峙水濱。地産石英，宋時充貢。下有靈泉，明正德間立關其上，名石背。

立山。在蒼梧縣西十五里，東臨大江，山坂平衍，西極險阨，有徑通藤縣。山下有三公坡，明成化初，督臣韓雍講武於此。

印山。在蒼梧縣西北三十里。其形如印，特立水塘中，塘曰大印塘。

通星山。在蒼梧縣北六十里。元和志：漢劉曜爲太守，嘗登此山，仰觀星象，因號通星山。

東山。在藤縣東繡江隔岸。蜿蜒秀麗，翼拱城邑。舊傳唐李靖南征，嘗駐師於此，上有衛公祠。

南山。在藤縣南二里繡江南岸。山勢聳秀，頂平如底，上有杏壇、松崖、竹塢、芹澗，皆具勝槩。相接者曰石壁山，崖巒相倚，下瞰繡江，石色皆赤，亦名赤壁。

石人山。在藤縣南三里。峭絶臨淵，下有龍窟，山半巨石屹立，遠望如人。

龍驤山。在藤縣南六里。數峯聳列，下臨清流，相傳晉龍驤將軍陳隱嘗駐兵其下。

白藤山。在藤縣南百里。峭拔崎嶇，路通容縣，多産白藤，縣因以名。

靈山。在藤縣南百餘里。崖石險峻，路徑懸絶，中爲猺蠻巢穴，設兵戍守。

勾刀山。在藤縣西南一百里竇家寨北。岧嶤峻絶，猿猱不能踰。明萬曆初，剗石爲磴，南通容縣，取徑甚捷。

登嶼山。在藤縣西十五里。二峯對峙江中，蒼翠相望，形若螺髻。又大燕山，在縣西三十里，臨繡江。

六爻山。在藤縣西八十里，臨江。山形六疊，宛如卦爻。山足有十二磯，絡繹相屬，與白馬堡對峙。

谷山。在藤縣西北五里，隔江。一名西山。高冠諸峯，狀如列屏。

誥軸山。在容縣東十里，與掛榜山連峙，鎖繡江下口。

天塘山。在容縣東南一百二十里。周二百餘里，南接廣東高州府信宜縣界。上有塘，旱潦不增減。又有石竅出泉，下瀦爲池，分九派匯於渭龍江。

都嶠山。在容縣南二十里。高三百餘丈，上有八峯，曰兜子、馬鞍、八疊、雲蓋、香鑪、仙人、中峯、丹竈，中峯有崖曰中宫，而八疊視諸峯最高秀，有南北兩洞，南洞寬坦，北洞差狹，皆虚爽。道書以爲第二十洞天。

石梯山。在容縣南一百三十里。路出高州，磴道險狹，如梯上下。

大容山。在容縣西北二十五里。高五百餘丈，周千餘里。其山迴闊，無所不容，故名。盛夏有霜。分九十九澗，凡藤、容、北流、興業、鬱林、高、潯諸州縣，皆分據其麓。

淩雲山。在容縣東北十五里。山産斑竹。

丁郎山。在岑溪縣東三十里。以漢孝子丁密而名，下有孝感泉。或譌爲丁蘭山。一名蝴蝶山。

黄陵山。在岑溪縣東一百里，路接廣東西寧縣界。

皇華山。在岑溪縣南一里。

大甕山。在岑溪縣南十里。高聳峻特，雲迷必雨。

都盤山。在岑溪縣南二十里。層嵐疊嶂。一名馬嶺山。又名羅山。寰宇記：山有冷泉，飲者愈熱病。

天堂山。在岑溪縣南四十里。舊置營於此。又將軍山，在縣南六十里，亦有營壁故址。

鳳凰山。在岑溪縣南一百三十里。形勢絶高。

鄧公山。在岑溪縣西南十里。稍西爲雲松山。

冷水山。在岑溪縣西南二十里，與佛子山相拱峙，勢如張翼，環護縣治。

西瀧山。在岑溪縣西七里。下臨清流，上有石穴，居民每避寇於此。峭壁數千尋，下爲石磯，波濤澎湃，水聲如雷，爲岑水口。

烏峽山。在岑溪縣西北十里。壁立萬仞，爲岑之門户。

白石山。在岑溪縣北十里。山多白石，東連烏峽，西接石人。

石瀧山。在岑溪縣北十五里。大石連江，至此不通舟楫。

高城山。在岑溪縣北二十二里。蟠結高遠，有巨石屹立如人。又名石城嶺。明統志作高城嶺。又有馬頭、大富、登高三嶺，皆極險峻。

周公山。在岑溪縣東北七十里，與周婆山相對。崎嶇險惡，猺、獞所居。

要峨山。在岑溪縣東北一百里。水流爲義昌江。

戴帽山。在懷集縣東百里。煙嵐日覆其頂，狀如冠纓。相近者曰梅子山，壁立如削，梅樹叢生，與廣東廣寧縣分界。

天馬山。在懷集縣南五里。石出涌泉。明萬曆十年，鑿石開甽，引水灌田。

筆架山。在懷集縣南一百二十里。三峯並峙，高插雲漢。又十里爲登仙山。

雲頭山。在懷集縣南一百四十里。兩峯相並，常有雲氣出没其間。

白鶴山。在懷集縣西南五十里。時有白鶴棲止。

哆囉山。在懷集縣西南六十里。哆囉水出其下。

白厓山。在懷集縣西南八十里。險峻盤曲，山多白石。一名蓬厓山。

忠讜山。在懷集縣西六十里。靈異聳拔。山麓有三潮崖。

清水山。在懷集縣西六十里。泉流清澈。又十里爲花石山，峯巒錯立，石多五采。

金鵝山。在懷集縣西七十里。羣巒疊翠，下有流水，河中有金。

蘭峒山。在懷集縣西北八十里。撫猺所居。

松柏山。在懷集縣西北八十五里。山多松柏，四時聳翠，舊有營壘駐兵防守。

牛欄山。在懷集縣西北九十里。山頂路通賀縣。

黄姜山。在懷集縣北七十里。明末，設營山口防守。

亞帥山。在懷集縣北九十里。

齊嶽山。在懷集縣北一百十里。高出衆山。上有龍潭久旱不涸。山腰有銅鐘一，鐵鐘一，劉宋時所鑄。山麓出温泉，冬日可浴。

將軍山。在懷集縣北一百二十里。兩峯峭拔。又十里爲滿洞山，高亘平衍，頂有天池。

天堂嶺。在藤縣東南百餘里。高數百仞，上有天池。

羅幔嶺。在藤縣西三十里。高四五里，周圍如列帳，嶺巔廣袤十里，有陂塘村落，土地沃饒。都榜、慕寮二水皆發源於此。

真武嶺。在容縣北二里。又名北靈山。

金牛嶺。在容縣北二十里。雄峻秀拔，爲邑後鎮。

通天嶺。在岑溪縣東南三十里。蜿蜒高峻，路通廣東西寧縣界。又白象巖，在縣東二十里，石穴巉巖，扣之有聲。

登雲嶺。在懷集縣北八十里。嶺頭雲霧常凝結不散。又黄茆嶺，在縣北百里，黄甲水出其下。

鶴飛岡。在蒼梧縣西石英山左。寰宇記作鶴奔岡。

朝臺岡。在蒼梧縣西北六里。相傳劉宋時郡守築臺山上，每朔望率僚佐望闕而拜。

金雞巖。在蒼梧縣東四里。石壁峭拔，泉出峽中，甚清洌，爲遊觀之地。

大燕巖。在藤縣西三十里。雄偉秀麗，下瞰大江。

四門巖。在懷集縣西五十里。平地突起，高數百丈，狀如覆鐘。四面有門，高一丈，中容百人。石乳下垂，凝爲石柱者八，爲蓮花者一。亦名花石寨。巖之東爲衝天巖。又東與望嶽、遊仙二巖相連。巖之北爲蓮花、道士、雲女、天馬諸巖，皆高插雲漢，宏敞玲瓏，各得其勝。

朝巖。在懷集縣西八十里。巖口幽窄，中甚明敞。其西南三里曰燕巖，石峯峭拔，洞口高敞，容數百人，中多燕巢，故名。

赤水峽。在藤縣東六十里。峽南有巖，高五十餘丈，相傳李白過此，謂之李白巖。峽與巖相對壁立，一水中流，林木蔚然，嵐氣朝夕不散，中有金環灘。

大廟峽。在懷集縣東南百二十里，接廣東廣寧縣界。懷溪、永固二水合流於此，名廣寧水口。

大江。自潯州府平南縣流經藤縣北，又東經府城西南隅，與桂江合，又東入廣東封川縣界。在藤縣名藤江，在府南名大江，即古鬱水也。水經注：鬱水東逕猛陵縣，浪水於縣左合，鬱溪亂流，逕廣信縣。元和志：鬱水南去蒼梧縣八里。寰宇記：鐔鬱江口，在藤州城下，出辰州鐔嶺，流經是郡。舊志：江自平南縣白馬塘入藤縣境，爲藤江。至縣西六十五里合濛江，復東流經縣城北，過龍潭灣，繞城東與繡江合。又東南入蒼梧境，匯諸小水流至城西南隅，合桂江，水勢愈盛，故曰大江。東流達封川界。又都榜嶺水，在藤縣西六十里。慕寮江，在縣西十里。四培江，在縣東北七里。白石江，在縣東十七里。皆流入藤江。安平江，在蒼梧縣西七十里。須羅江，在縣西南六十里。長行江，在縣西南一百二十里。皆流入大江。

桂江。在蒼梧縣西北。自平樂府昭平縣流逕縣境，入大江，即古灕水也。漢書地理志：零陵縣灕水，東南至廣信入鬱。九域志：蒼梧縣有桂江。舊志：桂江一名府江，至府城西南入大江。又龍江，在縣西北三十里。峽山水，在縣北二十里。俱南流入桂江。

思良江。在蒼梧縣北二十里。源出大逕山，西南流入桂江。寰宇記：思良江，一名多賢水，中有鱷魚。

義昌江。在藤縣南一百二十里。源出岑溪縣東北要峨山，西流經縣界，入繡江。

濛江。在藤縣西北五十五里〔二〕。其上流有二：一出潯州府平南縣，一出平樂府永安州。二水合注於五屯所之東，又名五屯江。東南流入藤江。又有牛皮江，在縣北九十里。源出蒼梧縣界，西南流入濛江。

繡江。自鬱林州北流縣流經容縣南，名容江。又東北逕藤縣東南，爲繡江。舊志：江源出廣東高涼嶲石山，經北流縣緑藍山，東南流入容縣境，至縣西接思賀江。流逕縣西南，接渭龍江。繞城漸折而北，接思登江，匯波羅江，北流入藤縣境，經寶家寨接思羅江水，復北流匯潘洞、皇華、義昌諸水，直入藤江。

波羅江。在容縣東南三十里。源出天塘山，西北流入容江。

渭龍江。在容縣西南七里。源出天塘山，流至龍分山，支分爲九。一向羅龍，一向古鄧，一向慶垌，一向都代，一向僥儀，一向六霍，自東而西，合流爲一，名渭龍，入於容江。其三别出。

思登江。在容縣北五里。源出大容山，東南流入容江。

思羅江。在容縣北四十里。源出大容山，流入藤縣界，經寶家寨入繡江。

南渡江。在岑溪縣南。源出廣東信宜縣之木嶺峽，流入縣東南境，經平河、南渡司，又西北入繡江。

瀧底江。在岑溪縣南。源出縣東南鳳凰、黄陵二山及西寧縣排埠，西流名竹子河。又西合大峒水、烏峽水，遶城南經皇華山麓，爲皇華江。至縣西北石瀧山，水行石隙中，舟不能下，陸行里許，復可行舟，故曰瀧底。又西北至藤縣界入繡江。又大峒水，源出大峒鎮。烏峽水，源出烏峽山。俱入瀧底江。

潘洞江。在岑溪縣西南二十里。源出縣西鳳凰山，西流入藤縣界，合繡江。

東安水。在蒼梧縣東北四十里。源出上水猺，繞縣境東北，又南逕封川縣界，入大江。

甘峒水。在懷集縣南十里。源出登仙山，北流數十里，歧爲二，一北流入懷溪，一爲菩提水。迴流出獞家陂，又北入懷溪。

懷溪水。在懷集縣西南。源出齊嶽山，合黄甲、佛燈二水，南流經縣西，匯馬寧、西廟、石龍諸水，復南流繞縣西南，接宿汨、下溯二水，東流至城南，匯甘峒、菩提諸水，又東合桃花水，又經縣東南大廟峽，合永固水，入廣東廣寧縣界。黄甲水，在縣北三十里，源出黄茅嶺。佛燈水，在縣北七里，源出登雲嶺。皆西南流入懷溪。馬寧水，在縣西五十里，源出齊嶽山，東南流入懷溪。西廟水，在縣西五十里，源出清水山。石龍水，在縣西四十里，源出金鵝山。皆東流入懷溪。宿汨水，在縣西南五里，源出忠讜山，東北流入懷溪。下溯水，在縣西南二十里，源出登仙山，北流入懷溪。

哆囉水。在懷集縣西六十里。源出忠讜山，自哆囉山由石壁深潭流經朝巖、燕巖，南流入廣東開建縣界，合金莊水。

桃花水。在懷集縣東北五十里。源出戴帽山，西流至縣東三十里，匯象角水，西南流入懷溪。又永固水，在縣南八十里，源出蓬厓山，至大廟峽入懷溪，曰廣寧江口。

龍潭灣。在藤縣北江中，亦曰鐔津。潭深無際，傳有龍潛其下。稍西有龍巷石，壘壁崚嶒，巨者縱廣數丈，參差不一，中若永巷，平滑如砥，亦傳爲龍遊處。

繫龍洲。在蒼梧縣東七里大江中，亦名七里洲。一峯卓立，林木深秀，江漲時洲獨不没，亦曰浮洲。

長洲。在蒼梧縣西南七里大江中。縱三十里，横三里，上有山林池澤，居民頗繁。自此而上，有思化洲、思恩洲，俱在大江中，居民差少於長洲。

禤洲。在藤縣東十五里。又東三十里爲托洲。皆在江中，縱横各數里，有陂池田舍，居民稠密。

黨洲。在藤縣西二十里。中流一峯屹峙，高數百丈。又有思禮、黄陀等洲，居民勤力樹畜，生産頗繁。

鱷魚池。在府城東。搜神記云：扶南王范尋養鱷魚十頭，犯罪者投之，不噬則赦之，即此。明時韓雍改名嘉魚池。

放生池。在府城東南。由大江横流瀦爲池，入迴瀾隄，逆流繞城南，而西北注於桂江。

温泉。在容縣南五十里。石開二竅，東竅寒日可浴，西如沸湯。又有温泉在懷集縣東二十里，路旁有泉，寬五尺許，四時不竭，冬日可浴。

冰井。在蒼梧縣東。寰宇記：冰泉在城，一郡人民皆飲此水。唐大曆三年，容城經略使元結撰冰泉銘，云與火山相對，故命之曰冰泉。

古蹟

猛陵廢縣。在蒼梧縣西北。漢置，屬蒼梧郡，晉、宋、齊因之。隋省入豪静縣。唐復置，改曰孟陵。元和志：縣南至梧州水路九十里。武德四年，復置，屬藤州。貞觀八年，改屬梧州。寰宇記：蕭銑僭號於此，改置孟陵縣。宋開寶四年，併入蒼梧縣。

感義廢縣。在藤縣西。隋書地理志：永平郡淳民縣，開皇十九年置。唐書地理志：藤州感義縣，本淳民縣，武德七年改名。寰宇記：開寶初併入鐔津，廢縣在藤州南九十里。

鐔津廢縣。在藤縣北。隋曰永平，唐曰鐔津。舊唐書地理志：藤州鐔津，漢猛陵縣地。唐書地理志：藤州初治永平，無鐔津。貞觀後更置。寰宇記：開寶六年，移藤州於大江西岸，理鐔津縣。城邑考：舊城在大江之南，繡江之北。縣志：城東隔江，有古藤州，在勝槩坊。又有廢鸗州，在縣東五里，今遺址猶存。

宕昌廢縣。在容縣西。晉武帝析合浦置蕩昌縣，宋、齊因之，後廢。唐武德四年，復置曰宕昌，屬容州。建中三年，改屬禺州。唐末廢。又新安廢縣，在縣西北，唐武德四年置，屬銅州，尋屬容州，貞觀十一年省。

永業廢縣。在岑溪縣東。梁置永業郡，尋改爲縣，後省。隋開皇十六年復置，屬永熙郡。唐初改曰安義。至德中復改曰永業。宋廢入岑溪。今縣東三十里有永業鄉。

龍城廢縣。在岑溪縣東二十里。唐初置，後改曰岑溪。宋初遷縣於今治。

連城廢縣。在岑溪縣東南。唐武德五年，析瀧州之正義縣置〔二〕，屬南義州。宋開寶六年，省入岑溪。又義城廢縣，亦在縣東南，唐武德五年置，乾元中廢。

懷化廢縣。在懷集縣東。宋書州郡志：南海郡領懷化縣，晉安帝立。又綏建郡領懷集縣，本四會之銀屯鄉，元嘉十三年分爲縣。舊唐書地理志：晉懷化縣，隋爲懷集。唐書地理志：廣州懷集，武德五年置威州，並析置興平、霍清、威成三縣。貞觀元年，州廢，省三縣入懷集。舊志：懷化廢縣，在今縣東二十里，今名古城營。按：宋書志懷化、懷集二縣分見，隋志無懷化，似宋時即改懷化置懷集，不自隋始也。

洊水廢縣。在懷集縣西。本南齊洊安縣，唐改名。舊唐書地理志：廣州洊水，漢封陽縣，南齊改爲洊安。武德四年，於縣置齊州〔三〕，領洊安、宣樂、宋昌三縣。貞觀元年，省齊州及宣樂、宋昌二縣〔四〕，以洊安屬綏州。八年，改綏州爲湞州〔五〕，縣仍屬。十三年，湞州廢，屬廣州〔六〕。至德二載，改爲洊水。元和志：洊水縣東南至廣州七百二十里〔七〕。寰宇記：開寶五年，併入懷集縣。名勝志：今縣西斤水渡頭里許，即洊水城舊址。

永固廢縣。在懷集縣北。宋書州郡志：文帝分封陽立永固縣。孝武大明元年，省入開建。唐初復置，屬廣州。開元二年，省入懷集。名勝志：今縣北務本里有永固峒，城基尚存，疑即故縣。

寧新舊縣。在蒼梧縣東南。宋書州郡志：蒼梧郡，永初郡國有寧新縣，吳立，曰新寧，晉太康元年改曰寧新，未幾廢。南齊志復有寧新縣，隋廢。寰宇記：新寧縣，西接臨賀、富川二縣，或曰縣在廣東封川縣境内。今縣南十五里即封川縣界。

戎城舊縣。在蒼梧縣西南。元和志：戎城縣東北至梧州二十里，漢廣信縣地。晉置遂城縣。隋開皇十一年，虞慶則南征，頓兵於此，改曰戎城縣。北臨西江水。舊唐書地理志：梧州戎城，隋縣，舊屬藤州，今來屬。宋史地理志：熙寧四年，省戎城縣入蒼梧。舊志：廢縣今爲戎墟鎮，在府西南二十里，有戎墟渡，當大江南岸，上通長洲。

義昌舊縣。在藤縣南。東晉置安沂縣，爲永平郡治，齊移郡治夫寧，縣仍屬焉。梁更名安基縣，兼置建陵郡，隋廢郡，以縣屬永平郡。唐初屬藤州。貞觀七年，改屬泰州。明年，爲泰州治，又改州曰鷰州。十八年，州廢，仍屬藤州。二十三年，縣廢，尋改置安昌縣。至德二載，改曰義昌。宋開寶三年，省入鐔津。明正統十二年，置義昌巡司，成化八年裁。舊志：在縣南一百二十里。又隋安廢縣，在縣南。賀川廢縣，在縣東南。俱隋開皇十九年置，屬藤州，唐貞觀末並廢。

寧風舊縣。在藤縣西。唐書地理志：武德五年，置鷰州。貞觀二年，增領長恭、泰川、池陽、龍陽四縣，治長恭。五年，置新樂、寧風、梁石、羅風四縣。七年，更名泰州，徙治寧風，省長恭，更池陽曰承恩，復以藤州之安基隸之。八年，徙治安基，復爲鷰州。十二年，省龍陽、承恩。十八年，州廢，以寧風屬藤州，後省新樂、安基、梁石、羅風。宋史地理志：開寶三年，省寧風縣。舊志：寧風舊縣，在縣西二百里。長恭廢縣，在縣西七十里。

渭龍舊縣。在容縣西南。唐書地理志：容州渭龍，武德四年析普寧置。寰宇記：開寶五年，併渭龍入普寧縣，廢城在容州東十里。

欣道舊縣。在容縣東北，即隋安人縣也。隋書地理志：永平郡寧人縣，開皇十五年置，曰安人。十八年，改名焉。唐書地理志：容州欣道本寧人縣，隸藤州。貞觀二十三年，更名來屬。寰宇記：開寶五年，併欣道入普寧，其廢縣在容州東六十里。

大雲樓。在梧州東城上。

白鶴樓。在梧州西城上。又有獨秀樓，在州子城上。

鬱秀樓。在藤縣治東。明統志：以鬱、繡二江合流於此，因名。

環翠樓。在藤縣治南。明洪武五年建。

江月樓。在藤縣治北。宋蘇軾南遷過此，有江月詩，後人建樓，因名。

遠意樓。在容縣治南。又逍遥樓，在城正南。俱宋時建。

野望閣。在容縣舊城東北隅。

愛民堂。在梧州東園。又有樂山堂，在郡圃。

六賢堂。在府城東北。宋元祐間建。六賢，漢陳欽，欽子元，元子堅卿與士燮，及其弟壹，子歆，皆梧人。

浮金堂。在藤縣衙東山。

光華堂。在藤縣北。輿地紀勝：在州城外北隅，建秦觀祠堂，刻其畫像并其文於石。

清心堂。在容縣舊州治。又有思元堂，亦在州治，宋守王慶曾立。

漾月亭。輿地紀勝：在梧州城東，負東山，跨鱷池，水光山色，照映左右。

朗吟亭。在蒼梧縣東。明統志：中有吕巖像，取其「朗吟飛過洞庭湖」之句爲名。

嘉魚亭。在梧州子城西。又有鳳棲亭，在嘉魚亭西。

四望亭。在府城東北。又覽勝亭，在府城東南，明正統初建。

南浦亭。在藤縣城外東隅，臨江。

繡江亭。在容縣城外西南隅。輿地紀勝：江流横陳，前羅都嶠諸峯，爲登覽之勝。

迎富亭。在容縣城西。輿地紀勝：與滄浪亭相對，容俗以二月二日爲迎富節，因以名其亭。

萬松亭。在容縣城西北。明統志：唐劉禹錫詩「池北含煙瑶草短，萬松亭下清風滿」，即此。

面面亭。在容縣。明統志：唐元結爲容管經略使，植蓮於廨後池，因構此亭。

讀書臺。在梧州西五十里。輿地紀勝：與赤溪山廣巖寺相對，其上有石如砥，俗呼爲李白讀書臺。又容縣東十五里江南岸亦有讀書臺，兩峯峭立，擁溪東下，舊傳漁者夜聞山巔琅琅有絃誦聲，因名。

龍華臺。在藤縣東南六十里。

經略臺。在容縣南門外。明統志：唐經略使元結嘗遊玩於此，因名。今爲玄武祠焉。

釣魚臺。在容縣西三里。明統志：唐刺史韋丹政暇嘗釣於此。

關隘

鎮南關。在蒼梧縣南火山上。又縣東二里有大雲關，縣西二里有掃雲關，西二十里有下岸關，關北十里有揚威關，縣西南二十里有耀武關，共爲六關，俱明督臣韓雍築，以控扼要衝。

水關。在蒼梧縣南大江中。明成化六年，督臣韓雍請立關，榷鹽木諸貨，以充軍實。舊在驛館東南，後移扼大江之要，連舟爲臺，隨江消長，盤詰往來。本朝另設盤鹽廠，關在税關左。

馬鞍關。在藤縣南二里。平南、岑溪、容縣舟道所經之處，山徑險隘。明正統初設門栅，嘉靖末圮。

洞口六湖隘。在容縣南一百里羅面里。又有永豐隘、松嶺隘，俱與廣東信宜縣交界，山僻小，徑險要。本朝順治二年設，有兵汛守。

黄陵隘。在岑溪縣東一百二十里。又縣東有風雷隘、腰鵞隘、鐵根隘、藤田隘、竹蘭隘，俱路通廣東西寧，有兵汛守。

長行巡司。在蒼梧縣東南七里。舊置巡司，在長行鄉。明洪武二年，移置於此，今因之。又羅粒巡司，在蒼梧縣西南八十里。明初置，今裁。

安平巡司。在蒼梧縣西八十里安平鄉。明初置，今因之。

東安巡司。在蒼梧縣北一百四十里東安鄉沙村。明正德六年置，今因之。

竇家寨巡司。在藤縣南一百二十里。舊爲竇姓土司，今更置流官。

白石寨巡司。在藤縣西五十里。舊爲覃姓土司，今有巡司。藤境猺、獞，在永順、永化二鄉及大黎、陽峒、大任諸里，明成化十三年間就撫輸編户。

波羅里大峒巡司。在容縣東南五十里。明洪武十六年置，今因之。容境猺、獞雜處，所居曰陸便、陸青及龍墳、雞籠、東葉、東瓜、石羊、横山諸山，而石羊最蕃盛，俱明萬曆六年招服。

粉壁寨巡司。在容縣西南四十里。明洪武三年置，今因之。

上里平河巡司。在岑溪縣東南平河村。舊置鎮烏峽山下，今移於此。又縣西南有南渡巡司，今廢。

武城巡司。在懷集縣東三十里。明洪武三年置，兼有土副巡司，今因之。

慈樂寨巡司。在懷集縣西六十里。明初置，兼設土副巡司。萬曆十三年，移治金鶖，在縣西八十里，今仍徙此。

戎墟鎮。即故戎城縣治，距縣十五里。宋熙寧四年省入蒼梧，即今地。本朝嘉慶十三年，移同知駐此。

赤水鎮。在藤縣東南六十里。舊有巡司，今裁。又舊有禤洲巡司，在縣東十五里。周村巡司，在縣南五十里。驛面巡司，在縣西南六十里。俱明正統中置，成化間廢。又思羅巡司，在縣南一百三十里，明洪武中置，尋廢。

大峒鎮。在岑溪縣東南五十里。又東十餘里有北科鎮。岑境下河、大峒、佛子等村皆猺人所居。又六十三山，諸猺蟠踞，幽僻阻險，明萬曆中，督臣淩雲翼於大峒鎮設參將築城駐守，募兵耕屯其地，又設連城、北科等營鎮户。

七山大營。在蒼梧縣南，東連下城，西接岑、藤。舊爲七山等猺所居，故名。今於長行、須羅鄉諸猺，設七山大營鎮之。又石硯、九山、十二峒、老君峒、六寨諸猺，設大塘營鎮之。而北陀東岸西岸，皆獞人所居，近皆歸化。

蘭峒寨。在懷集縣西北五十里。明正統中置巡司，今裁。縣境銅鐘、古城、金鶖、松柏諸山，爲獞之門户。三山、石田，爲諸山適中，各巢穴出没之所。明萬曆十二年，討平猺寇，設兵耕守。

五屯所。在藤縣西北九十里，當大藤峽、風門、佛子猺、獞巢穴之所。明成化二年，都御史韓雍建屯田千户所，本朝爲白石寨巡檢駐劄。

府門驛。在蒼梧縣西南門外。又有龍江驛，在西北三十里龍江口。皆水驛，舊有驛丞，後並裁。

藤江驛。在藤縣南門外。本水驛，有驛丞，後裁。又雙兢驛、金雞驛、黄甲驛，俱久廢。

繡江驛。在容縣西門外。又縣東北有自良驛，皆久裁。

津梁

太平橋。在蒼梧縣東。舊名飛仙，明嘉靖時重建，覆亭於上，改今名。

浮橋。舊有二：一在蒼梧縣東七里繫龍洲上，跨大江；一在府西南，跨桂江。俱明韓雍建，今惟鐵柱尚存。

平定橋。在蒼梧縣東南。一名迴龍橋，明韓雍建。

通泰橋。在蒼梧縣西北。舊名力木橋，放生池及濠水俱從此泄入桂江。

流杯橋。在藤縣東，跨繡江。明成化中建。舊傳蘇軾及弟轍遊宴於此。

嶽步橋。在藤縣東五里，跨黄埇江。

永安橋。在藤縣西。舊名西橋。又太和橋，在縣西三十里。

駱駝橋。在容縣繡江上，當學宫之右。亦名龍驤。唐刺史韋丹築，久廢。

思登橋。在容縣北五里。又縣東北有楊灣橋，跨思登江。

楊柳橋。在岑溪縣北五里。

泰來浮橋。在懷集縣南，跨溪。明末連舟爲橋，上覆以板，繫以鐵索，後廢。本朝乾隆十一年修復。

登雲橋。在懷集縣西一里。

五兩渡。在蒼梧縣東二十里。

戎墟渡。在蒼梧縣南二十里大江，上通長洲，即宋戎墟鎮。

武竈渡。在蒼梧縣西南遞運所前桂江上。

隄堰

迴瀾隄。在蒼梧縣南。明萬曆中，郡守陳鑑築以障放生池水，周二里餘，繞城如帶。

大埇陂。在藤縣南三十里。又法衡陂，在縣西南二十里。蓮塘陂，在縣西四十里。合水陂，在縣北四十里。

水源陂。在容縣東五里。又蓮陂，在縣南二里。石陂，在縣西二里。李家陂，在縣西北五里。思登陂，在縣北五里。

仲塘陂。在岑溪縣東二里。又大塘陂，在縣東十五里。赤水陂，在縣東二十里。斷河陂，在縣東三十里。

獞家陂。在懷集縣南十里，堰菩堤水灌田。又斥水陂，在縣西四十里。金鶩陂，在縣西五十里。官陂，在縣西六十里。東林陂，在縣西北四十里。皆資灌溉。

陵墓

漢

丁密墓。在岑溪縣東丁郎山。

三國　吳

士燮墓。在蒼梧縣西北四里。

唐

李堯臣墓。在藤縣南一里葛陂嶺。

宋

李用謙墓。在藤縣東白石江口。

明

吴廷舉墓。在蒼梧縣東七里。

祠廟

韓公祠。在府治東。明弘治時敕建，祀都御史韓雍。

八賢祠。在藤縣仁壽坊，祀唐李靖、李白、宋之問，宋蘇軾、蘇轍、秦觀、黄庭堅、李光。

伏波祠。在藤縣東門外，祀漢馬援。唐武德間建。

元使君祠。在容縣治南，祀唐元結，以韋丹、戴叔倫、杜祐、王翃配。

孝感祠。在岑溪縣城東，祀漢孝子丁密。

衛公祠。在岑溪縣治西，祀唐李靖。

虞帝廟。在梧州府大雲山麓錦雞巖西。本朝乾隆三十五年重建，春秋致祭。

金牙廟。在蒼梧縣東城外，祀唐尉遲敬德。

雲讚廟。在藤縣西城外，祀唐李世勣。

寺觀

冰井寺。在蒼梧縣東冰井側。明建。

光孝寺。在蒼梧縣東二里雲蓋山麓。

廣法寺。在藤縣流杯橋右，大藿洲舊址。

白鶴觀。在蒼梧縣桂江西岸。寰宇記：在梧州，西隔江。唐開元中置。鄭畋以翰林承旨學士謫蒼梧太守，增修觀宇，臨江建書閣。

名宦

漢

何敞。九江人。元始中，爲交阯刺史。蒼梧廣信縣寡婦蘇娥，將所有雜繒百二十匹欲往旁縣賣之，賃牛車載繒其上，暮止鵠奔亭，爲亭長龔壽所殺，踰年未發。敞行部宿亭中，夜未半，娥出告。敞遣使捕壽，考問具服，下廣信縣驗問，與娥語同。收壽父母兄弟皆繫獄，請并斬以助陰誅。報曰可。

喻猛。豫章人。和帝時，爲蒼梧太守，以清白爲治。

陳稚升。東漢時，爲蒼梧太守。治尚清静，民化之，囹圄恒空。

陳臨。南海人。東漢時，官蒼梧太守。民有遺腹子，爲父報怨殺人，法當死，臨知其無嗣，令其妻侍獄中，後産一男，郡人歌之。

隋

裴肅。聞喜人。煬帝時，爲永平縣丞，甚得夷人心。歲餘卒，夷獠思之，爲立廟於漳江之浦。

唐

元結。汝州人。肅宗時，爲容管經略使。身諭蠻豪，綏定八州，民樂其教，立石頌德。

王翃。晉陽人。大曆中，爲容管經略使。初，蠻獠梁崇牽等據容州，前經略使僑治藤、梧，翃曰：「我容州刺史，安可客治他所，必得容乃止。」出私財募士，有功者許署吏，於是人自奮。不數月，斬賊帥歐陽珪。因至廣州，請節度使李勉出兵併力，勉不許。翃曰：「願下書州縣，陽言以兵爲助，冀藉此聲，成萬一功。」勉許諾。翃乃移書義、藤二州，約皆進討，卒破賊，擒崇牽等，悉復故地。

李曉庭。藤州刺史。大曆四年，與容州刺史王翃相結討賊，引兵克復容州。

戴叔倫。金壇人。貞元初，爲容管經略使，綏徠夷落，威名流聞。其治清明仁恕，多方略，所至稱最。

韋丹。萬年人。元和初，爲容州刺史，教民耕織，止惰游，興學校，民貧自鬻者贖歸之，禁吏不得掠爲隸。始城州周十三里，屯田二十四所，教種茶麥，仁化大行。

崔方實。元和十年，容州兵馬使，破蠻賊黄探，平其窟穴，獻俘以聞。憲宗嘉之。

蔡少卿。容管經略左押衙兵馬使，破黄賊，隳折妖巢，收復故地。

謝肇。廣明元年容管經略使，討平叛卒，詔書嘉之。

鄭畋。滎陽人。咸通中爲梧州刺史。交、廣、邕、南兵舊取嶺北五道米往餉之，船多敗没。畋請以嶺南鹽鐵委廣州節度使韋荷，歲煮海取鹽直四十萬緡，市虔、吉米以贍安南，罷荆、洪等漕役，軍食遂饒。

李復。爲容州刺史兼本管招討使。先是，西原亂，吏獲反者没爲奴婢，長役之。復至，使訪親戚，一皆原縱。

宋

田守素。龍門人。太祖時，知容州兼本管諸州水陸轉運使。先是，部民有逋賦者，或縣吏代輸，或於兼併之家假貸，則皆納其妻女以爲質。守素表其事，即日降詔禁止。

洪湛。上元人。端拱初，知容州。容有戍卒謀竊發者，湛偵知，亟收斬之。

陳執中。南昌人。咸平中知梧州。上復古要道三篇，真宗異而召之。

郎簡。臨安人。真宗時，知藤州。興學養士，一變其俗，藤自是始有舉進士者。

梁適。東平人。康定中知梧州。五嶺自南漢時民間折税已重，轉運使以調不足，復欲折之，適爲奏免。

李亨伯。龍溪人。紹聖二年知梧州。興學勸士，有政聲。

蕭盤。宣和間權知梧州軍事。課農桑，興學校，百廢具舉，暇則引諸儒飲射讀法，有古循吏風。

陳宇。莆田人。紹興間知梧州。歲旱手寫救荒十餘事，行之屬縣，商米四集，人以不饑，郡留六萬餘斛。建炎盜起，增額且半，宇累疏得仍舊，流亡來歸，猺、獞帖然。

蔣南金。吴郡人。嘉定中知容州。興學校，立貢院，在任三年，日以教養爲事，未嘗有逸遊之舉。

譚惟寅。高要人。淳祐中知容州。建思賢堂，紀元結等五賢善政，效其行事。

趙若銖。咸淳中知容州。叛賊楊先攻城，若銖與戰，力屈死之。

元

朱國寶。寶坻人。至元間，以管軍萬户鎮守梧州路安撫司事，開誠示義，招降黎民蠻峒。

文魁。衡陽人。至順中知藤州。時經寇亂，城邑蕩然，魁始立州治，修城隍，建學校，政化大行。

馮思賢。樂城人。至正間知藤州。律身廉潔，御下寛簡，民爲立德政碑。

明

王清。洪武初容州同知。時經寇亂，民不聊生，清繕城隍，立學校，勸農桑。升本州知州。

何源。吴江人。洪武十年知梧州府。歲饑，僚屬議請賑，源曰：「自梧達京師八千里，待請，民死久矣。」即發廩賑濟，全活者衆。

龍韜。曲江人。成化間知容縣。容自洪、永間屢經寇變，民病額輸，得韜奏請，蠲舊額五之三，民困稍蘇。

翁萬達。揭陽人。嘉靖中知梧州府。時咸寧侯仇鸞鎮兩廣，縱部卒爲虐，萬達縛其尤横者杖繫之。閲四年，聲績大著。

陳鑑。石屏人。萬曆四十五年，知梧州府。梧城大火，公私俱燬，民皆露處，鑑徒步賑卹，申法令以戢姦宄，民得復所。修龍隄，浚鱷魚池，瀦水以便民。

李邦才。鶴慶人。萬曆中任懷集縣。值猺寇謝龍崖作亂，邦才單騎入嘉峒營，以計擒斬之。

本朝

沈倫。景陵人。順治八年知梧州府。時梧疆初闢，倫招徠安集，大兵經由郡邑，悉心經理，纖毫不擾民間。後值李定國寇梧，力竭城陷，不屈而死。

張繼曾。貴州人。順治十三年，以儀制司郎中爲梧州府知府。擯絶餽獻，時兵戈未靖，事日殷繁，繼曾請免雜派，減差役，民因得甦。三年，卒於官。僕從僅二人，囊篋蕭然。

閻玫。真定人。順治十四年，任梧州推官。巡按田昇龍行部，知玫剛正，檄與相隨，按逮積蠹，論如律。時鎮標占據城中民屋，玫言之昇龍，疏請給還，民得復業。

劉廣國。潛江人。順治十四年，知岑溪縣。地經土鎮殘害，頻年不耕，民採蕨充食。廣國爲給牛種，俾墾荒田，縣糧不滿五百石，而逋者皆窮民，廣國不忍催科，遣家人歸取金代償之。

陳緯。臨朐人。順治十八年，知蒼梧縣。慈惠廉潔，精敏敢爲。有巨豪以姦事行，毒殺一儒生，緯鞫得其實，獄具，尋爲有力者賄釋之。緯立取置之法，人皆稱快。再期，卒於任，篋笥蕭然。

楊廷耀。遼東人。康熙四年任梧州通判。土賊唐三蠻等屢刼官餉，廷耀捕斬之，盜患遂息。分榷梧關，刊定税貨則例，按往來船户，人給一紙，吏役乃不敢苛索。署容縣事，李定國餘黨竄踞大榮山，連接猺、獞，廷耀以計擒逐，遠近帖然。

羅文舉。永定人。梧州守備。康熙十四年，寇犯藤縣，奉調應援，奮勇殺賊，陷陣死。事聞，詔贈官，予祭葬。

余鑲。紹興人。任容縣大峒司巡檢。康熙丁丑，廣東賊禾倉二、烏肉蛇嘯聚岑溪六垢山，甫約期會勦，而賊刦古例村。鑲率兵追至六垢，殺四賊。賊設伏山間，鑲力戰死之。

張義。新興人。康熙四十三年，知岑溪縣。廉介自持，革排門月夫諸例，以除民累，訟者即日剖斷，胥役無能爲弊。

張若霈。桐城人。康熙六十年，由同知、治中遷梧州府知府。團練鄉勇，嚴飭保甲，盜賊屏迹。梧州有榷税之廠，往往因緣爲姦，若霈處膏不潤，商賈稱便。雍正十年，祀名宦。

人物

漢

陳元。蒼梧廣信人。父欽，習左氏春秋，元少傳父業，爲之訓詁。建武初，與桓譚、杜林、鄭興俱爲學者所宗。時議欲立左氏傳博士，范升以爲左氏淺末，不宜立。元詣闕上疏，與升相辨難，凡十餘上，卒立左氏學。元以才高著名，辟司空李通府。時大司農江馮上言，宜命司隸校尉督察三公。事下三府，元上疏言不宜使有司有察公輔之名，帝從之。通罷，元復辟司徒歐陽歙府，數陳當世便事及郊廟之禮。以病去。

丁密。岑溪人。性清介，非家織布不衣，非己耕種不食，毫髮之饋不受於人。父喪廬墓，有雙鳧遊廬旁小池，見人馴伏。後遭母喪，復廬墓三年，雙鳧復至，人以爲孝感。子堅卿，有文章。

頓琦。蒼梧人。居母喪，獨身築墳，歷年乃成，手植松柏成行，哀毁踰制，有飛鳧、白鳩棲息於廬間。

申朔。蒼梧人。性廉慎，終身不綺紈。舉孝廉，爲九真都尉。後擊賊有功。

鄧盛。蒼梧人。爲秭歸令。聞母病，解印綬決去。及歸，母卒，居喪盡禮。太尉馬日磾嘉其孝行〔八〕。尋爲太尉諸曹掾，時彭城相左尚以贓獲罪，三府掾屬考驗，踰年不竟，更選盛覆考。盛至獄，沐尚，解械賜席。尚感盛至意，即引筆具對。時人語曰：「淑問得竟，皋陶鄧盛。」

衡毅。蒼梧人。少負勇略，與同郡錢博皆爲太守吴巨所信用。建安末，巨爲步騭所殺，毅念部曲舊恩，且騭之來非漢命，乃興軍逆鸞於蒼梧高要峽口，與戰。鸞幾敗，會毅少却，鸞乘之，遂潰。毅與衆千餘人，皆投水死。

三國　吴

士燮。蒼梧廣信人。父賜，桓帝時爲日南太守。燮少游學京師，事潁川劉子奇治左氏春秋。察孝廉，歷遷交阯太守。獻帝賜燮璽書，進綏南中郎將，督七郡領守如故。時道路斷絶，而燮不廢職貢，詔拜安遠將軍，封龍度亭侯。建安十五年，孫權遣步騭爲交州刺史，加燮左將軍，復遷衛將軍，封龍編侯。燮體氣寬厚，謙虚下士，中國士人往依避難者以百數。耽玩春秋，爲之注解。在郡四十餘年卒。

士壹。燮弟。初爲郡督郵，辟司徒府。黄琬爲司徒，甚禮遇。董卓作亂，壹亡歸鄉里。燮表壹領合浦太守。次弟䵋，九真太守。弟武，海南太守。兄弟並爲列郡，當時貴重，百蠻震服。

唐

李堯臣。鐔津人。貞觀中進士。累官至交州刺史，賜其里門曰登俊。

宋

陳坦然。蒼梧人。景德中，宜州兵殺守將，脅判官盧成均以叛，攻象州。坦然以成均同郡，單騎射書賊圍，爲陳禍福。賊分黨南掠，趨容縣境，坦然復抵賊壘諭降之。後佐桂州幕，仕至殿中丞。

潘盎。蒼梧人。皇祐中，儂智高陷邕，乘勝至蒼梧，召盎問曰：「吾欲奄有嶺南爲王，何如？」曰：「殄滅不久，何王之有？」智高大怒，遂害之，盎容色不改。

李用謙。藤縣人。紹興初，歷侍御史、司諫，著直聲。上時政十六事，切中利病。後官國子祭酒，諸生服其學行。從子奉政知和州，論割棄唐、鄧、海、泗四州與金人和不可。累官翰林學士。

元

封履孫。容縣人。天曆間進士。爲藤州學正，遷知邕州，以廉明著。子盛甫，善古文詞，著有容州人物記。

熊天錫。岑溪人。博學多才，以賈似道當國不應試。

明

李觀智。蒼梧人。永樂中，由舉人累官至廣東嶺西道。景泰中，蠻寇起，巡撫王翱以觀智諳土俗，委之撫諭，大藤諸寇悉降。

宋欽。蒼梧人。永樂間，由舉人累官至湖廣參議。正統十四年，麓州亂，尚書王驥西征，欽督餉不避艱險。歷官湖廣布政，致仕。天順六年，寇陷梧州，欽罵賊，遇害。

吴廷舉。蒼梧人。成化進士。正德初，歷廣東副使。條奏太監潘忠二十事，語侵劉瑾，詔下獄，幾死，戍雁門。瑾誅，復官，擢副都御史。時寧王宸濠蓄異志，廷舉陳江西軍政六事，爲豫防計。世宗初，累升南京工部尚書。卒，謚清惠。弟廷弼，弘治舉人，廷舉下獄，瑾禁勿通飲食，廷弼竊饋餉之。廷舉荷校吏部前，廷弼卧其械下，刑部主事宿進爲奏記張綵，乃得釋。

甘思忠。蒼梧人。性至孝，母卒，廬墓三年。聞陳獻章講學，往從遊。都御史林廷選薦授藤縣丞。

余全。藤人。性至孝。成化間，賊陷城，執其母去，全持金贖之，賊索無厭，全乞以身代母，遂被殺而母得脱。

霍榮。藤人。正德間舉於鄉。廬墓盡禮，娶瞽婦，終身不置妾，置義田以恤宗族。知陽江縣，以禮義諭賊，賊爲解散。

本朝

曾士揚。蒼梧人。性聰穎。少舉於鄉，潛心程、朱之學，訓迪後進，肅然有規矩，雖燕居必盛服端坐。隆冬酷暑，手不停披，郡邑乘多其手輯。

張爾修。蒼梧人。性至孝。父早卒，以力養母，折節讀書，固窮不寮。康熙十三年，吴三桂叛，僞鎮蜂起，其壻高熊徵屢以鄉兵破賊，賊恨之。岑溪陷，爾修絶粒死。

高熊徵。岑溪人。順治副貢。康熙十三年，吴三桂構亂，孫延齡叛據廣西，遠近震讋。熊徵爲平滇三策并討賊檄，獻總督金光祖。僞總兵陳士龍據岑，熊徵集鄉勇斬之。遊擊唐鳳來鎮守，請熊徵共商機宜，屢破賊兵，擒斬僞總兵林萬勝、孫雲客等〔九〕。又隨鳳赴肇，破賊於封川，擒僞總兵吴天偉。大將軍傅弘烈復梧州，署熊徵團練同知，尋補授桂林府教授，繼調思明，後擢知井陘縣。會廣西巡撫彭鵬至，廉知熊徵守城破賊事，特疏薦之，授兩浙鹽運使。

李茂。岑溪人。康熙十三年吴逆叛亂，茂鼓勵鄉勇，殺僞總兵陳士龍，民賴以安。後賊踞岑溪，茂被執，奮恨而死。

覃石長。懷集人。康熙時，其母被虎攫去，石長奮擊虎，虎棄去，復回顧，以身當之。母子得全。

鍾大器。懷集人。庠生。父早故，母李氏多疾，躬事湯藥，不假手僮婢，三十餘年如一日。及母卒，建祠屋側，肖父母像祀之。

廖標。岑溪人。舉於鄉。有孝行，居喪三年，不飲酒食肉。時鬱北遭兵後，難民無所歸，標輒收食之，并贖還子女之被掠者。

流寓

宋

秦觀。高郵人。徽宗立，由雷州放還至藤州。出遊華光寺，爲客道夢中長短句，索水欲飲，水至，笑視之而卒。

高登。漳浦人。以忤秦檜編管容州。謫居授徒，家事不以介意。

列女

明

廖紹禄妻阮氏。蒼梧人。少寡，家貧，紡績撫孤。鄰舍火起，延燒及夫柩，氏慟哭願與俱焚，天忽反風，火至門而滅。

高翀妾覃氏。岑溪人。崇禎末，從翀避寇岑溪。翀與妻相繼卒，遺孤幼弱，覃孑身守志，紡績課讀，子得成立。鄉里稱其志節。

潘聰妻傅氏。懷集人。夫客死，氏誓曰：「吾必從地下。」遺骸歸，潛縊於寢。邑人爲建節婦祠。

譚氏女。懷集人，名顯姑。山寇劫其家，見顯姑有殊色，掠之去，投石橋下死。

李洪嗣妻梁氏。懷集人。崇禎末，賊破寨，氏被掠，引頸就刃，不受污，時稱其烈。

本朝

陳齊孟妻諸氏。蒼梧人。未嫁而夫卒，氏奔喪，誓死不再字。一日，迎其母至家曰：「兒死在旦夕，恨未遂孝養之志耳。」言畢入室，端坐而逝，距其夫死八年。及葬，櫬至夫墓，忽自墜，遂合窆。

羅文燦妻馮氏。名秀瓊，蒼梧人。幼喜讀書。未嫁，夫卒，瓊易服求奔喪，父不許。瓊退泣，私語婢曰：「我志已決，湘君招我矣。」是夕出門投大江死。

蘇祚灝妻甘氏。蒼梧人。夫亡守節。康熙二十一年旌。

譚清祥妻吳氏。藤縣人。夫亡守節，與同縣蘇嗣陸妻胡氏，均雍正十三年旌。

羅二酉妻蘇氏。岑溪人。夫卒無子，氏勤織紝養舅姑，雖菜羹疏食，每旦必攜至夫墓所。同縣李蕃春妻高氏、廖言恒妻李氏，均雍正年間旌。

譚現茂妻李氏。蒼梧人。年二十四，守正捐軀。乾隆三十一年旌。同縣梁豆祚妻易氏、蘇汝梗妻覃氏、黃贊妻黎氏，均乾隆年間旌。

黃懋文妻陸氏。藤縣人。守正捐軀。乾隆五十五年旌。同縣陳汝瑾妻蘇氏、陳嗣實妻唐氏，均乾隆年間旌。

陳成宇妻黃氏。容縣人。守正捐軀。乾隆五十七年旌。

梁上珍妻羅氏。岑溪人。夫亡守節。乾隆十九年旌。同縣高若攀妻蘇氏、李章妻鍾氏、周尚顯妻張氏、鍾連振妻馮氏、馮天位妻林氏、高若廉妻李氏、淩厲恭妻高氏、廖鳳林妻吴氏、曾作志妻雷氏、李秀春妻廖氏，均乾隆年間旌。

黄文朝妻韋氏。藤縣人。夫亡守節。嘉慶六年旌。

車惠文妻祝氏。容縣人。守正捐軀，與同縣節婦陳宏庠妻周氏，均嘉慶年間旌。

土産

桄榔木。嶺表録異：如竹，紫墨色，皮中有屑如麪，可爲餅食。

龍眼。

荔枝。

婆羅蜜。

白石英。元和志：梧州貢。

蚺蛇。長十丈，以婦人衣投之則蟠亙。

嘉魚。嶠南瑣記：出蒼梧火山下丙穴。杜甫詩「魚知丙穴由來美」，即此。體圓小多脂，十月間始出。又藤江出鯖魚膾。

石羊血。

桑寄生。金志：出蒼梧長洲者佳。

金桔欖。府志：出藤縣。

苗蠻

猺。府境皆有之。在蒼梧，居大山中，居止無常，伐木爲業，性淳樸。在藤縣，居永順、永化二鄉，耕作采樵，性悍嗜利。在容縣，椎髻短襦，穿耳炙蹠，性好遷徙，家無蓄藏。在岑溪，言語拗僻，山棲露宿，畏痘疹，中者輒徙家避去。在懷集，皆盤姓，刊木畬禾。居高山者，生不蓄而性稍淳。居牛欄、古城、銅鏟、金鶯、湖必諸山者，其性悍，無禮而易亂。

獞。在蒼梧縣，俗輕悍，椎髻炙蹠，刻木以契，男女裙衫以絨繡。在藤縣，居大黎里、楊峒里、大任里，習俗與猺同。在容縣，與猺雜處，風俗服飾亦同。在懷集，素獷悍，明萬曆十二年始知畏法。

黎。本出廣東，蒼梧、鬱林諸郡間亦有之。俗貪愚而悍，不愛骨肉，重牛，不盡耕作，常屠食之。求人貸牛，以妻爲質，或易其子。又一種性俗頗與獞同，而重信約，商人出入貿易，與之無欺，則款如至戚，有所稱貸亦不吝。

蜑。其種未詳何出。以船爲家，以魚爲業，性粗蠢，不諳禮數。入水不没，每爲客泅取遺物。性耐寒，隆冬單衣跣足。畏見官府，有訟之者，即飄竄不出。在蒼梧縣計二百九十八户，有蜑頭二名領之。

校勘記

〔一〕在藤縣西北五十五里　「十五」，原作「才」，據乾隆志卷二六二梧州府山川（下同卷簡稱乾隆志）改、補。

〔二〕析瀧州之正義縣置　「瀧州」，原作「龍州」，乾隆志同，據舊唐書卷四一地理志改。

〔三〕武德四年於縣置齊州　「四年」，原作「五年」，乾隆志同，據舊唐書卷四一地理志改。

〔四〕省齊州及宣樂宋昌二縣　「宣樂」，原作「安樂」，乾隆志同，據舊唐書卷四一地理志及上文改。

〔五〕八年改綏州爲湞州　「湞」，原作「貞」，據乾隆志及舊唐書卷四一地理志改。下文同改。

〔六〕屬廣州　「廣州」，乾隆志同，舊唐書卷四一地理志作「賓州」。按，乾隆志與本志蓋從新唐書卷四三上地理志。

〔七〕洊水縣東南至廣州七百二十里　「廣州」，原作「廣東」，據乾隆志改。按，元和郡縣志卷三四嶺南道廣州洊水縣下云「東北至州七百五十里」，考輿圖，「東北」顯爲「東南」之誤，其云至廣州七百五十里，與此稍異。

〔八〕太尉馬日磾嘉其孝行　「磾」，原作「殫」，乾隆志作「碑」，皆誤，據雍正廣西通志卷七六鄉賢及粤西文載卷六八人物傳改。

〔九〕擒斬僞總兵林萬勝孫雲客等　「孫雲客」，原作「孫容客」，據乾隆志及雍正廣西通志卷六九名宦唐鳳傳改。

潯州府圖

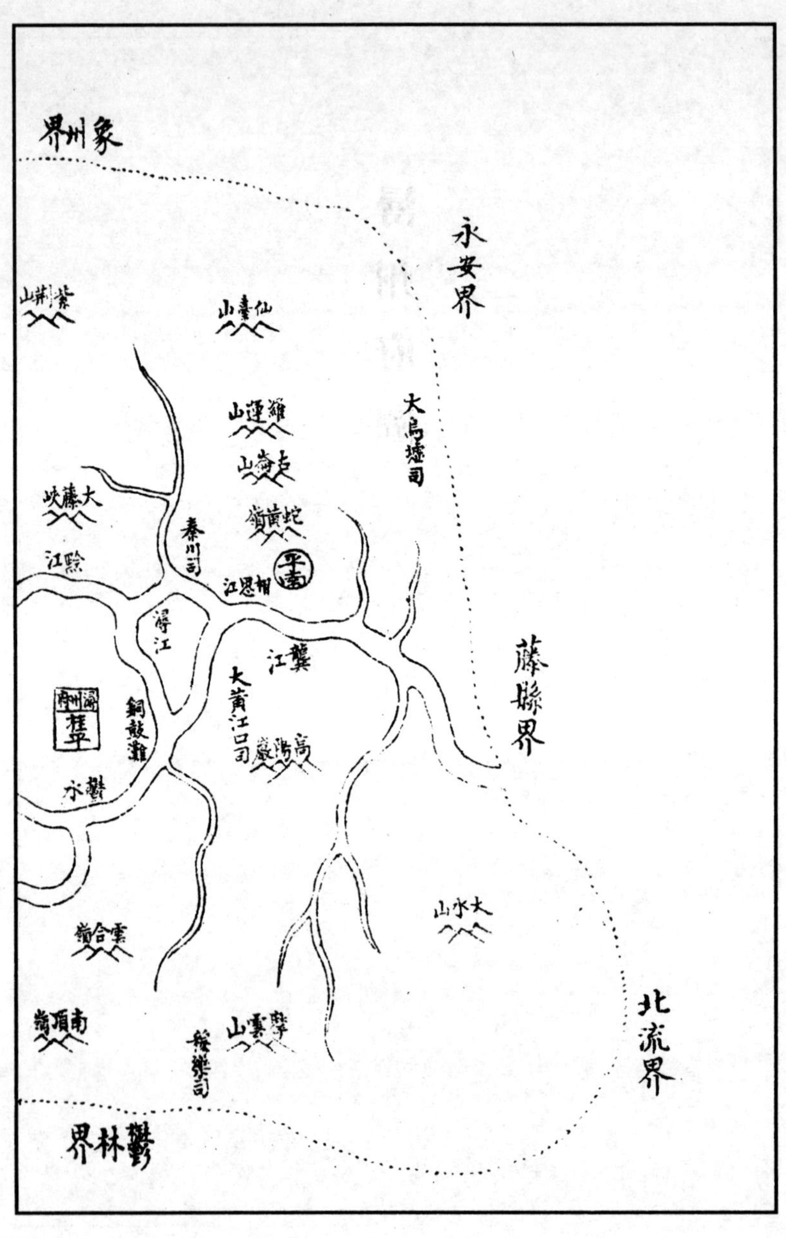
象州界
永安界
仙臺山
大烏墟司
羅運山
古疊山
蛇黄嶺
大藤峽
黔江
秦川司
相思江
潯江
龔江
藤縣界
桂平
銅鼓灘
大黄江口司
高陽巖
鬱水
大水山
雲合嶺
南項嶺
北流界
鬱林界

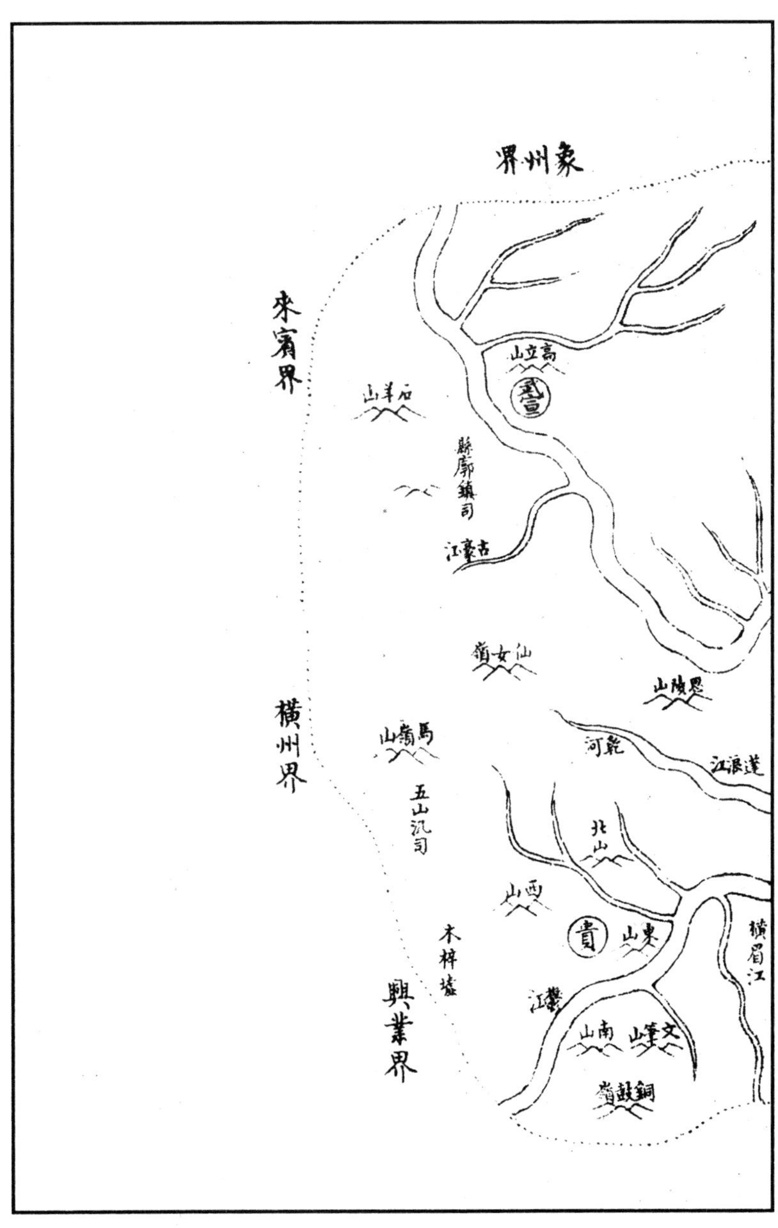
象州界
來賓界
高立山
武宣
石羊山
縣廓鎮司
古豪江
仙女嶺
思陵山
橫州界
馬鞍山
乾河
蓬浪江
五山汎司
北山
西山
貴
東山
橫眉江
木梓墟
鬱江
興業界
南山
文筆山
銅鼓嶺

潯州府表

	潯州府	桂平縣
秦	桂林郡地。	
兩漢	鬱林郡地。	布山縣地。
三國		
晉		
南北朝	桂平郡梁置。	
隋	廢。	桂平縣置屬鬱林郡。 皇化縣開皇十一年置，大業初省。 大賓縣開皇十五年置，屬永平郡。
唐	潯州潯江郡貞觀七年改置，屬嶺南道。	桂平縣貞觀七年復爲州治，又分置陵江縣，十二年省。 皇化縣貞觀七年復置。 大賓縣武德七年置潯州，旋徙縣屬。
五代	潯州屬南漢。	桂平縣 皇化縣 大賓縣
宋	潯州潯江郡屬嶺南西道。	桂平縣 開寶五年省。 開寶五年省。
元	潯州路升路，屬廣西道。	桂平縣路治。
明	潯州府改府，屬廣西布政司。	桂平縣府治。 武靖州成化三年置，萬曆末省。

續表

		阿林縣屬鬱林郡。		
		阿林縣		
		阿林縣		
		阿林縣		
		阿林縣		
繡州常林郡武德四年置林州，六年更名，天寶初又改爲郡。	常林縣武德四年置。舊有歸誠縣，貞觀六年省入。	阿林縣屬繡州。	羅繡縣武德四年置，屬繡州。	盧越縣武德四年置，貞觀六年省。
繡州	常林縣	阿林縣	羅繡縣	
開寶六年省。	開寶六年省。	開寶五年省。	開寶五年省。	

平南縣
猛陵縣地。
武城縣初置，屬鬱林郡，後廢。
武林縣宋元嘉二年更名，屬永平郡。
武林縣
龔州臨江郡貞觀三年置鷰州，七年更名，天寶初又改爲郡，屬嶺南道。 平南縣貞觀七年分置，尋爲州治。 泰川縣貞觀初置，十二年省。 歸政縣貞觀七年置，十二年省入西平。 武林縣初屬藤州，貞觀七年屬龔州。
龔州 平南縣 武林縣
龔州臨江郡屬廣南西路。政和初廢，三年復。紹興六年又廢。 平南縣紹興中屬潯州。 開寶五年省。
平南縣屬潯州路。
平南縣屬潯州府。

續表

隋建縣 開皇十九年置，屬永平郡。				
隋建縣 初屬藤州，後屬龔州。	大同縣 貞觀七年置，屬龔州。	陽川縣 貞觀中置西平縣，屬龔州，天寶初更名。	思唐州 武郎郡 永隆二年置州，屬嶺南道。	武郎縣 州治。
隋建縣	大同縣	陽川縣	思唐州	武郎縣
開寶五年省。	開寶五年省。	開寶五年省。	開寶四年更名思明州，五年廢。	開寶四年屬龔州，嘉祐二年省。

	貴縣			
	鬱林郡 治布山。		布山縣 郡治。	
	鬱林郡		布山縣	
	鬱林郡		布山縣	
	鬱林郡 梁兼置南定州。		布山縣 梁、陳間分置龍山縣。	懷澤縣
	鬱林郡 初廢郡，改尹州，治鬱林縣，大業二年改鬱州，旋復爲郡。	鬱林縣 開皇十年置，郡治。	大業初省。	省。
思和縣 永隆初置平原縣，屬龔州。長慶三年更名。	貴州懷澤郡 武德四年復曰南尹州，貞觀八年更名，屬嶺南道。天寶初更郡名。	鬱林縣 州治。		懷澤縣 武德四年復置，屬貴州。
思和縣	貴州 屬南漢。	鬱林縣		懷澤縣
開寶五年省。	貴州懷澤郡 屬廣南西路。	鬱林縣		開寶五年省。
	貴州 屬廣西道。	大德九年省入州。		
	貴縣 洪武三年降縣，屬潯州府。			

續表

	武宣縣
	中留縣屬鬱林郡。後漢曰中溜。
	中溜縣
	初省，後復置。
	桂林郡宋移治，後徙。 中溜縣宋郡治，齊屬桂林郡。
馬度縣開皇十一年置，屬鬱林郡。	桂林縣地。 開皇十一年省。
義山縣武德四年更名馬嶺，屬貴州。天寶初又更名。 潮水縣武德四年置，屬貴州。	武仙縣武德四年置，屬象州。
義山縣 潮水縣	武仙縣
開寶五年省。 開寶五年省。	武仙縣
	武仙縣
	武宣縣宣德六年更名。

大清一統志卷四百七十

潯州府

在廣西省治西南九百五十里。東西距四百十里，南北距五百二十里。東至梧州府藤縣界一百九十里，西至南寧府横州界二百二十里，南至鬱林州界一百九十里，北至柳州府象州界三百三十里。東南至鬱林州北流縣界二百八十里，西南至鬱林州興業縣界二百二十里，東北至平樂府永安州界二百六十里，西北至柳州府來賓縣界二百八十里。自府治至京師八千四百十里。

分野

天文翼、軫分野，鶉尾之次。

建置沿革

禹貢荆州南裔。周百越地。秦爲桂林郡地。漢爲鬱林郡地，郡治在今府境。晉及宋、齊因之。梁分置桂平郡。隋平陳，郡廢，仍屬鬱林郡。唐武德四年，屬南尹州。五年，屬藤州。七年，分置潯州，治大賓縣。見元和志。尋廢。貞觀七年，始於桂平縣置潯州。元和志：取潯江爲名。十二年，省入龔州，長壽元年復置。見元和志。天寶初，改潯江郡。乾元初，復曰潯州，屬嶺南道邕管。五代屬南漢。宋開寶五年，廢入貴州，六年復置，仍曰潯州潯江郡，屬嶺南西道。元至元十六年，置潯州路總管府，屬廣西道。明洪武二年，改潯州府，屬廣西布政使司。本朝因之，屬廣西省，領縣四。

桂平縣。附郭。東西距一百五十里，南北距三百七十里。東至平南縣界七十里，西至貴縣界八十里，南至鬱林州界一百九十里，北至武宣縣界一百八十里。東南至梧州府容縣界一百八十八里，西南至貴縣界一百二十里，東北至平南縣界七十五里，西北至貴縣界八十里。漢鬱林郡布山、阿林二縣地。梁分置桂平郡。隋平陳，郡廢爲桂平縣，屬鬱林郡。唐貞觀七年，爲潯州治，五代、宋因之。元爲潯州路治。明爲潯州府治，本朝因之。

平南縣。在府東一百里。東西距一百二十里，南北距二百八十里。東至梧州府藤縣界六十里，西至桂平縣界六十里，南至梧州府容縣界一百五十里，北至平樂府永安州界一百三十里。東南至容縣界一百五十里，西南至桂平縣界一百四十里，東北至藤縣界六十里，西北至柳州府象州界一百三十里。漢蒼梧郡猛陵縣地。晉初分置武城縣，屬鬱林郡，後省。宋元嘉二年，改武林縣，屬永平郡，齊以後因之。唐初屬藤州。貞觀三年，於縣置鷰州。七年，改置龔州都督府，又分置平南縣，尋移州治之。天寶初，改臨江郡。乾元初，復曰龔州，屬嶺南道。五代屬南漢。宋開寶五年，省武林縣入平南。政和元年，州廢，屬潯州，三年復置。紹興六年復廢，屬潯州。元屬潯州路。明屬潯州府，本朝因之。

貴縣。在府西南一百四十里。東西距一百四十里，南北距二百二十里。東至桂平縣界六十里，西至南寧府橫州界八十里，南至鬱林州興業縣界八十里，北至柳州府來賓縣界一百四十里。東南至鬱林州界八十里，西南至廣東廉州府合浦縣界一百三十里，東北至桂平縣界八十里，西北至思恩府賓州界一百二十里。古西甌駱越之地。漢置鬱林郡，治布山縣，後漢及晉、宋、齊皆因之。梁普通四年，於郡置南定州。隋平陳，廢郡，置鬱林縣，改州曰尹州。大業初，省布山入鬱林縣，又改州曰鬱州，尋復爲鬱林郡。唐武德四年，曰南尹州。貞觀八年，改貴州。天寶初，改懷澤郡。乾元元年，復曰貴州，屬嶺南道。五代屬南漢。宋亦曰貴州懷澤郡，屬廣南西路。元曰貴州，屬廣西道。大德九年，以州治鬱林縣省入。明洪武三年，降州爲縣，屬潯州府，本朝因之。

武宣縣。在府西北二百里。東西距一百十五里，南北距一百八十里。東至桂平縣界九十里，西至柳州府來賓縣界二十五里，南至貴縣界九十里，北至柳州府象州界九十里。東南至桂平縣界一百八十里，西南至貴縣界八十里，東北至平樂府荔浦縣界八十里，西北至來賓縣界四十里。漢鬱林郡中留縣地。後漢曰中溜。隋爲桂林縣地。唐武德四年，析置武仙縣，屬象州，五代、宋、元因之。明宣德六年，始改爲武宣縣，仍屬象州。本朝雍正三年，分屬賓州。八年，改屬潯州府。

形勢

封域廣袤，實有三州之地。方輿勝覽。左黔右鬱，限以二江，山水奇秀。郡志。

風俗

僻處山間，地瘠民貧。宋趙善憑奏狀。力耕爲業，不産蠶絲。人物淳和，不事諂詐。風土記。

城池

潯州府城。周七里有奇，門六，東、西開濠，南、北際江。宋嘉祐間土築。明洪武二十九年增建，成化三年甃甎。本朝乾隆二十七年修。桂平縣附郭。

平南縣城。周一里有奇，門二，南臨大江，池廣二丈。明初土築，天順間甃甎。

貴縣城。周三里有奇，門五。元至正間因唐址建。明萬曆間增建。本朝康熙二十五年、五十九年重修。

武宣縣城。周二里有奇，門四，池廣一丈五尺。明宣德間土築〔一〕，成化間甃甎。本朝乾隆三十一年修。

學校

潯州府學。在府城西隅。明正統三年遷建。本朝順治十五年重建，康熙二年、雍正二年、乾隆四十六年重修。入學額數二十名。

桂平縣學。在縣治西。本朝康熙六年遷建，雍正三年、乾隆九年重修。入學額數十五名。

平南縣學。在縣治東。本朝康熙初重建，雍正十一年、乾隆五十八年修。入學額數十二名。

貴縣學。在縣東門外。本朝康熙五十六年重建，雍正八年、乾隆四十五年重修。入學額數十五名。

武宣縣學。在縣治東。明洪武中建。本朝康熙七年、五十年、雍正七年、嘉慶三年重修。入學額數八名。

潯江書院。在府學左。明萬曆間，以分守別署改建。本朝乾隆七年易名潯陽書院，三十九年增修，復舊名。

思靈書院。在桂平縣學左。本朝乾隆三十八年，因桂邑書院改建。

武城書院。在平南縣。本朝乾隆十三年建。

懷城書院。在貴縣。本朝乾隆二十四年因學宫舊址修建，四十四年改建學宫旁。

仙城書院。在武宣縣。本朝乾隆三十四年建。

户口

原額人丁一萬六千九百五十五，今滋生男婦大小共六十四萬七百五十四名口，計九萬七百二户。

田賦

田地九千三百二頃三十畝一分有奇，額徵地丁正、雜銀三萬二千七百十八兩八錢六分六釐，遇閏加徵銀九百九十九兩五錢九分一釐，米四萬七百七十四石三斗四升六合六勺。

山川

白石山。在桂平縣南。寰宇記：阿林縣有白石山，色潔白，四面懸絶，上有飛泉瀑布。方輿勝覽：在潯州南六十里，下有白石洞天，可達容州勾漏洞天，世傳葛仙翁往來其間。明統志：兩峯並列，下有巖洞，即道書第二十一洞天。洞之上有會仙巖、煉丹竈、八仙石。府志：攀藤搭梯而上，約十里方至。巖前有煉丹、漱玉二泉，左有元珠池，右有三清巖，旁有鶖頸峯。

大容山。在桂平縣南一百九十里，廣闊數百里，通鬱林、容縣、岑溪、博白、北流、陸川等縣。山形四面相似，入者迷出。樹木叢茂，澗水屈曲，分爲九十九派。

鳳巢山。在桂平縣西南五十里。下有龍潭。

羅叢山。在桂平縣西南六十里，即羅叢巖。巖中明敞，可容數百人。東有碧虛洞。西有靈源洞。其最深者曰水月巖。又有鯉魚巖，水通鬱江。

思靈山。在桂平縣西五里。王存九域志：潯州有思靈山。舊志：一作思陵山，又名西山。秀峙穹窿，映帶府治。上有三清巖，宋淳化初，州守姚坦嘗遊此，亦曰姚翁巖。有泉曰乳泉，即思陵水源也。旁有吏隱洞。

石梯山。在桂平縣西八十里。削直如梯，路通容縣。又羅影山，在縣西北七十里，亦高聳。

閬石山。在桂平縣西北七十五里。方輿勝覽：在潯州北，有梁嵩讀書巖。明統志：在府城北一百六十里，峯巒競秀，如列旌旗。舊志：一名基石山，平疇突起，高峻插天，周圍峭壁，惟一道可達山巔，中有石巖、石梯、流水，扃若堂奥。

石鹿山。在桂平縣北五十里。九域志：潯州有石鹿山，上有石如鹿。

紫荆山。在桂平縣北五十里。自山而北，巖壑深廣，爲猺、獞門户。

五指山。在桂平縣北一百十里。五峯羅列，迢遞巉巖，中有石穴，上通山峯，下達龍潭。

鳳凰山。在平南縣東四十里。岡巒挺秀，形如飛鳳。右有古井，其深無底，相傳有龍藏此。

鷲石山。在平南縣東南十二里。隋書地理志：武林有鷲石山。明統志：山有石鷲，唐置鷲州以此。縣志：每春夏，羣鷲巢於巖頂，故名。

大水山。在平南縣東南六十里，與梧州府藤縣交界。其山綿延百餘里，密林深箐，重巖邃谷，爲邑要害。

思巖山。在平南縣南四十餘里。連亘四十里，峯巒峻偉，樹木森蔚，頂有石室。

藍峒山。在平南縣南六十里。山多竅穴，上有石脚巖，相傳中通勾漏。

摩雲山。在平南縣南一百里。山頂切雲。

麒麟山。在平南縣西七十里。以形似名。千峯屯繞，秀傑殊常。又有幞頭山，在縣南四十里。

大峽山。在平南縣北十五里。又古崙山，在縣北四十里。相近有天井山。

羅運山。在平南縣北七十里。猺、獞巢穴。

東山。在貴縣東十五里。峯巒秀峙。西北有婦人巖。

龍巖山。在貴縣東五十里。上有七巖，一巖最大，有東西二門，虚明爽塏。

南山。在貴縣南十里。有二十四峯，峭拔秀異，甲於一邑。上有巖洞三門，旁多石竇，絶頂有宜仙洞石室，尤奇勝。對峙者爲文筆山。

西山。在貴縣西三十里。峯巒奇特，石筍插天。上有七星巖、仙女寨，産方竹。

馬嶺山。在貴縣西北七十里。一名龍馬山，又名馬度山，唐以前縣名馬嶺、馬度皆以此。明統志：山多虺，其毒殺人，惟冷石可以解之，屑著瘡内即活。

北山。在貴縣北二十里。又名宜貴山。上有瀑布千仞。其北爲登仙巖，路通仙女嶺。

龍山。在貴縣北五十里。山勢險峻，延袤數百里。唐書地理志：貴州有龍山府，蓋府兵防戍於此，爲藤峽之右臂。其山産茶，沙江出焉。

上龍巖山。在貴縣北八十里。中多奇石。

銀山。在貴縣東北十里。有石函，望之如銀，俗呼爲仙人函。

鴉笑山。在貴縣東北六十里。東接石梯，西連北攬，亦猺、獞出没處。一名雞笑山。

馬鞍山。在武宣縣東一里。兩山相連，一名雙獅山。中有深巖，巖口有石鐘懸壁，扣之有聲。又名鐘巖。

金龍山。在武宣縣東七十里。對峙者曰雙髻山，有水入東鄉江。

勒馬山。在武宣縣東南五十里江濱。

羅渌山。在武宣縣東南一百五十里。明正德十七年，督臣蔡經討大藤峽猺，使王俊由武宣踰山而東，攻羅渌上峒，戚振攻羅渌中峒，吴同章攻羅渌下峒，即此。

仙巖山。在武宣縣南四十里。巖中可容數百人。

仙人山。在武宣縣西十里。寰宇記：舊有仙人羽駕集此，又有仙人换骨函存。

銅鼓山。在武宣縣西十里。寰宇記：象州有銅鼓山，下有銅鼓灘。

石羊山。在武宣縣西六十里。峭壁上有石如羊，俯臨大江。

大禄山。在武宣縣西北十五里。有水東入潭江。

高立山。在武宣縣北十里。一名獨秀山。爲縣主山。

三鼎嶺。在桂平縣東三十里。又含珠嶺，在縣東五十五里。横嶺，在縣南五十里。

雲合嶺。在桂平縣南八十里。聳秀插天，雲合即雨。又南頂嶺，在縣南一百二十里。崚嶒嶺，在縣西南七十五里，路極險峻。

高振嶺。在桂平縣北百餘里。明成化二年，韓雍討大藤賊，嘗登此督戰。

蛇黄嶺。在平南縣北一里。嶺勢盤紆，出蛇黄，每歲九月，土人掘地求之，磨清水可以愈毒。一名蛇黄岡。

銅鼓嶺。在貴縣南五十里。平地突起，層岡環列。

仙女嶺。在貴縣北七十里。旁有登仙厓。明嘉靖初，藤峽賊據此，謂之仙女砦。又東北即油醡、石壁、大陂等巢，皆王守仁所討平處。

獨秀峯。在桂平縣南七十里。明統志：在白石山之側，孤翠飛騫，百里所瞻。

獅子岡。在桂平縣西五十里。又崑崙岡，在縣西北七十里，一名崑山。

顯朝岡。在貴縣北二十里。元和郡縣志：在鬱林縣北。陸績爲太守，每登此岡，制渾天圖。

暢巖。在平南縣西北三十里。宋郡守姚嗣宗嘗游此，號曰姚公巖。又傳程珦守龔，明道、伊川隨父任讀書於此。相接者曰思鶱巖，一曰思鶱石，又謂之鶱山，狀若八角樓。

高陽巖。在平南縣西南九十里。高爽明豁，前瞰平野。

仙臺峒。在平南縣北百餘里。相近有花相、白竹、古陶、羅鳳等峒，迴環相屬。明嘉靖時，王守仁勦仙臺、花相諸賊，皆平之，即此。

大藤峽。在桂平縣西北六十里，紅石磯之下，弩灘之上，地介武宣、象州、永安、桂平、平南、藤縣之間，四山環繞，延亘數百里，最爲險惡。峽迤南舊有牛腸、大岾諸村猺寨，北通羅淥三峒，紫荆、羅運等三十六巢，巖洞以百計。中有七層樓，下有三昧洞。峽口有大藤，大逾斗，長數丈，橫生跨江，日沉水底，夜浮水面，猺人藉以渡峽，以通龍山八寨。明成化初，督臣韓雍討平猺賊，斬其藤，易名斷藤峽，置武靖州及東鄉、龍山等巡司。嘉靖初，峽中猺賊流劫潯、梧上下。七年，督臣王守仁討平之。後峽賊侯勝海等復爲亂，督臣蔡經討平之，凡三興大役而後底定。

金雞峽。在貴縣西六十里。連山延亘，直至賓州。

鬱江。自南寧府横州流入，經貴縣南，又東經府城南，至城東與黔江合。又東經平南縣南，名龔江。又東入梧州府藤縣界。漢書地理志：毋斂縣橋水，首受橋山，東至中留入潭。水經注：牂牁水，經鬱林廣鬱縣，爲鬱水。又東逕領方縣北，又東逕布山縣北，又逕中留縣南，與温水合。又東入阿林縣，潭水注之。診其川流，更無殊津，正是橋、温亂流，故兼通稱也。元和郡縣志：鬱江水，南去鬱林縣十五步。又龔江，一名潯江，在陽川縣南。去縣三十五里，又在平南縣南五十步，又東南去武林縣五十步。方輿勝覽：鬱林縣鬱江，中有紫水，兩派流出，即有異應。上有牛皮灘，下有白雀灘。

黔江。自柳州府象州流入，經武宣縣西，名曰潭江。又東南經府城東北，亦曰北江。至城東與鬱江合，爲潯江，即古潭水也。漢書地理志：鐔城縣潭水，東至阿林入鬱水。水經注：潭水自潭中縣，又東南與剛水合。又逕中留縣東、阿林縣西，右入鬱水。寰宇記：潯江，在桂平縣北二十步，過州東五里，合鬱江。名勝志：潯江，在府城東。黔水自城北，鬱水自城南，至北合流，東下蒼梧入海。按：此水今名黔江，既合鬱水之後，故明統志分而爲二，元和郡縣志、寰宇記即以此爲潯江也。

相思江。在桂平縣東六十五里，與平南縣接界。源出平南麒麟山，自官塘堡分港而入，直通朋化内猺，流入潯江。

繡江。在桂平縣西南五十里，即羅越水也。寰宇記：繡州有羅越水，一名靈溪水。舊志：繡江湛碧如繡，即唐置繡州處。又有官江，在縣西南三十里。皆北入鬱江。又蓬浪江，在縣西南二十七里，南入鬱江。

武林江。在平南縣東二十五里。上流出容縣界，曰白沙江，北流入龔江。又白馬江，在縣東六十里，南流入江。

烏江。在平南縣西。寰宇記：平南縣有大烏江。舊志：在縣西半里，小舟泝流，可三四十里，至古城，其源直透縣西北猺山地界，下流入龔江。春夏此河水清，則大江水濁。秋冬大江水清，則此水濁。

大同江。在平南縣北八十里。源出猺地，東南流至藤縣界蒙江口入江。灘高水涌，石齒峻嶒，不通舟楫。元和郡縣志：大同縣有花憐水，在縣東北二十步，疑即此。

沙江。在貴縣東七里。源出謝井。又東津江，在縣東二十里，源出龍山。皆南入鬱江。

横眉江。在貴縣東六十里，自鬱林州大容山發源，北流入鬱江，與桂平縣分界。

汎江。在貴縣南三里。一名道冲江。近州城舊址。又思緻江，在縣南三十里，源出興業縣，即西江下流也。皆北入鬱江。

寶江。在貴縣西二里。一名浮江。自賓州來，入於鬱江。

武思江。在貴縣西六十里。自合浦縣流入鬱江。

馬來江。在武宣縣東。源出貴縣界上龍巖，東北入潭江。

古豪江。在武宣縣西南。源出縣西二十里古豪里，東南流入潭江。又有武賴水，源出縣西南六十里武賴里，東流合焉。

都泥江。在武宣縣西北。自來賓縣流入，合潭江，即古剛水也。漢書地理志：牂牁毋斂縣剛水〔二〕，東至潭中入潭。舊志：都泥江口，在縣西北五十里。

新江。在武宣縣東北。源出北鄉。又陰江、東鄉江，源出東鄉。皆南流入潭江。又有桂村水，在縣北二十里，源出縣東北桂村，西入潭江。

布歷水。在桂平縣東十五里。又有伏化水，在縣東南二十里。皆流入潯江。

羅葉水。在桂平縣南十里。源出南頓嶺。又有緑水，在縣南十五里曠野中，水泉深碧，旁皆怪石，北入鬱江。

木賴水。在桂平縣西北九十里。源出武宣縣，經貴縣界，南流入鬱江。

大隍水。在桂平縣東北五十里。源出武宣縣界，東流合潯江。又都耶水，在縣北三十里，源出羅渌三峒。思陵水，在縣西北十里，源出思陵山。俱流合大隍水。通志：大黄江從弩灘分流，由武靖州至此江而下藤、梧。

秦川河。在平南縣東二十里。源出鳳凰山，南流入江。又緑水河，在縣東二十里，源出龍潭，方圓十餘丈，其底全石，北流入江。

乾河〔三〕。在貴縣北四十里。源出北山。春夏汎濫，秋冬則涸，下流合鬱江。

大藤溪。九域志：象州有大藤溪。方輿勝覽：在武宣縣東南，源出潯州大立山。舊志：今武宣縣延賓驛前溪是也。

南湖。在桂平縣南。俗名結塘湖。廣三里許，中有洲，今漸湮塞爲民塘。

靈湖。在武宣縣東靈阿村。水由大河伏流地中，混出不絶。

銅鼓灘。在桂平縣東一里，當黔、鬱二水合流處。多巨石，春夏水漲，其聲如鼓。明統志：潯江中有碧灘、弩灘、思傍灘、斫石灘，并銅鼓爲五，水石俱險隘。

弩灘。在桂平縣西北五十里，當大藤峽口。水涌而迅，勢如發弩。又碧灘，在縣西北八十里。浪灘，在縣西北碧灘之上。

謝公池。在貴縣北城下。唐刺史謝雕鑿池種蓮。今名井塘。

潮水泉。在貴縣西六十里。盈涸不時，日或三四潮，唐潮水縣以此名。元和志：潮水縣有浮溪水，在縣南三十步，即此。

陸公井。在貴縣城内，吴郡守陸績所鑿。南漢乾和中，刺史劉博古種橘井旁〔四〕，又名橘井。

東井。在貴縣東一里。水從怪石涌出，流入石底，宋蘇軾書「東潮」二字，刻石其旁。

瑞松井。在貴縣東一里。宋孝子梁詔所居。旁有甘露，著松樹上，蘇軾爲署其亭曰甘露，林曰瑞松。

連理石井。在貴縣南一里。兩穴相連。不竭不溢。

南澗井。在貴縣西門外。井東石刻蘇軾大書「南澗」二字。

龍腹井。在貴縣北二十里。水色似濁，汲之則清。井旁有石洲，盤亘如龍。一名龍牀井。

石井。在貴縣西北半里，潛通大江。元和志：亦名司命井，在縣北二里，竭則人疾疫，歲不登。

谷永井。在貴縣舊州治東北，相傳漢谷永所鑿。又有嘉魚井，在舊州西，井泉通於江。

古蹟

桂平故城。在今桂平縣西。隋置。縣志：舊治在思陵山之半，崎嶇險阻，宋嘉祐間始移縣於平地，即今治。

鬱林故城。在貴縣南。隋開皇十年置，爲鬱林郡治。唐爲貴州治。元大德九年省。舊志：有故城在縣南鬱江南三里，吴陸績築，遺址猶存。宋時移今治。

武仙故城。在今武宣縣東。元和志：象州武仙縣，西北至州一百二十里，武德四年，析桂州建陵縣南置。寰宇記：在州東南九十九里。舊志：故縣治在縣東下水二十里，明洪武三年築土城。上有小溪，名陰江。下近峽江，猺、獠出没之所。宣德六年，改名武宣，始移今治。

武靖廢州。在桂平縣東北三十里。舊志：本桂平縣地，明成化三年，督臣韓雍平藤峽賊，以碧灘地爲峽要害，奏置武靖州，尋移蓼水北岸築城，周二里，使上隆州土酋岑鐸遷部兵〔五〕，世掌州事，設流官吏目佐之。鐸死無嗣。正德十六年，以田州岑猛次子邦佐繼之。嘉靖中，邦佐嗣亦絶，以潯州府通判權知州事。萬曆末，廢州爲武靖鎮，仍置兵戍守。

廢繡州。在桂平縣西南。舊唐書地理志：繡州，隋鬱林郡之阿林縣〔六〕，武德四年置林州，六年改爲繡州。天寶元年，改爲常林郡。乾元元年，復爲繡州。南至黨州五十里，西北至貴州一百里，領縣三：常林、阿林、羅繡。又常林縣，武德四年析貴州之鬱平縣置。貞觀六年省歸誠縣入之，移治廢歸誠縣故城。文獻通考：繡州，宋開寶六年廢入容州普寧縣。舊志：在今縣西南一百五十里常林鄉，遺址尚存。

廢龔州。今平南縣治。元和志：龔州本漢猛陵縣地。貞觀三年，於此置鷰州，七年移鷰州於今州東六十五里，於鷰州舊治置龔州，因龔江以爲名。東至藤州一百四十里，西南至潯州泝流一百三十里。宋史地理志：政和元年州廢，隸潯州，三年復置，紹興六年復廢。

阿林廢縣。在桂平縣東。漢置，屬鬱林郡。唐屬繡州。宋開寶五年省。寰宇記：廢阿林縣，在廢繡州東北五十里。

皇化廢縣。在桂平縣東。元和志：潯州皇化縣，西至州三十里，隋開皇十一年置，因縣東一里皇化水爲名。大業二年廢，貞觀七年復立。宋史地理志：開寶五年，廢皇化入桂平。

大賓廢縣。在桂平縣東南。元和志：潯州大賓縣，西至州四十里，隋開皇十五年分桂平縣置，以縣西北賓水爲名。武德七年，曾於縣置潯州，後移於桂平。寰宇記：開寶五年，併入桂平。

盧越廢縣。在桂平縣南。舊唐書地理志：武德四年置林州，領盧越縣。貞觀六年省。新唐書：省入羅繡。

武林廢縣。在平南縣東南。晉書地理志：鬱林郡統武城縣。宋書州郡志：永平郡領武林縣，文帝立。舊唐書地理志：武林，晉武城縣。元和志：龔州武林縣，西北至州二十五里。宋元嘉二年置武林縣，屬永平郡，隋屬藤州，貞觀七年割屬龔州。寰宇記：開寶五年，廢武林入平南。

歸政廢縣。在平南縣西。舊唐書地理志：貞觀七年置歸政縣，屬龔州，十二年省入西平。舊志：今有歸政里，即故縣。

陽川廢縣。在平南縣西北。元和志：龔州陽川縣，東南至州四十里，本漢布山縣地。貞觀七年，於此置西平縣，屬龔州。天寶元年，改爲陽川。寰宇記：開寶五年，省入平南。

平原廢縣。在平南縣西北。元和志：思唐州管平原縣，東至思唐州八十里，與州同時置，前臨思洪江。唐書地理志：思唐州思和，本平原，長慶三年更名。寰宇記：開寶五年，併入武郎。

武郎廢縣。在平南縣北。元和志：桂管有思唐州，永隆二年，前桂州司馬夏侯處廉奏割龔、蒙、象三州置。開元二十四年奏爲羈縻州，建中元年升爲正州。南至龔州一百四十里，北至蒙州一百六十里。治武郎縣，與州同時置，前臨馳禮江。寰宇記：思唐州武郎郡，宋開寶四年改曰思明州，五年州廢，以武郎縣屬龔州。九域志：嘉祐二年，省武郎入平南。

隋建廢縣。在平南縣東北。元和志：龔州隋建縣，西北至州八十里，隋開皇十九年分武林縣置，初屬藤州。貞觀七年，割屬龔州。寰宇記：開寶五年，併入平南。

大同廢縣。在平南縣東北。元和志：龔州大同縣，南至州七十五里，本漢鬱林郡布山縣地，貞觀七年，於此置大同縣，屬龔州。寰宇記：開寶五年，廢入平南。舊志：在縣東北五十里。今爲大同鄉。

泰川廢縣。在平南縣東北。舊唐書地理志：貞觀初置屬鷰州，七年屬龔州，十二年省入平南。

布山廢縣。在貴縣東。漢置，爲鬱林郡治。隋大業初，省入鬱林縣。舊志：廢縣在府西五十里。

懷澤廢縣。在貴縣南。梁、陳時置。隋省入鬱林。唐武德四年復置，屬南尹州。貞觀初，屬貴州。宋開寶五年省。元和志：縣北至貴州一百里。按：明統志作劉宋置。考宋、齊志有懷安而無懷澤，隋志無懷安，而鬱林以懷澤併入，疑懷澤或即懷安也。

潮水廢縣。在貴縣西。元和志：貴州潮水縣，東至州五十里，武德四年分置。寰宇記：開寶五年，省入鬱林。

義山廢縣。在貴縣西北。元和志：貴州義山縣，東北至州八十里，隋開皇十一年置馬度縣，因縣南三十里馬度山爲名。武德四年，改爲馬嶺。天寶元年，改爲義山。寰宇記：開寶五年，省入鬱林。

龍山廢縣。在貴縣北。隋書地理志：鬱林郡鬱林，大業初廢龍山縣入。按：宋、齊志俱無龍山，疑梁、陳時置，以近龍山故名也。

中留廢縣。在武宣縣西南。漢置，屬鬱林郡。後漢曰中溜。晉省，後復置。劉宋爲桂林郡治。蕭齊屬桂林郡。隋開皇十一年，省入桂林。

羅繡舊縣。在桂平縣南。舊唐書地理志：繡州領羅繡縣，武德四年析阿林置。寰宇記：開寶五年，省入普寧縣，舊縣在廢繡州東六十里。通志：今爲羅繡里，在縣南八十里。

潯州故衛。在府治東北。明洪武八年建，久廢。

奉議故衛。在貴縣西北。明正統十一年自奉議州移置，今廢。

向武廢所。在貴縣北門外。明正統十一年自向武州移置於此，屬奉議衛。萬曆二十三年，移於謝村鎮。今廢。

馬平場。在桂平縣西七十里。昔時土人採砂煉鉛處。

東津場。九域志：鬱林縣有易令、穿山、康和〔七〕、大利、都禄、平悦、懷澤、都零、東津、含山、龍山共十一場。舊志：東津村，在貴縣東南六十里。又有都六村，在縣西水南鄉，近横州界，蓋即都禄之訛也。懷澤、龍山，皆以故縣爲名。餘無考。

思古樓。在府城東門上。又南門上有觀風樓，西門上有捲雨樓，北門上有平遠樓。

懷澤樓。在貴縣城北。

澄霽閣。在府城平遠樓東。又浄練閣，在平遠樓西。

愛蓮閣。在貴縣治清燕堂後。

雙清閣。在貴縣學宫南。宋傅汶有詩。

吏隱堂。在府署。又平政堂，在吏隱堂東。清心堂，在平政堂東。

景陸堂。在貴縣舊州署西。堂後有清燕堂。

涵碧亭。在府城東三江口，今廢。

涌金亭。在府城南江岸。

寒亭。在府城西五里。亭下有泉，自石罅流出，清冷異常，冬夏不涸。

南澗亭。在貴縣西二里。又有紫江亭，在縣西二里石洲上，今廢。

蓮巢亭。在貴縣治蓮池北。有蘇軾書帖石刻。

龍街里。在平南縣南。五代南漢時梁嵩廷試第一，因改鄉曰鵬化，里曰龍街。

龍田。明統志：在貴縣南山之陽。舊志：在縣南十里。

關隘

東樂關。在桂平縣城東。又縣南有南濟關，西有西靖關，北有北定關，皆近郊之衛也。又有歸化、鎮遠二關，皆在城旁。

太和關。在平南縣西二里。又永寧關〔八〕，在縣西北二里。

東寧關。在貴縣東。又有常平關，在縣西一里。北靖關，在縣北三十一里。

大黄江口巡司。在桂平縣東五十里。

穆樂墟巡司。在桂平縣東南一百八十里。本朝乾隆四十六年設。

大烏墟巡司。在平南縣東南五十里。舊有大同鄉巡司，在平南縣東北八十里，本朝雍正十二年裁改。

秦川鄉巡司。在平南縣西三十里。

五山汛巡司。在貴縣西北五山鎮地。舊有新安寨巡司，在貴縣東南四十里，本朝雍正十二年裁改。

縣廓鎮巡司。在武宣縣西南六十里。舊有永安鎮巡司，在武宣縣北六十里，本朝雍正十二年裁改。

静寧鎮。在桂平縣北三十里。明成化中，韓雍議移靖寧鄉巡司於獻俘灘，即此。

武靖鎮。在桂平縣東北三十里。

三江鎮。在貴縣西五十里，江岸諸水所匯。明萬曆中置鎮築城，設同知駐此。本朝設百總分防。

五山鎮。在貴縣西北一百三十里。一名謝村鎮。通志：貴縣五山、九懷狼、獞性淳頑不一，而五山之地周數百里，界賓州、遷江、武宣、來賓間，背倚龍山，明代所稱藤峽右臂，後築土城，設守備防守。前哨北霸，後哨馬鞍，左哨大器，右哨大村，與七里、桐嶺、黃梁、𥩟笠各堡皆有隊兵防汛。

勒馬寨。在桂平縣北一百里。明成化中韓雍議移周沖巡司於此。縣境狼、猺雜處，多狡悍。又一種號爲山子，皆姓槃，闢山種植，撈取禽獸而食，嘗其土淡則遷去之。

北山寨。在貴縣北龍山中。舊有巡司。又橋頭墟，在縣南五十里。瓦塘渡，在縣西三十里。又五州砦、東壆渡〔九〕、郭東里，皆設巡司，後並裁。

東鄉堡。在武宣縣東。藤峽之北户也。明萬曆三十二年置堡。縣境東鄉爲猺，西鄉爲狑，南鄉、北鄉爲獞，惟狑最朴謹，獞、猺頗輕悍。

羅秀墟。在桂平縣南一百五十里，接鬱林州界。舊有土巡檢世襲。又常林鄉司，在縣西南。靖安鄉司，在縣北。大宣鄉司，在縣東北。及思隆鄉司、木盤浦司，共有七巡司，今皆裁。

木梓墟。在貴縣一百二十里。本朝嘉慶十六年移通判住此。

武林阜。在平南縣東南四十里。又三堆司，在縣東南五十里。峒心司，在縣南一百里。平嶺司，在縣西北。大峽司，在縣東北。舊皆有土巡檢世襲，今裁。

津梁

迎恩橋。在桂平縣南門外。一名接龍橋。

駟馬橋。在桂平縣南七里。

緑塘橋〔一〇〕。在桂平縣西南十五里。

長庚橋。在桂平縣西三里。

羅沖橋。在平南縣東一里，跨羅沖塘。

板沖橋。在貴縣西三十里。

棉村橋。在貴縣北十里。

楓林橋。在武宣縣南二十里。

蘇灣渡。在貴縣東十里。一作思灣渡。

隄堰

董村龍塘壩。在武宣縣西三十里。古豪里田畝資以灌溉。又庚村潭、大定塘，在縣北四十里。

陵墓

明

沈希儀墓。在貴縣北一里北山廟前。

朱烈婦墓。在貴縣北二里。

祠廟

三先生祠。舊在府學内，祀宋周子、二程子，廖德明作記。後移於書院，并祀王守仁。

四公祠。在府城内，祀明韓雍、毛伯温、蔡經、翁萬達。

劉公祠。在府城内，祀明御史劉臺。

忠義祠。在府治南，報國寺左，祀本朝死事郡守劉浩暨浩四子、平南縣令周岱生、典史武佐鼎。

講院祠。在府治南門外，祀本朝知府孫明忠。

山公祠。在武宣縣東門内，祀明懷遠伯山雲。以平猺賊、遷縣治有功，民祀之。

廣祐廟。明統志：在府城西思靈山，其神唐御史李姓，忘其名。郡嘗患虎，守禱於神，信宿，虎死廟樹間。宋守姚嗣宗有記。

李迪公廟。在平南縣東，祀明縣丞李復原。

白馬廟。在平南縣東六十里。五代時梁嵩省親歸，乘白馬，至東濠墟渡，没於水，鄉人祀之。

靈源廟。在平南縣南武林鄉。宋崇寧間建，祀龍神。

石牛廟。在貴縣北十里龍山口。寰宇記：貴州有洞池，周數十丈，下有石牛，時出泥間，旱歲禱之輒應。

寺觀

景祐寺。在貴縣南南山。宋咸平初，嘗賜太宗、真宗御書二百二十四軸，藏於此。

清真觀。在桂平縣白石山。一名陽明觀。有宋太宗御書。

名宦

漢

唐頌。番禺人。爲布山縣令。縣境民夷雜居，號難治，頌寬和爲理，不事威讋，民感其政，無梗化者。

谷永。靈帝時，爲鬱林太守。以恩信招降烏滸蠻十餘萬内屬，皆受冠帶，開置七縣。

三國　吴

陸績。吴郡人。出爲鬱林太守，加偏將軍，給兵二千人。績意在儒雅，雖有軍事，著述不廢。歸無裝，取石以重其船，人號「鬱林石」。

晉

毛炅。建寧人。泰始七年，守鬱林郡。壯勇慷慨，爲吴將陶璜所執，不屈而死。

南北朝　宋

俞括。爲鬱林守，政尚安静，郡人悦服。

劉勔。彭城人。鬱林太守。先是，費沈伐陳檀，不克。勔既至，隨宜翦定。

宋

姚坦。濟陰人。太宗時，知潯州。有異政，盜息民安。

梁顥。高要人。祥符中，任武仙主簿。勸善懲惡，民多德之。

程珦。開封人。皇祐間，知龔州。區希範既誅〔一一〕，鄉人或傳其神降，言當爲我南海立祠，於是迎其神，至龔，珦詰之，投之江中，其妄乃息。

孫抗。黟縣人。天聖間，知潯州。潯人未知學，乃改作廟學，召吏民子弟之秀者，親爲講説，南方學者遂盛。

盧革。德清人。慶曆中，知龔州。蠻入寇，桂管騷動。革經畫軍需，先事而集，移書安撫使杜杞，請治諸郡城，及易長吏之不才者。又言嶺外小郡，合四五不當中州一大縣，無城池甲兵之備，將爲賊困，宜度遠近并省之。後儂智高叛，九郡相繼不守，皆如革慮。

范直方。吴縣人。紹興間。知潯州，政尚寬簡。

杜天舉。紹興間，知潯州。入對言：「士官教諭未足爲後進模範，乞見任有出身或特奏名兼攝。」詔從之。

馮源。建炎間，以武仙主簿署縣事。以安静見稱。

廖德明。南劍人。孝宗時，任潯州教授。爲學者講明聖賢心學，手植三柏於學宫，潯士愛敬之如甘棠。累官知潯州，皆有聲。

崔與之。廣州人。紹熙間，授潯州司法參軍。常平倉久弗葺，慮雨壞米，撤居廨瓦覆之。郡守欲移兑常平之積，堅不可。守敬服，更薦之。後判邕州。

元

祝蕃。至正間，爲潯州經歷。一夕課子讀書，忽旋風滅燭，户外若有人稱黄氏訴冤者。詰旦鞫獄，果得黄姓冤狀，遂爲辨釋。

陳本道。至正間，知貴州。時峒賊圍州城，本道率兵出戰，賊遁去。

侯元采。貴州吏目。至正間，署州事。時城池頽廢，捐家財傭民築濬，一日峒賊出掠，元采偕弟信卿帥兵逆戰，生擒賊首，斬獲無數。

明

李復原。雩都人。洪武中，平南縣主簿。招還流民數百户，度荒田教之墾藝。遷縣丞。蠻寇起，集民壯戰於蛇崗，爲流矢所中，死。

胡濟。南海人。正統初，調知平南縣。藤峽猺、獞屢出侵掠，濟築城衛之。總兵韓觀征勦蠻平，民多就俘，濟力爲辨釋，全活甚衆。

本朝

車君乘。德清人。順治六年，由歲貢選武宣知縣。時草寇未平，縣治殘毁，君乘赴任甫兩月，率弟君稷捍禦，城陷被執，罵賊不屈死。弟妾陸氏、幼子俱遇害。雍正六年旌。

劉浩。遼東人。康熙時，爲潯州守。孫延齡以桂林叛附吴三桂，徇諸郡縣。浩嬰城拒戰，僞總兵侯成德陷平南，復助兵攻潯，勢熾甚。副將蔣秉鑑爲内應，執浩父子五人送賊營，暴烈日中，抗節不屈，同時殞命。家口百餘悉被害。事聞，贈太僕寺卿。

周岱生。德化人。康熙時，知平南縣。聞孫延齡附叛，黨衆四出侵掠，岱生亟修城堞，繕兵器以備。賊趨平南，岱生偕典史武佐鼎迎戰於大峽石，斬賊將歐倫等數十人，又戰於武令峽，復斬賊千總吴飛龍等。僞總兵侯成德忿甚，麾賊擁火器來攻，衆潰，岱生被執，死之。妻楊氏自刎，子儒亦遇害。事聞，贈按察司僉事。佐鼎亦被執，賊欲降之，七日不食，駡不絶，亦死之。

陳堯賢。仁和人。雍正間，知潯州府，有惠政。置府義倉，修建府學，立前守劉浩父子忠義祠，以平南知縣周岱生、典史武佐鼎配祀。捐貲修城垣。先是，郡境患虎，堯賢懸重賞募勇士，縛殺兩虎，害遂止。

人物

漢

養奮。鬱林人。和帝時，舉方正，詔問陰陽不和，或水或旱，奮對以長吏多不奉行時令，干逆天氣，百姓困乏，衆怨鬱積，故陰陽不和，風雨不時也。及和帝永元中，潁川大水；桓帝延熹初，京都蝗；獻帝初平中，六月寒風如冬：俱以奮對爲證。

五代　南漢

梁嵩。平南人。白龍元年進士，歷官翰林學士。見時多苛政，乞歸養母，因獻《倚門望子賦》。高祖憐之，聽其去，錫賚有加。

辭不受，但請蠲本郡丁賦。從之。

周邦。平南人。官御史大夫，以直節著。

宋

粟大用。武宣人。年九歲，大中祥符間以通五經應童子科，至汴京入見，真宗奇之，特補登仕郎。仕至南雄太守。

謝洪。武宣人。與弟澤，皆以文學名，時號「二鳳」。

梁詔。貴縣人。少孤，奉母以孝著。母卒，結茅墓所，有甘露芝草之異。後爲廣東提刑司幹官，蘇軾南遷，見而重之，署其亭曰甘露，林曰瑞松。

施才。貴縣人。仕宜郡倅。宣和間，莫往峒蠻叛，才平賊有功。仕終永州太守。

明

賓繼學。平南人。正統舉人，歷文選司主事。廉介不阿，銓法一清，尚書王鏊器重之。

甘泉。桂平人。成化舉人，授常州府推官，以憂去。後補蘇州，從征崇明海寇有功，值劉瑾用事，免官歸。著有東津稿。

沈希儀。貴縣人。嗣世職，爲奉儀衛指揮使。正德中，屢破義寧、荔浦、臨桂、灌陽、古田等賊，進署都指揮同知。嘉靖時，田州屢叛，總督姚鏌、王守仁多用希儀計，遂平之。以參將駐柳州，諸猺畏威。積功至都督同知，改貴州總兵官。希儀爲人坦率，居恒談笑，洞見肺腑，及臨敵，應變出奇，人莫能測。尤善撫士卒，嘗得危疾，部兵多自戕以禱於神。與四川何卿、貴州石邦憲，並稱一時名將。

岑孝子。貴縣人，逸其名。家貧甚，傭工鄰家，日三省其親。及親喪，鄉里斂資助葬，日至墓下哭拜。有司月給禄米，旌其門。

本朝

黄毓奇。桂平人。生員。明季盜起，捍禦一方，頗有力。康熙八年，邑人楊其清作亂，郡守劉浩謀於毓奇〔一二〕，率鄉勇拒守，城賴以全。後土寇易天章領賊千人掠下都里，毓奇豫爲備，大敗之。

謝天祐。桂平人。康熙十五年，馬雄猖獗，擄掠至崇姜里甘村，天祐挺身見賊，説以利害，賊遂止。嘗修大黄河以通舟楫，由良四埠至崖龍，長一百餘里，無擔負之勞，且可資灌溉，鄉里賴之。

麥琯。平南人。康熙歲貢。年十四，應童子試，邑令鍵城門考校，琯聞父溘逝，墜城出，宰異之。吴逆變，僞總兵某聞其名，屈致之，避居藤縣。後官岑溪訓導，遷知福安縣，皆有賢聲。

李彬。貴縣人。康熙進士。土寇楊奇清亂，彬活千餘人，卻吴逆幣。性嗜學，著有愚石居集。

楊永清。平南人。康熙間，值兵變，負母避亂，拾野蕨以奉餐。母爲虎所攫，力擊得脱。又爲賊所擄，將刃之，永清號泣請免，以水跪進母。賊憐而釋之。

蔣學成。桂平人。知桂陽州，政尚平恕。嘗刻小學日記、省心格言，又於南北門外立社學以教民。卒，官民爲流涕，肖其像祀之於鹿峯。

李成。桂平人。潯州協右營守備。嘉慶二年，隨征湖北教匪，擊賊於蜈蚣山，陣亡。事聞，加等議卹，廕雲騎尉。

流寓

宋

周敦頤。道州人。稱濂溪先生。慶曆中遊西粤，寓於潯。二程子從父珦在龔州，因受學焉。

趙子崧。宋宗室。建炎初，貶龔州，未幾放令自便，道梗未能歸，寓居於潯。

本朝

嚴滌。廣東人。康熙初，遊平南。有文學，工詩，性倜儻不羈。邑子弟多出其門。歲得脩脯，輒以周貧。及卒，友人并其詩稿瘞之，表其石曰嚴公詩冢。

列女

隋

胡氏。尹州人。夫失姓名。有志節，爲邦族所推重。江南之亂，諷諭族黨，據險而守。封密陵郡君。

元

桑固遜妻。延祐間，潯州路守臣巴噶納諤德女，名托克托沁。夫桑固遜知貴州，未幾死，沁盡斥匳具，買棺以殮，囑僮僕曰：「如我死，開棺同葬。」絶食而死。奏聞，旌表。「桑固遜」舊作「相兀孫」，「巴噶納諤德」舊作「八哈納武德」，「托克托心」舊作「脱脱真」，今俱改正。

明

陸氏女。桂平人。許字未嫁，夫卒。父母欲别議昏，陸守志不奪，年八十卒。世號曰貞姑。

朱澄妾。貴縣人，名茉莉。嘉靖中，澄死，有邑豪欲娶之，度不能免，遂自縊。郡守王貞吉爲文表其墓。

本朝

黄毓英妻謝氏。桂平人。年二十一而寡，無子，守節，孝事翁姑。雍正六年旌。

何竈榮妻梁氏。桂平人。守正捐軀。乾隆年間旌。

覃愷聘妻辛氏。桂平人。未昏而愷卒，奔喪守節。乾隆三年旌。同縣李參桂妻覃氏、黄夢熊妻楊氏、李天蘭妻黄氏、蔡雲龍妻鍾氏、羅正洪妻麥氏、辛英耀妻陳氏、岑仕廣妻陳氏、徐敏妻程氏、秦秀錦妻趙氏、黄陽晟妻葉氏、羅敏妻馬氏、黄瑶妻甘氏、劉業純妻謝氏、覃王諭妻曹氏，又壽婦李繩唐妻萬氏、李上梅妻秦氏，均乾隆年間旌。

梁漢清聘妻董氏。桂平人。未嫁聞夫卒，絶食七日，一慟而絶。

韋金德妻賓氏。平南人。年十九，遇暴不辱。乾隆元年旌。同縣節婦梁垣妻朱氏、楊晟妻梁氏、韋茂基妻馮氏、梁楙妻黄氏、郭上沛妻麥氏、馮廷棟妻麥氏、胡立琮妻黎氏、郭榛妻黄氏、熊紹宗妻蒙氏、甘文忻妻韋氏、麥芃妻羅氏、羅聲揚妻陳氏、袁韋統妻黎氏、許汝榮妻常氏，均乾隆年間旌。

盛氏。貴縣人。夫黄某染惡疾，醫不能愈，姑與母勸之别居，或任他適，皆不從，服事終身。

黄宏綽妻李氏。貴縣人。夫亡守節。乾隆十七年旌。同縣宋經濟妻梁氏，均乾隆年間旌。

鍾妹。武宣人，鍾廷修女。年甫十四，守正捐軀。乾隆十四年旌。同縣黄老懇女太雙、節婦張子秀妻黄氏、陳王政妻曾氏、陳旭妻黄氏、陳舜位妻黎氏、陳治妻楊氏，均乾隆年間旌。

陳之瑞妻黄氏。桂平人。夫亡守節。嘉慶十二年旌。同縣陳守謙妻劉氏、陳永妻傅氏、蔡中傑繼妻黄氏，均嘉慶年間旌。

廖寵琳妻謝氏。平南人。夫亡守節，與同縣袁緯紋妻甘氏，均嘉慶年間旌。

陳綏祖妻高氏。武宣人。夫亡守節。嘉慶二十五年旌。

仙釋

明

歐陽碧潭。平南人。永樂初入江西，得張真人術，能役使鬼神風雷。歲旱，縣尹命潭至，澍雨大沛。遇事能先知。後仙去，有廟祀。

馮克利。貴縣人。嘗往北山采香，遇仙人弈，賜以衣一襲，無縫紉痕。及歸，則子孫易世矣。後遂羽化。

土産

金、銀。唐書地理志：潯州、貴州土貢。

鉛。明統志：貴縣出。

紵布。元和志：貴州貢。明統志：古具布，一名鬱林布，比蜀黄潤。古云「筩中黄潤，一端數金」。淮南子曰：「弱緆，細布也。」漢書白越即此。

桂。明統志：皮可爲藥，中有蠹，可食。漢文帝時趙佗嘗獻之。

鐵力木。府境俱有。

葵。葉可爲笠，亦可爲扇。貴縣出。

釣絲竹。府境俱有。

糖牛。明統志：桂平縣山有糖牛，與蛇同穴，嗜鹽。里人以皮裹手，塗鹽入穴探之。其角如玉，取以爲器。

苗蠻

猺。府境皆有之。在桂平，言語鴃舌，衣青藍短衣，蓬頭跣足，婦人則以紅緑兩截作裙，男女喜歌唱，好戲謔。在平南有平地、盤古、外猺三種。在貴縣，男女俱短衣大領，居深山，不賦不役，善射獵，伏弩搏虎，得虎則輸之官。在武宣，居東鄉之峽江、花靈、花周、花樊諸村，斑衣鳥言，導淫尚鬼。

獞。在平南縣大同里，風尚似民，貧者衣青布，富者服飾亦麗，惟衣皆大領，婦不繫裙，與民異。在貴縣，男子椎髻箕踞，出入佩刀，女不髻不履，短衣繡裙，昏姻多索肉爲聘。在武宣，居南鄉之分嶺、桐嶺諸村，接貴縣界。北鄉之盤古、牛欄諸村，接來賓界。性頗輕悍。

狼。在平南縣者，力耕節用，無凍餒之家。在貴縣者，男著襪履，女梳螺蚌髻，短衣繡裙，與民通昏姻，近有列青衿者。

犽。在武宣縣，居金雞等村，性最樸謹，斑衣鳥言，與猺、獞相似。

黎。詳見梧州府。

山子。即夷獠之屬。在桂平縣者，皆槃姓，闢山種植，捹取禽獸爲食，地盡則遷去之。在貴縣者，居深山，不賦不役，芟草刊木，善射獵，搏虎，亦稱猺人。

校勘記

〔一〕明宣德間土築　「土」，原作「上」，據文意改。

〔二〕牂牁毋斂縣剛水　「斂」，原作「欽」，乾隆志卷三六三潯州府山川（下同卷簡稱乾隆志）同，據漢書卷二八上地理志改。

〔三〕乾河　乾隆志作「乾江」。

〔四〕刺史劉博古種橘井旁　「劉博古」，乾隆志及十國春秋卷六四南漢同，方輿勝覽卷四〇廣西路、明一統志卷八五潯州府山川及雍正廣西通志卷一五山川皆作「劉傳古」。

〔五〕使上隆州土酋岑鐸遷部兵　「部」，原作「步」，據乾隆志及讀史方輿紀要卷一〇八廣西三改。按，雍正廣西通志卷一〇二藝文載翁萬達藤峽善後議云：「昔韓公討平藤峽，以碧灘盜賊充斥，奏改岑鐸部兵二千來任州事。」韓公即韓雍，所言事與此同。

〔六〕繡州隋鬱林郡之阿林縣　「隋鬱林郡」，原作「唐常林郡」，不合敘述沿革之文例，據舊唐書卷四一地理志改。按，乾隆志誤作「唐隋林郡」。

〔七〕康和　原作「康牡」，乾隆志同，據乾隆志及宋會要輯稿食貨一七之七改。

〔八〕又永寧關　「寧」，原作「安」，據乾隆志及讀史方輿紀要卷一〇八廣西三改。按，本志避清宣宗諱改字。下文東寧關及靜寧鎮條，「寧」原亦避諱作「安」，同據改。

〔九〕東壘渡　「壘」，原作「璺」，據乾隆志及明史卷四五地理志改。

〔一〇〕緑塘橋　「緑」，乾隆志作「禄」。

〔一一〕區希範既誅　「希」，原作「布」，據乾隆志及宋史卷四二七程珦傳改。

〔一二〕郡守劉浩謀於毓奇　「劉浩」，乾隆志作「劉灝」。

南寧府圖

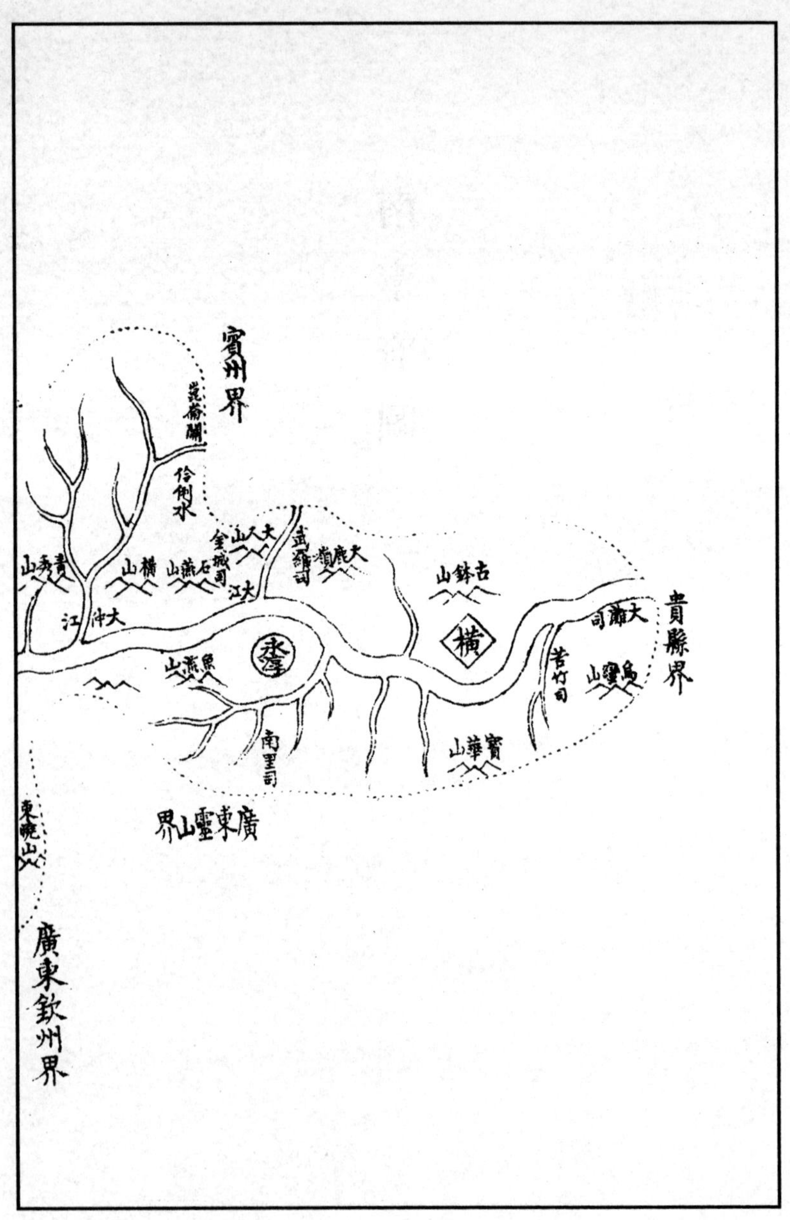
賓州界
崑崙關
伶俐水
大天山
金城司
石燕山
橫山
青秀山
大冲江
大江
武緣司
大鹿山
古鉢山
橫
永淳
魚燕山
南里司
寶華山
大浦司
古竹司
烏蠻山
貴縣界
廣東靈山界
東曉山
廣東欽州界

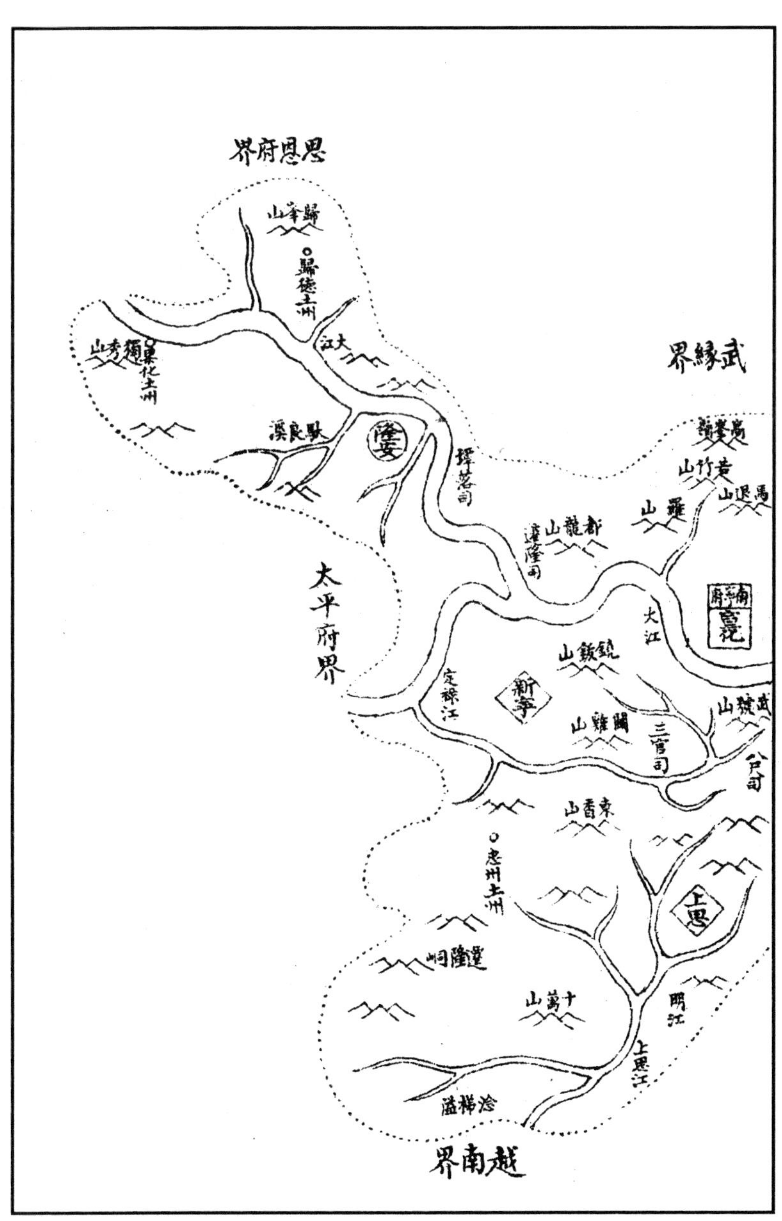
思恩府界
歸峯山
歸德土州
獨秀山
果化土州
大江
武緣界
隆安
馱良溪
太平府界
定祿江
新寧
鎮欽山
大江
都龍山
羅山
黄竹山
馬退山
南寧府宣化
武陵山
三官司
東香山
上思
忠州土州
十萬山
明江
上思江
越南界

南寧府表

	南寧府	宣化縣
秦	桂林郡地。	
兩漢	鬱林郡地。	領方縣地。
三國		
晉	晉興郡大興初置。	晉興縣大興初置，郡治。
南北朝	晉興郡	晉興縣
隋	廢。	宣化縣開皇十八年更名，屬鬱林郡。
唐	邕州朗寧郡武德四年置南晉州，貞觀六年更名，屬嶺南道。咸通三年置嶺南西道節度。	宣化縣州治。武德五年分置横山縣，尋省入。
五代	邕州南漢改置建武軍節度，晉天福中更名誠州，漢初復故。	宣化縣
宋	邕州永寧郡建武軍兼置軍，屬廣南西路。	宣化縣皇祐中移今治。
元	南寧路初曰邕州路，兼置左、右兩江鎮撫。泰定初更名，屬廣西道。	宣化縣路治。
明	南寧府洪武初改府，屬廣西布政司。	宣化縣府治。

續表

	新寧州
	鬱林郡地。
	晉興郡地。
武緣縣開皇十一年置，大業三年省。	
武緣縣武德五年復置，屬邕州。朗寧縣武德五年置，屬邕州。封陵縣乾元後置，屬邕州。	如和縣武德五年置，屬欽州，景雲二年改屬邕州。
武緣縣 朗寧縣 封陵縣	如和縣
武緣縣景祐中徙廢。朗寧縣開寶五年省。封陵縣開寶五年省。	羈縻武黎州景祐二年置，屬邕州左江道。景祐二年省入宣化。
	省。
	新寧州隆慶六年析置，屬南寧府。

續表

	隆安縣	橫州
	鬱林郡地。	鬱林、合浦二郡地。
		合浦北部都尉吳置，治平山。
	晉興郡地。	寧浦縣太康七年改置，治寧浦。
		寧浦郡宋移治澗陽，齊移治安廣，後復治寧浦。
	宣化縣地。	開皇中廢郡，置簡州，尋改緣州。大業初廢。
羈縻西原州領羅和、古林、羅淡三縣，屬安南都護府。後没於蠻。	思籠縣乾元後分置，屬邕州。	橫州寧浦郡武德四年復置簡州，旋改南簡州。貞觀八年又更名，屬嶺南道。
	思籠縣	橫州屬南漢。
	開寶五年省入宣化。	橫州寧浦郡屬廣南西路。
		橫州初升路，元貞初降州，屬廣西道。
	隆安縣嘉靖七年置，屬南寧府。	橫州洪武初屬潯州府，十年降縣，改屬南寧府，十四年復升州。

續表

		安廣縣 屬鬱林郡。		
寧浦縣 吴置。		安廣縣		
寧浦縣 郡治。		安廣縣	簡陽縣 屬寧浦郡。	
寧浦縣 宋屬寧浦郡,齊後復爲郡治。		安廣縣 宋屬寧浦郡,後省。齊復置,爲郡治。梁、陳時郡徙縣廢。	簡陽縣 宋寧浦郡治,齊屬寧浦郡,梁分置簡陽郡。	
寧浦縣 屬鬱林郡。			郡縣俱廢。	
寧浦縣 屬橫州。	蒙澤縣 武德四年析置,貞觀十二年省。			從化縣 武德四年置淳風縣,屬橫州。永貞初更名。
寧浦縣				從化縣
寧浦縣				省。
寧浦縣				
初省入州。				

永淳縣	
領古縣地。	
	平山縣吳置爲合浦北部都尉治。 連道縣吳置，屬合浦北部都尉。
	平山縣屬寧浦郡。 興道縣太康元年更名，屬寧浦郡。
	平山縣梁、陳時省。 興道縣梁、陳時省。 樂陽郡梁置。 嶺山郡梁置。
	樂山縣開皇中廢郡爲縣，尋更名，屬鬱林郡。 嶺山縣開皇中廢郡爲嶺縣，尋更名，屬鬱林郡。
巒州永定郡貞觀末置州，後廢。開元十五年復置，天寶初改郡，屬嶺南道。	樂山縣屬橫州。 嶺山縣屬橫州。
巒州屬南漢。	樂山縣 嶺山縣
開寶五年省。	樂山縣省。 嶺山縣省。

續表

	上思州
	鬱林、合浦二郡地。
	蠻地。
永定縣 貞觀末置，州治。 武羅縣 貞觀末置，屬巒州。 靈竹縣 貞觀末置，屬巒州。	羈縻上思州 屬邕州都督府。 瀼州臨潭郡 貞觀十二年置州，領臨江、波零、鵠山、弘遠等四縣。
永定縣 武羅縣 靈竹縣	
永淳縣 初屬橫州，熙寧四年省。元祐三年復置，更名。 開寶五年省。 開寶五年省。	上思州 屬左江道。
永淳縣 屬橫州。	上思州 屬思明路。
永淳縣 洪武十年改屬南寧府。	上思州 弘治中改屬南寧府。

歸德土州	果化土州	忠州土州
鬱林郡地。	鬱林郡地。	鬱林郡地。
羈縻歸德州，熙寧中置，屬邕州橫山寨。	羈縻果化州，屬邕州橫山寨。	羈縻忠州，屬邕州左江道。
歸德州，屬田州路。	果化州，屬田州路。	忠州，屬思明路。
歸德州，直隸廣西布政司。弘治十八年改屬南寧府。	果化州，直隸廣西布政司。弘治十八年改屬南寧府。	忠州，初屬思明府，隆慶三年改屬南寧府。

大清一統志卷四百七十一

南寧府

在廣西省治西南一千七百六十里。東西距四百三十里，南北距三百三十五里。東至潯州府貴縣界二百四十里，西至太平府羅陽土縣界九十里，南至廣東廉州府欽州界二百七十里，北至思恩府武緣縣界六十五里。東南至廉州府靈山縣界五十里，西南至越南界三百六十里，東北至思恩府賓州界一百二十里，西北至思恩府白山土司界三百十里。自府治至京師九千二百二十里。

分野

天文翼、軫分野，鶉尾之次。

建置沿革

禹貢荆州南裔。周百越地。秦爲桂林郡地。漢爲鬱林郡領方、廣鬱等縣地。三國屬吴。晉大興元年，分置晉興郡，治晉興縣，宋、齊以後因之。隋平陳，郡廢，縣仍屬鬱林郡。宋書州郡志：晉元帝置晉興郡，治晉興縣。隋書地理志：開皇十八年，改晉興縣爲宣化，屬鬱林郡。元和志作「開皇十四年，廢郡爲晉興縣，屬簡州。大業初，始屬鬱林郡」，與宋、隋二志不同。唐武德四年，分置南晉州。貞觀六年，改曰邕州。元和志：因州西南邕溪水爲名。乾封元年，置都督府。元和志：後爲夷獠所陷，移府於貴州。景雲二年，州界平定，復置都督府。天寶元年，改曰朗寧郡。十四年，置邕管經略使。乾元初，復曰邕州，屬嶺南道。唐書方鎮表：乾元二年，升經略爲節度使。上元元年，廢爲都防禦經略使。廣德二年廢，屬桂管。大曆五年，復置都防禦使。元和十五年廢，長慶二年復置。咸通三年，於州置嶺南西道節度，五代屬南漢，改建武軍節度。晉天福七年，改曰誠州。漢初復故。見太平寰宇記。宋曰邕州永寧郡，建武軍節度，仍置都督府，屬廣南西路。元至元十六年，置邕州路總管府兼左、右兩江鎮撫。泰定元年，改南寧路，屬廣西道。明洪武初，改南寧府，屬廣西布政使司。本朝因之，屬廣西省，領州三、縣三、土州三。

宣化縣。附郭。東西距二百七十里，南北距一百六十五里。東至永淳縣界一百三十里，西至隆安縣界一百四十里，南至土忠州界一百里，北至思恩府武緣縣界六十五里。東南至廣東廉州府靈山縣界五十里，西南至新寧州界七十里，東北至思恩府賓州界一百二十里，西北至武緣縣界一百里。漢鬱林郡領方縣地。晉元帝分置晉興縣，爲晉興郡治。隋開皇十八年，改縣曰宣化，屬鬱林郡。唐爲邕州治，五代及宋因之。元爲南寧路治。明爲南寧府治，本朝因之。

新寧州。在府西七十里。東西距一百八十里，南北距六十里。東至宣化縣界六十里，西至太平府崇善縣界一百二十里，南至土忠州界四十里，北至太平府羅陽土縣界二十里。東南至宣化縣界六十里，西南至崇善縣界一百三十里，東北至羅陽土縣界三十五里，西北至崇善縣界二十里。漢鬱林郡地。晉以後爲晉興郡地。唐武德五年，析置如和縣，屬欽州。景雲二年，改屬邕州，五代因之。宋景祐二年，省入宣化縣，復置羈縻武黎州，屬邕州左江道。元廢。明隆慶六年，始分宣化及忠州、江州地，置新寧州，屬南寧府，本朝因之。

隆安縣。在府西北二百四十里。東西距一百六十里，南北距一百五十五里。東至宣化縣界一百里，西至果化土州界六十里，南至太平府永康州界七十五里，北至思恩府武緣縣界八十里。東南至太平府萬承土州界一百十四里，西南至太平府都結土州界八十里，東北至武緣縣界七十里，西北至歸德土州界六十里。漢鬱林郡地。晉以後爲晉興郡地。隋爲宣化縣地。唐乾元後分置思籠縣，屬邕州。宋開寶五年，廢入宣化。明嘉靖七年，始分置隆安縣，屬南寧府，本朝因之。

横州。在府東南二百四十里。東西距一百十里，南北距一百三十里。東至潯州府貴縣界六十里，西至永淳縣界五十里，南至廣東廉州府靈山縣界四十里，北至永淳縣界九十里。東南至廉州府合浦縣界四十里，西南至靈山縣界一百里，東北至貴縣界九十里，西北至思恩府賓州界一百二十里。漢鬱林、合浦二郡地。三國吴永安三年，分置寧浦縣，又於縣置合浦北部都尉。晉太康七年，改置寧浦郡，宋、齊因之。梁增置簡陽郡。隋開皇中，二郡俱廢，改置簡州。十八年，改曰緣州。大業二年，州廢，屬鬱林郡。唐武德四年，復置簡州。六年，曰南簡州。貞觀八年，改曰横州。天寶初，復曰寧浦郡。乾元初，仍爲横州，屬嶺南道。五代屬南漢。宋屬廣南西路。元至元十六年，置横州路總管府。元貞初，復降爲州，屬廣西道。明洪武初，以州治寧浦縣省入，改屬潯州府。十年，降爲縣，屬南寧府。十四年，復爲州，本朝因之。

永淳縣。在府東二百里。東西距九十五里，南北距一百四十二里。東至横州界二十里，西至宣化縣界七十五里，南至横州界三十五里，北至思恩府賓州界一百七里。東南至横州界五十里，西南至廣東廉州府靈山縣界八十五里，東北至賓州界一百七里，西北至宣化縣界五十里。漢領方縣地。唐貞觀末，置永定縣，又於縣置巒州，後廢。開元十五年，復置。天寶初，曰永定郡。乾元初，復曰巒州，屬嶺南道。五代屬南漢。宋開寶五年，州廢，以縣屬横州。熙寧四年，省縣入寧浦。元祐三年復置，更名永淳，仍屬横州，元因之。明洪武十年，並州改隸南寧府，本朝因之。

上思州。在府西南二百里。東西距一百里，南北距一百四十里。東至永淳縣界五十里，西至遷隆峒界五十里，南至廣東廉州府欽州界七十里，北至宣化縣界七十里。東南至欽州界七十里，西南至越南界八十里，東北至宣化縣界七十里，西北至土忠州界三十里。漢鬱林、合浦二郡地。晉後没於蠻。唐置羈縻上思州，屬邕州都督府。宋屬左江道。元屬思明路。明弘治十八年，改屬南寧府，本朝因之。

歸德土州。在府西北二百六十里。東西距一百二里，南北距六十里。東至思恩府武緣縣界十五里，西至思恩府上林土縣界八十七里，南至隆安縣界三十里，北至思恩府都陽土司界三十里。東南至武緣縣界二十里，西南至隆安縣界三里，東北至都陽土司界十五里，西北至思恩府白山土司界五十里。古槃瓠百蠻地。漢爲鬱林郡地。宋熙寧中，置歸德州，隸邕州横山寨。元屬田州路，明初因之，後屬廣西布政使司。弘治十八年，改屬南寧府，本朝因之。

果化土州。在府西北四百二十里。東西距七十五里，南北距五十一里。東至隆安縣界四十五里，西至思恩府上林土縣界三十里，南至太平府佶倫土州界五十里，北至思恩府白山土司界一里。東南至太平府都結土州界四十里，西南至佶倫土州界三十里，東北至隆安縣界五十五里，西北至上林土縣界三十里。古槃瓠百蠻地。漢爲鬱林郡地。宋置果化州，屬邕州横山寨。元屬田州路，明初因之，後屬廣西布政使司。弘治十八年，改屬南寧府，本朝因之。

忠州土州。在府西南一百九十里。東西距一百十里，南北距四十里。東至宣化縣界五十里，西至太平府土思州界六十里，南至上思州界二十里，北至新寧州界二十里。東南至上思州界二十五里，西南至遷隆峒界二十里，東北至新寧州界二十里，西北至太平府土江州界三十里。古槃瓠百蠻地。漢爲鬱林郡地。宋置羈縻忠州，屬邕州左江道。元屬思明路。明初屬思明府。隆慶三年，改屬南寧府，本朝因之。

形勢

西接南蠻，深據黄峒。控兩江之獷俗，居數道之遊民。唐咸通三年敕。内制廣源，外控交阯。宋杜杞邕管議。金城之固，銅柱之封。宋狄青賀捷表。九洞襟帶，列城脣齒。宋余靖平蠻頌。

風俗

地隘民瘠，俗唯種田，服用唯蕉葛。圖經。俗尚雞卜，輕醫藥，重鬼神。宋史范貴參傳。

城池

南寧府城。周十一里有奇，門六。宋皇祐間築，如蛇形，有濠。明萬曆三十年增修。本朝康熙十年、二十五年、雍正九年、乾隆五十五年重修。宣化縣附郭。

新寧州城。周四里有奇，門四。明隆慶中土築，萬曆五年甃甎。本朝雍正四年修。

隆安縣城。周一里有奇，門四，池廣三丈八尺。明嘉靖十四年築。本朝康熙九年修。

横州城。周三里有奇，門五，池廣一丈二尺。舊土築，元至正間甃甎。明嘉靖三十八年修。本朝康熙六十一年修。

永淳縣城。周二里有奇，門四，有濠。明正統間土築，成化八年甃甎。本朝康熙五十七年、雍正七年重修。

上思州城。周二里有奇，門四，池廣一丈。明弘治中築。本朝康熙三年、二十三年重修。

歸德土州城。土垣。

果化土州城。土垣。

土忠州城。土垣。

學校

南寧府學。在府治北。宋寶慶中建。本朝康熙四年、雍正二年、乾隆四十年重修。入學額數二十名。

宣化縣學。在府學旁。本朝順治初重建，康熙四十年、雍正八年、乾隆三十六年重修。入學額數二十名。

新寧州學。在州治東。明隆慶六年建。本朝順治年間修，康熙五十九年、嘉慶四年重修。入學額數二十名。

隆安縣學。在縣治東。明嘉靖中建。本朝康熙中屢修，雍正六年、乾隆二十四年重修。入學額數十五名。

横州學。在州西門外。元時建。本朝順治十四年、雍正二年重修。入學額數二十名。

永淳縣學。在縣治西。本朝康熙二十一年建，雍正七年修。入學額數十五名。

上思州學。在州治東。明嘉靖中建。本朝順治十六年、康熙五十六年重修。入學額數十五名。

敷文書院。在府治北。明嘉靖七年王守仁建，明末燬。本朝康熙九年重建，後屢修。

廣學書院。在宣化縣東。又右文書院，在縣南，本朝乾隆十四年建。

吉陽書院。在新寧州。本朝乾隆二十一年改建，嘉慶四年修。

榜山書院。在隆安縣。本朝乾隆五十七年建。

秀林書院。在横州，本朝乾隆十一年即義學修，嘉慶六年易名淮海書院。

三台書院。在上思州。本朝乾隆三十八年因舊日新義學重修，更名。按：舊志載郡治有東泉、東郭、西郭、中郭四書院，横州有淮南書院、悟齋書院，永淳縣有騰蛟書院、大同書院，今俱廢。謹附記。

户口

原額人丁二萬三千三百二十五，今滋生男婦大小共七十九萬五千二百十四名口，計一十二萬三千九百六十五户。

田賦

田地一萬一千四十二頃二十六畝三分有奇，額徵地丁正、雜銀五萬二千一百二十六兩五錢三釐，遇閏加徵銀一千二百九十一兩三錢二分三釐，米四萬三千七百八十四石六斗二升一勺。

山川

青秀山。在宣化縣東二十里。一名泰青峯。嵯岈秀拔，障邕水之口。

道人山。在宣化縣東六十里。

都茗山。在宣化縣東六十里。寰宇記：在封陵縣西六十里。其山出茶，土人食之，因呼爲都茗山。舊志又有都石山，滿山皆石，不産竹木。

横山。在宣化縣東八十里。其山高險，横截江流，宋置横山寨於此，爲市馬之所。

石燕山。在宣化縣東九十里。上有石燕，天將雨則飛。

石魚山。在宣化縣東南六十里。瀕江灘下有石壁如魚形。

武號山。在宣化縣南十里。山勢雄峻，拱向城郭，爲邕江之砥障。一名五象山。

鐃鈸山。在宣化縣西二十五里。下有龍潭，流入大江。

聖嶺山。在宣化縣西三十里。峯巒秀拔，雲生則雨。

都龍山。在宣化縣西北六十里。寰宇記作都籠山，在府西北九十里，周二百四十里，山石壁立，内平外險。舊志：都龍山蜿蜒起伏，勢若游龍，遠近諸山皆相映帶。

馬退山。在宣化縣北十五里。柳宗元記：是山崒然起於莽蒼之中，蛇奔雲矗，亘數十百里。尾盤荒陬，首枕大溪，諸山來朝，勢若星拱，蒼秀詭狀，綺繡錯雜。

羅秀山。在宣化縣北二十里。其山高峻，俯瞰北湖。上有羅潭，亦曰羅山。

苦竹山。在宣化縣北三十里。産苦竹。

思玉山。在宣化縣東北六十里。寰宇記：其山有石似玉，因名。舊志：山跨賓州界，險峻難越。

崑崙山。在宣化縣東北一百二十里。巉嵒峻拔，高出羣山，有道極險隘，古設關於此。

鬬雞山。在新寧州東五里。有二山隔江對峙，如雞鬬舞。其右者一名飛鳳山，中有小峯。平列爲印山，下有渠樂川。

岜旺山。在新寧州東十里。竦峭蹲踞，絶頂平坦，有泉曰普望聖泉，鬱水出此。又東爲玉屏山、六合山。

金印山。在新寧州南四十里。高廣秀麗，頂有方石如印。

烏風山。在新寧州西南七十里。有巖高大，可藏千人。相近曰四柱山，下有洞。又廣寨山，在州西南七十五里，山秀麗，中有泉。

聚霞山。在新寧州西七里。周廣十餘里，日夕有霞氣冪其頂。

芭蕉山。在新寧州西四十五里，瀕江。絶頂嵳峩，不可攀陟。又五里爲搢笏山。

青雲山。在新寧州西北三里隔江。周四十餘里，高可三百仞，壁立嵳峩，爲州巨鎮。羣峯聯絡，其最勝者筆架峯、金雞巖。

三台山。在隆安縣東二里，大江之東。脈自歸德九峯山迤邐而來，歷百餘里，三峯聳起，江水流遶其下。舊名岜横山。

金榜山。在隆安縣東十里。俗名挂榜山，又名野岜山。峭壁聳拔，有三層巖，可容千人。頂有天然石池。其南麓一谷尤奇絶，從麓拾級而升，中有玉女井。上有明和洞，洞三層，極深邃。再上爲雷壇。雷壇深處爲飛雲谷、白猿崖、横煙障、香鑪峯，皆名勝。

逍遥山。在隆安縣東四十里。四面皆大山旋繞，此山特立其中，上有靈池。

隴雅山。在隆安縣東六十里。有石巖高十丈，周闊二十餘丈，其中石如人物形，怪異迭出，不可名狀。

蓋橋山。在隆安縣南三十里。其上一巖，有古木横架，相傳自古迄今不朽。

白馬山。在隆安縣西南八里。三面峭壁，下有泉曰咘刀。

岜僕山。在隆安縣西南四十里。旁有大巖，可容千人，明初爲峒猺巢穴。郡志作岜㒒山。上一石突出，似㒒頭，故名。

火燄山。在隆安縣東北三十里。高出歸德、武緣諸山之上，每二三月及六七月中，山有火光自發，故名。一名夜光嶺。其上有泉。

空籠山。在横州東二十里。山半有竅，東西通明。

天窟山。在横州東三十里。一名月林山。山有二巖，巖有怪石鍾乳，有窟通天日光。洞口有潭，冬月出嘉魚。又母株山，在州東四十里，有十二靈泉。

烏蠻山。在横州東八十里。寰宇記：烏蠻所居，故名。舊志：在今州東六十里江北古江口，下有烏蠻灘，其隔江對峙者爲青旗山。

巽山。在横州東南十里。鹿江水合於此。俗名大嶺。

洪崖山。在横州東南五十里。東麓接廣東靈山縣界，置堡其上。

東山。在横州東南八十里。東、西、南三面皆接靈山縣界，盤紆幾百里，高數千丈，多樟枏之木。武流水出焉。

寶華山。在横州南二十里。樹色葱蒨，形如翠屏。

秀林山。在横州西南十里。以林木鬱秀而名。一名盛山。並峙者曰筆架山。

逗口山。在横州西南一百里，與靈山縣接界。兩崖逗合，中通一路，僅容一人行，故名。山産豆蔻，又名豆蔻山。

鳴石山。在横州西五里。山海經：長石之山，山多鳴石，即此。

大路山。在横州西二十里。盤鬱萬丈，多竹木，路通永淳。一名大麓山。

緑礬山。在横州西六十里。下有緑礬泉。

聖山。在横州西北四十里。一名大瓠山。其旁爲仙女山，盤鬱數百丈。

古鉢山。在横州北七里。一名古鉢嶺。山形圓聳，爲州鎮山。左曰九珠山，右曰九鳳山。

震龍山。在横州北一百里。峭崒入雲，爲横、淳、賓、貴諸山之祖。其頂有潭，相傳蛟龍所居，下注山腰，分爲三溜，至於山麓，散爲九溪，禄藍、東班之水出焉。

羅蠶山。在横州東北二十里。石峯擁簇，其形如蠶。

挂榜山。在永淳縣西北隅，城環其上，石壁臨江。亦名屏風山。下有珠巖，俯臨水涯。

魚流山。在永淳縣西六十里。中有溪，每水潦泛漲，輒有魚自溪順流而下。

龍章山。在永淳縣北四十里。相傳昔有龍見此山，文彩焕然。

東曉山。在上思州東十里。又十里爲蕾西山。

十萬山。在上思州南八十里，接廣東欽州界。羣峯嶻屼，百溪分注，明江源出此。

鳳凰山。在上思州西十里。形如翔鳳。又弄樸山，在州西三十五里。

思山。在上思州北二里。州以之名。一作獅山，以蹲踞若獅也。並峙者曰文嶺，亦名三台山。山陰五里有布透温泉，泉冬温夏寒。

望州山。在上思州北十里。官路所經，俯瞰州治。

東香山。在上思州北四十里。山高險，下有弄懷巖，怪石層疊。

歸峯山。在歸德州西北三十里。明統志：在歸德州治西，有奔趨歸向之狀，故名。

獨秀山。在果化州西八里。又州南一里有青秀山。

馬鞍山。在忠州治西。

高峯嶺。在宣化縣北三十里。長十五里，高二百餘丈，北接武緣縣界。

五花嶺。在宣化縣東北里許。脈發自望仙坡，分爲五支，蜿蜒入城，如五花然。

梅龜嶺。在隆安縣東南五十里，居九曲上流。廣三十里，樹木叢蔚，舊嘗設堡。

那龍嶺。在隆安縣南半里。巖嶂層疊，下有泉，味甘而冬温。

登高嶺。在横州西北隅，州城跨其上。明景泰二年，建敵臺於此。

大人嶺。在永淳縣北五十里。形勢高聳，上有古寨，舊爲避兵之所。

回車嶺。在上思州東十二里。上有土城。

恃武嶺。在上思州東南十里，與回車嶺對峙。其東峯高百丈，有土城，相傳馬援所築。又東爲湖恃嶺，亦有土城。

四方嶺。在上思州西三十里。嶺勢陡拔，上有天池，溉田甚廣。

回龍巖。在宣化縣南一百里。巖中有水澄澈，相傳有龍蟄此。

聚樂巖。在新寧州南五十里。光明平正，中可張筵四五席，土名芭容山。又鴛鴦巖，在州南六十里，上有石筍奇峭，又名天仙勝巖。

鄧近巖。在新寧州西三十里。山圍如屏，巖方一丈，有泉不竭，下入大江。

獅子巖。在新寧州北三里。巖半有洞，洞口寬數丈，平坦如砌，稍入則幽邃，有隙透天光。下有釣魚臺，瀦水一泓，其深莫測。亦名元天洞。

龍牀巖。在隆安縣東二十五里濱江，直對淥水江口。巖内有石如牀，石壁上有痕如龍，下有潭，產藍魚。

空洞巖。在横州東三十里。俗呼湴塘巖。石洞玲瓏，上下凡五重。明嘉靖中，知州曾儲以其五竅如星，更名五星巖。郡志作崆峒巖。

鳳凰巖。在横州東四十里大江之南。石壁臨江，洞門瞰水，棹舟始通，攀緣而上，軒豁森幽，别一天地。巖半復有一穴，入僅容身，内始寬敞，復一穴直通巖頂，人稱爲迎仙洞。

龍隱巖。在永淳縣西十五里。一名聚仙巖。巖壑甚勝。

岜仙巖。在忠州北三里。

犀牛洞。在新寧州西三十里。諸峯環立，洞最虚明，可列數十榻。有池一泓，自石滴下，清冷不竭。

陽明洞。在隆安縣西北三十里大江崖上，可容數百人。明王守仁征田州時，嘗泊舟題字於此，因名。

望仙坡。在宣化縣東北一里，與青、羅二山相對。宋狄青破儂智高時駐師於此。下有白龍塘。

萬家源。在隆安縣東南六十里。一名大山。延袤一百餘里，層岡疊阜，林木森邃，中多小澗清流，四面土田咸資灌溉。

大江。在府城西南。上流爲左、右二江，右江自思恩府上林土縣流經果化、歸德二土州，隆安、宣化二縣界，左江自太平府左州流經新寧州至宣化縣，與右江合，又東經永淳縣、横州，入潯州府貴縣界，即古鬱水也。水經注：温水東逕增食縣，有文象水注之。又東至領方縣東，與斤南水合，東北入於鬱。舊唐書地理志：驩水在宣化縣北，本牂牁河，俗呼鬱林江，即駱越水也，亦名温水。唐書地理志：鬱水自蠻境七源州流出，州民嘗苦之，景雲中，司馬吕仁引渠分流以殺水勢，自是無没溺之害。元和志：鬱江水，經宣化縣南二十步，又經武緣縣南，去縣三十步。又鬱江水，俗名蠻江，北去横州嶺山縣五步，去寧浦縣十步，南去樂山縣七步。寰宇記：鬱江在府西，源從左、右江入鬱水，流百里入府城，又一百四十二里入巒、横、貴、龔等州〔二〕。明統志：左江源出廣源州，右江源出莪利州，至合江鎮合爲一江，流入横州，號爲鬱江。舊志：左江自太平府崇善縣、左州流經新寧州城北，土名定禄江。以其迴旋縈繞，又謂之文字水。東北入宣化縣界。右江自上林縣東南流經果化土州北、歸德土州南，又經隆安縣北，至縣東灣成九曲，合武緣可瀘江，至宣化縣西合江鎮，與左江合，繞府城西南，又東經永淳縣北，又東經横州南，東北入貴縣界中。又牛練灘，在永淳縣南十七里。烏蠻灘，在横州東六十里。皆極險。

可瀘江。在府西。自思恩府武緣縣流經隆安縣東六十里，又南經宣化縣西北界，入右江。寰宇記有渭龍水，在府西一百五十里，源出澄州止戈縣，南入右江，即此。

八尺江。在宣化縣東南六十里。源出廣東欽州界，北流入大江。

邕江。在宣化縣西南六十里。源出如禾山，又名如禾水，北流入大江。

禄旺江。在新寧州南七里。又旺鍾江，在州南二十里。高屯江，在州東二十里。那摸水，在州東三十里。唏曉江，在州西南三十里。下流皆入左江。

緑水江。在隆安縣東南二十五里。其水深緑，直注龍牀巖，亦名龍牀江。又北入大江。

清江。在横州東十五里。源出從化鄉，合槎江，有嘉魚穴。舊志：源出州北七十里汪澤，初名曰龍江，東南流，名曰方水。又東與小溜江合，又東名曰清江，入鬱江。

武流江。在横州東南二十里。源出廣東靈山縣石塘營，北流入鬱江。

横槎江。在横州西南五十里。中有横槎灘，又名槎浦。通志：其源出諸山谷，北入鬱江。

陳埠江。在横州西南六十里。又平南江，在州西南四十五里。源俱出靈山縣界，北入鬱江。

鰐江。在横州東北。元和志：鰐江水，經淳風縣西，去縣百步。明統志：在州東八十里。旁有鰐魚穴，俗因立鰐魚廟。郡志：源出震龍山，歷淥藍村至烏蠻灘，入鬱江。又西竺水，在州西南五里。鹿江，在州南五里。曹村灣水，在州東五里。懷西江，在州東南一百十里。皆入鬱江。

古江。在横州東北六十里。源出震龍山，歷鴉波村至米埠村，與鰐江合。

永東江。在永淳縣東一里。有二源，左源出粱雞村，流經滑石，右源出石恢村，至青灘，合流入鬱江。

秋風江。在永淳縣西南三十里。源出靈山縣界，一名馬卯江。又有別源出宣化縣界，合流入鬱江。

東班江。在永淳縣西北五里。源出横州震龍山，東南流入鬱江。又蓼江溪，在縣北五十里，源亦出震龍山下，入鬱江。

小江。在上思州東南。源出欽州界，北流入明江。又上魚江，亦名上愚江，源出十萬山。淰況溪，源出蓄西山。皆東流入小江。

明江。在上思州西南。寰宇記有武離水，在府西，源出上思州，西流五百八十里入左江。明統志有上思江，在州治西，源出十萬山。皆即此。舊志：明江在州南一里，自十萬山東北流，至州西南分爲二派，一西流，經遷隆峒南入思明府界，一東流，經州南，又東至古萬寨，與小江合，亦名上思江。

伶俐水。在宣化縣東八十里。源出崑崙山，流經永淳縣界，合大江，金城諸山竹木皆自此出。又太沖江，在縣東六十里，亦流入大江，寶蓋諸山材木多出於此。

響水。在新寧州西八十里。源出江州界。江濱有石嵯岈，水出石罅，其響如雷，北流入左江。

邕溪。在宣化縣北十里。源出馬退山。又有龍溪，源出縣北銅鼓陂，匯北湖諸水，皆南流夾府治入大江。

馱良溪。在隆安縣西二里。源出太平府萬承土州界。又馱黿溪，在縣西北十里，源出都結土州界。皆北入大江。

投玉溪。在隆安縣北二十里。又馱甘溪，在縣東二里。皆出武緣縣界，南入大江。又梅龜溪，在縣東南五十里，源出永康州界，北入大江。

香稻溪。在橫州西二里。源出州北，西南流經古鉢山入鬱江。

馱槐溪。在上思州西。相近又有淰弄、淰圭二溪，皆源出鳳凰山。又剥鄧溪，源出弄樸山。皆流合明江。

馱龍溪。在上思州北十五里。源出北梯嶺，南流遶獅山，合淥岙溪，環州北入明江。

馱桃溪。在上思州北二十里。一名馱白溪。源出東香山，西南流入明江。又馱造溪，在州東南，源出東曉山，流入明江。又那板溪，在州西南，與淥浪、淥鬱等溪俱出十萬山，流合明江。

北湖。在宣化縣北十里。又北十五里有銅鼓陂，陂水南溢，匯而爲湖，中有洲曰五花洲。

壘楞池。在隆安縣東南四十里。寬數頃，春水漲時，村田多遭淹没，或十年、或數十年一乾，乾時池底裂開一孔，水皆注入，人誤入者，即陷死。

龍池。在橫州北門外。唐貞觀中所陷。

蓮陂池。在上思州東郭。又東陂池，在城外。皆可溉田。

天窟潭。在橫州東三十里天窟山南巖洞口。羅竈之地，多演泉行於地中，總會於此，伏行洞底，至巖盡處，從石罅而出，注於鬱江〔二〕。舊志謂之神江。郡志：一名石泉。

震龍潭。在横州北震龍山頂，下分爲九溪。一溪東南出本州，四溪西南出永淳縣靈竹鄉界，二溪北出賓州界，二溪東出貴縣界。

平旺潭。在永淳縣北六十里。明時嘗築壩運穀於此，爲軍興之資。

馬跑泉。在宣化縣東十里。宋狄青征儂智高，駐師於此，馬跑地泉涌，故名。

甘井泉。在宣化縣北。水味甘，宋陶弼題曰思泉。

瀑布泉。在横州南寶華山背。自山頂石槽中直瀉而下，長數十丈，形如挂練。

古辣泉。在横州北八十里古辣墟。以之釀酒，色淺紅，味甘而致遠。宋守徐安國詩有「古辣觴客醉」之句。

龍泉。在永淳縣西十五里石洞中。洞有石竇，潛通大江。又牛澗泉，在縣南五里。

石龍洲。在新寧州西半里。連亘千餘丈，横截江流，三面皆水，中一白石，長數十丈，出地尺許。

六嘉井。在横州東南。闊二尺，深三尺，濆出沙泥中，色味清洌，繞村數百家隨取隨足，釀酒尤佳，鄉人珍爲酒泉。

古蹟

晉興故城。在宣化縣北。晉大興初置。隋改曰宣化。唐置邕州治此。咸通二年，嘗爲南詔所陷。明統志：邕州故城，在今府城南二里。舊志：宋皇祐中平儂智高，始移治江北。

巒州故城。在永淳縣北。元和志：巒州西泝流至邕州一百五十里，東沿流至横州一百三十里，本漢領方縣地。貞觀末、永徽初置，後以蠻俚背叛廢，於其城置驛。開元十五年李商隱重奏置，治永定縣。寰宇記：巒州以境内多山巒爲名，在横州西七十里。舊志：本治江北，元至正十二年，以峒賊亂遷三洲村，在縣西南十里。明洪武三十一年，復遷於江南，即今治。

上思州故城。在今上思州南。明統志：在府南一百八十里。土夷考：明洪武初，土官黄英傑歸附，永樂二年，授知州世襲，治於州南隔江胡恃嶺下。成化末，其孫瑛以倡亂死於獄。弘治二年，瑛子姪争襲，糾遷隆峒族黨爲亂，太平知府謝湖討平之。十六年，始移治江北，改設流官。

故忠州。今土忠州。土夷考：土官黄姓。明洪武初，江州酋黄咸慶率子忠謹歸附，授忠謹忠州知州世襲。隆慶中，知州黄賢相與思明土官黄承祖争四都地，擅命侵據，官兵討擒之，仍以賢相子有翰知忠州世襲。

廢瀼州。在上思州南。杜佑通典：瀼州在邕州南二百八十里。隋大將劉方始開此路，置鎮守，尋廢不通。唐貞觀十二年，清平公李弘節，遣欽州首領甯師京尋方故道，開置瀼州，以達交阯，以州界有瀼水爲名。天寶初，改臨潭郡。乾元初，復曰瀼州，治臨江，領波零、鵠山、弘遠共縣四。寰宇記：屬邕州管，尋廢。

歸德舊州。今歸德土州治。土夷考：明洪武二年，土酋黄隍城歸附，授知州世襲，設流官吏目佐之。弘治中，爲田州所侵掠，改屬南寧。本朝裁吏目，而黄氏世襲如故。

果化舊州。今果化土州治。土夷考：果化州，始自宋博興人趙勉，以隨狄青征蠻有功，予土職。明洪武二年，土官趙榮歸附，授知州世襲，設流官吏目佐之。弘治中爲田州所侵掠，改屬南寧。

西原舊州。在新寧州西南。唐書地理志：羈縻西原州，領羅和、古林、羅淡三縣，隸安南都護府。府志：西原蠻居廣、容之南，邕、桂之西，依阻峒穴，綿地數千里，有甯氏相承爲豪。又有黄氏居黄橙峒，其屬也。天寶初，黄氏强，與韋氏、周氏、儂氏相脣齒，爲寇害，據十餘州。既又逐韋、周於海濱而奪其地。今州境諸豪大抵皆黄氏之裔。

武緣廢縣。在宣化縣東。本隋、唐所置縣。元和志：武緣縣西至邕州一百里，本漢領方縣地。開皇十一年置，屬緣州。大業三年廢。武德五年復置，屬邕州。宋景祐中，始移治樂昌縣界，故城遂廢。

封陵廢縣。在宣化縣東。元和志：縣西南至邕州一百里，景雲後置。唐書地理志：乾元後開山峒置。寰宇記：開寶五年廢入武緣。

横山廢縣。在宣化縣東。唐書地理志：武德五年，析宣化置，屬邕州。乾元後省。

思籠廢縣。在隆安縣南。元和志：縣東至邕州三百里。唐書地理志：乾元後開山峒置。寰宇記：開寶五年廢入宣化。明統志：廢縣在府境思龍鄉。

樂山廢縣。在横州東南。隋書地理志：鬱林郡樂山，梁置樂陽郡，隋平陳，改爲縣。十八年，改名樂山。元和志：縣西至横州一百二十里。本漢廣鬱縣地，陳於此置樂陽郡。隋開皇十年廢郡爲縣，仍爲樂山，屬緣州。大業初，屬鬱林郡。貞觀中，改屬横州。舊志：宋開寶五年廢樂山，故城在州東南五里樂山鄉。

武羅廢縣。在永淳縣北八十里。舊唐書地理志：巒州武羅，與州同置。元和志：縣南至州七十里。寰宇記：開寶五年，廢入永定。舊志：今爲武羅鄉。

靈竹廢縣。在永淳縣東北八十里。唐置，屬巒州。舊唐書地理志：巒州靈竹，與州同置。元和志：縣西至州九十里。寰宇記：開寶五年，廢入永定。舊志：今爲靈竹鄉。

朗寧舊縣。在宣化縣西北。元和志：縣南至邕州一百八十里。本漢增食縣地，武德五年分置。寰宇記：開寶五年，廢入宣化，在州西北八十里。

如和舊縣。在新寧州東。元和志：縣東北至邕州九十里。武德五年，析欽州南賓、安京二縣地置，因縣西南四十里如和山爲名，屬欽州。景雲二年，割屬邕州。九域志：宋景祐二年，省入宣化。舊志：今曰如和都，在州東境，明隆慶六年割屬。

安廣舊縣。在橫州境。漢置，屬鬱林郡。宋永初志寧浦郡有安廣縣，後省。南齊復置爲寧浦郡治。梁、陳時省。

興道舊縣。在橫州東南一百里。晉書地理志：寧浦郡領連道縣。宋書州郡志：寧浦郡興道，晉太康元年以合浦北部之連道立，梁、陳時省。

寧浦舊縣。在橫州西南。元和志：橫州寧浦縣，郭下，本漢高涼縣地，吴分置寧浦縣，開皇屬鬱林郡，貞觀屬橫州，至德中移於舊州東七里鬱江北岸。東北至貴州水路一百七十五里。

簡陽舊縣。在橫州西南六十里。晉書：阮放爲交州刺史，行達寧浦，敗走，保簡陽城。宋書州郡志作澗陽。晉太康七年，立爲寧浦郡治。又曰：永初郡國作簡陽，齊志亦作簡陽，屬寧浦郡。隋志云：梁分寧浦置簡陽郡，蓋治於此。隋平陳，郡縣俱廢。府志：古城在陳埠江口，城基尚存。

嶺山舊縣。在橫州西。隋書地理志：鬱林郡嶺山，梁置嶺山郡，隋平陳，改爲嶺縣。十八年，改爲嶺山。元和志：縣東至橫州一百里。寰宇記：開寶五年，省入寧浦。

蒙澤舊縣。在橫州西四十里。唐書地理志：武德四年，析寧浦置蒙澤縣。貞觀十二年仍省入。

平山舊縣。在橫州北。宋書州郡志引廣州記云：漢獻帝建安二十二年，吴分鬱林立合浦北部都尉，治平山。晉屬寧浦郡，梁、陳時省。舊志：今州北從化鄉有平山村，蓋因舊縣得名。

從化舊縣。在橫州東北。元和志：淳風縣西南至橫州九十里。武德四年，析寧浦之北界置。寰宇記：唐永貞元年，避憲宗諱，改曰從化。開寶五年，省入寧浦。州志：今有從化鄉在州東北七十里，即故址。

鳳凰城。在新寧州西。周半里許，四圍壁立。前後有二山，門中有泉水，長流如帶。又有王巢城，在州東隴拱山，四面皆山，中有一巖，横直穿過。

那九村。今隆安縣治，舊爲宣化縣地。明嘉靖七年，王守仁征田州，經過其地，見其去縣遼遠，難供輸税，因奏請割宣化縣思隆十里，置縣於那九村，即今治。

武黎峒。在新寧州西。九域志：左江道有羈縻武黎州。舊志：元改置華陽縣。明初縣廢爲武黎、沙水、華陽、吴從四峒，峒各有長。其後武黎、華陽皆以功授縣，即以沙、吴二峒領焉。未幾，華陽氏絶，統屬於武黎。其後忠、江二州數相争奪。嘉靖十年，武黎峒民黄綱請内屬，因改四峒爲四都，設四都營，屬南寧府。隆慶中，忠州土酋黄賢相搆亂，當事乃議設州以鎮之。六年，因以四都及宣化縣如和都地置新寧州，治於沙水都之渌岡，即今治。新志：華陽都在州西南，武黎都在州西。

黄峒。在新寧州西。一名黄橙峒，即西原蠻巢穴也。唐大曆以後，黄峒蠻屢爲亂，元和末，裴行立攻破之。又申峒，在州南，宋嘉祐五年，交阯與申峒蠻寇邕州，廣西經制使余靖討平之。

南寧舊衛。在府治西。明洪武二年建，後廢。

馴象舊衛。在横州治東北。明洪武十九年，置於思明府鳳凰山。二十年，遷南寧府。二十二年，又遷於此。後廢。

歸仁鋪。在宣化縣東北三十里。宋皇祐中，狄青討儂智高，陳於歸仁鋪，大敗賊兵，智高遁去，築京觀於鋪側。

籌邊樓。在府治子城上。舊名荷恩堂，宋安撫任忠易今名。

矗雲樓。在府城西北隅。又平楚樓，在城東隅。

横浦樓。在横州舊城上。又名月江樓，宋守陳大紀建。

清華樓。在横州舊城上。又名瑞錦樓。

梯雲閣。輿地勝紀：在府治子城東隅，踰街而過五花洲。府志：明改建爲最高臺。

昭回閣。在横州學。宋靖康初州守曹衮建。

天機閣。在横州城西南隅。

清風堂。在府治。宋安撫任忠建爲避暑之所，郡志作「臺」。

瑞文堂。在清風堂後。堂前有池，歲生並頭蓮，故名。

雙梅堂。在府治。舊有梅二株，枝生連理。

安政堂。在府城東。宋安撫顔敏德建。

雲錦亭。在府城上。

三公亭。輿地紀勝：在府東望仙坡上。皇祐間，狄青、余靖、孫沔平儂賊，嘗於坡上，後知州陶弼即其地建亭。

春野亭。在宣化縣東二里。宋陶弼有詩。明嘉靖中重建。後又易名迎春亭。

連理亭。在横州江南岸。宋梁世基舊宅。亭旁有連理荔枝木一株，宋仁宗御賜詩〔三〕。

海棠亭。在横州西海棠橋畔。宋守向友夔建。又有淮海堂，在亭後，宋秦觀建。

仙槎亭。在横州西登高嶺。相傳晉元帝時，隱士董京遇一仙，秋夜横槎於浦，宋紹定中郡守張垓因搆亭。

綺川亭。在横州，前臨鬱水。

月臺。在府治宅堂後。舊有忠節堂，宋顔繼敏建。又南城臺，在府城南。崑崙臺，在府東北崑崙山。宋陶弼俱有詩。

浮槎館。在横州西南十里。有枯槎浮於灘上，枝葉扶疏，其色如漆，光瑩照人。秦觀嘗寓此，有横槎館書事詩。

銅柱。在宣化縣，左、右江各有其一。明統志：漢伏波將軍馬援征蠻，立柱界上。又唐馬總爲安南都護，建二銅柱於漢故處，故今左、右江各有其一。又其一在欽州蠻界，刻云「銅柱折，交人滅」，至今交人往來，壘碎石於下不絶。按：水經注、林邑記皆言銅柱在林邑界，唐馬總所立，亦在安南，蓋非援故蹟也。

銅鼓。明統志：銅鼓，左、右溪峒時得之，相傳爲漢馬援所製，形如坐墩而空其下，滿腹皆細花文，極工緻，四角有小蟾蜍，兩人舁行，拊之聲如鞞鼓。

關隘

崑崙關。在宣化縣東北一百二十里崑崙山上。宋皇祐四年，狄青討儂智高，勒兵賓州，别將陳曙擅引步兵擊賊，潰於崑崙關，青斬之，旋引軍次於崑崙關，元夜於軍中會飲，引軍潛渡關，大敗賊兵。舊志：關阨賓、邕兩界，旁多歧嶺，與諸夷通，爲府境衝要。

太平關。在横州南隔江二里。明成化四年置。又義勇關，舊名狼家營，在州東一里，今遷於城東南隅。

金城寨巡司。在宣化縣東九十里。本宋金城驛，皇祐四年，廣南西路將陳曙擊儂智高於邕州，敗於金城驛，即此。明洪武四年，改爲寨，並置巡司，今因之。

八尺寨巡司。在宣化縣南六十里。以近八尺江爲名。明洪武四年置巡司，今因之。地最險要，設官兵防守。又那龍寨，在縣西七十里，舊置巡司，本朝雍正七年裁。

三官堡巡司。在宣化縣西南一百八十里。明嘉靖三十年置堡設巡司，今因之。

遷隆寨巡司。在宣化縣西八十里。因宋故寨爲名。舊置巡司，今因之。

墰落墟巡司。在宣化縣西北一百二十里。本朝乾隆四十六年置。

大灘巡司。在横州東五十里。本朝雍正七年置。

南里鄉巡司。在永淳縣南七十里。舊駐孫嶺村，本朝乾隆十九年移駐小黎墟。

武羅鄉巡司。在永淳縣北八十里。故武羅縣地，舊駐鞏昌村，本朝乾隆十九年移駐甘棠墟。又舊有武德鄉巡司，在縣東北六十里，明景泰間遷於縣西，今裁。

遷隆峒土巡司。在府西南二百四十里。東西距五十里，南北距一百四十里。東至上思州界三十里，西至土忠州界二十里，南至越南界一百二十里，北至土忠州界二十里。東南至上思州界三十里，西南至太平府土思州界十五里，東北至上思州界三十里，西北至土忠州界二十里。古交阯地。宋始開置州，以土官黄勝奇世襲。明初廢州爲峒，降爲土巡司。本朝順治初，黄元吉歸誠，仍與世職。

合江鎮。在宣化縣西五十里左、右二江合流處也。九域志：宣化有禹步、合江、左江、右江四鎮。

那南寨。在宣化縣西六十里，舊置巡司。本朝乾隆三十一年，移駐鎮安府歸順州湖潤寨。

横山寨。在宣化縣東横山上。唐嘗置横山縣。宋置寨，紹興三年詔市馬於此，置博馬場。

渠樂寨。在新寧州東南八里。亦名三河堡。明洪武初置巡司，後裁。

古萬寨。在新寧州北。宋置五寨之一。明統志：左江自交阯流五百八十里至古萬寨，下流九十里至合江鎮。

那樓寨。在隆安縣西南二十五里。又馱演寨，在縣西北三十里。舊俱置巡司，後裁。

古北口。在横州東六十里。舊有巡司。又西鄉巡司，在州西六十里。今皆廢。

丹良堡。在歸德土州北三十里，與思恩府白山土司接界。

津梁

西平橋。在宣化縣西一里。舊名龍溪橋。又東平橋、南平橋，并明建。

北平橋。在宣化縣北一里。明天啓五年改建，更名鎮北橋。

第一橋。在隆安縣東一里。本朝康熙四十八年建。

海棠橋。在横州西一里，跨香稻溪之上。以宋秦觀詞而名〔四〕，舊多樹海棠。

翔雲橋。在横州北十里，跨方水。

三索橋。在歸德土州治西南。

隄堰

趙公堰。在新寧州。明萬曆間趙宗鳳築。又有陳公堰，萬曆間陳躍潛築。

銅鼓陂。在府城北二十五里。宋皇祐間開。明嘉靖十五年修築。取水北湖，蘇、盧二村賴以溉田。

羅賴陂。在府城北三十里。

陵墓

宋

李師顔墓。在横州東北二十里金龜嶺。師顔爲僉判，卒葬於此。其子會龍，元進士，墓在州東四里。

祠廟

孔中允祠。在府城内，祀宋司户孔宗旦。

陶開使祠。在府城内，祀宋知州陶弼。

崇德祠。在宣化縣城内。本朝康熙四年郡人建，祀左江道張道澄。

懷忠祠。在宣化縣望仙坡下，祀宋蘇緘。

吴侯祠。在宣化縣城西，祀宋永寧守吴，佚其名。

三公祠。在宣化縣東北望仙坡下，祀宋狄青、孫沔、余靖，後增蘇緘、王守仁、莽吉圖，名六公祠。

海棠祠。在横州城西，祀宋秦觀。

伏波廟。在宣化縣西一里。唐初建，祀漢馬援。本朝康熙間，郡人以莽吉圖並祀。一在横州東八十里烏蠻灘上，馬援駐兵於此，後人立廟祀之，明王守仁增新之，有題夢中絶句詩。

令公廟。在横州城外，祀宋李師中。

慈感廟。在横州古鉢山。唐貞觀中，有婦陳氏歿，屢著靈異，鄉人立廟祀之，祈雨輒應。宋紹興間，賜額「慈感」。紹熙初，封淑惠。本朝春秋致祭。

名宦

唐

吕仁。景雲中，爲邕州司馬。鬱水自蠻境七源州流出，民苦横溢，仁引渠分流，用洩水勢，自是無没溺之患。

徐申。京兆人。爲邕管經略使。宣明恩信，風行獷俗，黄峒蠻納質，自願供賦歸款。是時黄、儂、韋、周四姓並爲西京部首領〔五〕，而儂、黄最强，黄既納質，三部蠻皆定。

辛讜。金城人。爲邕管節度。時管内蠻儂峒最强，與黄峒皆結南詔爲助。讜察邕虚耗，方當息戰，用固根本，會南詔遣使請和，讜奏可，遣從事徐雲虔往報，遂和南詔。復招撫二峒首領儂金勒等，與之通歡，持牛酒音樂賚之，並遺其母衣服。金勒感悟，始罷兵。

宋

范貴參。宗城人。太宗時，知邕州。俗輕醫藥，重鬼神，貴參禁止，割己俸市藥以給病者，復以方書刻石，置廳壁。南漢攻州城七十餘日，貴參拒却之。

侯仁寶。平遥人。知邕州。州之右江生毒藥樹，宣化縣人嘗採貨之，仁寶盡伐去，其患遂息。

曹克明。百丈人。景德中知邕州。撫諭左、右江蠻，甚有恩信。是歲承天節，率其黨來集，克明慰撫，出衣服遺之，感泣而去。獨如洪峒恃險不至，克明諭兩江防遏使黄衆盈引兵攻之，斬其首領陸木前，梟於市。

馮伸己。河陽人。天聖中知邕州。治舍有井，相傳飲輒死，伸己日汲自供，終更無恙。傍城數里有金花木，俗言花開即瘴起，人不敢近，伸己酣宴其下，亦復無害。

杜杞。無錫人。寶元間知横州。安化蠻寇邊，殺知宜州王永清〔六〕，杞出兵討平之。上言：「嶺南諸郡無城郭甲兵之備，横爲邕、欽、廉三郡咽喉，地勢險阻，可屯兵爲援。邕管内制廣源，外控交阯，願擇文臣識權變、練達嶺外事者爲牧守，使經制邊事。」從之。

孔宗旦。魯人。爲邕州司户參軍。儂智高未反時，州有白氣出庭中，江水溢，宗旦以爲兵象，度智高必反，以書告知州陳珙，珙不聽。後智高破横州，即載其親往桂州，曰：「吾有官守不得去，毋爲俱死也。」既而邕州破，宗旦被執，賊欲任以事，宗旦叱賊，且大駡，遂被害。事聞，贈太子中允。

張日新。安仁人。横江寨守將。皇祐元年，儂智高寇邕州，知州陳珙不設備，遂率衆沿江東下，日新戰死。

孫節。開封人。狄青討儂賊，辟置麾下爲前鋒，至歸仁鋪，直前搏戰，賊鋭甚，鏖戰山下，俄中鎗而殁。贈忠武軍留後。

楊文廣。太原人。狄青征南時，爲廣西鈐轄、知邕州，撫禦有方，士卒樂爲效死。

蕭注。新喻人。知邕州。智高走大理國，母與二弟寓特磨道，注帥師往討，獲一裨將，引致卧内與之語，俱得賊情，悉擒送闕下。募死士使入大理取智高，至則已爲其國所殺，函首歸獻。

陶弼。永州人。至和二年，知邕州。邕經儂寇，井隧蕩然，弼綏輯惠養，至忘其勤，諸峒皆感悦，無犯邊者。邕地卑下，會大雨彌月，弼亟窒垠江三門，爲土囊千餘置道上，水從竇入即塞之。城雖不壞，而人皆乏食，爲發廩以賑。水退，公私一無所失。

蘇緘。晉江人。熙寧中，知邕州。聞交阯謀入寇，兩以書抵桂州守沈起、劉彝，皆不聽，蠻遂入寇，破邕四砦。緘勒部隊拒守，殺賊甚衆。蠻知無外援，力攻之，城遂陷。緘率其家三十六人，闔門焚死。贈奉國軍節度使。子元，後知横州，恩信及民，咸頌有父風。

譚必。江西人。元祐間爲邕州推官，攝郡事。會交人復寇邕，必輯兵抗禦，力戰不克，交人執之，欲誘以利，必堅不可奪，自縊死。

梁順孫。高要人。宣和間，以桂州監察判官監邕州、横州、田州諸峒金坑。舊制輸金，監官多所需，峒丁苦之。順孫撫諸峒以恩信，不較其金，諸蠻畏服。

鄧廉。曲江人。以朝散郎倅邕，攝郡事。邕歲市馬界上，吏多侵盜，馬不時至。廉盡革其弊，歲饑發廩賑之，全活甚衆。郡志作鄧孝廉。

陳大紀。永嘉人。嘉泰間，知横州。以仁惠爲吏民所愛，秩滿，適妖賊侯廣、李藍六作亂，大紀節制飛虎、摧鋒兩軍，親冒矢石，與士卒同甘苦，開誠諭賊，擒其渠魁。

崔與之。廣州人。開禧時通判邕州。守武人苛刻，衣賜不時給，諸卒大閧，漕司檄與之攝守，叛者帖然。乃密訪首事一人斬之。

張垓。紹定中知横州。以横土瘠民貧，家無餘藏，爲置米千石立社倉，民賴之。

馬堅。宕昌人。咸淳中，知邕州。邕地接六詔、安南，旁通諸溪峒，堅鎮撫諸蠻及置關隘，皆有條理，大理不敢越善闡，安南不敢入永平，諸峒皆上帳册，邊陲晏然。後以功加閤門宣贊舍人。宋亡，守靖江，戰死。

婁鈐轄。前爲馬暨部將。邕守馬成旺以城降，婁猶以二百五十人守月城不下，阿爾哈雅遺之牛數頭，米數斛，兵皆分米炊，未熟，生臠牛啖立盡。婁乃命所部人擁一火礮然之，聲如雷霆，城皆崩，火息視之，灰燼無遺。「阿爾哈雅」舊作「阿里海牙」，今改正。

元

任珪。至元間，横州路總管。人不敢干以私，惟以惠民爲務。

劉國傑。其先女直人。以湖廣右丞征廣右賊，時上思州黄勝許恃其險遠，與交阯寇邊。國傑身率士力戰，賊走象山，乃列柵圍之，伐山通道拔其砦，勝許挺身走交阯。盡取賊巢地屯田，以爲兩江蔽障。

明

蔡蒙。吴縣人。成化中，知南寧府。田州土知府岑浦驕悖不法，與其族争襲，弄兵相攻，蒙自至其地，以理曉諭，皆感服釋仇。

羅環。新喻人。弘治中，知上思州。時州始改土爲流，環以四事建議：一曰易風俗，教士子；二曰蘇民困，革土兵；三曰通傳遞，設鋪舍；四曰別土流，革土吏。夷俗爲之丕變。

曾昺。南海人。弘治中，爲上思州同知。先是，州以世襲搆兵，昺請改土爲流，遷城江北，建立州治，築土城，立木栅，招遺民，給以田種，皆得服業。

蔣山卿。儀真人。正德中，知南寧府。會征思、田，山卿約束轉輸，軍需克濟，居民無擾。

王濟。烏程人。嘉靖中，爲横州判，攝州事。訪問俗尚利弊，召父老庭下，集議可否而從革之。於是民知向方，盜亦潛弭。

霍與瑕。南海人。隆慶中，駐節左江。土酋黄金彪背逆，督撫方議進勦，與瑕翦其羽翼，一矢不遺，縛致之，遂定。以四都叛服不常，致南、太二府道路阻絶，請於朝，開建新寧州治。

本朝

劉天福。順治初，知永淳縣。潯州土賊陳邦賦圍縣城，天福率衆拒守，城陷被害。

莽吉圖。滿洲人。康熙中，以鎮南將軍率師度嶺，克復南雄，還復韶州，叛將張星耀不戰而竄。所至秋毫無犯。及抵南寧，擊賊帥吴世琮，盡殲其衆，軍威益振。以疾卒於南寧，百姓肖像以祀。

梁鳳翔。咸寧人。康熙四十二年，知上思州。手書訓語四條，正男女内外之别，嚴師巫邪術之禁，廣闢荒田，重禁私販，風俗一改，時有禾生兩歧之瑞。

凌森美。定遠人。拔貢生。康熙五十二年，知永淳縣。邑地高水下，民不知灌溉，森美教以種旱稻，遂爲永利。編保甲，嚴窩主，而姦息。十三屯徵糧，舊無額册，吏得增斂欺民，森美創圖册，詳書其民户實徵之數，及期榜示之。尤加意學校。署有柳園，暇則退處，考文獻，輯爲永淳志。乾隆六年祀名宦。

人物

宋

石鑑。宣化人。舉進士。有文武才。皇祐中，挾策干余靖，以平儂賊功，授大理寺丞。升忠州刺史，尋知桂州，充本路經略安撫使。官至尚書。

梁世基。横州人。由攝官補登仕郎，歷潯州司户參軍。熙寧中特授大理寺丞，用法平允。

元

鄧祖勝。宣化人。以右丞守永州，聞楊璟師至，約全、桂守者互相應援。全、桂援絶，璟督師四面攻之，祖勝仰藥死。

明

楊名。横州人。永樂中，舉於鄉。性至孝。父喪，哀毁逾禮，既葬，廬墓側三年，有白龜出於廬次，人咸以爲孝感。

任穀。横州人。成化進士。授南京户部主事，歷福建參議，奏罷銀礦之役，爲同官所忌，調廣東。屢著聲績。

張翶。宣化人。成化中，舉於鄉。性剛直。知龍門縣，有聲績。劉瑾遣使至縣索金，翶廉貧無以應，有富民願貸出金，翶堅拒之。遂罷歸。

黄竇。上思州人。與弟績一乳而生。正德八年，黄鏐攻州城，兄弟勇敢赴敵，同日死。時同州凌安亦拒敵死。

陳琚。宣化人。嘉靖中，任德慶州判。時羅旁寇熾，流毒郡縣，衆推琚材武，提偏師撫勦，遂殲渠降服，爲分什伍，定約束，俾與州人互市。時有橐寇者嫉琚，密攝琚於寇，衷甲害之。後王守仁擒寇魁殺之，祭告其墓。

鄧洪震。宣化人。嘉靖進士。隆慶初，歷兵部郎中。疏請減田租之半，俾蘇民困，帝嘉納之。尋以疾歸。神宗立，屢薦不起。

蕭雲舉。宣化人。萬曆進士，歷官禮部尚書。人謂其甘陵之黨，不附君子，逆璫之禍，不附小人。平居嗜古著書，有青蘿集行世。卒，謚文端。

楊汝名。永淳人。父病目，以舌舐之，目疾復明。父卒，廬墓三年。由歲貢任陸川訓導，歷署太平邑篆，稱廉吏。郡志作汝明。

陳文燦。永淳人。與弟文炳皆補邑弟子員。有武略。渌里寇發，部兵征逐，軍北，兄弟爲殿，燦馬陷於淖，炳不忍去，皆遇害。

田鏄。永淳人。嘉靖舉人。杜門養母，足不履公庭。遭歲歉，靈竹聚衆三百人剽掠，時議勦之，鏄急白縣令，請無用兵，單騎往諭，皆詣縣謝罪。倅岳州，洞庭湖寇出没，以計擒渠魁，餘黨解散。

林青陽。新寧人。事桂王，官員外郎。時孫可望謀禪代，青陽與胡士瑞等發其姦。王議密敕李定國統兵入衛，青陽請行，佯乞假歸葬，由間道馳至定國所，許以奉迎。青陽至南寧，爲守將常榮所留，密遣劉吉告王，王喜，改青陽給事中，再撰敕令吉還付青陽，賜李定國。事洩被殺。本朝乾隆四十一年，賜謚烈愍。

本朝

劉履吉。宣化人。順治五年，僞帥陳邦傳遣子曾禹統賓、遷、思明兵數千攻南寧，久不破，縱兵大掠。履吉居城外遇害，妻亦死。

李壽椿。宣化人。順治七年，土賊李啞滋擾，壽椿被擄，不屈死。

劉章。宣化人。母賴氏守節，育且教，中康熙癸卯鄉試。痛父早亡，已不及事，事母以孝聞。

黄起忠。宣化人。乾隆五十三年，由外委、千總隨征安南，於黎城擊賊陣亡。同時遇害者，千總張坤，把總賴起勝、李如棟，額外外委黄起智、盧崇耀、楊輔恒、楊振德，均賜卹如例。

倪聯清。宣化人。由行伍洊升守備。嘉慶二年，隨勦黔苗，論功賞戴藍翎。七年，隨征湖北邪匪，墜崖而死。又平樂協守備陸世元，擊賊於霧渡河陣亡。梧州協千總王勝龍，擊賊於竹葉坡陣亡。均廕雲騎尉。

鄧金保。上思州人。嘉慶二年，由把總隨勦黔苗，與外委徐明同遇害，均廕雲騎尉。

流寓

宋

秦觀。高郵人。紹興初編管横州，多所題咏。

列女

唐

衡方厚妻程氏。宣化人。方厚爲邕州録事參軍，招討使董昌齡治無狀，方厚數争事，昌齡怒，害之。程懼並死，不敢哭，徒行至闕下陳冤。下御史鞫實，昌齡乃得罪。詔封程武昌縣君。

明

程清妻劉氏。宣化人。夫亡守節。教子琚，以貢仕廣東德慶判官，死於寇難。時稱忠臣節母。

蕭相妻李氏。宣化人。相官貴州，卒於任。氏引刀自刎死。事聞旌表。

陳蕭氏。南寧衛人。夫亡守節。坐卧一樓，足不履地者數十年。事聞旌表。

鄧遵素妻朱氏。新寧人。值莫逆之亂，遵素先出城，賊勢漸逼，氏度不免，投水死。

楊端妻蕭氏。横州人。于歸未期而寡，姑欲嫁之，蕭曰：「若再醮以遺不孝不義之名，非人類也。」守節五十餘年。事聞旌表。

徐銓妻楊氏。横州人。歸銓三載，生子瀩方五月而銓卒，楊年十九。撫孤守節以終。子瀩哀毁逾禮，人稱其能報焉。

龍居德妻羅氏。永淳人。景德中，爲盜所掠，羅投崖下不死，賊驅之行，不從，遇害。

黄敏妻劉氏。上思州人。敏以州兵從征古田，死軍中。劉聞之，哀不自勝，恪守婦道，操履冰霜，訓二子勤學。後相繼殁，復教其孫。正德間旌表。

本朝

馬之騶妻蕭氏。隆安人，尚書蕭雲舉女。夫死無子，自製棺衾，絶食七日死。順治三年旌。

顔于彝妻覃氏。永淳人。于彝早卒，氏孝養翁姑，撫遺腹子食廩餼。後子卒，晚節愈苦，邑人哀之。康熙五十七年旌。

黄亞兒妻李氏。宣化人。歸自母家，遇暴不辱，墮水死。雍正五年旌。

鍾士璠妻楊氏。横州人。士璠早卒，氏孝事翁姑，撫兩子成名。雍正三年旌。同州葉煜妻陳氏、楊鏤妻李氏，均雍正年間旌。

何庭桂妻錢氏。宣化人。年十六，于歸逾年夫卒，孝養撫孤。乾隆元年旌。同縣馮朝臣繼妻李氏、徐淑衡妻鄧氏、鄧王臣妻謝氏、黄紹達妻雷氏、李元和妻盧氏，均乾隆年間旌。

李廷鼎妻莫氏。新寧人。夫亡守節。乾隆九年旌。同州廖俊妻黄氏、盧全忠妻王氏、譚應秋妻李氏，均乾隆年間旌。

陸祖尚妻陳氏。隆安人。夫亡守節。乾隆二十八年旌。

蒙殷賚妻吴氏。横州人。年二十三而寡，賚棺嘗被火，吴以身殉，天忽雨，人以爲苦節所感。與同州鄧蕃妻吴氏、陳任幹妻黄氏、侯銘鼎妻翁氏、吴若純妻黄氏、黄夢龍妻陳氏、陳翊妻吴氏，均乾隆年間旌。

盧象煌妻譚氏。永淳人。夫亡守節。乾隆五年旌。

陳堯英妻趙氏。上思人。年二十二而寡，孝養，撫孤甲生。甲生生二子卒，與媳林氏撫孤孫成立，年七十餘卒。與同州黄洵妻林氏，均乾隆年間旌。

韋氏。獞人。夫姓名失傳。守正不污，爲强暴所殺。乾隆年間旌。

陳廷甫妻劉氏。宣化人。捐軀明志。嘉慶三年旌。

仙釋

晉

董京。元帝時，避居横州登高嶺，秋夜泛舟於江滸，一仙乘槎而來，枝幹扶疏，光采照人。京謁之，賜以食。宋紹定間郡守張垓構仙槎亭於上。

羅秀。不知何許人。聞葛洪寓羅浮山，棄家往。久之，慨丹不成，復於宣化青山洞巖中修煉，一日危坐尸解去。

土産

金。唐書地理志：邕州、横州皆土貢金。邕州有金坑。九域志有慎乃金場，在邕州西北四百里。

銀。唐書地理志：邕州、横州皆土貢銀。

苧麻。荔枝。桄榔。橄欖。寰宇記：皆邕州土産。又有木威。

象。明統志：近交阯界山谷間出。

馬。明統志：宋時置司，市馬於横山寨。今諸土州皆貢馬。

貆豬。明統志：宣化縣出。身有棘刺，能振以禦人，常百十爲羣，以傷苗稼。

鼓公。寰宇記：邕州土産。大如犬而色白黑。明統志：府産蠻犬，性警而猘，蠻人攜以自防，盗莫敢近。

越鳥。寰宇記：邕州産越鳥。又有飛生鳥。又有青鵲如雞，名鵲姑。明統志：府産孔雀。又有秦吉了，形如鸜鵒，教之能言。又有倒挂緑毛，嘗倒掛於樹，故名。又有錦雞，能吐錦，久復收之。皆宣化武緣縣出。

蚦蛇膽。寰宇記：邕州土産。

蟲絲。明統志：横州出。楓始生，多有食葉之蟲，似蠶而赤黑，四月熟，如蠶之將絲。州人擘取其絲爲琴絃，其聲清越。海濱蜑人鬻之，作釣緡。

蛤蚧。金志：出横州。里人采之爲藥，能治肺疾。

苗蠻

而散。

苗。在新寧州。語言侏離。男括髮以布，女椎髻垂額，俱跣足。飲食屈膝就地，啜冷咽生。疾病歌舞，禳鬼屠狗，罄食而散。

廣源蠻。在邕州鬱江之源。地産黄金、丹砂。俗椎髻左衽。輕生好亂。其先首領，韋、黄、周、儂四姓相刦殺，唐邕管經略使徐申厚撫之，黄氏納質，三部蠻皆定。

西原蠻。在廣、容之南，邕、桂之西，依阻峒穴，綿地數千里。有甯氏相承爲豪，又有黄氏居黄橙峒，其屬也。地産金、銀、銅、鉛、綠、丹砂、翠羽、峒緂、練布、茴香、草果諸藥，各逐其利，不困乏。酋長或娶數妻，皆曰媚娘。

馬人。相傳漢伏波將軍馬援征蠻北還，留十餘户於銅柱處，至隋有三百餘户，悉姓馬，土人以爲流寓，號曰「馬流」。

輋客。在宣化縣。有槃、藍、雷、鍾四姓，自謂狗王後。男女椎髻跣足，結茆而居，刀耕火種，不供賦役。

猺。在隆安縣，無版籍，穴處巖竇，耕樵獵獸而食。性愿謹，風俗與民無異。在上思州，居那懶墟及那標、上下洒三村。好剽竊。在歸德土州，有隴板猺，耕山種畬，男女喜歌唱，無樂器，以巾帕蹁躚而舞。在果化土州，架木爲屋，曰欄房，男耕女樵，言語不可辨。在土忠州，居剥咘、渌燕、郝章、郝佐諸村，習俗與果化同。

獞。在宣化縣，男子髠髮，留大髻，以笠空其中，覆於頂。男女衣皆青，或以薯染紅，盛服則錦兜花裙，綴以古銅錢，丁當自喜。富女以銀作大圈圍領上，長裙細摺，綴五色絨於襟袂間。在横州，佃田，與民雜處。在永淳，飲食不擇毛腥。在上思，與猺雜居，風俗習尚略同。

山子。在上思州十萬山中，不入版籍。男衣青，首著線網。女長裙，結五采於帽。出入佩刀，必繫網囊，便攜貯也。

蜑。在宣化縣，有麥、濮、吳、蘇、何五姓，詳見梧州府。

校勘記

〔一〕又一百四十二里入巒横貴龔等州　「龔」，原作「襲」，據乾隆志卷三六四南寧府山川及太平寰宇記卷一六六嶺南道邕州改。

〔二〕注於鬱江　「注」，原脱，據乾隆志補。

〔三〕宋仁宗御賜詩　「宋」，原作「宗」，據乾隆志改。

〔四〕以宋秦觀詞而名　「詞」，原作「祠」，據乾隆志改。按，蓋指秦觀海棠春曉鶯窗外啼聲巧，此詞作於秦觀謫居横州時。

〔五〕是時黄儂韋周四姓並爲西京部首領　「西京部」，乾隆志同，此三字頗可疑，未知所指，蓋有訛誤。

〔六〕殺知宜州王永清　「王永清」，乾隆志及雍正廣西通志卷六五名宦皆作「王世寧」。按，本志因避清宣宗諱，於涉嫌人名改稱其字，如上文范貴參（名旻，字貴參）即是。王世寧其人不詳，字號無考，本志稱其字永清不知何據。

太平府圖

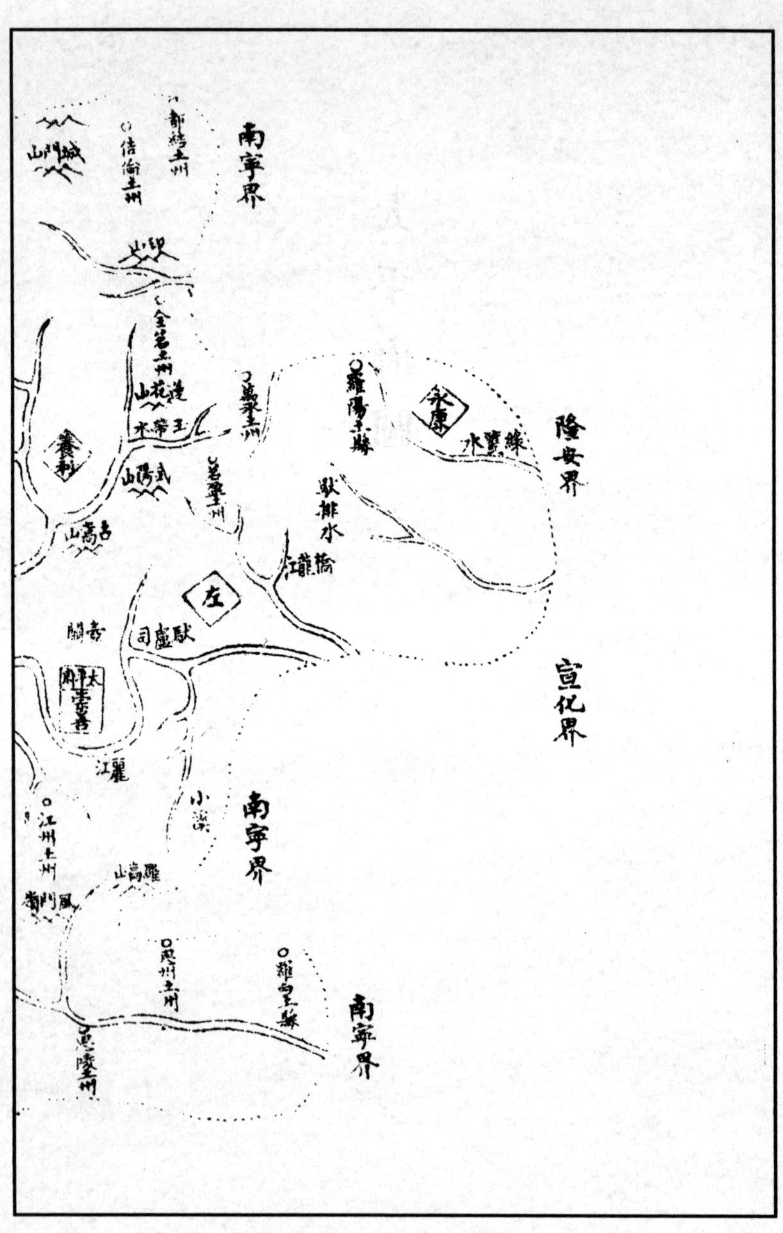
南寧界
隆安界
宣化界
南寧界
南寧界
左
永康
養利
太平府

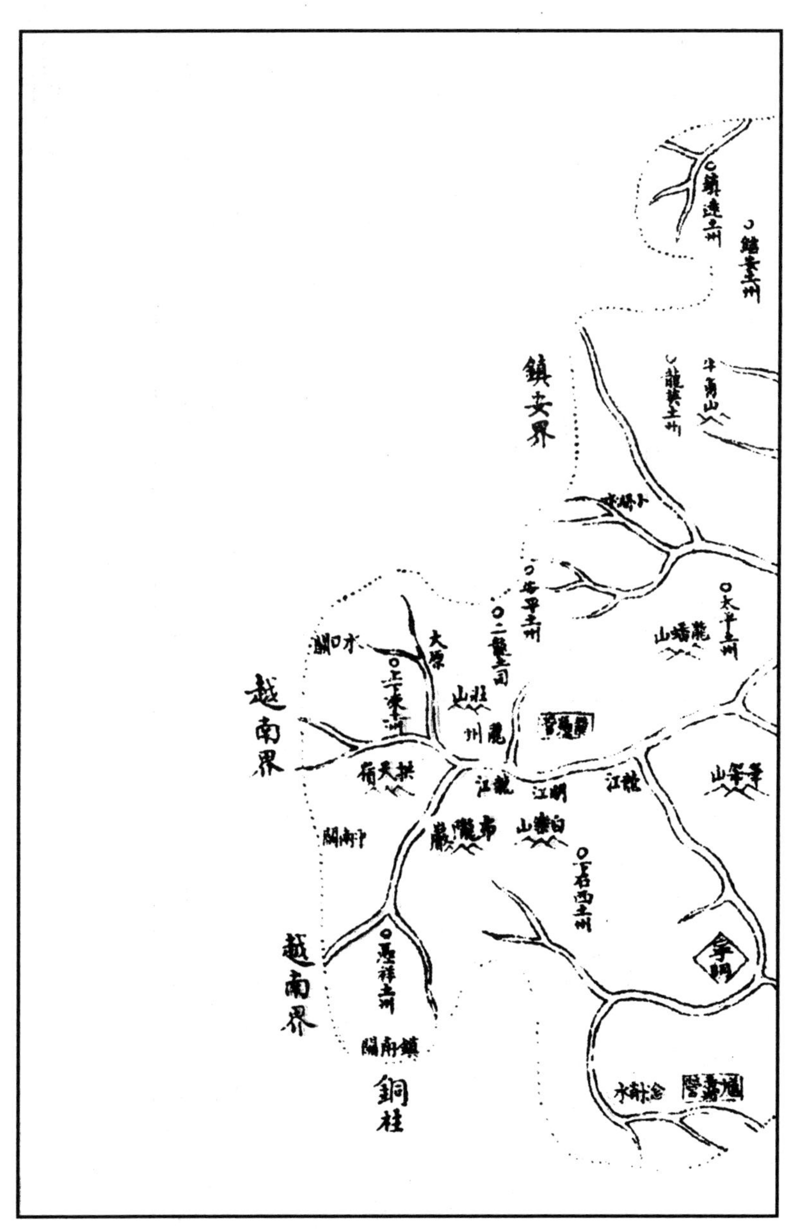
鎮安界
越南界
越南界
銅柱
鎮遠土州
龍英土州
太平土州
二龍土司
上下凍土州
憑祥土州
下石西土州
龍州
龍江
明江
白雲山
筆架山
鎮南關
水口關
寧明

太平府表

	太平府	崇善縣	左州
秦			
兩漢	鬱林郡地。	臨塵、雍雞等縣地。	
三國			
晉	蠻獠地。		
南北朝			
隋			
唐	開置羈縻諸州，屬邕州。		
五代			
宋	初分爲左江道，後析置太平砦，仍屬邕州。	羈縻崇善縣初置，屬太平砦。	
元	太平路置屬左江道。	崇善縣屬太平路。	
明	太平府洪武二年改府，屬廣西布政司。	崇善縣初屬太平府，嘉靖中始移入，爲府治。	左州屬太平府，正德中移今治。

續表

	養利州	永康州	寧明州
羈縻左州 屬邕州。		羈縻思同州 屬邕州。	
左州 屬左江道。	羈縻養利州 屬太平砦。	羈縻永康縣 初置，屬遷隆寨。 思同州 屬左江道。	
左州 屬太平路。	養利州 屬太平路。	永康縣 屬太平路。 思同州 屬太平府。	思明州 屬思明路。
	養利州 屬太平府。宣德七年改同正州。	永康州 初屬太平府，成化八年改同正縣，萬曆二十七年升州。 思同州 初屬太平府，萬曆中省入。	思明州 初屬思明府，後改屬太平府。

續表

太平土州	安平土州	萬承土州	茗盈土州
	羈縻波州，屬邕州。	羈縻萬承州，屬邕州。羈縻萬形州，屬邕州。	
羈縻太平州，屬太平砦。	安平州，皇祐初更名，屬左江道。	萬承州，屬左江道。	羈縻茗盈州，屬邕州。
太平州，屬太平路。	安平州，屬太平路。	萬承州，屬太平路。	茗盈州，屬太平路。
太平州，屬太平府。	安平州，屬太平府。	萬承州，屬太平府。	茗盈州，屬太平府。

續表

全茗州土	龍英州土	佶倫州土	結安州土	鎮遠州土
羈縻全茗州屬邕州。	太平砦地。	太平砦地。	太平砦地。	羈縻鎮遠州屬邕州。
全茗州屬太平路。	龍英州屬太平路。	佶倫州屬太平路。	結安州屬太平路。	鎮遠州屬太平路。
全茗州屬太平府。	龍英州屬太平府。	佶倫州屬太平府。	結安州屬太平府。	鎮遠州屬太平府。

續表

都結土州	思陵土州	江州土州	思州土州
	羈縻思陵州，屬安南都護府。		羈縻思明州，屬邕州都督府。
太平砦地。	思陵州，屬左江道。	羈縻江州，屬邕州左江道。	思明州，屬邕州左江道。
都結州，屬太平路。	思陵州，屬思明路。	江州，屬思明路。	思明路，改路，屬廣西道。
都結州，屬太平府。	思陵州，直隸廣西布政司。	江州，洪武初屬思明府，二十年直隸廣西布政司，後改屬太平府。	思明府，升府，屬廣西布政司。

續表

下石西州土	上下凍州土	憑祥州土	羅白縣土
石西州地。			
下石西州 元豐後分置，屬永平砦。	羈縻凍州 屬左江道。		羅白縣 屬遷隆峒。
下石西州 屬思明路。	上下凍州 初分上凍、下凍二州，尋復合爲一州，屬龍州。	思明路地。	羅白縣 屬江州。
下石西州 初屬思明府，後改屬太平府。	上下凍州 屬太平府。	憑祥州 洪武十八年置憑祥鎮，永樂二年升縣，屬思明府。嘉靖中升州。	羅白縣 屬太平府。

羅陽土縣

羅陽土縣
羅陽縣屬遷隆峒。
羅陽縣屬太平路。
羅陽縣屬太平府。

續表

大清一統志卷四百七十二

太平府

在廣西省治西南二千五十里。東西距四百八十里，南北距二百八十五里。東至南寧府宣化縣界二百三十里，西至越南界二百五十里，南至南寧府土忠州界七十里，北至南寧府歸德土州界二百十五里。東南至南寧府遷隆峒界一百里，西南至越南界二百七十五里，東北至南寧府隆安縣界二百六十里，西北至鎮安府都康土州界二百二十五里。自府治至京師九千五百十里。

分野

天文翼、軫分野，鶉尾之次。

建置沿革

禹貢荆州南裔。周百越地。漢鬱林郡臨塵、雍雞等縣地。晉以後爲蠻獠所居。唐置羈縻州，屬邕州都督府。宋初分爲左江道，後析置太平砦，仍屬邕州。九域志止有太平砦。明統志又有古萬、遷隆、永平、横山，共爲五砦，各領州、縣、峒。元置太平路，仍屬左江道。明洪武二年，改爲太平府，屬廣西布政使司。本朝因之，屬廣西省，領廳二，州四，縣一，土州十六，舊設十八員，雍正七年裁上石西一員，十一年裁思誠一員〔二〕。土縣二，土司一。

崇善縣。附郭。東西距一百五里，南北距七十八里。東至左州界四十五里，西至上龍土司界六十里，南至土江州界八里，北至太平土州界七十里。東南至土江州界五里，西南至上龍土司界五十里，東北至左州界五十里，西北至太平土州界七十里。宋置太平砦，又分置崇善縣屬之。元屬太平路。明初屬太平府。嘉靖十七年，始移縣入府郭，爲府治，本朝因之。

左州。在府北一百里。東西距七十五里，南北距五十九里。東至永康州界四十里，西至太平土州界三十五里，南至崇善縣界四十四里，北至永康州界十五里。東南至崇善縣界五十里，西南至太平土州界四十里，東北至永康州界五十里，西北至太平土州界二十里。唐置羈縻左州，屬邕州都督府。宋屬左江道。元屬太平路。明屬太平府，本朝因之。

養利州。在府北一百五十里。東西距七十里，南北距四十五里。東至萬承土州界十五里，西至龍英土州界二里，南至太平土州界三十里，北至茗盈土州界十五里。東南至永康州界六十里，西南至崇善縣思誠界二十里，東北至茗盈土州界十里，西北至龍英土州界五里。宋置養利州，屬太平砦。元屬太平路。明屬太平府。宣德七年，改同正州，本朝因之。

永康州。在府東北一百八十五里。東西距六十五里，南北距九十五里。東至羅陽土縣界五里，西至萬承土州界六十里，南至崇善縣界八十里，北至南寧府宣化縣界十五里。東南至羅陽土縣界八里，西南至崇善縣界八十里，東北至羅陽土縣界十里，西北至南寧府隆安縣界八十里。宋置永康縣，屬遷隆砦。元屬太平路。明屬太平府。成化八年，改同正縣。萬曆二十七年，升爲永康州，本朝因之。

寧明州。在府西南一百二十里。東西距九十里，南北距一百十五里。東至土思州界四十五里，西至下石西土州界四十五里，南至越南界七十五里，北至上龍土司界四十五里。東南至土思州界二十五里，西南至越南文淵州界一百五里，東北至土思州界二十五里，西北至龍州廳界五十里。唐、宋羈縻思明州地。元別置思明州，屬思明路。明屬思明府。萬曆十年，改屬太平府。本朝康熙五十八年，改設流官。雍正五年，罷知州，以思明府同知管州事。十一年，改爲寧明州，仍設知州，屬太平府。

太平土州。在府西北一百十里。東西距七十里，南北距六十里。東至左州界四十里，西至安平土州界三十里，南至崇善縣界二十里，北至養利州界四十里。東南至崇善縣界三十里，西南至上龍土州界三十里，東北至左州界六十里，西北至崇善縣思誠界十五里。宋置太平州，屬太平砦。元屬太平路。明屬太平府，本朝因之。

安平土州。在府西北一百三十七里。東西距六十一里，南北距五十里。東至崇善縣思誠界一里，西至越南界六十里，南至上龍土司界二十五里，北至鎮安府下雷土州界二十五里。東南至太平土州界七里，西南至上龍土司界三十里，東北至崇善縣思誠界五里，西北至下雷土州界六十里。唐置羈縻波州，屬邕州都督府。宋皇祐元年，改曰安平州，屬左江道。元屬太平路。明屬太平府，本朝因之。

萬承土州。在府東北一百五十里。東西距四十里，南北距五十五里。東至永康州界二十里，西至養利州界二十里，南至永康州界四十里，北至全茗土州界十五里。東南至永康州界八十里，西南至養利州界十五里，東北至都結土州界八十里，西北至茗盈土州界四十里。唐置羈縻萬承州，屬邕州都督府。宋屬左江道。元屬太平路。明屬太平府，本朝因之。

茗盈土州。在府東北一百七十里。東西距十六里，南北距十二里。東至萬承土州界十五里，西至全茗土州界一里，南至養利州界七里，北至全茗土州界五里。東南至養利州界十五里，西南至全茗州界一里，東北至全茗土州界十一里，西北至全茗土州界五里。宋置茗盈州，屬邕州。元屬太平路。明屬太平府，本朝因之。

全茗土州。在府北少東一百六十里。東西距二十里，南北距二十三里。東至茗盈土州界一里，西至龍英土州界十九里，南至茗盈土州界三里，北至龍英土州界二十里。東南至茗盈土州界三里，西南至茗盈土州界十八里，東北至茗盈土州界十五里，西北至龍英土州界十六里。宋置全茗州，屬邕州。元屬太平路。明屬太平府，本朝因之。

龍英土州。在府西北二百里。東西距八十五里，南北距九十里。東至養利州界七十五里，西至鎮安府上映土州界十五里，南至崇善縣思誠界四十里，北至結安土州界五十里。東南至養利州界四十里，西南至鎮安府下雷土州界五十里，東北至全茗土州界三十里，西北至鎮安府都康土州界二十五里。宋爲龍英峒，屬太平砦。元置龍英州，屬太平路。明屬太平府，本朝因之。

信倫土州〔二〕。在府東北二百三十里。東西距七十五里，南北距二十五里。東至南寧府果化土州界六十里，西至鎮遠土州界十五里，南至都結土州界五里，北至南寧府歸德土州界二十里。東南至果化土州界四十里，西南至結安土州界十五里，東北至果化土州界五十里，西北至思恩府上林土縣界十四里。宋爲信倫峒，屬太平砦。元升爲信倫州，屬太平路。明屬太平府，本朝因之。

結安土州。在府西北二百二十里。東西距三十五里，南北距二十里。東至信倫土州界五里，西至龍英土州界三十里，南至都結土州界五里，北至鎮遠土州界十五里。東南至信倫土州界五里，西南至龍英土州界四十里，東北至鎮遠土州界十五里，西北至鎮遠土州界四十里。宋爲結安峒，屬太平砦。元升爲結安州，屬太平路。明屬太平府，本朝因之。

鎮遠土州。在府西北三百二十里。東西距三十五里，南北距二十二里。東至信倫土州界十里，西至鎮安府向武土州界二十五里，南至結安土州界十五里，北至思恩府上林土縣界八里。東南至結安土州界十五里，西南至向武土州界二十里，東北至信倫土州界十五里，西北至向武土州界十里。宋置鎮遠州，屬邕州。元屬太平路。明屬太平府，本朝因之。

都結土州。在府東北三百八十里。東西距一百四十里，南北距二百里。東至南寧府隆安縣界四十里，西至信倫土州界一百里，南至萬承土州界一百二十里，北至南寧府果化土州界八十里。東南至隆安縣界五十里，西南至結安土州界一百二十里，東北至隆安縣界八十里，西北至信倫土州界五十里。宋爲都結峒，屬太平砦。元升爲都結州，屬太平路。明屬太平府，本朝因之。

思陵土州。在府南二百四十里。東西距一百二十里，南北距七十四里。東至土思州界八十里，西至越南界四十里，南至越南界三十里，北至土思州界四十四里。東南至越南界五十里，西南至越南界三十五里，東北至土思州界六十里，西北至土思州界三十里。唐置羈縻思陵州，屬安南都護府。宋屬左江道。元屬思明路。明洪武初，省入思明府，二十一年復置，直隸廣西布政使司。本朝改屬太平府。

江州土州。在府南二十五里。東西距二百十里，南北距一百二十五里。東至南寧府土思州界一百二十里，西至龍州廳界九十里，南至土思州界一百里，北至崇善縣界二十五里。東南至土思州界四十里，西南至龍州廳界九十里，東北至南寧府新寧州界六十里，西北至崇善縣界三十里。宋置羈縻江州，屬邕州左江道。元屬思明路。明洪武初，屬思明府。二十年，直隸廣西布政使司，後改屬太平府，本朝因之。

思州土州。在府南一百二里。東西距一百十里，南北距九十里。東至南寧府遷隆峒界八十里，西至寧明州界三十里，南至思陵土州界五十里，北至土江州界四十里。東南至越南界一百八十里，西南至越南界一百里，東北至南寧府土忠州界四十里，西北至上龍土司界一百里。唐置羈縻思明州，屬邕州都督府。宋屬左江道。元至元二十四年，改置思明路，屬廣西道。明洪武元年，改思明府，屬廣西布政使司。本朝改屬太平府。雍正元年，改爲思州土州。

下石西土州。在府西南一百六十里。東西距四十三里，南北距十八里。東至寧明州界五里，西至明江廳界五里，南至明江廳界七里，北至龍州廳界八里。東南至寧明州界六里，西南至明江廳界五里，東北至寧明州界七里，西北至龍州廳界二十里。唐羈縻石西州地。宋元豐後，分置下石西州，屬永平砦。元屬思明路。明屬思明府，後改屬太平府，本朝因之。

上下凍土州。在府西二百二十里。東西距三十里，南北距十九里。東至上龍土司界八里，西至越南界二十二里。南至龍州廳界五里，北至上龍土司界十四里。東南至龍州廳界六里，西南至龍州廳界二十里，東北至上龍土司界十七里，西北至越南界三十里。宋置羈縻凍州，屬左江道。元分爲上凍、下凍二州，屬太平路，尋復合爲上下凍州，屬龍州。明屬太平府，本朝因之。

憑祥土州。在府西南二百三十里。東西距二十七里，南北距三十三里。東至明江廳界七里，西至越南界二十里，南至越南界三十里，北至明江廳界三里。東南至越南文淵州界十二里，西南至越南界八里，東北至明江廳界十里，西北至越南界十五里。宋爲憑祥峒，屬邕州左江道。元屬思明路。明洪武十八年，置憑祥鎮。永樂二年，升爲憑祥縣。嘉靖十八年，又升爲州，屬思明府。本朝改屬太平府。

羅白土縣。在府東南五十里。東西距四十五里，南北距四十五里。東至南寧府新寧州界三十里，西至土江州界十五里，南至南寧府土忠州界二十里，北至土江州界二十五里。東南至土忠州界二十里，西南至土思州界五十里，東北至南寧府新寧州界三十里，西北至土江州界十五里。宋置羅白縣，屬遷隆峒。元屬江州，明初因之，後改屬太平府，本朝因之。

羅陽土縣。在府東北二百里。東西距六十五里，南北距三十五里。東至南寧府宣化縣界三十里，西至永康州界三十五里，南至南寧府新寧州界二十五里，北至永康州界十里。東南至新寧州界三十里，西南至崇善縣界三十二里，東北至宣化縣界三十里，西北至永康州界三十里。宋置羅陽縣，屬遷隆峒。元屬太平路。明屬太平府，本朝因之。

上龍土司。在府西一百八十里。東西距二百五里，南北距九十里。東至崇善縣界一百三十里，西至越南界七十五里，南至龍州廳界十里，北至安平土州界八十里。東南至土思州界八十里，西南至上下凍土州界五十里，東北至太平土州界八十里，西北至越南界六十里。本朝雍正三年置。

明江廳。舊爲上石西土州，在府西南一百七十里。東西距三十三里，南北距二十五里。東至下石西土州界三里，西至越南文淵州界三十里，南至憑祥土州界五里，北至龍州廳界二十里。東南至憑祥土州界四里，西南至憑祥土州界十二里，東北至下石西土州界三里，西北至越南文淵州界二十五里。唐置羈縻石西州，屬邕州都督府。宋屬左江道，後曰上石西州，屬永平砦。元屬思明路。明屬思明府。萬曆三十八年，改屬太平府。本朝改流設同知。雍正七年，改思明爲寧明州，以同知兼管州事。十一年，設寧明州知州，改思明同知爲太平府明江理土督捕同知，兼管上石西州事，駐思明舊城。乾隆元年，移駐寧明州舊治。

龍州廳。舊爲下龍司，在府西一百八十里。東西距一百里，南北距八十里。東至上龍土司界二十里，西至越南界八十里，南至下石西土州界七十里，北至上龍土司界十里。東南至寧明州界七十里，西南至明江廳界六十五里，東北至上龍土司界三十里，西北至越南界一百里。唐置羈縻龍州，屬安南都護府。宋屬左江道。元大德中，升爲萬户府。明洪武初，復爲龍州，屬太平府。九年，直隸廣西布政使司。本朝改屬太平府。雍正三年，罷龍州，析其地爲下龍司、上龍司，設土巡檢。七年，裁下龍司，移太平通判駐防。乾隆五十六年，改同知。

形勢

山圍川繞，壤連交阯。明統志。峻嶺拱朝，長江環繞。同上。

風俗

椎髻蠻音，衣冠不正，飲食亦殊。元統志。地狹民稀，男女趁墟，少事畎畝，婚姻以唱歌踏青爲媒，喪用鼓樂，病鮮求醫，專事巫覡。明統志。

城池

太平府城。周三里有奇，門四，東、西、南三面環麗江。明洪武五年築。本朝順治十六年、康熙七年、五十八年重修。崇善縣附郭。

左州城。周三里有奇，門四。明正德十五年築。本朝康熙四年修。

養利州城。周二里有奇，門五。明弘治間土築，萬曆十九年改建甃石。本朝順治十八年、康熙七年、二十四年、三十年、乾隆三十一年重修。

永康州城。周一里有奇，門四。明萬曆中土築，崇禎十一年甃甎。本朝康熙四十三年、乾隆七年重修。

寧明州城。周七里有奇，門四。舊土築，本朝乾隆十五年甃甎。

太平土州城。土垣，周二里有奇，門四。

安平土州城。土垣，周一百五十步。

萬承土州城。土垣，周一百六十步有奇。

茗盈土州城。土垣，周一百七十步。

全茗土州城。土垣。

龍英土州城。土垣，周一百三十步。

佶倫土州城。土垣。

結安土州城。土垣。

鎮遠土州城。土垣。

都結土州城。土垣。

思陵土州城。土垣，周一里有奇，門四。

土江州城。周四里有奇，門四。

土思州城。土垣，周四里有奇，門六。明成化中築。

下石西土州城。土垣，周一里有奇，門四。

上下凍土州城。土垣。

羅陽土縣城。舊有土垣，周一里有奇，門四，今圮。

明江廳城。周七里有奇，門四。即思明舊城，明成化間建。本朝改流，設同知駐此。乾隆十三年修。

龍州廳城。周四里有奇，門四，東、西、南距河，北倚山，無池。

學校

太平府學。在府治北。明洪武三十年建。本朝順治十八年、康熙三十六年修，乾隆五十八年重修。入學額數二十名。

崇善縣學。舊附府學。本朝雍正元年建。入學額數十二名。舊額八名，乾隆三十年增四名。

左州學。在州治北。明嘉靖中建。本朝康熙二十五年、六十一年、嘉慶五年重修。入學額數九名。舊額十二名，乾隆三十年減三名。

養利州學。在州治西。本朝康熙三十二年重建，乾隆三十一年改建城東隅。入學額數九名。舊額十二名，乾隆三十年減三名。

永康州學。在州治南。明萬曆三十年建。本朝康熙二十五年、四十五年、五十八年、乾隆三十三年重修。入學額數十五名。

寧明州學。在州城內。舊思明土府學。本朝康熙二十六年建，雍正十一年改州學。入學額數十五名。

太平土州學。在州城內。本朝雍正二年建。入學額數四名。

土思州學。在州城內。本朝康熙三十七年建。入學額數二十名。

肇化書院。在府城內北門右。明嘉靖二十一年建。

麗江書院。在府城東門外。本朝雍正二年改建。

康山書院。在永康州學署後。本朝雍正二年因義學改建，嘉慶四年修。

寧江書院。在寧明州西門內。本朝乾隆五十四年改建。

暨南書院。在龍州廳。本朝乾隆二十二年建。

户口

原額人丁四千四百七十五，今滋生男婦大小共三十萬一千五百四十四名口，計五萬九千二百五十户。

田賦

田地七百二十八頃七十六畝九分有奇，又新出膳田三十九户，額徵地丁正、雜銀八千一百十三兩五分九釐，遇閏加徵銀四百五十八兩一錢八分九釐，米五千一百一十二石四斗八勺。

山川

金櫃山。在崇善縣東一里。山形如櫃，其中虚明，可容百人。相近有幞頭山，以形似名。

文奎山。在崇善縣東二里。舊名將軍山，又曰衣甲山。山勢聳立。明魯鐸使安南，易今名。

蛾眉山。在崇善縣東三里。屹立雲表。

筆架山。在崇善縣西南。三峯聳秀，形如筆架。

崇官山。在崇善縣西北五十餘里，舊縣北二里，縣因以名。又有馱夾山，在舊縣傍江中。

燈架山。在崇善縣北四里。高聳尖秀，望之巍然。

青連山。在崇善縣北十里。山色青碧，自越南廣源州發脈，由上下凍州治北東達府境，綿亘二三百里。其陽有青山巖，高濶深邃，奇勝不一，巖中之土可以煎硝。

鼇頭山。在崇善縣東北四里。屹立江心，春夏波濤衝激，有聲如雷。俗名雞籠山。

白雲山。在崇善縣東北四里。方巖連亘，如立屏然，有七洞相連，而白雲最勝。

龍泉山。在左州東二里。下有龍泉。

博感山。在左州東八里。奇峯對列，一水中流，水隔處架槎以渡，巖洞泉石極幽勝。

銀甕山。在左州西四十里。下臨長江，削壁絢綵，如人馬旌旗之狀。

金山。在左州西北一里。平地突起，壁立數仞，前有通幽小巖，踰鐵橋，入石門。其後有流霞峯最高，登之則八表在目。又有雙青、獨秀諸峯，環拱左右，爲一州之勝境。

武陽山。在養利州東四里。孤峯獨立，四面水繞。有武安洞，洞中水滴成溪，曰武陽溪。

古嵩山。在養利州南四里。形如屏風。

勝奇山。在養利州南三十里。爲州之門户。

小印山。在養利州西一里。平地突起孤峯，其狀如印。有巖空洞，玲瓏穿透。

養山。在養利州西北三十里。蒼翠蓊鬱，綿亘甚遠，州蓋以此山及利水爲名。

白虎山。在永康州東十里。

浄瓶山。在永康州東南二里。平地突起，一峯如瓶。

明山。在永康州南，思同廢州東。巖穴相通。

緑倥山。在永康州陀陵廢縣南十五里。緑甕江出此。又駱駝山，在廢陀陵縣北十里。一作禄空山。

鳳凰山。在永康州西五十里，與萬承州接界。

逐象山。在寧明州東三十里。

坡高山。在太平土州東一里。又岜匡山，在州西南七里。

龍蟠山。在太平土州西二里。以山勢蟠繞而名。又巖傍山，在州西二十五里。

顯山。在安平土州東一里。

帽山。在安平土州西北。以形似名。又秀貌山，在州北一里。

三台山。在萬承土州東南一里。山峯秀列。

蓮花山。在萬承土州西二里。有巖洞池泉之勝。又連山，在州北一里，亦名天馬山，有金童、玉女二峯。

香壽山。在萬承土州東北一里。有峯十餘皆高峻，山半有靈泉。

獅山。在茗盈土州南五里。

獅子山。在全茗土州東一里。

端坐山。在全茗土州南二里。形如人坐。

猛山。在全茗土州西北一里。其峯高峻，形如猛虎。

州望山。在全茗土州北一里。平地突起，孤峯高聳，爲一州之望。

牛角山。在龍英土州治東。其山有巖，形如牛角。又筆架山，在州西南，通利江出此。

隴結山。在佶倫土州東六十里，接果化土州界。

隴均山。在佶倫土州西北。有水源出此。

城門山。在結安土州東北。壁立如城。又石牛山，在州南十五里。

楊山。在鎮遠土州北十里。舊志：州境山之有名者凡四，曰龍角，曰水歸，曰杜陽，曰崀隴。

印山。在都結土州南四里。方正如印。

青雲山。在都結土州北一里。以高聳入雲而名。

峙壁山。在思陵土州東六里。又紀牟山，在州東十里。

東陵山。在思陵土州東四十里。

角硬山。在思陵土州南二十里。又連珠山，在州南三十里。

波漢山。在土江州治後。山勢起伏如波瀾。

白虎山。在土江州南一里。又青龍嶺，在州西一里。

公母山。在土思州南一百二十里。頂有兩峯，極其高聳，如男女之像，故名。山有雲霧則晴，皎潔則雨。

回團山。在土思州西南十里。

白樂山。在下石西州北一里。峯巒聳秀，林木蒼翠。

八峯山。在上下凍土州西二里。山有八峯並聳。

披幹山。在憑祥土州北二里。有六尖峯。

羅高山。在羅白土縣東二里。又那瑾山，在縣東南十四里。

兔兒山。在羅白土縣南十里。

青龍山。在羅陽土縣東四里。又白虎山，在縣西北六里，一名白面山。明隆慶五年，土酋黄金彪作亂，守兵討之，彪奔隴門村白面山箐中，食盡就縛，即此。

花山。在上龍土司南。

白石山。在明江廳東二里。有巖瑩明邃廣，石乳凝結。近巖又有透天洞。

古望山。在明江廳南五里。高百餘丈，山嶺平廣，四旁泉流，極目百里，相傳漢征交阯，常屯兵於山上。其西五里有通天槽，亦舊時安營之所。

獨山。在龍州廳東五里。屹然獨立。

叫抱山。在龍州廳南。

獅子山。在龍州廳南，隔河九里。以形似名。

壯山。在龍州廳西四里。來脈雄大，左右有諸峯環衛。

軍山。在龍州廳北六里。盤踞南聳。

環嶺。在崇善縣西北舊縣南二里。亦名盤環嶺。

柏嶺。在左州南三里。一名墨山巖。其中虚敞，曲折盤旋，可容百人。

雞公嶺。在養利州東南四十里，與陀陵廢縣接界。萬山壁立，極其高峻。

散花嶺。在養利州西三十里。廣濶多花木。

宏敞。

蛇嶺。在永康州陀陵廢縣東三十里，路通羅陽土縣。

風門嶺。在寧明州東三十里。層巒疊翠，東西兩分，爲南寧、太平孔道。

勾繁嶺。在佶倫土州南五里，接都結土州界。又下權嶺，在州西，接鎮遠土州界。

邱陽嶺。在都結土州西六十里，與結安土州接界。

摩天嶺。在土思州南十五里。一名掛榜山。奇峯嶙砌，延袤數十里，惟中峯屹然，其頂獨無樹木。

拱天嶺。在上下凍土州南十里。明統志：山峻而長，綿延百餘里，峯頭皆北向，故名。東南接交阯界。

横山嶺。在羅陽土縣南三十里。

秀嶺。在龍州廳西南九十里，近安南高平七源州界。

鄧巖。在崇善縣東一里。又感谷巖，在縣西一里，上有進寶石，下瞰江流，形如石闕。又鐘鳴巖，在縣北一里。

雲巖。在左州西南二十里。四面平疇，一峯聳峙，有石巖二層，虛明高朗。一名落成巖，又名雲州山。

觀音巖。在養利州東四十里。去地十餘丈，巖地平濶，可坐百餘人。又有觀音巖，在茗盈土州東十里。

飛仙巖。在土思州西二十里，接寧明州界。

㘅隴巖。在明江廳北二十里，接上龍司界。峻深數十丈，附近村民貯粟其中，以備不虞。又白馬洞，在州南三十里，中甚

仙巖。在龍州廳東一里許。石山突起，巖窟清幽。

榜免洞。在養利州東二十里。樹木葱蔚，土官時，舊置峒官，後廢。

武能洞。在養利州東三十里。二山夾水，極爲阨塞。

隴慢洞。在養利州北十五里。萬山環列，僅通一路，中有水穴奇勝。

白馬洞。在寧明州西南二十五里。石山突起，中穿一洞，有水從洞中出，深十餘丈，夏冷冬温。又有白馬洞，在明江廳南三十里，中甚宏敞〔三〕。

雲門洞。在萬承州南五里。外嶙峋而内寬敞，北廣南狹，爲往來孔道。

羅迴洞。在龍州廳西。明嘉靖中討交阯，分兵出羅迴洞爲左哨，即此。

紫霞洞。在龍州廳南三十里。高二丈許，濶幾二丈，大江水經其下。

石門。在崇善縣北三里。有石突立江上，中通如門。

弄月石。在養利州東南二里。田中一大石，高如臺，圓如月，上下相映，人登其上，如在月中。一名弄月臺。

左江。在府城南。一名麗江，俗名府前江。明統志：府前江，發源廣源州，合七源州水，歷龍州，下思明，會崇善縣水，流經府前，西轉合右江之水入邕江〔四〕。又云：左江發源交阯界，流五百八十里至古萬寨下〔五〕，流九十里至合江鎮，與右江水合。舊志：左江源出交阯高平府界，流經上下凍土州南，曰大源水。又東入龍州界，爲龍江。繞州前而出江口，合明江入崇善縣界，謂之麗江。繞府城西、南、東三面，又東經左州界，入南寧府新寧州界。按：明統志分府前江、左江爲二，誤。

舊縣江。在府西北。上源曰邏水，自安平、太平二土州流入。明統志：邏水在太平土州北，旋繞州治，其源有三，邏水自下雷土州發源東流，龍水自安平土州東南流，教水自思誠廢州南流，三水合流於此，經崇善縣入左江。舊志：舊縣江，一名崇善江，即思誠、太平土州諸水合流，經故縣北，又東南入左江。又有崇善水，源出崇官山，流入舊縣江。

橋龍江。在左州東。源出陀陵廢縣三清山，合諸水東南流，繞州治，又南入左江，瀕江之田，賴其灌溉。

州前江。在養利州南。源出萬承土州界，西至州前合通利江。又有武陽溪，亦曰洞溪，源出武安洞，西南流至州南，入通利江，溉田甚廣。

潤江。在養利州西北。自龍英土州流入，亦合通利江。

綠甕江。在永康州南十里。源出陀陵廢縣綠倥山，東北流繞州南，合思同州水，又東經羅陽土縣西，爲馱排江，又南至新寧州界，入左江，淺窄不通舟楫。

通利江。在龍英土州治前。明統志：其源有三，一自西北，一自西南，一自筆架山。三水至州前合流，經養利州，歷崇善縣，入左江。舊志：一名大利江，亦曰利水，自龍英筆架山發源，東南流經全茗土州西，又東南逕茗盈土州崀灣界，又南逕養利州西北、思誠廢州東，又東南逕太平土州東，又南入左江。

明江。在土思州南二里。自遷隆峒西北流入，西流經寧明州東，又北合龍江。明統志：源出十萬山，流繞思明府治南，又北流一百八十里，入龍州龍江。石多水淺，大舟難行。

教水。在廢思誠州南，今崇善縣境。源出養利州，西流入境，繞州治前，分爲二水，至州西南入安平土州界，合隴水。中有石灘。

伍澗水。在永康州陀陵廢縣南。源出縣西北山嶺背，東南流經縣治南，又南至新寧州界，入大江。

淥零水。在永康州南，思同廢州西。南入大江。

隴水。在安平土州南。有二源，一自交阯高平府流入，一自下雷土州流入。二水合流，逕州治前，又東南入太平土州界，合邏水。石壁滿江，灘惡水淺，不通舟楫。

緑降水。在萬承土州西南十里。源出州東南境，環繞州前，又西入養利州界，合通利江。亦名玉帶水。

咘黎水。在萬承土州西北六里。源從州西北來，歷九潭穿山而出，合玉帶水。亦名連珠水。少東又有文秀水，源出州西，亦南入玉帶水。

北咘水。在萬承土州北。源出州西北剥布村，東流入神湖。

澗水。在茗盈土州南。源出觀音巖，過巖穿洞，直抵州南。又有三小澗水，出山谷間，亦至州前合流，入養利州界。其水狹小，石崖層叠，不通舟楫。

咘顯水。在全茗土州東。一作波顯江。源出州東北境，分爲二水，一西南至州前合波壤江〔六〕，一南流入茗盈土州界，引流溉田。波壤江在州東，源出州西北，西南流經州前，又西入通利江。

咘卑水。一名澗水。源出都結土州境山中，西南流經佶倫土州南，又西南經結安土州南，爲堰水，因土人堰水溉田而名。又南入全茗土州界。又有小水，源出隴均等山，繞佶倫土州前，東入果化土州界，入右江。

淰削水。在思陵土州東二十二里。源出那河隘。又角硬水，在州南，源出角硬山，北流二十里，與淰削水合。

歸安水。在土江州東。源出上思州，流經州境。又緑眉水，在州南，皆入左江。

隴冬水。在羅白土縣前。源出兔兒山，流入左江。

岜營水。在龍英土州東。自都康土州流入，合通利江。

小水。在明江廳南。源出交阯文淵州界，與憑祥土州水會於州南，又東經下石西土州南，至寧明州界，入明江。皆石積小溪，不通舟楫。

東湖。在寧明州北二十一里。

神湖。在萬承土州東北五十里。潤數里，長十餘里，接隆安縣界。一名廩塘。舊屬宣化縣，明正德中爲州所據。

靈波〔七〕。在養利州北。源出茗盈土州界山石中，流至州北。明萬曆末，知州王淧嘗引之以溉田。

潘恩波。在全茗土州南一里。源出山根峭石之下。

龍潭。在左州南三里。

星潭。在萬承土州西六里。有九潭相連，其圓如星，匯流山麓，穿山而出。

龍馬泉。在府治南。其水清碧，南入麗江。相傳有神龍化馬於此，故名。旱禱輒應。又廣濟泉，在府北二十里青連山陰。

龍井泉。在崇善縣東十餘里。深丈餘，下通府前江。

龍泉。在左州東二里龍泉山下。涌出不竭，匯而爲池，北流合橋龍江，灌田凡數百頃。又有龍泉，在龍州廳南三十里古甑洞，洞民引以灌田。

石巖泉。在養利州城中。從石中出，與城東門外潭相通，水溢而入於江。

呼水泉。在養利州西三里山下石巖中。凡牧童過此呼之，即涌出尺餘，飲訖，即不復見。

翠壁湖泉。在萬承土州東二十里。衆山環繞，其中一峯有泉，寬深四尺餘，每日或三潮五潮，利濟一方。

思巖泉。在萬承土州西五里。有二源，溉田萬畝。

馬跑泉。在土思州西。明統志：元鎮南王討占城，師還至思明，士卒飲明江水而病，禱於神，忽馬跑泉涌，味甘美，遂甃爲井。又名太子泉。明洪武初，建樓其上。

巖磨井。在鎮遠土州治南。水泉清洌，人皆仰給。又州境有小澗，水可灌田。

古蹟

思誠故城。在崇善縣境。唐書地理志：羈縻思誠州，隸邕州都督府。寰宇記：在邕州西，陸路四百五十里，管縣三。明統志：宋爲上思誠、下思誠二州，後併爲思誠一州，隸太平砦。土夷考：古名恩上，明洪武初，土官趙斗清歸附，授知州世襲。本朝仍予世職，設流官州同佐之。雍正十一年裁，移崇善縣丞駐守。按：唐、宋志並作思誠，明志作思城，近時始訛作恩城。古恩城在今田州界，非此地也。

崇善故城。在今崇善縣西北六十里。土夷考：故地名崇山。明洪武初，土官趙福賢歸附，授知縣世襲。宣德元年，福賢子暹叛，攻破左州，據村峒四十餘所，帥臣顧興祖誅討之。八年，始改流官。嘉靖十七年，徙入府郭。今故址猶存。

左州故城。在今左州東。唐書地理志：邕州有羈縻左州。土夷考：古地名左陽。明洪武初，土官黄勝爵歸附，授知州世襲，設流官吏目佐之。天順中，以争襲相仇殺。成化十三年，始改設流官，遷治於思崖村。正德十五年，知州李欽承又遷治於古攬村，即今治。通志：故治在今州東十五里。

龍州故城。在龍州廳東北。唐書地理志：安南都護府有羈縻龍州。明統志：宋置故城，在今州東北一百里，元初築。大德中，遷治龍江，爲今州治。

養利故州。在今養利州北。土夷考：古名歷陽。明洪武初，土官趙日泰歸附，授知州世襲。宣德三年，其裔趙文安侵掠鄰境，服辜。七年，改置流官。舊志有舊州村，在今州北上甲。又通域村，在州西北，接龍英土州界。弄豆村，在州東北下甲。三處皆有舊州故址。

太平故州。今太平土州治。土夷考：古地名匏陽。明洪武初，土官李以忠歸附，授知州世襲，設流官吏目佐之。本朝仍予世職。

萬承故州。今萬承土州治。通志：唐置萬承、萬形二州。宋省萬形入焉，隸太平砦。土夷考：古地名萬陽。明洪武初，土官許郭安歸附，授知州世襲。本朝仍予舊職，設流官州同佐之。

茗盈故州。今茗盛土州治。土夷考：古地名舊峒。明洪武初，土官李正英歸附，授知州世襲。本朝仍予舊職，設流官吏目佐之。

全茗故州。今全茗土州治。土夷考：古地名連岡。明洪武初，土官許添慶歸附，授知州世襲。本朝仍予舊職，設流官吏目佐之。

鎮遠故州。今鎮遠土州治。土夷考：古地名古隴。明洪武初，土酋趙勝昌歸附，授知州世襲。本朝仍予舊職，設流官吏目佐之。

思陵故州。今思陵土州治。唐書地理志：羈縻思陵州，隸邕州都督府。土夷考：明洪武二十一年，土官韋元壽奏請建州，以捍邊境，從之，授知州世襲。本朝仍予舊職。

江州故州。今土江州治。土夷考：古地名江陽。明洪武初，土官黃威慶歸附，授知州世襲。本朝仍予舊職，設流官州判佐之。

石西故州。今明江廳治。唐書地理志：邕州都督府有羈縻石西州。明統志：宋分置下石西州，因以此爲上石西州。通志：明洪武初，以土官趙姓者領州事，後更趙、何、黃三姓皆絶，改設流官，寄治於太平府城。天啓三年，以州僻小，罷正官，以府通判兼理州事。本朝雍正七年改流，設明江同知駐此。

下石西故州。在今下石西州東南界。通志：其先閉鴻，宋時有守禦功，爲知州。元爲峒兵千户，明授知州世襲。本朝仍予舊職，設流官吏目佐之。舊州本治陵、鸞二村之間，萬曆間爲思明州所奪，知州閉國藩始遷於此。

故波州。今安平土州治。唐書地理志：羈縻波州，隸邕州都督府。宋史地理志：初，安平土州曰波州。皇祐元年，改屬邕州都督府。土夷考：古地名安山。明洪武初，土官李郭佑歸附，授知州世襲。本朝仍予舊職，設流官州判佐之。

故凍州。今上下凍土州治。九域志：左江道有羈縻凍州。土夷考：古地名凍江。元至元二十年，上凍土官張紹、下凍土官馮禧祚叛，命龍州土官趙怙從討平之，因合爲一州，以怙從爲知州。明洪武初，怙從歸附，復授知州世襲，設流官吏目佐之。本朝仍予舊職。

思明廢府。今土思州治。唐書地理志：羈縻思州，隸邕州都督府。通志：明洪武初，思明總管黄忽都歸附，授知府世襲，設流官同知佐之。本朝順治十六年，土官黄戴歸附，仍予舊職。雍正九年，降府爲州，移治伯江哨。

思同廢州。在永康州西南。唐書地理志：思同州，隸邕州都督府。宋史地理志：邕州羈縻思同州，屬左江道。土夷考：明洪武初，土酋王克嗣歸附，授知州世襲，設流官吏目佐之。萬曆中黄天錫裔絶無繼，因併入永康。舊志：今爲思同村，北至永康州十五里。

上懷恩廢州。在龍英土州西南。明統志：元省上懷恩州入龍英。通志：今州西南有舊州村，即其遺址。

廢禄州。在思陵土州東南。唐書地理志：安南都護府有羈縻禄州。九域志：屬左江道。舊志：在太平府東南二百餘里。宋屬太平砦。元屬思明路。明洪武初，省入思明府。二十一年復置。尋没於交阯。永樂二年開復。宣德二年，又没於安南。

思明舊州。今寧明州治。土夷考：元末，土酋王鈞壽，本思明府酋同族，明洪武初歸附，授知州世襲，設流官吏目佐之。

成化中，思明土府黄竤作亂，四傳至黄泰，竊據州地，其裔黄思降，復與思明土知府黄承祖争地相仇，因改屬太平府。本朝康熙五十八年，以其後裔不法，改設流官同知，歸太平府管轄。

永康故縣。在今永康州北。土夷考：古地名康山。明洪武初，土官楊榮賢歸附，授知縣世襲。成化八年，改設流官。萬曆二十七年，併思同州入之，升縣爲州。舊志有舊縣村，在今永康州北，蓋改州時移治也。

羅白故縣。今羅白土縣治。土夷考：明洪武初，土官梁敬賓歸附，授知縣世襲。本朝仍予舊職。

羅陽故縣。今羅陽土縣治。土夷考：古地名福利。明洪武初，土官黄宣歸附，授知州世襲。本朝仍予舊職，設流官典史佐之。

陀陵廢縣。在永康州西南六十里。宋置，屬古萬寨。土夷考：古地名駱駝。明洪武初，土官黄富歸附，授知縣世襲，設流官典史佐之。本朝康熙三十八年，併入永康。

太平砦。今府治。九域志：邕州太平砦，在州西五百里。土夷考：元至正間，太平路爲上思酋黄英衍所據，因遷治於馱盧村。明洪武二年歸附，設流官知府統之，復還舊治。舊志：府城一名壺城，以麗江自西北來，經城南，復折而東北，屈曲如壺也。馱盧村，今在城東北三十里。

龍英峒。今龍英土州治。明統志：宋爲龍英峒，隸太平砦。元建爲州，隸太平路。土夷考：古地名英山。明洪武初，土官趙世賢歸附，授知縣世襲。本朝仍予舊職，設流官州同佐之。

佶倫峒。今佶倫土州治。土夷考：古地名那兜。明洪武初，土官馮萬傑歸附，授知州世襲。本朝仍予舊職，設流官吏目佐之。按：明統志佶倫之「佶」與結安都「結」，皆作「結」字，新志作「佶」，蓋傳訛也。

結安峒。今結安土州治。土夷考：古地名營州。明洪武初，土官張仕榮歸附，授知州世襲。本朝仍予舊職，設流官吏目佐之。

都結峒。今都結土州治。土夷考：古地名渠望。明洪武初，土官農威烈歸附，授知州世襲。本朝仍予舊職，設流官吏目佐之。

憑祥峒。今憑祥土州治。土夷考：明洪武初，土官李昇内附。十八年，授昇子應知縣世襲。嘉靖中，以縣當交阯要衝，升爲州。本朝仍予舊職，設流官州判佐之。

受降城。在今明江廳北五里。明成化間，征交阯受降之所。

況村。在思州西。明成化中，思明庶孽黄紹治兵況村，殘思明州及下石西、上石西州，並據府治。弘治十八年，討平之。紹子文昌復肆惡，遷府治於況村，築城拒命，尋復討擒之。

銅柱。在憑祥土州南，接交阯界。相傳唐時安南都護馬總所立。

關隘

壺關。在崇善縣北三里。縣城三面臨江，惟北通陸。江流屈曲，形如壺口。明正德三年，知府胡世寧置關於此，用石甃築，東西跨河。本朝設新太營，撥兵防守，爲城北之保障。

保障關。在崇善縣東北四十里。又有威震關，在縣東衣甲山下，一名伏波關，相傳馬援征交阯時所築。

鎮南關。在憑祥土州西南四十五里。一名大南關，即界首關也。左右石山，高插雲表，中設關，兩旁建城一百十九丈。關外三十里即坡疊驛，爲越南入貢之道。

平南關。在今龍州廳西南九十里。又有水口關，在廳西北九十五里，關外大河，舟楫直達交阯。舊時封禁，本朝乾隆五十六年復准開關通市，由同知給腰牌放行，有兵防守。又有合石關，在廳西北百里。

懷村隘。在養利州西四十里，接思誠州界。夷人由此出入，最爲要害。

潤村隘。在養利州西北三十里，接龍英土州界。

那肖隘。在寧明州南。相近爲板立隘。又有東門隘、扣山隘、羅隘、板却隘、板增隘〔八〕、板龍隘、板標隘〔九〕，在州西南，皆接越南界，有兵防守。

普眉隘。在太平土州西南。相近又有角隘、押隘、雍隘、吞果隘，皆與龍州接界。

兔零隘〔一〇〕。在安平土州西北二十里，一名兔零峒。又古鐙隘，在州西北三十里，一名古鐙峒。又州境有八隘。下淡隘、上淡隘，在州東。多烈隘，在州東南。痛含隘、探考隘、乜村隘、底躭隘、參村隘，在州北。皆有土兵防守。

崀猛隘。在全茗土州西五里，接龍英土州界。又魯碌隘，在州西北。崀爛隘，在州北。皆接龍英土州界。

鄙隘。在龍英土州西二十里。又隴弘隘、叫顯隘，在州西。崀蜈隘、隴扎隘、吞白水隘，在州西北。躭隘，在州北。古對隘，在州東北。

那河隘。在思陵土州南三十里，接交阯禄州界。

辨强隘。在思陵土州北四十四里，接思州界。亦曰辨强峒。

淰梯隘。在思州東一百二十里，與廣東及越南交界。又淰乞隘、駄演隘、駄膚隘〔一一〕，在州南。黎龍隘、那曾隘，在州西南。權相隘，在州東南。皆有兵防守。

崀花隘。在上凍土州東三十里。又布局隘，在州東三十里。皆接越南界，有兵防守。

岜口隘。在憑祥土州西南十里。又絹村隘，在州西二十里。平公隘，在州北四十里。皆有兵防守。

那懷隘。在龍州西南六十五里。相接爲閉村隘。又有那曳隘、敢村隘、崀宜隘，在州西。俸村隘、斗奥隘、唵咘隘，在州北。皆逼近越南僻路，有龍憑營官兵及土兵防守。

武德隘。在上龍司西北。相接爲苛村隘、隴久隘〔一二〕。又有供村隘、那莅隘、把乜隘、暖塞隘，並在司北，俱與越南交界，有兵防守。

由隘。在今明江廳西三十里，土名笏竹根，與越南文淵州接界，有兵防守。本朝乾隆五十五年，請開關通市，奉旨允准。

羅岳隘。在今明江廳西北三十里。

馱盧巡司。在崇善縣東北一百三十里。元末曾徙郡城於此，爲太平入境門户。本朝乾隆四十四年置。

㠔纛營。在府西南一百二十里。明萬曆四十二年置。今有都司駐防。

龍憑營。在府西一百八十里。有都司駐防。

津梁

迎暉橋。在府城東。

大興橋。在太平土州治前。相近又有南平橋。

武安洞橋。在萬承土州西。

通利橋。在龍英土州南，跨通利江。

通津橋。在龍州。明統志：在龍州東。相近又有枕流橋。

南津渡。在崇善縣南門外。舊名府前渡。路通思州、思陵州、江州、上思州、忠州。

馱河渡。在下龍司。明統志：在龍州東四十里，即龍江津濟處。

隄堰

大陂。在崇善縣科派村側。疏爲二溝，左達周那，右達澤岸，縣之田畝多賴灌溉。

靈陂。在養利州治。

造陂。在永康州南二里。

祠廟

李公祠。在府城外下郭，祀元太平路總管李維屏。

三公祠。在府城北門內，祀明翁萬達、胡世寧、郭湍。

伏波祠。在崇善縣治東。

周守祠。在左州通天巖，祀明知府周墨。

班夫人廟。在府城上郭。明統志：夫人谿峒世家女，嘗以兵助馬伏波平徵側、徵貳，郡人祀之，祈禱無不靈應。

龍神廟。在府東城外。本朝乾隆二十四年，知府查禮建。一在寧明州，乾隆五十四年，巡撫孫永清建。

寺觀

積慶寺。在府北。元天曆中建〔一三〕。

名宦

明

汪浩。正統中，爲養利州判。撫御得宜，考滿，土司乞久任，吏部將格之，帝曰：「治蠻俗不可拘常法。」從之。

羅爵。吉水人。弘治中，知養利州。凡州之壇壝橋梁諸興作，自爵始。又訓民以學，風俗丕變。

胡永清。仁和人。正德中，知太平府。太平土知州李璿數殺掠吏民，永清密檄龍英土知州趙元瑶擒之。思明叛族黄文昌四世爲逆，殺知府，占三州二十七村，永清發兵討之。文昌懼，歸所侵地降。土官承襲，長吏率要賄不時奏，以故諸酋怨叛。永清令生子即聞府，應世及者，年十歲以上朔望謁府，父兄有故，按籍請官於朝。土官大悦。

周墨。太倉人。嘉靖三年，知左州。值田州亂後，州邑彫敝特甚，墨爲開田鑿井，築城建學。州有虎患，移文於神，虎自投城中，捕殺之。

本朝

劉永祚。武進人。崇禎中，知養利州，有惠政。

黄層。同安人。康熙十八年，知養利州。時吴逆之變，僞將圍州城，層與新太營守備固守，尋突圍出，身受重創，猶斬賊數人，墜橋被執，不屈死。

屠嘉正。桐鄉人。雍正甲辰進士，知太平府。時思明土知府黄珠以所屬五十村寨請歸同知管轄，土民不知歸流之便，從其黠者爲變，掠土署而殺其私屬。議者命嘉正往攝土府事，而整旅待之。嘉正徑入，布朝廷恩威，土民悉定。乃密訪亂首送寘法。因請降思明府爲思州土州。

查禮。宛平人。乾隆二十三年，知太平府。邊郡俗悍，以文教柔之，建麗江書院、學政行署，遂得按試如他郡。在任八年，多所興創，習俗丕變，家尸祝焉。

人物

明

鄧祥龍。崇善人。幼孤貧，以糧役爲邑令所笞，奮志從師，析薪汲水，以代脩脯。後舉於鄉，知寧州，有惠政。

宋瑚。崇善人。成化中舉於鄉。知樂昌縣，值歲飢，民絶食，瑚立法賑濟，度其地可藝麻菜，給種令民種之，菜熟，全活甚衆，人呼爲「宋公菜」。

宋珊。崇善人。幼失父，事母以孝聞。由太學生授蒙城縣丞。會江北大飢，奉檄賑濟，區畫周悉，活民無算。已而流賊四起，珊練民兵拒敵，蒙城賴以安全。

鄧宗孔。崇善人。嘉靖進士。授都察院都事，遷知金華府，政治有賢聲。

何埕。崇善人。事父母至孝。嘉靖時，詔加旌獎。

林翔鳳。崇善人。萬曆中舉於鄉，授永平府推官。決獄多所平反，察刻不憚權要。遷貴州僉事，尋擢山海關副使，以功賜蟒玉。及歸，門第卑隘如昔，人益重其操。

趙纏。崇善人。由歲貢授桂林訓導。常念麗江喪祭過侈，乃取考亭家禮，酌以俗宜，編爲喪禮儀節，鄉人翕然從之。卒，祀府學鄉賢祠。

岑珍。崇善人。由監生知臨高縣。聽訟不事擊斷，惟勸諭之，使自解釋，訟日以稀。在官三年，民甚德之。

本朝

麥士奇。崇善人。康熙己酉舉於鄉。性至孝，時狼兵蹂躪，合境皆逃，士奇母老不能行，乃躬負母，夜走四十里，入那寅山以避。母卒，哀毁骨立。

熊恩紱。永康人。乾隆進士，官直隸大名道。五十一年，逆匪段文經等糾衆刦庫，恩紱死之。事聞，詔給卹典。

流寓

明

解縉。吉水人。永樂初，爲翰林學士，以諫用交阯兵，出爲廣西參議。尚書李至剛誣縉怨望，謫交阯，過思明，留寓太子泉，與土官黃廣成賦詠歲餘而去。

列女

明

黃佶妻劉氏。崇善人。佶死，劉矢志撫孤。佶弟億亦早死，妻程氏以死自矢。時稱雙節。又同縣魏藺妻趙氏、程擇妻鄧氏，俱夫亡守節。

本朝

鄧汝明妻劉氏。崇善人。夫死，子甫數歲，氏以紡績爲生。兵變，子爲賊所擄，歲大饑，鄰人邀劉領賑粥，劉已不食五日，曰：「吾生平未嘗外出，今雖飢矣，豈可忍恥以生乎？」投河而死。

張仲友妻梁氏。崇善人。夫亡守節。與同縣梁有松妻韋氏，均乾隆年間旌。

胡日熙妻蘇氏。養利人。夫亡守節。乾隆二十九年旌。

梁聯晉妻陸氏。永康人。夫死，不食卒。與同州郭觀泰妻覃氏，均乾隆年間旌。

譚珣妻段氏。寧明人。夫亡，偕妾馮氏守節。與同州譚宙儀妻黄氏、蔣軔美妻葉氏，均乾隆年間旌。

李範妻吴氏。太平土州人。夫亡守節，與同州李玉待妻趙氏，均乾隆年間旌。

李子宣妻趙氏。安平土州人。夫亡守節，乾隆七年旌。

何兆麟妻黄氏。永康人。夫亡守節。與同州梁永超妻淩氏，均嘉慶年間旌。

土産

艻竹。木綿。刺桐。芭芒草。杭藥。烏蛇。明統志：府境皆出。

錦地羅。金汁木。塞住藥。明統志：俱思明土州出。

馬。府志：諸土州皆貢。

金桔欖。金志：安平土州出。

苗蠻

猺。在寧明州，男子初昏，別欄另爨，習俗樸鄙。在江州，與民雜處，男力作，女反逐末。在思州，以踏青爲媒，葬則歌舞而送。

狼。府境多有之。在崇善縣者，椎髻徒跣，昏葬炙牲鳴鑼，以召戚屬，征調則爲土兵。在左州者，蠻音，掘鼠爲肴。在養利者，男子尺帛束頭，著革履，其俗有火箭，中人即傷。在永康者，與在養利相似，間有習漢文書者。在太平土州，居三街七甲。在安平，居四十三村。在思誠，居二廂。在茗盈，距全茗二里許。在龍英，居二峒、四季、二皈及陸地諸村。在萬承，僇力田作。在佶倫，耕山，俗鄙。在結安，多貧瘠。在都結，樸馴畏法。在思州，與猺同。在下石西，風俗荒陋。在憑祥，所統皆狼兵，人習弓弩，户有蓋藏。在羅陽，火種刀耕，暇則獵較。

獞。在思州，與猺、狼雜處，風俗亦相同。

校勘記

〔一〕十二年裁思誠一員　「思誠」，乾隆志卷三六五太平府建置沿革（下同卷簡稱乾隆志）及讀史方輿紀要卷一一〇廣西五作「思城」。按，本志下文凡「思城」皆作「思誠」。

〔二〕佶倫土州　「佶倫」，乾隆志同，明一統志卷八五太平府建置沿革及讀史方輿紀要卷一一〇廣西五作「結倫」。

〔三〕又有白馬洞在明江廳南三十里中甚宏敞　按，上文咘隴巖條下已列白馬洞，此重出，當删。乾隆志亦重出。

〔四〕西轉合右江之水入邕江　「邕江」，原作「邕州」，據乾隆志及明一統志卷八五廣西太平府山川改。

〔五〕流五百八十里至古萬寨下　「寨」，原作「塞」，據乾隆志及明一統志卷八五廣西太平府山川改。

〔六〕一西南至州前合波壤江　「前」，原作「泉」，據乾隆志改。

〔七〕靈波　乾隆志作「美波」，雍正廣西通志卷二一溝洫作「靈陂」。按，下文既言是王淧所開，作「陂」爲是。

〔八〕板增隘　乾隆志及雍正廣西通志卷一九關梁作「板曾隘」。

〔九〕板標隘　乾隆志及雍正廣西通志卷一九關梁作「板漂隘」。

〔一〇〕兔零隘　「兔」，原作「免」，據乾隆志及讀史方輿紀要卷一一〇廣西五改。

〔一一〕馱膺隘　「膺」，乾隆志同，雍正廣西通志卷一九關梁作「膺」，疑是。

〔一二〕相接爲苛村隘隴久隘　「苛」，原作「奇」，據乾隆志及雍正廣西通志卷一九關梁改。

〔一三〕元天曆中建　「天曆」，原作「大曆」，乾隆志同，元無「大曆」年號，據明一統志卷八五太平府寺觀及雍正廣西通志卷四三寺觀改。

鎮安府圖

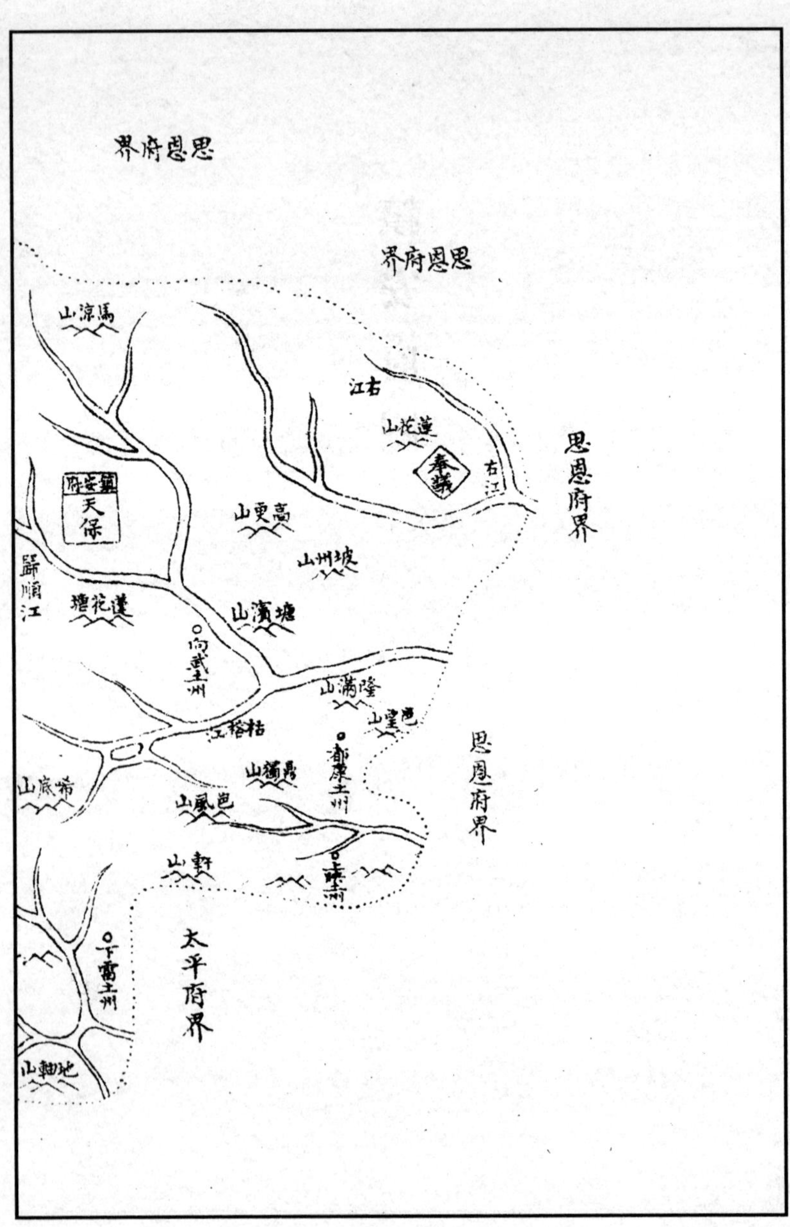

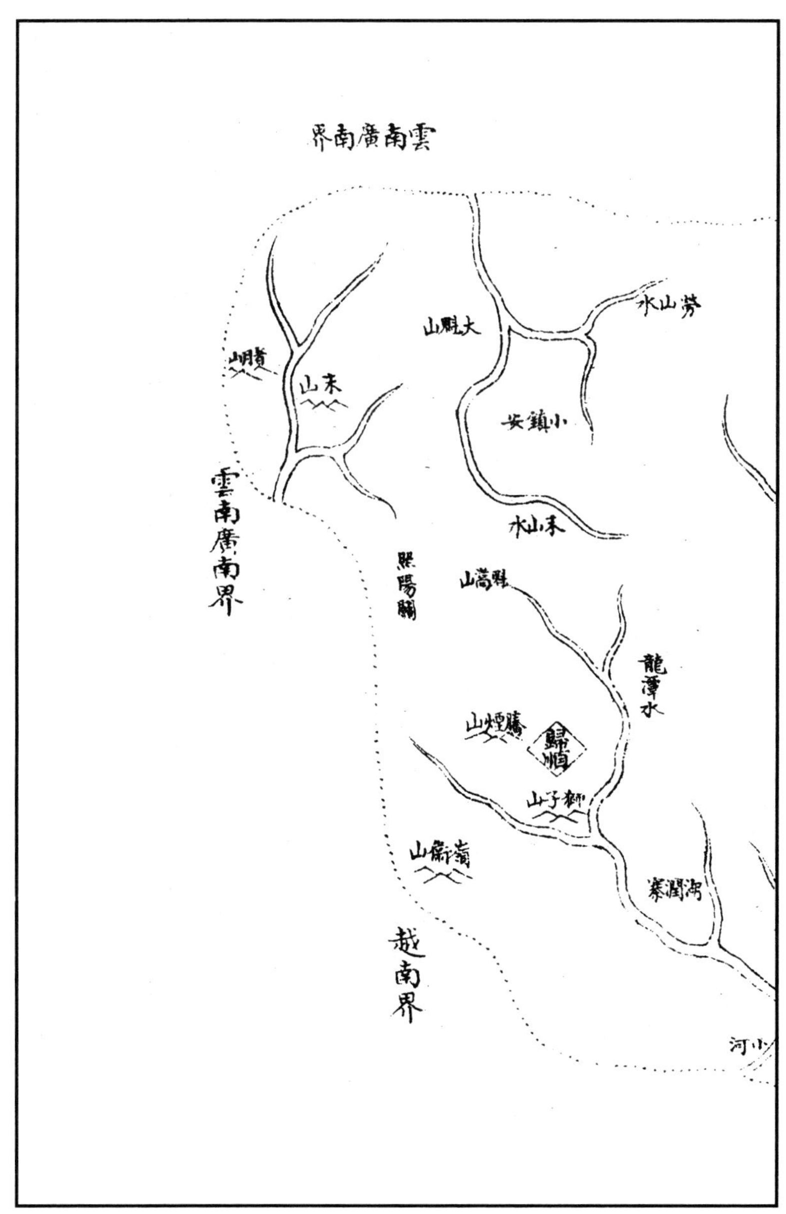
雲南廣南界
勞山水
末山
小鎮安
末山水
照陽關
龍潭水
騰煙山
歸順州
獅子山
越南界
小河

鎮安府表

	鎮安府	天保縣	奉議州
秦			
兩漢	蠻地。		蠻地。
三國			
晉			
南北朝			
隋			
唐			
五代			
宋	右江鎮安軍民宣撫司	鎮安峒地。	奉議州
元	鎮安路改路，屬湖廣行省。		奉議州屬田州路。
明	鎮安府洪武二年改府，直隸廣西布政司。		奉議州洪武二十八年改奉議衛，尋復爲州，直隸廣西布政司，嘉靖中改屬思恩府。

續表

歸順州	向武土州
蠻地。	蠻地。
	向武州 屬邕州橫山寨。
歸順州	向武州 屬四川路。 富勞縣 武林縣
歸順州 初廢，弘治九年復置，屬鎮安府。嘉靖初直隸廣西布政司。	向武州 洪武初改置向武軍民千户所，三十三年復置州，直隸廣西布政司。 洪武間没於獠。三十五年復置，後省入州。永樂初省。

續表

都康土州	上映土州	下雷土州
蠻地。	蠻地。	蠻地。
都康州屬橫山寨。	上映州屬邕州。	羈縻下雷州
都康州屬田州路。	上映州屬鎮安路。	廢爲下雷峒。
都康州初没於獠。建文初復置，直隸廣西布政司。	上映州初廢，萬曆三十二年復置，屬思恩府。	下雷州初屬鎮安府，嘉靖四十三年改屬南寧府。萬曆十八年復州，屬南寧府。

大清一統志卷四百七十三

鎮安府

在廣西省治西南一千三百五十五里。東西距三百四十一里，南北距二百十里。東至思恩府土田州界一百五十一里，西至雲南廣南府土富州界一百九十里，南至太平府龍英土州界一百二十里，北至土田州界九十里。東南至土田州界一百三十五里，西南至越南界二百二十里，東北至土田州界九十里，西北至雲南土富州界二百里。自府治至京師八千八百二十五里。

分野

天文翼、軫分野，鶉尾之次。

建置沿革

古百越蠻地。宋於鎮安峒置右江鎮安軍民宣撫司。元改鎮安路，屬湖廣行省。明洪武二年，改鎮安府，屬廣西布政使司。本朝康熙二年，改設流官。隸思恩府。雍正七年，仍改府，屬廣西省。領廳一、州二、縣一、土州四。

天保縣。附郭。東西距二百五里，南北距一百七十里。東至奉議州界一百五里，西至歸順州界一百里，南至向武土州界八十里，北至土田州界九十里。東南至奉議州界九十里，西南至歸順州界九十里，東北至土田州界九十里，西北至小鎮安界五十三里。本朝乾隆三年置。

奉議州。在府東北二百里。東西距一百六里，南北距六十五里。東至思恩府土田州界一里，西至本府界一百五里，南至土田州界四十五里，北至土田州界二十里。東南至土田州界三十五里，西南至向武土州界一百三十里，東北至土田州界一里，西北至土田州界一百十里。宋置奉議州，元因之。明洪武五年，省入來安府。七年，復置。二十八年，改爲奉議衛，尋罷衛，復置州，直隸廣西布政使司。嘉靖年間，改屬思恩府。本朝雍正七年，改設流官州判，屬鎮安府。

歸順州。在府西南七十三里。東西距一百六十九里，南北距一百五十五里。東至天保縣界四十四里，西至小鎮安界一百二十五里，南至越南界六十五里，北至思恩府土田州界九十里。東南至湖潤寨界八十五里，西南至越南界八十五里，東北至天保縣界四十五里，西北至小鎮安界一百五十里。元置歸順州。明初，廢爲歸順峒。弘治九年，復置州，屬鎮安府。嘉靖初，直隸廣西布政使司。本朝初屬思恩府。雍正七年，改設流官，仍屬鎮安府。

向武土州。在府東南一百六十里。東西距九十五里，南北距一百里。東至太平府鎮遠土州界十五里，西至天保縣界八十里，南至都康土州界二十里，北至思恩府土田州界八十里。東南至太平府龍英土州界二十里，西南至上映土州界四十里，東北至思恩府上林土縣界八十里，西北至奉議州界四十里。宋置向武州，屬邕州橫山寨。元屬田州路。明洪武間，改置向武軍民千戶所。三十三年，復置向武州，直隸廣西布政使司。本朝初屬思恩州，雍正七年改屬鎮安府。

都康土州。在府東南一百九十里。東西距四十里，南北距三十三里〔一〕。東至太平府龍英土州界六里，西至向武土州界九里，南至龍英土州界七里，北至向武土州界六里。東南至龍英土州界五里，西南至上映土州界七里，東北至向武土州界五里，西北至向武土州界五里。宋置都康州，屬橫山寨。元屬田州路。明洪武間，爲夷獠所據。建文元年，復置，直隸廣西布政使司。

本朝康熙三年，屬思恩府。雍正七年，改屬鎮安府。

上映土州。在府東南一百五十里。東西距四十里，南北距五十五里〔二〕。東至太平府龍英土州界二十五里，西至向武土州界十五里，南至下雷土州界二十五里，北至都康土州界八里。東南至龍英土州界十八里，西南至下雷土州界二十里，東北至都康土州界六里，西北至向武土州界十四里。宋置上映州，屬邕州。元屬鎮安路。明洪武初，廢爲上映峒。萬曆三十二年，復置州，屬思恩府。本朝雍正七年，改屬鎮安府。

下雷土州。在府南少東一百六十里。東西距八十里，南北距一百里。東至太平府龍英土州界四十里，西至越南界四十里，南至太平府安平土州界五十里，北至向武土州界五十里。東南至安平土州界四十里，西南至越南界四十里，東北至上映土州界四十里，西北至歸順州湖潤寨界二十里。宋置下雷州，元因之，後廢爲下雷峒。明初屬鎮安府，嘉靖四十三年屬南寧府。萬曆十八年，復爲下雷州。本朝雍正十年，改屬鎮安府。

小鎮安。在府西一百五里。東西距一百六十里，南北距一百六十里。東至思恩府土田州界七十里，西至雲南廣南府土富州界九十里，南至歸順州界一百二十里，北至土富州界四十里。東南至歸順州界五十里，西南至歸順州界一百五十里，東北至土田州界八十里，西北至土富州界四十里。即故鎮安峒地。明永樂中，分置土州，屬思恩府，後廢。本朝雍正七年，改屬鎮安府。乾隆八年，設土巡檢。三十一年，改流官通判駐轄。

形勢

高峯峻嶺，環帶左右。雷高據其左，馬鞍翼其右。明統志。

風俗

性資梗執，情義乖疏，婚姻以牛酒爲聘。明統志。地生嵐瘴，民多疾病，民無定居，務農爲業，開山耕種，三年一換。新志。

城池

鎮安府城。周二里有奇，門三。宋土築。舊治在今治西，明初移建今所。本朝乾隆二年甃石。天保縣附郭。

奉議州城。周二里有奇，門三，東面江，土垣。本朝康熙九年、乾隆三十年重修。

歸順州城。周三里，門四。明弘治間土築。本朝乾隆八年改建石城，十八年、三十二年、三十三年重修。

向武土州城。周三百步，門一。宋皇祐間土築。明萬曆重建。

都康土州城。周一里有奇，門三，無濠。宋乾興間建。

上映土州城。環治皆山，唯北面平衍。宋皇祐間築，石牆，又内築土墻，周里許。正北一門。本朝康熙六十年改南向，周二百四十步。東、西、南三門。乾隆四十三年修。

下雷土州城。石砌，内外二重。内城廣二百十四步，外城二百二十六步。東、南、北各一門。西面倚山。宋皇祐間建。

小鎮安城。土垣。明永樂間建。

學校

鎮安府學。在府治東北。本朝康熙七年建，雍正元年遷城内，嘉慶四年重建東郊外。入學額數十二名。

天保縣學。附府學。本朝乾隆五十七年定入學額數四名。

奉議州學。本朝雍正二年建，乾隆六年改建州署東南。無學額。附府學。

歸順州學。在州城東。本朝雍正十一年建。入學額數四名。

秀陽書院。在府城東關。本朝乾隆十年建。

户口

額編人丁無，今滋生男婦大小共二十八萬七千四百二十一名口，計四萬六千二百七十一户。

田賦

田地一千二百二十五頃七十八畝五分有奇，又田墰六千二百四墰一伯一伍小半伍一分，額徵地丁正、雜銀一萬一千二百二兩二錢四分三釐，遇閏加徵銀八十三兩四釐，米二千二百六十八石七斗八升三勺。

山川

雲山。在府署後。形勢環抱，層疊如雲。旁有獨秀峯，峻插天表。

扶蘇山。在天保縣東十五里。相傳爲天下十大名山之一，其巔可望見日出處。

東山。在天保縣東四十里。奇峯絶壁，高峻插天。又東爲崇山，層巒疊翠，高出雲表，下有隴桑隘。

倫山。在天保縣南九十里。峯巒叢翠，上逼天際，近向武土州界。又稍南爲盤石山，四山環拱，中有洞方廣五六里，中聳一峯，蔚如玉筍，郡稱奇景。

馬鞍山。在天保縣西三里。山有神異，土俗遇水旱，輒祈禱於此。

梅山。在天保縣西三十五里。下有水流入馱命江。

敢山。在天保縣西五十里。下有泉水。

鑒山。在天保縣西七十八里。峯巒秀麗，林木幽深，上有石洞，泉流不竭，居人資以灌溉。

岜筆山。在天保縣北。上有數峯相連。

馬涼山。在天保縣北九十五里。兩山對峙。

石門山。在奉議州。明統志：在奉議州東南六十里。今無此山，疑州東南有三板坡在垢例城頭，與田州接界者是。

唏沙山。一作咘沙。明統志：在奉議州南十里。

破山。在奉議州南五十里，接土田州界。中有一徑，破分山脊，故名。

高更山。在奉議州西三十五里。四面羣山聯接，東西穿徑。

更梯山。在奉議州西七十里。石徑危峭，過者必架梯棧以行。郡志高更山、更梯山，俱作「崀」。

蓮花山。在奉議州北三十里。形如蓮花，南北穿徑。

蒼崖山。在歸順州東十里。卓立田間，其形如筍，高不可仰視。下有巖洞。

岜遠山。在歸順州東南八十里。懸崖百丈，山巔有水，循崖湔湃而下，如白練然，即流珠水也。

獅子山。在歸順州南二里。其形如獅，横卧江心，二水分流其旁，爲一州鎖水之勝。

排磨山。在歸順州南三十里。峭壁百餘丈，下有泉水，流入蓮塘。

騰煙山。在歸順州西十里。一山突兀，峭壁環其三面，下有瀦水，深數十丈，流分三派，各長一二里。

嶺衛山。在歸順州西一百五十里。𣊬勞峒地。高聳延亘，攔隔交趾，爲一州捍衛，故名。

照陽山。在歸順州西北一百五十里。州界羣峯聯絡，惟此突然高聳，峭壁險巇，無路可上。中有石洞，正含朝旭，虚敞清幽，可坐百人。洞西達小鎮安峒界。

鳳凰山。在歸順州北二里。山頂有石，峩如鳳冠，故名。竹木森茂，百鳥叢集，唯鷹鷂未嘗至。

魁嵩山。在歸順州北九十里。山勢高聳。

武城山。在向武土州東四十五里。尖峯峭石，下有小巖。

箇豪山。在向武土州南十五里。下有清泉。

淰透山。在向武土州西南二十里。峯巒層疊，與上映土州分界。大乃溪出此。

獨嶐山。在向武土州北四里。平陽獨峙，石壁嶙峋，中有三巖，俱懸梯而上。

上旱山。在向武土州北十五里。下有泉。

塘濱山。在向武土州東北五十里。山下有峒，每遇朔望，嘗聞鼓吹聲，下有泉流，魚不可食。

坡州山。在向武土州東北九十里。明統志：在舊富勞縣北三里。山形如虎，一名虎山。

伏店山。在都康土州東一里。

獨山。在都康土州東四里。舊州後屏也。一山獨立，故名。

岜望山。在都康土州東七里。石峯嵯峩，人迹罕至。

咘灘山。在都康土州西南。下有咘灘潭。

犟佛山。在都康土州西六里。仙橋水出此。又鴉咋山，在州西北六里。

隆滿山。在都康土州北。爲州治後障，蒼翠如屏，林木陰翳。

妙訣山。在都康土州北二里。聳插霄漢，爲一州之望。

鼎獨山。在都康土州北八里。山下有穴，名龍潭。又唏顯山，在州北十里。

岜風山。在上映土州治東，附城。又咘底山〔三〕，在州西，附城。下俱有泉。

軒山。在上映土州南四十五里。

地軸山。在下雷土州南一里。

天關山。在下雷土州北一里。

末山。在小鎮安西三十里。山勢延亘，山外即雲南界。

大魁山。在小鎮安西北五十里。崔巍高聳。者月山，在小鎮安西八十里，高聳屏列如城，頂平可居百家，有泉涌出，四圍石壁，惟一路可通。

雷高嶺。在府南八十里，跨連上映土州界。巒嶺高亘，儼如界限。

連珠嶺。在奉議州西北三十里。迤邐平步四十餘里。

蒼盂嶺。在向武土州東二十五里。高峯疊嶂，四時煙霧，人迹罕到。

黑巖。在府南一里。石室幽暗，入者迷不能出。

感馱巖。在小鎮安北一里。明統志：周二十餘丈，中有石柱，大如盤，又名盤石巖。其側有鎮安峒。

馱命江。在府城西南五里。源出馬鞍山，東流經奉議州南，爲滿也江，以地有滿也城爲名。東流入右江。兩岸皆山，中多亂石，不通舟楫。

歸順江。在府城之西歸順峒側。舊志：其源出梅山，東入馱命江。

右江。在奉議州東北。自田州流入東南，入上林土縣界。

枯榕江。在向武土州南二十里。源出箇豪山，東流經上林土縣界，入右江。

泓渰江。在向武土州北。明統志：自太平府流入，與多罕泉、枯榕江合。新志：一名大乃溪，源出湴透山下，東北流遶州治前，又東南經舊州南，至上林土縣界，入右江。

岜爐江。在都康土州北。明統志：在州西四里。新志謂之岜瞥水，源出州西北岜瞥坡，從地穴涌出，名曰龍潭溪，流成川，東入龍英州界，合通利江。

黑洞水。在府城南二百餘步。明統志：洞中有水，長流不竭。

龍潭水。在歸順州東北一里。源自山下石穴涌出，長流成川，繞州而南，入交趾高平府界。不通舟楫。

流珠水。在歸順州東南八十里。源出岜遠山，如珠璣磊落而下，南流經湖潤寨界，西下雷州，東合邏水。

鵝泉水。在歸順州西十五里。源出平地，相傳昔有神鵝，攪田間溝洫成潭，深十餘丈，闊數倍之，泝流成川，上有小山，林木蓊蔚，極爲幽勝，其水東南合龍潭水。

仙橋水。在都康土州西六里，接上映土州界。源出鞏佛山麓，穿過仙橋，繞州治前，與晞灘、伏店二潭水合，流入龍英土州界。又晞灘水(四)，在州西南，源出晞灘潭，逶迤里餘，合仙橋水。又伏店水，在州東，源出伏店山穴，南流入仙橋水。

邏水。在下雷土州南。又東南入安平土州界。

末山水。在小鎮安南三十里。源出末山，南流與㔉山水合，入越南界。

吉烈水。在小鎮安北四十里。從山穴涌出，北流合大魁山水，入雲南界。

大旱溪。在向武土州北。源出大旱山，東北流經奉議州吉權城東，爲吉權溪。又東北流入右江。

晞桑泉。在府西一百八十里。

吶來泉。在府城北二十五里。源出馬凉山，東南流入馱命江。

多恐泉。在都康土州南六里。

鴉咋泉。在都康土州鴉咋山下。南流入岜營水。又龍潭水，源出鼎獨山下，南流里餘，入岜營水。

岜風泉。在上映土州岜風山下。又吶底泉，在吶底山下。皆晝夜涌出，夾州治而北合流，又西南流入龍英土州界。州中田疇賴其灌溉。

播龍溝。在奉議州東北三十五里。又里賴溝，在州東南五十五里，漲涸不常。皆與田州接界。

古蹟

鎮安故城。在府西鎮安峒。元志：泰定三年，鎮安總管岑修廣爲其弟修仁所攻，來告，命湖廣行省辦治之。通志：明洪武初，土官岑天保内附，世襲知府，設流官首領佐之。二年，以舊治僻遠，移治廢凍州，改鎮安府。明末，土官故絶，府爲富州賊沈文崇所據。本朝順治十八年，討平之。康熙二年，改置流官，設通判管府事。雍正七年，省通判，設知府。

奉議州故城。在今奉議州東南。明統志：宋置州，屬廣西經略安撫司。元屬廣西兩江道宣慰司。舊城在州東十五里，元大德間築。洪武初遷於此，石林村遺址尚存。土夷考：明洪武初，奉議爲土酋竊據。七年，向武土官黄志威招撫有功，兼轄州事世襲。後土官故絶，改設流官州判掌州事。舊志有故州治，在今州東南五十里右江東岸垢例城頭。

歸順州故城。在今歸順州南。土夷考：明永樂八年，鎮安知府岑志剛分其第二子岑永福領歸順峒事，傳子瑛，屢率兵報效。弘治九年，都御史鄧廷瓚奏言歸順峒舊爲州治，洪武初裁革，今其峒主每效勞於官，乞復設州治，授以土官知州。從之，仍增設流官吏目佐之，屬鎮安府。嘉靖初，又以瑛子岑璋奏請，改屬布政司。新志：舊州治在今州南十里，明弘治間築。本朝初移治計甲，即故計峒也，改屬思恩府，岑氏世襲如故。雍正九年，改設流官。

向武土州故城。在今向武土州西北五里。元築，延祐間遷於岜捧村，故址尚存。土夷考：宋皇祐中，有黃氏隨平儂智高，因置向武州爲土官，世襲。明洪武二年，黃志威歸附，仍世襲知州。七年，以志威有功，兼轄奉議州及富勞縣，皆世襲。弘治中，奉議改流官，而向武、富勞羈縻如故。新志：州舊有土城在州甲，萬曆四十五年，爲土田州侵劫殘破，因遷治於乃甲東，去故治州甲四十五里。

都康故州。在今都康土州東。土夷考：宋時有馮氏世襲知州。明洪武初，夷獠作亂，酋長馮原保出奔，詔撫還其子進福，以安集民夷。後復置州，以授進福子斌世襲知州，設流官吏目佐之。新志：宋州治在今州東四里，舊有土垣，祥興中向武、龍英二州侵占，因還治於隆滿山下，即今治。

下雷故州。今下雷土州治。土夷考：下雷州，始自宋許天全，隨狄青征蠻有功，予土知州世襲。後以失州印，廢州爲峒。明洪武初，峒長許永通歸附，調征有功，仍予世襲。萬曆中，以地逼越南，復升爲州，設流官吏目佐之。本朝康熙十八年，裁吏目，許氏世襲如故。

小鎮安故州。小鎮安舊治。通志：在音峒。明永樂初分岑氏後裔置，弘治中移治於麼窰甲，即今治。

武林廢縣。在向武土州東十里。明統志：元置。永樂初省入富勞縣。

富勞廢縣。在向武土州東北。明統志：在州城北三十里。元置。洪武間没於獠，三十五年復置，後併入向武州。新志：今名勞甲，在州東北六十五里。

上映峒。在上映土州治。土夷考：宋皇祐中，許公順以平儂智高功，授知州世襲。明洪武五年，許雲程因其叔邦華潛謀奪位，出奔失印，遂廢爲上映峒，仍屬鎮安府，使雲程叔朝卿管峒事。萬曆三十二年，許尚爵以從征功，復升爲土知州，未頒印。崇禎十年，許桂芳又以平柳州功，始得州印。本朝順治十六年，許國泰歸附，仍予世襲。

禄峒。在歸順州西十四里。

關隘

蓮花關。在奉議州北蓮花山，與土田州接界。

照陽關。在歸順州西北一百五十里，接小鎮安界。

隴桑隘。在府東四十里崇山下，接奉議州界。

倫隘。在府南八十里倫山，接向武土州界。

鑒隘。在府西七十八里。又得馱隘，在府西北八十里。皆接歸順州界。

馬涼隘。在府北九十五里，接土田州界。

頻峒隘。在歸順州東南六十里。又榮勞隘，在州西七十里。屯隘，在州南六十里。上勾隘，在州西南七十里。皆接越南高平府界，有兵防守。

峩漕隘。在歸順州東南六十里，接湖潤寨界。又有崀駢隘，在州南八十里。俱有兵防守。

那耨隘。在向武土州東五里。又供隘，在州西十里，州境無險可憑。明萬曆四十五年，始於東西衝路横築石墻十餘丈，中開門徑，以爲堵禦，有兵防守。

叫空隘。在都康土州東北六里，與向武土州接界。

湯土隘〔五〕。在上映土州東二里。又乃隘，在州西五里。咘隘，在州南七里。撻隘，在州東北六里。

穿巖隘。即亭嵩隘，在下雷土州西南四十里，接越南上琅州界。

平孟隘。在小鎮安西南。相近有剥淰隘。又有剥勘隘，上、下蓋隘，在城西，俱外連越南，有兵防汛。伯懷大隘〔六〕，打面梁，那波、者賴、者欣三村，在城西南，本朝乾隆三十一年設兵防守。

湖潤寨巡司。在歸順州東南二百七十五里。明置土巡檢，以岑氏世襲，屬南寧府。本朝雍正十年改屬鎮安府，乾隆十二年省入歸順州，三十一年設巡檢。

津梁

南定橋。在府南。又有馬橋、硯橋。

積福橋。在府北。相近又有接送橋。

大石橋。在府城南門外。鑒水經其下。本朝雍正十二年建。

通濟橋。在奉議州東二里。

仙橋。在都康土州西羣佛山，與枯囚嶺對峙。山脚相連，中斷一垠，溪流成川，上有石板横覆，天然成橋，闊二丈，長三倍之。相傳古有仙人遊此。

伏濟橋。在上映土州東北。

隄堰

那盎陂。在天保縣東三里。豬水溉田。

劄空陂。在都康土州西。自爐泉水涌流，築爲陂，與州南黎塘皆有灌溉之利。

蓮花塘。在天保縣南五里。明統志：其水四時不涸，灌溉之利甚溥。

陵墓

明

岑天保墓。在府城東北三十里天保山麓。洪武初授鎮安土知府，世亂保境息民，世治恪恭奉上，築城垣，立法度，勸農桑，卹孤寡。民懷其德，遂以其名名山。本朝康熙年間，郡民請立祠祀之。

宋公墓。失其名，明季爲奉議州判。勤勞王事，因征蠻寇死，葬於州前街之左。本朝康熙間，州判刁玉爲立碑碣，置田祭掃。

祠廟

火神廟。在天保縣西門内。本朝乾隆十年建。

龍神廟。在天保縣東南芳山之上。本朝乾隆十九年建。

名宦

本朝

胡搢思。廣濟人。康熙十九年，授鎮安通判。時雲南土富州沈文崇之子紹基復作亂，據府城。搢思抵任，不得入，隨具文請兵議勦。賊聞風竄據上甲馬隘。官兵未集，賊復擁衆陷城。與把總、知事皆被執，搢思咬牙噴血，厲聲罵賊，遂遇害。

邵銓。南陽人。雍正四年，任奉議州判。時土寇羅文罡伏莽劫客，漸復糾衆猖獗，自號傲國公。銓請發兵，身先士卒，直擣賊巢，討平之。商民鐫沐恩石於道口，以志不忘。

孔傳堂。曲阜人。雍正八年，知府事。時初升流府，規制荒陋，習俗頑鄙，傳堂勵精振作，革除陋弊，新文廟，制祭器，設義學、社學，公餘詔諸生講明大義。又捐俸建大石橋於城南。郡民至今懷之。

人物

本朝

岑統巍。天保人。康熙十三年，逆賊沈紹基再破府城，殺通判，後漢土兵畢集，賊竊府印，遁踞隴暮峒。時急圍恐毁印，督將懸賞，募能計取者。統巍與黄志韜、韋天錫共忿賊，議捐軀應募，白督將曰：「印可得，賞不敢邀，願請輔行二人，如印得當速進兵，我三人自爲計也。」遂詣賊巢，詭出印，賊疑不與，三人慷慨誓曰：「願以身質。如印去，而圍不解，軀命在汝手。」乃出印，授輔行者，兵遽進。賊恨三人紿已弛備，皆腰斬之。

韋天憐。天保人。幼孤，奉孀母至孝。母疾急，醫不爲下劑，天憐哀懇，醫紿之曰：「此非藥餌能救，除割肉可療。」天憐遽持刀袒衣，令妻割，妻不忍，乃自割股肉，作羹進母，病果瘳。

李日瑶。向武人。康熙初，吴逆變，土田州乘勢侵向武，時日瑶爲鎮甲目役，土官命率土兵禦之，日瑶奮不顧身，力戰而死。

列女

明

岑瑶妻李氏。歸順人，土官李琛女。瑶爲其弟所害，李大歸母家，誓死不嫁，晝夜嘗鎖外户，紡績自養，守節以終。

本朝

岑氏。字如寶，鎮安府土官岑吉祥之女。因父母無子，不忍嫁，父母再三諭之，如寶泣訴己志，卒不字，孝養終其身。

韋光燦妻黄氏。天保人。適郡首目光燦。歸順官目忌其能，誣以事，委官提訊，燦枉死。氏年二十六，赴省控訴，歷三載，卒伸冤。撫子天憐成立。

許富妻梁氏。鎮安土目梁成女。富故歸順州人。順治初，歸順、鎮安互相攻殺，富密與歸順約爲内應，土府覺之，急遣成擒捕。成賺女歸，告以實，且慰之曰：「兒尚少艾，不患無佳壻也。」氏佯諾，至暮潛歸，哭語富曰：「禍至矣，我忍舍爾苟活乎？」成隨引土兵至，氏與富俱死於火。

岑統巍妻黄氏。天保人。統巍入賊巢賺印遇害，氏聞痛哭幾絶。逾年，或諷他適，氏曰：「吾夫以義死，不相從地下者，以藐孤耳。若等速我死耶？」自是無敢言。每歲時及統巍致命辰，必設祭哭盡哀，里人皆歎息泣下。同縣黄必金妻王氏、黄當妻農氏、黎正元妻韋氏、黄漢妻黎氏、許帥妻黄氏、岑若鼎妻黄氏，俱夫亡守節。

梁應中妻黄氏。歸順州人。應中早亡，甘貧守節。

黄衮妻黄氏〔七〕。向武土州人。衮土州官弟，未娶時，已納妾，生男女各一。妾亡娶氏，年甫十九，七月而衮歿。撫遺腹子及妾子成立。同州韋應茂妻鄧氏，夫亡守節，孝養撫孤。又黄道表女，甫十歲，父歿弟幼，灌園養母，至老不嫁。

土産

蠟。

降香。天保縣出。

方竹。歸順、奉議二州出。

白花蛇。府志：白質黑章，治瘋癩。

苗蠻

苗。在奉議州者，僻處山谷，種旱稻及靛，以染爲業。好蓄藏，每歲終作窖於山隅或水滸，貯禾以備饑。在都康州者，男子以布繚頭，暑猶被氈，大領短裙，女戴箬笠，衣短衫，裙長委地。不諳漢語，婚葬殺牛爲宴祭。

猺。在天保縣，聚居猺莊，距城八十里，語言與民同。男女衣青衣，婦女裹頭以花布。每歲元旦，羣至官署，撞鐘擊鼓，跳躍戲於廳事前，名曰祝豐年。官犒以酒肉，歡飲而散。在奉議，居州屬之山老坡。俗儉樸，言語衣服與齊民無異。在歸順有十二村，婦女短衣，大領寬袖。在向武，男婦草履，竹笠，短衣長裙。元旦互攜酒肉至親鄰家謳歌，十日乃已。冬日焚山，晝夜不絕，謂之火耕。稻田無幾，種水芋、山薯以佐食。

狼。在上映土州。種山獵獸，食生飲血，以牛腸渣滓爲美味。然性頗馴，不事剽竊，服役輸賦，謂之熟狼。

猓。在天保縣。喜居山巔，短衣長帶，性耐作苦。婚嫁，男以酒米牛鼠爲聘，女家以竹簞鋤刀答之。喪不爲服，哭三日而殮，葬於村旁，期年祭以狗。歲時慶弔，亦以狗鼠。又小鎮安有三百餘户，披髮山居，服飾似猺。

校勘記

〔一〕東西距四十里南北距三十三里　乾隆志卷三六六鎮安府建置沿革（下同卷簡稱乾隆志）作「東西距十五里南北距十三里」。按，下文東西、南北實距與乾隆志合，本志所改未知何據。

〔二〕南北距五十五里　乾隆志「五十五」作「三十三」。

〔三〕又㖐底山　「㖐」，原作「唏」，據乾隆志及雍正廣西通志卷一五山川改。按，本志下文云「㖐底泉，在㖐底山下」，亦作「㖐」。

〔四〕又㖐灘水　「㖐」，原作「唏」，據乾隆志及雍正廣西通志卷一五山川改。按，下文云「源出㖐灘潭」，蓋因之而名。

〔五〕湯士隘　乾隆志同，雍正廣西通志卷一九關梁作「陽士隘」。

〔六〕伯懷大隘　「懷大」二字原倒，考乾隆八旗通志卷一九三載楊廷璋奏疏云：「小鎮安之南隴連山地險僻，請於界連安南及土富州之那波、者賴、者欣等三村各建卡撥兵。怕懷大隘近安南，爲小鎮安門户，應撥兵巡緝。」怕、伯音近，文獻中或又作「百」。「伯大懷隘」當爲「伯懷大隘」之誤，今據以乙正。

〔七〕黄衮妻黄氏　「黄氏」，乾隆志作「王氏」。

鬱林直隸州圖

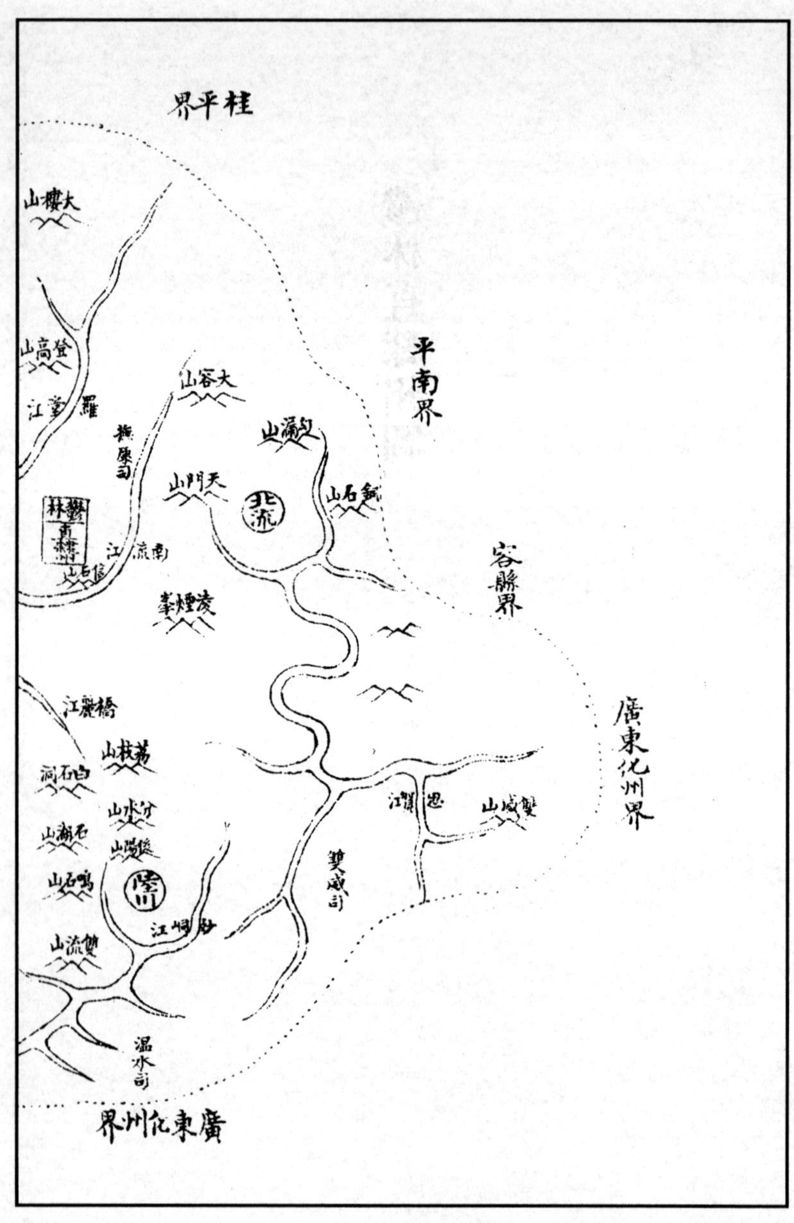

桂平界
大樓山
登高山
大容山
勾漏山
天門山
北流
南流江
凌煙峯
平南界
容縣界
廣東化州界
白石洞
分水山
石湖山
鳴石山
陸川
雙流山
溫水司
廣東化州界

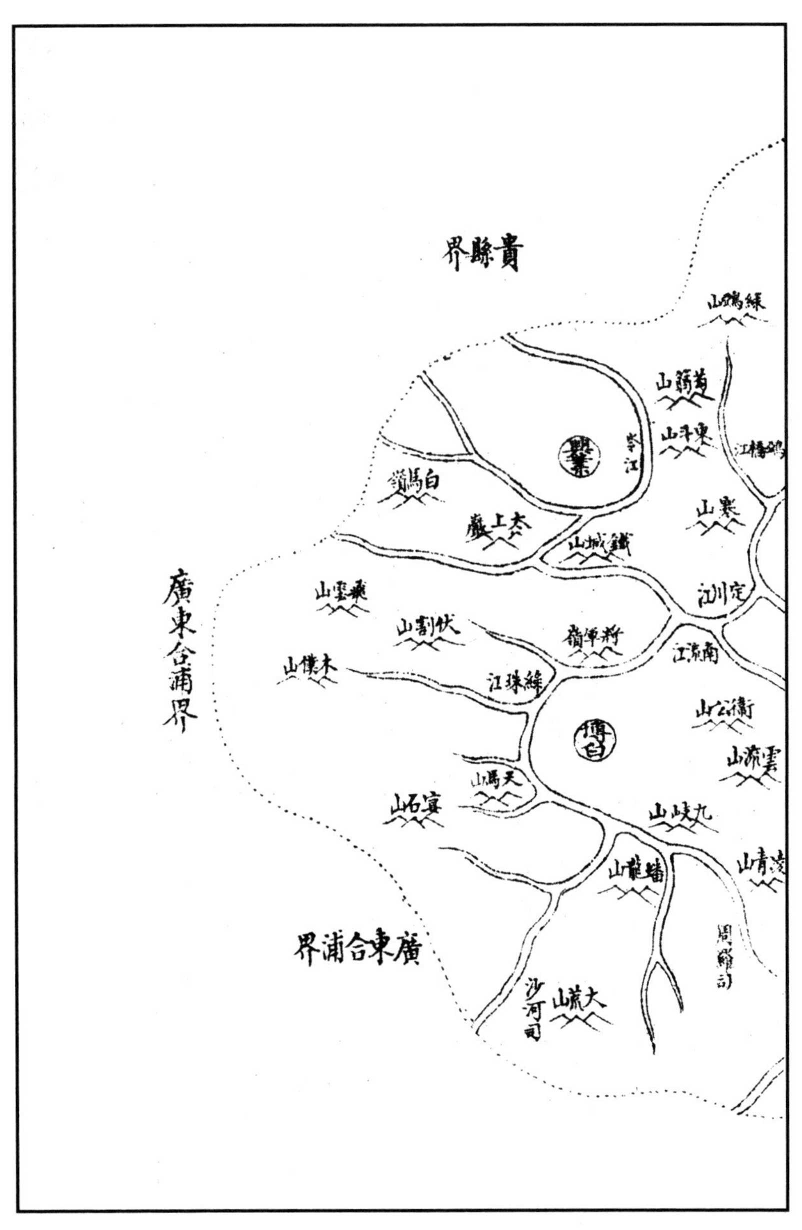
貴縣界
廣東合浦界
廣東合浦界
博白
綠鵝山
東斗山
白馬嶺
太上巖
鐵城山
定川江
南流江
衛公山
雲流山
九峽山
蟠龍山
大荒山
沙河司
周羅司
青凌山
寶石山
天馬山
綠珠江
將軍嶺
伏割山
木僕山

鬱林直隸州表

	鬱林直隸州			
秦	桂林郡地。			
兩漢	合浦郡地。			
三國				
晉				
南北朝	南流郡 宋置，屬越州。梁省。	方度縣 宋郡治，梁、陳省。		定川郡 齊置。
隋				
唐	牢州 定川郡 武德二年置義州，貞觀十一年更名，天寶初改郡，屬嶺南道。		南流縣 武德四年置，屬容州。貞觀十一年移牢州治此。	
五代	牢州 屬南漢。		南流縣	
宋	鬱林州 開寶七年廢牢州。至道二年移州來治，屬廣南西路。		南流縣 屬鬱林州，後爲州治。	
元	鬱林州 屬廣西兩江道。		南流縣	
明	鬱林州 洪武五年改屬梧州府。		洪武五年省入州。	

續表

定川縣 廢郡爲縣，屬合浦郡。後省入北流。		
定川縣 武德四年復置，屬容州，尋屬牢州。	宕川縣 屬潘州，後屬牢州。	容山縣 永淳初置安仁縣，二年置平琴州，兼領懷義、福陽、吉符三縣。垂拱初州廢，神龍三年復置。至德二載改安仁縣曰容山。建中二年州廢，縣屬黨州。
定川縣	宕川縣	容山縣
開寶五年省。	開寶中省。	開寶七年省。

	博白縣
	合浦縣地。
黨州寧仁郡 永淳初開古黨峒置。 善勞縣 永淳初置州治，兼領撫安、善文、寧仁三縣。	白州南昌郡 武德四年置南州，六年更名，屬嶺南道。 博白縣 武德四年置爲州治，又置大都縣。貞觀十二年省。
黨州 善勞縣	白州 屬南漢。 博白縣
省。 省。	白州南昌郡 屬廣南西道，南渡後省。 博白縣 屬鬱林州。
	博白縣
	博白縣

續表

南昌縣 梁置。			
南昌縣 屬合浦郡。			
南昌縣 初屬潘州，後屬白州。	建寧縣 武德四年置，并置朗平、淳良、龍豪等縣，屬南州。貞觀中省朗平、淳良二縣。	周羅縣 屬南州。	龍池縣 貞觀中置山州，領龍池、盆山二縣。天寶初曰龍池郡，建中間州縣俱廢。
南昌縣	建寧縣	周羅縣	
開寶五年省。	開寶五年省。	開寶五年省。	

續表

北流縣			
合浦縣地。			
北流郡齊永明六年置，後廢爲縣。			
北流縣屬合浦郡。			
北流縣武德四年置銅州，貞觀初改容州，天寶初曰普寧郡，元和中州徙，縣屬。	陵城縣武德四年置，屬銅州，尋屬容州。	禺州温水郡乾封三年置東峩州，總章二年更名，屬嶺南道。	峩石縣總章元年置，爲州治。
北流縣	陵城縣	禺州	峩石縣
北流縣屬容州。	初改屬禺州，開寶五年省。	開寶五年省。	開寶五年省。
北流縣			
北流縣洪武十年改屬鬱林州。			

續表

	陸川縣
	合浦縣地。
	陸川縣梁、陳間置。
	大業初省入北流。
羅辯縣武德四年置陸川縣，後更名，屬禺州。 扶萊縣武德四年置，屬竇州，貞觀中省。乾封中復置，屬禺州。	陸川縣武德四年復置，屬南宕州，尋屬禺州，又屬容州。 順州順義郡大曆八年置州，屬嶺南道。
羅辯縣 扶萊縣	陸川縣 順州
省。 省。	陸川縣 開寶五年省。
	陸川縣
	陸川縣洪武四年改屬鬱林州。

	興業縣
	布山縣地。
龍化縣武德五年置，屬羅州，尋屬辯州，後爲順州治。 龍豪縣武德四年置，屬南州，尋屬白州，後屬順州。 南河縣武德五年置，屬羅州，後屬順州。	興業縣麟德二年置，屬鬱林州。
龍化縣 龍豪縣 南河縣	興業縣
省。 省。 省。	興業縣開寶中爲州治，至道二年州徙，縣屬。
	興業縣
	興業縣

續表

	陰平縣 吳置，屬鬱林郡。				
	鬱平縣 太康元年更名。				
	鬱平縣	石南郡	石南縣 陳置，郡治。		
	鬱平縣	廢。	石南縣 屬鬱林郡。	興德縣 末置，尋省。	
鬱林州 麟德二年分置鬱州。乾封元年更名，屬嶺南道。	鬱平縣 初屬南尹州，貞觀後屬鬱林州。		建中二年省。	興德縣 武德四年復置，屬南尹州，尋屬貴州，又改屬鬱林州。	潭栗縣 置屬鬱林州。
鬱林州	鬱平縣 州治。			興德縣	潭栗縣
開寶五年移州治興業，省鬱平縣入之。	省。			省。	省。

大清一統志卷四百七十四

鬱林直隸州

在廣西省治西南九百七十里。東西距二百五十里，南北距二百九十里。東至梧州府容縣界六十里，西至廣東廉州府合浦縣界一百九十里，南至廣東高州府化州界一百七十里，北至潯州府桂平縣界一百二十里。東南至廣東化州界二百二十里，西南至廣東合浦縣界一百四十里，東北至潯州府平南縣界八十里，西北至潯州府貴縣界九十五里。本州境東西距七十里，南北距一百四十里。東至北流縣界三十里，西至興業縣界四十里，南至陸川縣界二十里，北至潯州府桂平縣界一百二十里。東南至陸川縣界二十五里，西南至興業縣界二十五里，東北至北流縣界七十里，西北至貴縣界五十里。自州治至京師八千四百三十里。

分野

天文翼、軫分野，鶉尾之次。

建置沿革

古百越地。秦桂林郡地。兩漢至晉爲鬱林、合浦二郡地。漢鬱林郡治布山縣，在今潯州府。劉宋分置南流郡。齊又分置定川郡。梁、陳時省南流郡。隋平陳，廢定川郡爲定川縣，屬合浦郡。唐武德四年，分置南流縣，屬容州。貞觀十一年，徙牢州治南流，兼領定川縣。天寶初，曰定川郡。乾元初，復曰牢州，屬嶺南道。五代屬南漢。宋開寶七年，廢牢州，省定川縣入南流縣，屬鬱林州。時州治興業。至道二年，始徙州治南流，屬廣南西路。元曰鬱林州，屬廣西兩江道。明洪武五年，省南流縣入州，屬梧州府。本朝雍正三年，升爲直隸州，領縣四。

博白縣。在州西南九十里。東西距一百七十里，南北距一百四十里。東至陸川縣界七十里，西至廣東廉州府合浦縣界一百里，南至廣東高州府石城縣界一百二十里，北至本州界二十里。東南至石城縣界一百二十里，西南至合浦縣界九十里，東北至本州界三十里，西北至興業縣界七十里。漢合浦郡合浦縣地。唐武德四年，析合浦地置博白縣，兼置南州，六年改州曰白州。天寶初，曰南昌郡。乾元初，復曰白州，屬嶺南道。五代屬南漢。宋仍曰白州、南昌郡。政和初，州廢，縣屬鬱林州，三年復故。紹興六年，州復廢，縣仍屬鬱林州，元、明因之。本朝初屬梧州府，雍正三年還屬鬱林州。

北流縣。在州東四十里。東西距三十里，南北距二百八十里。東至梧州府容縣界二十里，西至本州界十里，南至廣東高州府化州界一百八十里，北至潯州府平南縣界一百里。東南至容縣界七十里，西南至高州府茂名縣界一百八十里，東北至容縣界三十里，西北至本州界四十里。漢合浦縣地。南齊永明六年，置北流郡。梁、陳間廢爲北流縣。隋屬合浦郡。唐武德四年，於縣置銅州。貞觀八年，改容州。開元中，升爲都督府，并置容管經略使。天寶初，曰普寧郡。乾元初，復曰容州。元和中，徙州治普寧，縣仍屬焉，五代、宋、元因之。明洪武十年，改屬鬱林州。本朝初屬梧州府，雍正三年還屬鬱林州。

陸川縣。在州南七十里。東西距九十五里，南北距一百五十里。東至北流縣界四十五里，西至博白縣界五十里，南至廣東高州府化州界一百里，北至本州界五十里。東南至化州界一百十里，西南至高州府石城縣界一百十里，東北至北流縣界五十里，西北至博白縣界五十五里。漢合浦縣地。梁、陳間置陸川縣。隋大業初，省縣入北流。唐武德四年，復置，仍曰陸川縣，屬南宕州，尋屬禺州。唐末改屬容州，五代、宋、元因之。明洪武四年，改屬鬱林州。本朝初屬梧州府，雍正三年還屬鬱林州。

興業縣。在州西六十里。東西距八十里，南北距八十五里。東至本州界二十里，西至潯州府貴縣界六十里，南至博白縣界三十里，北至貴縣界五十五里。東南至本州界二十里，西南至廣東廉州府合浦縣界五十里，東北至本州界五十里，西北至貴縣界二十五里。漢鬱林郡布山縣地。三國吴分置陰平縣，屬鬱林郡。晉太康元年，改曰鬱平，宋、齊至隋因之。唐初，屬貴州。麟德二年，分置鬱州，又析置興業縣屬之。乾封元年，改曰鬱林州。天寶初，曰鬱林郡。乾元初，復曰鬱林州，屬嶺南道。五代屬南漢。宋開寶五年，移州治興業，省鬱平入之。至道二年，又移州治南流，以興業爲屬縣。元、明因之。本朝初屬梧州府，雍正三年還屬鬱林州。

形勢

襟帶潯、梧，控扼蠻越。山川環亘，嶺表奥區。州志。

風俗

知學務耕，民俗儉朴。方輿勝覽。民業於田，逐末者少。納聘用檳榔，疾病無醫藥。新志。

城池

鬱林州城。周二里有奇，門四，有濠。宋築。明洪武間增建。本朝康熙二十五年、乾隆十八年、三十八年、四十一年、五十六年重修。

博白縣城。周四里，門四。唐武德五年土築。元至正十三年甃甎。本朝康熙四十九年、雍正二年重修。

北流縣城。周二里有奇，門三，有濠。明成化初重築。本朝康熙三十五年修。

陸川縣城。周一里有奇，門二，有濠。明永樂間土築，成化二十一年甃甎。本朝順治十六年、康熙五十八年、乾隆十八年重修。

興業縣城。周一里有奇，門三，有濠。明初土築，宣德五年增建，正德二年甃甎。

學校

鬱林州學。在州治西。宋至道二年建。本朝康熙初因舊址重建，乾隆六年修。入學額數二十名。

博白縣學。在縣治西南。明嘉靖中遷建。本朝康熙三年重建，乾隆五十七年修。入學額數十二名。

北流縣學。在縣治東。本朝康熙元年重建，乾隆五十一年、嘉慶四年重修。入學額數十二名。

陸川縣學。在縣城北。明嘉靖中遷建。本朝順治十六年、康熙二十四年、乾隆二十四年重修。入學額數十二名。舊額八名，乾隆五十七年增四名。

興業縣學。在縣治東。明成化十年遷建。本朝雍正三年、乾隆五十二年重修。入學額數八名。

環玉書院。在博白縣東門外。本朝乾隆十年建。

天一書院。在北流縣南門外。本朝康熙元年建。

三峯書院。在陸川縣南。本朝乾隆二十一年建。

石南書院。在興業縣學署前。本朝乾隆四十三年建。

戶口

原額人丁三萬三千九百一十四，令滋生男婦大小共五十六萬一千四百三十五名口，計一十一萬八千四百九十三戶。

田賦

田地一萬九百九十九頃二十四畝一分有奇，額徵地丁正、雜銀五萬一千八百二十六兩七錢九分五釐，遇閏加徵銀九百四十九兩一錢八分八釐，米四萬八千五百七十七石四斗一升六合六勺。

山川

信石山。在州東南二里。一名牢石坡〔一〕。舊唐書地理志：牢石高四十丈，周二十里，牢州以此名。明統志：坡上有平石，又有夾石，形如鐘，側立。舊經云每歲秋日，鄉人共候此石，若雲氣覆之，其歲必稔。

荔枝山。在州東南二十里。爲州屏障。

天馬山。在州東南三十里。上有天馬岡。

銅鼓山。在州西南七十里。西臨南流江，水流潭下，隱隱有聲。

寒山。在州西北三十里。九域志：南越王尉陀遣人入山採橘，經七日方回，問其故，云山中大寒，不得歸，因名。通志：下有龍潭，水色如青靛。

緑鵶山。在州西北三十五里。厥土青黄，冶者取土煉鐵爲釜。通志作緑鴨山。

大樓山。在州北七十里。又榜山，在州東北三十里。

衛公山。在博白縣東十里。高百餘丈。唐李靖南征，嘗駐兵於此，因名。

洞房山。在博白縣東十五里。下有石洞，高廣玲瓏，綴乳丹碧，麗若雕房。

凝霧山。在博白縣東二十五里。山勢屹立，雲霧常冪其上。又五里爲雲流山，小白江水出焉。又鳳飛山，在縣東百里。

凌青山。在博白縣東南五十里。水流爲鴉山江。

乳石山。在博白縣南三十里。石垂乳如華蓋，下有泉。

九岐山。在博白縣南七十里。層巒複嶂，分爲九峯。

蟠龍山。在博白縣南八十里。蜿蜒蒼翠，周百餘里。

大荒山。在博白縣南一百五十里。周圍數十里。寰宇記：山上池中有婢妾魚，大如楯，兩翼及臍下有三條似練帶，長四尺，搖動有光。

天馬山。在博白縣西南二十五里。爲邑下關。

宴石山。在博白縣西南六十里。方輿勝覽：其山皆盤石，壁立峭絶，北臨大江，下有流泉，相傳爲越王宴遊處。

雙角山。在博白縣西十五里。兩峯角立，緑珠江發源於此。九域志作二角山。下有緑珠井。李昉太平廣記：梁氏之居，舊井存焉。汲飲者必誕美女，里閭以美女無益，遂填以巨石。

緑羅山。在博白縣西二十里。高聳綿亘，周迴百里。

伏割山。在博白縣西四十里。鷓鴣、孔雀多出其中。

飛雲山。在博白縣西六十里。山勢崇峻，常有雲氣。

木僕山。在博白縣西七十里，險峻峭削，頂有巨石，方可丈餘。

銅石山。在北流縣東十五里。上有銅湖，出硃砂、水銀。

會靈臺山。在北流縣東二十五里。臺高百餘丈，有石洞，中甚明敞，外壁峭削，惟一徑攀援而上，頂有飛泉，懸崖下注。

稍東有龍井，祈禱輒應。

嶡石山。在北流縣東南百里。羅水出焉。

雙威山。在北流縣東南二百五十里。思賀江出此。

天門山。在北流縣西十里。

緑藍山。在北流縣西北三十里。爲大容山支隴，容江之源出焉。

大容山。在北流縣北二十里。南流江出此。詳見梧州府容縣。

勾漏山。在北流縣東北十五里。方輿勝覽：其巖穴勾曲穿漏，故名。平川中石峯千百，皆矗立特起。明統志：山有寶圭洞，道書第二十二洞天也。洞有三石室，相傳葛洪嘗於此修煉。

東山。在陸川縣東三里。峯巒秀麗，中有泉水，南入妙洞，其下爲金沙溪。

文龍山。在陸川縣東十里。水流爲小溪，合分水入妙洞水。

謝仙山。在陸川縣東三十里。八峯分列，上有龍潭，涌泉下注，奔瀉如瀑。

金坑山。在陸川縣東南十里。下有溪，沙黄如金，瀑水注之，流爲水車江。

大這山。在陸川縣東南三十里。崎嶇高峻，通廣東化州。

文黎山。在陸川縣南五十里。産黄白藤。山下水流瀠洄，凡九十九渡。

雙流山。在陸川縣西南二十里。雙瀑流注，相傳唐龍豪縣治此。又伏波山，在縣西南四十里。

鳴石山。在陸川縣西十里。山勢聳峻，中有大石，扣之有聲，亦名石鼓山。相近曰鳳凰山，形如鳳，頂有石盤，泉出其中。

後陽山。在陸川縣北一里。層巒疊嶂，起伏不一。

分水山。在陸川縣北五里。水分二派，一南流至縣東南爲妙洞水，一北流匯回龍水入鬱林州，合南流江。

石袍山。在陸川縣北二十里。寰宇記：山多竹木，蒼翠如袍。舊志：上有淵潭，旁爲石巖，又名石湖山。

白羊山。在陸川縣東北二十里。寰宇記：山色潔白，四面懸絶，上有飛泉，下有勾芒木，土人取其皮績以爲布。

黄箭山。在陸川縣東北六十里。

東斗山。在興業縣東十里。又北斗山，在縣北十里。二山對峙。相接者又有東山，絶頂有泉，從石壁飛下，凡百餘仞。

芶蓊山。在興業縣東二十里。水流爲龍母江〔一〕。

鐵城山。在興業縣南十里。石壁削立，險固若城，中平衍，容數百家。上多石竇，泉流不竭。有四門，惟東門可通人行。南有土基，約四丈，相傳爲古敵樓。西北多石，艱阻難行，石皆鐵色。

緑陰山。在興業縣南二十里。一名甑山。有大榕蔽數十畝，鳴水遶其下。

萬石山。在興業縣西南十里。峯巒錯落，如累石然。其下流澗詰曲，土人修禊於此。

葵山。在興業縣北十餘里。山半有龍井。

東門嶺。在州東一里。

兩道嶺。在州南十五里。峯巒尖削，爲博白、陸川分道處。

豸塘嶺。在州北一里。爲州後鎮。又推來嶺，在州西二十里。伏牛嶺，在州西南五十里。

流山嶺。在州北五十里。崎嶇險阻，山賊出没，爲州境險要。

登高嶺。在博白縣東一里。每歲重九，士民登陟宴賞。

緑秀嶺。在博白縣東南五十里。高千仞，周三百里，下有龍潭，旱禱輒應。

將軍嶺。在博白縣北十里。宋狄青討儂智高，屯兵於此。

由子嶺。在陸川縣西北十里。下浪水出焉。

翻車嶺。在興業縣北二十五里，下臨龍母江。山路險巇，兩崖陰翳。

凌煙峯。在州東三十里。孤峯獨聳，兩巖中通。

水月巖。在州東二十里。虚明爽豁，澗壑絶勝。右接天馬、鈞天諸洞。

張道巖。在州東二十五里。有石門，可通人行。

隱仙巖。在州西二十里。石室幽邃，壁間有「元和十四年來遊」七字。

紫陽巖。在博白縣南六十里。巖洞清虚，萬象森列，上連碧崖，下瞰清泉，最爲幽勝。

通津巖。在北流縣南十五里。石山疊峙，有二門，南北相對，高敞如闕。水流環繞，石壁虚明，爲縣之勝。

普照巖。在北流縣勾漏山。形如覆釜，登巖却顧，則黄陂翠巘，與石峯相間。又巖西有獨秀巖，平野中鬱然孤峙，石室容數千人，石乳掛壁上，如佛像。

妙洞巖。在陸川縣東八里。一名東山巖。中有泉南流入妙洞水。

古州巖。在興業縣南九里。深廣數丈，巖畔有潭，四時不涸。

牛龍巖。在興業縣南十里。地温，居民遇冬，驅牛入巖以避寒。

太上巖。在興業縣南十五里。内有石筍、石臼。又石掩巖，在縣西南五十里，巖口有石如扉，闔不可入，廣東靈山路經此。

白馬巖。在興業縣西二十里。巖深廣，容數千人〔三〕。

白石洞。在州東三十里。周七十里。道書以爲第二十一洞天。

將軍洞。在博白縣南三十里。一名飛鼠巖。石門三重，中如堂室，有温凉二泉。唐龐孝泰守南州，嘗遊此，題名其中。

白沙洞。在北流縣勾漏山。秉燭從竇入，俯傴扶伏，凡經六七竇，行里餘乃至。勾漏甲於天下，而此洞爲勾漏第一。

玉田洞。在北流縣勾漏山東。明統志：洞闢三門，明廣可入。内田數畝，有石花如玉色。田後二石池，中有小嶼，水潛通江。

玉虚洞。在北流縣勾漏山西北。洞中物象，瑩潔如玉，每雲從洞出則風雨，從洞入則晴霽。

石柱坡。在州東三里。高三丈，相傳漢馬援所立，今其地亦名馬援營。

黄桑峽。在興業縣西四十里，接廣東靈山縣界。

南流江。在州城東南。源出大容山，南流匯緑藍水，經州東，復西南流十餘里，合羅望江。又南經博白縣西二里，會諸水流入廣東廉州府界。

橋麗江。在州南三十里。源出陸川縣白石洞，流經州西南四十里，入南流江。

沙田江。在州南四十里。源出博白縣大岑山，西北流，至州西南五十里入南流江。

定川江。在州西南二十里。上流名龍川江，源出興業縣葵山，東南流二十里，穿石山中，由石穴流出，經縣西十里，至縣西南會通津江水，復東南流至縣南八里，左接岑江水。又東南流匯下鳴水，入州界爲定川江。又東南流合緑鵶水，入南流江。緑鵶水在州西北四十里，亦名鵶橋江，源出緑鵶山，南流入定川江。

羅望江。在州城西。一名西望江。源出大容山，西南流入南流江。

緑淇江。在博白縣東十里。源出洞房山，南流匯陸川縣下浪水，至縣東南隅接洗馬江。流經縣南一里，名飲馬江，以馬援南征飲馬於此，故名。一名環玉江。又西流入南流江。洗馬江，源出登高嶺。又小白江，在縣南十里，源出雲流山。鴉山江，在縣南十五里，源出淩青山。皆西南流入南流江。

緑珠江。在博白縣西。唐恂嶺表録異：白州界有一派水，出自雙角山，合容州江，呼爲緑珠江，亦猶歸州有昭君村，取美人生處爲名也。舊志：在縣西七里，源出緑羅山，東南流入南流江。

南立江。在博白縣北三十里。源出緑澄洞，西南流入南流江。

思賀江。在北流縣東南。源出雙威山，匯六潭水，西北流至城，又東北入容縣界，與繡江合。

緑藍江。在北流縣北三十里。源出緑藍山下，分二派，一東南流經縣東落桑橋至容縣界，合繡江，一西南流入州界合南流江。

水車江。在陸川縣東南十里。源出金坑山，西南流合妙洞水，爲烏江。

烏江。在陸川縣南一里。上流名妙洞水，源出分水山，南流繞城東合文龍山水，又繞城南匯妙洞巖水，又南流合水車江，名烏江。復南流匯龍化江，流入廣東石城縣界，合九州江。

龍化江。在陸川縣南四十里。源出大這山，名平南江。西南流十里，又名龍化江。復西流入烏江。

岑江。在興業縣南八里。源出葵山之東，南流經縣城東，名通濟江。匯慕思江水，繞縣東南，分二流，一經城南曰通津江，一西南流經縣南八里，曰岑江。皆西流入龍穿江。

六潭水。在陸川縣東三十里(四)。源出謝仙山，北流入北流縣之思賀江。

崑崙水。在陸川縣東四十里。水中有石，似崑崙。下流經廣東廉州府石康縣入海。按：此水與六潭源流各別，通志合爲一，引其説於六潭水下，非是。

下浪水。在陸川縣東四十里。源出由子嶺，西流入博白縣界，匯緑淇江水。

回龍水。在陸川縣北十五里。其上流接喬林、登高嶺二澗水，合流而下，名回龍江。匯分水山之北流，溯流而西，合黄箭水，流經鬱林州界，入南流江。

黄箭水。在陸川縣北二十里。源出黄箭山，流合回龍水。又略洞江，在縣西北四十里，北流入南流江。

下鳴水。在興業縣東二十里。諸山澗匯流於此，巨石横截，灘瀨飛激如雷，下流南入龍穿江。

上鳴水。在興業縣北十里。源出芶蓊山，北流十餘里，曰上鳴水。漸折而西，繞縣北翻車嶺下，名曰龍母江。又西北入潯州府貴縣界。又有西水，在縣北四十里，亦西北流入貴縣界。

馬門灘。在博白縣西南六十里江中。漢馬援南征，以江流湍急，鑿去其石，餘二巨石雙立爲門，中流水急，勢如奔馬。其下四十里又有北勢灘，唐高駢爲安南都護，平蠻北歸，見其湍險，屬防遏使楊林疏浚之，舟行稱便。

銅鼓灣。在博白縣北二十里。相傳舊有漢時銅鼓，浮在水面有聲，久之復沉。明弘治十二年，鄉人獲一銅鼓。

紫泉。在州西南流江濱。有巨石伏羣石中，旁有二竇，清泉涌出，舊名濯纓泉。宋嘉定中，忽涌紫水，因改今名。明洪武間，紫水再出，又名瑞泉。

瑞泉。在州之富民鄉藤鼇坡。本朝雍正十一年，地方開墾，忽涌二泉，味甘色清，足滋三千餘畝。巡撫金鉷具奏，賜建祠宇，祀泉源之神，以答靈貺。

温泉井。在陸川縣妙洞水旁。泉自石竅中出，四時温熱，冬日可浴。

古蹟

舊白州。今博白縣治。唐武德四年，以合浦縣地置博白縣，於縣置南州，并置朗平、周羅、龍豪、淳良、建寧五縣屬之。六年，改州曰白州。貞觀十二年，省朗平、淳良。大曆八年，以龍豪隸順州如故。宋開寶五年，省建寧、周羅二縣入博白。寰宇記：廢建寧縣，在博白縣西。又廢周羅縣，在縣東九十里。通志：縣北十五里有廢朗平縣。東南百里有廢淳良縣，今其地名安仁鄉。

舊銅州。在北流縣東南一里金龜山南。唐武德中置。後徙治普寧，故址猶存。又豪石廢縣，在縣東。唐武德四年置，屬銅州。貞觀十一年廢。

南流廢縣。今州治。本漢合浦郡地。劉宋分置南流郡，治方度縣。梁、陳時廢。唐初復置縣。唐書地理志：牢州南流，本隸容州，武德四年析北流置，以南百步有南流江名之。乾封三年來屬。又牢州本義州，武德二年以徼外蠻夷地置，貞觀十一年以東北有牢石，因更名，徙治南流，後廢。乾封三年，將軍王杲平蠻獠復置。宋史地理志：鬱林州本治興業，至道二年徙治南流。

定川廢縣。在州西南三十里。隋置縣，屬合浦郡，後廢入北流縣。唐武德四年，又析北流置定川縣，隸潘州。乾封三年，屬牢州。宋開寶五年廢。寰宇記：廢定川縣，在廢牢州西北四十五里。又有宕川廢縣，皆唐置，宋開寶中俱省入南流縣。舊志：定川廢縣在定川下渡。

容山廢縣。在州西北八十里。唐永淳初，置安仁縣，屬黨州。二年，析置平琴州治焉，兼領懷義、福陽、古符三縣。垂拱三年，州廢。神龍三年，復置。天寶初，曰平琴郡。至德二載，改安仁曰容山。乾元初，復改郡爲州。建中二年，州廢，縣皆屬黨州。寰宇記：開寶七年，廢黨州之容山、懷義二縣，並入南流縣。

南昌廢縣。在博白縣南十五里。梁析合浦地置南昌縣。隋屬合浦郡。唐初屬潘州，貞觀中改屬白州。宋開寶五年廢。寰宇記：廢南昌縣在博白縣北九里。又有大都廢縣，亦在縣南，唐初置屬廉州，貞觀六年改屬白州，十二年省入博白。

龍池廢縣。在博白縣西南。唐貞觀中置山州，領龍池、盆山二縣。天寶初，曰龍池郡。乾元初復故。建中間，州縣俱廢。

扶萊廢縣〔五〕。在北流縣東南。唐武德四年，析信義縣地置，屬竇州，以扶萊水而名。貞觀中省。乾封中復置，屬禺州。宋初與州俱廢。寰宇記：在舊州東南八十里。

羅辯廢縣。在北流縣東南百里。唐武德四年置，名陸川。貞元中改羅辯。寰宇記：在辯州西南一百里，宋開寶五年廢入北流。

峩石廢縣。在北流縣東南。唐總章元年，析白州温泉縣地置，以南有峩石而名，爲東峩州治。二年，改爲禺州。天寶初，曰温水郡。乾元初，復曰禺州。宋開寶五年，廢禺州，省峩石縣入北流。

龍化廢縣。在陸川縣南四十里。唐武德五年，析石龍、吴川置龍化縣，以龍化水而名，屬羅州，尋屬辯州。大曆八年，容管經略使王翃析禺、羅、辯、白四州置順州，治龍化縣，亦曰順義郡。宋開寶五年，州廢，省縣入陸川。

南河廢縣。在陸川縣西。唐武德五年，析石龍、吴川置南河縣，屬羅州。大曆八年，改屬順州。宋初與州俱廢。通志：廢南河縣，在縣西五十里。

龍豪廢縣。在陸川縣西南。唐武德四年，析合浦地置，屬南州，尋屬白州。大曆八年，改屬順州。宋開寶五年，省入陸川。

鬱平廢縣。在興業縣西北四十里。三國吴置縣曰陰平，屬鬱林郡。晉太康元年，改曰鬱平。唐初屬南尹州，貞觀後屬鬱林州。宋開寶五年，省入興業。

石南廢縣。在興業縣東北五十里。陳置石南縣，爲石南郡治。隋平陳，郡廢，縣屬鬱林郡。唐初，屬南尹州，尋屬貴州。麟德二年，分屬鬱林州。建中二年，省入興業。

潭栗廢縣。在興業縣東三十里。唐置，屬鬱林州。宋初廢。

興德廢縣。在興業縣南。隋末析石南縣置，尋廢。武德四年，析鬱平縣復置，屬南尹州，尋屬貴州，後改屬鬱林州。宋開寶五年，省入興業。舊志：今縣南有興德鄉，即故縣。

善勞舊縣。在州北七十里。唐初爲鬱林州地。永淳元年，開古黨峒置黨州，領善勞、撫安、善文、寧仁四縣。天寶初曰寧仁郡。乾元初復爲黨州。宋開寶七年，州廢，縣皆併入南流。寰宇記：善勞爲舊黨州理所，在容山縣東二十里。廢撫安縣，在廢黨州東十五里。

陵城舊縣。在北流縣東南。唐武德四年，析北流置，屬銅州，尋屬容州。宋開寶五年，省入北流。寰宇記：在普寧縣西三十八里。

鼓角樓。在州城上。宋陶弼有詩。

景陸堂。在州治。以景慕陸績故名〔六〕。

尋山堂。在博白縣洞房山。宋劉子羽謫居時建。

關隘

西關。在州西一里。

天門關。寰宇記：在北流縣南三十里，有兩石相對，其間闊三十步，俗號鬼門關。漢伏波將軍馬援討林邑蠻，路由於此，立碑石龜尚存。晉時趨交阯，皆由此關，其南尤多瘴癘，去者罕得生還。輿地紀勝謂之桂門關。舊志：在縣西十里，明宣德間改今名。

撫康巡司。在州境。州東北多土狼，明正德中，募充戍兵，其後授田輸編户，謂之熟狼。本朝雍正九年設巡司。

周羅寨巡司。在博白縣東南八十里，以廢周羅縣而名。舊有巡司，今因之。

沙河寨巡司。在博白縣西南七十里。舊有巡司，今因之。又明正統間安遠侯柳溥請於博白立安定、春臺、平山、兆常四土巡司，尋廢。

雙威寨巡司。在北流縣南二百里。舊置巡司，今因之。又舊有西灣巡司，明洪武中置。都隴、中山二巡司，明正統中置。今皆廢。縣南猺、獞曰雞兒坡、南禄、茆田、那留等，凡十二村，性頗馴。

温水寨巡司。在陸川縣南五十里。一稱温家寨。明設巡司，今因之。

緑鴉鎮。在州西北緑鴉山下。九域志：南流縣有緑鴉鎮。

海門鎮。在博白縣西南一百五十里。舊爲入安南之道。唐咸通三年，南詔寇安南，敕都護蔡襲退屯海門鎮。四年，安南爲南詔所陷，置行交州於海門鎮，尋復置安南都護於此。六年，高駢治兵海門鎮，進復安南。

縣東營。在博白縣東南。又縣有界排、坡心、蘇立、東莞、圓珠共六營，舊皆設兵戍守，邑界猺謂之山子，散居各堡，設猺總以總之。其狼人有狼目總之。皆佃田輸租，與民無異。

六潭營。在陸川縣東三十里。額設耕兵數百戍守，四月更番。縣有狼籍，統以狼目。其猺居深山中，遷徙不常。

趙家寨。在興業縣南二十里。舊有巡司，明初廢。又縣舊有常寧、平安、棠木諸寨巡司，皆久廢。

津梁

瑞龍橋。在州南一里。元延祐中建。舊名安遠橋，爲南道要衝。本朝康熙五十三年修。

大興橋。在州西十里。本朝雍正五年修。

尋春橋。在州治西北。

通津橋。在博白縣北關外。

落桑橋。在北流縣東二十里，跨緑藍江。

登龍橋。在北流縣東南。爲行旅通津。

木簻橋。在陸川縣東十五里。又名東興橋。

登雲橋。在興業縣城内。

龍津橋。在興業縣南門外。又名新江橋。

緑珠渡。在博白縣西七里。

隄堰

赤墈陂。在州西。又有都毫陂，在州西。官陂、銀水陂、三山陂、表陂、錦陂、河阜陂，在州北。

龍母陂。在博白縣東十里。又有雙魚、江口、梁橋諸陂，皆資灌溉。

横嵎陂。在北流縣南。又有大塘、都莫、大斗、龍陂、東門、坑塘等陂。

暗螺陂。在陸川縣南三十里。又有老鴉陂、官陂、沙料陂。按：郡志興業縣有南山、石羊等八陂，資灌溉甚廣，今俱荒圮。

陵墓

唐

龐孝泰墓。在博白縣西飛雲山下。

宋

徐噩墓。在博白縣東凝霧山下。

李時亮墓。在博白縣南鳳凰山麓。

明

陶成墓。在州西二十里。有祠在州治西。

祠廟

武襄祠。在州城内，祀宋狄青。

忠烈祠。在州西門内，祀明陶成、陶魯。

孝子祠。在州西門内，祀明孝子文潛、晏然文，本朝楊嗣秉、譚載球、文兆龍。

文丞相祠。在州城西，祀宋文天祥。

瑞泉祠。在州之富民鄉。本朝雍正十一年出泉，溉田甚廣，敕建祠泉側。十二年四月八日，肇工上梁，慶雲見，歷巳午時，五色紛翔如鸞鳳狀。廟成，請欽定封號，曰昭德沛澤泉源之神，御書題額曰「惠潤田功」。

忠功祠。在州南門外，祠宋鄧得遇、陳應。

三賢祠。在博白縣城東，祀宋李時亮、秦懷忠、徐噩。

彭公祠。在陸川縣，祀典史彭金。

寒山廟。在州北三十里，祀寒山神，禱雨輒應。

伏波廟。在北流縣南四十里。

寺觀

寶山寺。在州東南。明統志作寶相寺。

宴石寺。在博白縣西。

靈寶觀。在北流縣勾漏山。觀後石峯有二石室，曰太陽、太陰。

韜真觀。在北流縣勾漏山。左右有二石室。

名宦

宋

余傳。莆田人。天禧中，知北流縣。興學校，修橋梁，和易廉介，民猺悦服。

吳庸。道州人。淳熙中，爲陸川簿尉。時李接反，庸率衆捕禦，身親六戰，没於陣。帥臣劉焞上其事，贈承事郎。

明

趙天鑑。洪武初，知鬱林州。清介自持，愛民如子，建忠功祠，曰：「我使炎荒之人知有忠義也。」

李禧。宣德中，知北流縣。九年奏最，當遷，民乞留，詔加秩還任。

林長懋。莆田人。英宗時，爲鬱林知州，有惠政。都指揮陳鑑貪暴，杖殺兩百户，州民皆被害。長懋奏之，置鑑重辟。其卒也，州人立廟祀之。懋，州志作「茂」。

王坦。平原人。成化間，以給事中謫北流主簿。時猺賊出没，民多流亡，坦設策防禦，盜賊屏迹。

鄭寶。正德時，爲鬱林州同知，署北流縣事。妖賊李通寶逼其城，與子宗珪出戰，皆死。

本朝

陸翔華。嘉善人。順治十四年，知鬱林州。李定國餘黨未靖，鬱林參將卜雲提兵遠出，賊乘虚突至，翔華率衆登陴固守，賊攻城不克，引去。安輯流亡，給牛種，勸開墾，民得復業。

賈漢誼。曲沃人。順治十六年，知鬱林州。兵燹後地多荒蕪，漢誼履畝量丈，釐正賦役，至今賴之。

張應勝。江西人。康熙時，知北流縣。時孫延齡擁衆來攻，應勝調集鄉勇，固守三日，守備常潛出降賊，城遂陷。應勝力戰，爲賊所害。家丁五人，工書何涵，皆戰死。

人物

賈有福。錦州人。康熙二十三年，知鬱林州。值土寇猖獗，潯、梧各路進兵會勦，有福匹馬從征，諸盗相繼擒治。州經兵燹，多逋欠，力請蠲除，民獲安堵。

唐

龎孝泰。博白人。龍朔中，以左驍騎將軍爲遼東道行軍總管，與蘇定方、程名振等征高麗。嶺西兵逼蛇水，蓋蘇文來攻，孝泰與戰，手殺數十人，兵少力屈，死之。

宋

徐噩。博白人。仁宗時鄉舉。攝宜州，討歐希範有功，授白州長史。皇祐中，儂智高叛，噩引兵追至亟陽〔七〕，大捷。歷戰於金城驛，援兵不至，死之。贈大理寺丞。

秦懷忠。博白人。嘉祐初，以進士令徐聞，有異政。再任雷州推官，平反寃獄，擢僉書雷州軍事，歷知容州。

李時亮。博白人。嘉祐進士，累官知廉州，有異政。熙寧中，交人犯境，獻平邊十策，又疏時政得失五十事，神宗嘉納之。累遷散騎常侍。

冼積忠。北流人。紹興進士。官朝請大夫，知白州，有治聲。州志作「積中」。

坦中庸〔八〕。北流人。紹興進士，官至廣東提點刑獄。砥礪名節，政績著聞。

陳應。博白人。德祐中，爲南流尹。元以譚道福知鬱林州。應與提刑鄧得遇合謀倡義，乘除夜三鼓奮勇登城，殺邏卒，道福遁去。得遇疏上其事，擢應藤州知州。後元兵大至，得遇死難，應削迹，不知所終。

元

龐森。北流人。至順中，歷官台州通判。制行廉潔，以古名賢自期，嘗手書漢循吏傳於壁以自警。

明

陶成。鬱林人。永樂中舉于鄉。爲交阯鳳山典史。尚書黄福薦其賢，命署諒江府教授，夷人化之。正統中，歷官浙江副使，遇事敢任。處州賊葉宗留等作亂，成屢破之。後與都指揮僉事崔源戰死〔九〕，時景泰元年五月也。事聞，贈左參政。

陶魯。成子。以父蔭授新會丞。時甫弱冠，縣令王重器之，勉之學。天順中，以破賊功，就遷知縣。成化、弘治時屢破劇賊，歷官至湖廣布政使，兼廣東按察副使，領嶺西道事。魯善撫士，多智術，謀定後戰。鑿池公署後，爲亭其中，不置橋，夜則召部下計事，以板度，語畢令退，故常得勝算而機不洩。歷官四十五年，始終不離兵事。然不專尚武，治寇賊先化之，不得已乃用戰。每平賊，率置縣建學以興教化。前後大小數十戰，奪還被掠及撫安復業者十三萬七千有奇，兩廣人倚之如長城。子荆民，以父功世襲副千户。

李宏。北流人。永樂進士。擢御史。嘗上時政十事，皆經國正論，多見施行。

文旭。鬱林人。弘治時以歲貢授奉議衛經歷。父早殁，事母至孝。子潛，亦以孝稱，親殁，廬墓三年。潛姪桂，少孤，天性孝友，長於文學，嘉靖中舉於鄉。

何以尚。興業人。嘉靖末，由舉人官户部司務。會主事海瑞以直諫下獄，以尚抗疏論救，予杖奪職。隆慶初，起光禄寺丞，又以劾高拱坐謫。拱罷，起雷州推官，終南京鴻臚卿。

黄燦然。博白人。由舉人知大昌縣。後歸里，爲安仁賊所執，不屈，駡賊死。本朝乾隆四十一年，賜謚節愍。

本朝

鄭振祖。鬱林人。順治初，鬱林有土寇入鎮，糾衆圍州城，歷三月，城内糧盡。有顔伯素者領兵博白，振祖與弟拔祖夜縋城出，潛詣顔請救。未至而土寇蕭荆璧先計誘破城，三人引兵力戰，殺賊甚多，力屈遇害。

楊嗣秉。鬱林人。早孤，母周氏患咯血病，嗣秉廢業攻醫，鬻産以供湯藥，歷十七載，侍奉不倦，周以壽終。

馬若光。鬱林人。幼喪父。順治十一年，賊李定國掠州境，與母黄氏避兵山中。母被執，若光冒刃入賊，泣語賊殺己以釋其母。賊感動，遂俱釋以歸。

龐穎。陸川人。順治庚子舉人，知嘉魚縣，有循蹟。當夏包子之變，獨守孤城，盡力保禦，嘉人請爲立祀。

張暎軫。鬱林人。康熙二十九年副榜。初，土寇唐朝鳳荼毒州境，其母被掠，時軫年十二，匍匐號救，賊異而釋之。

陳朝圭。鬱林人。幼鞠於繼母，及卒，廬墓三年。遇大風，鄰屋盡壞，而朝圭廬獨存。異母弟妹皆幼，朝圭維持調護，有人所不能堪者。既長，畢爲婚嫁。雍正中，由副貢知辰溪縣，民敬戴之如父母。調永順，終道州知州。

譚載球。鬱林人。家貧，負薪以養親。一日隨父趁墟，賊劫其父，載球力救得免。父母卒，皆廬墓三年。得食則祭，祭未嘗不撫冢長號。雍正十三年旌。乾隆十四年，祀孝子祠。

文兆龍。鬱林人。歲貢。父病，侍湯藥，不離側。適寇至，負父拜泣，寇爲感動，不相驚擾。母張氏，患癆咳，兆龍憂形于色，朝夕祈於神，以延母壽，壽果至七十有八。乾隆八年旌，祀孝子祠。

李甲先。博白人。貢生。由教諭遷慶遠教授。與兄甲芳，事親俱以孝聞。甲芳卒，甲先視其子如子。嘗以學俸置義田，給族之耕讀者。辛丑秋邑大饑，乃取家財，擇里中少壯人授一金，使出糴，老稚不能行，作糜賑之。年八十三卒。又同邑李維藩、李廷芬，皆以孝稱。

流寓

元

文升。宋相天祥弟壁之子也。天祥死難，以升爲嗣。後仕元海北廉訪使，卒於鬱林之八疊岡，子孫遂家焉。

列女

晉

石崇妾緑珠。博白人，姓梁氏。孫秀使人求之，崇不與，秀怒，勸趙王倫誅崇，因矯詔收之。崇謂珠曰：「我今爲爾得罪。」珠泣曰：「當效死於官前。」遂自投樓下死。

明

李啓東妻徐氏。博白人。成化中，龍山賊陷城，徐被掠，罵賊而死。

朱文盛妻謝氏。陸川人。正德中，賊犯縣城，獲文盛索金，謝往紿賊，願以身代夫，取銀以贖。賊釋文盛，謝爲所害。

楊四妻劉氏。興業人。少寡，有富商艷其色，欲强取之，啗以財。劉不從，逮於獄脅之，服毒死。

梁英女。鬱林人，名新姐。年十七，嘉靖中，賊劫其家，欲污之，不從被殺。

陳所蘊妻吴氏。鬱林人。所蘊以舉人會試，道亡，吴聞訃，旬日不食，將死，姑慰諭，乃進食，時年二十二。既釋服，姑憐其少，無子，欲嫁之，吴引刀自毁其貌。姑死，貧無以葬，拮据將事。數膺旌表。

廖錦妻文氏。鬱林人。錦應試，卒於途。文年二十二，無子，有鄉貴謀議婚者，文峻拒之，矢節以終。

鄧日孚妻陶氏。鬱林人。孚鄉試還灘江，舟覆死。訃聞，陶吞金不死，又絶粒半月不死，遂盡焚服飾，縞衣蔬食，以終其身。

曾才魯母楊氏。鬱林人。年十六，孀居撫孤，始終不渝。

龐文甸妻梁氏。陸川人。年十九而寡，誓志矢節，媒氏逼嫁，不從，服毒死。

本朝

王氏三烈。博白農家女，亥娘、酉娘、竹姑。康熙十九年，避亂於宴石巖，寇攻急，三女度不得免，俱投崖死。縣令程鏕立三烈祠於崖下。

關于衮妻文氏。鬱林人。夫亡守節，與同州楊作屏妻陶氏，均康熙年間旌。

陳仁道妻龎氏。博白人。康熙十九年，寇剽掠，其夫集衆拒之，爲所害。氏購骸歸葬，盡變其産，募壯士擒賊，縛殺以祭夫墓。紡績守節，終其身。又同縣王祚釗妻朱氏，年二十一，夫卒，家貧無手足助，值土寇亂，避居山中，歲洊飢，備極艱苦。朱之虬妻林氏，孝事舅姑，舅姑繼没，夫亦早世，林年二十五，子景博、景邑及夫弟璐熙皆幼，值閩盜葉天易亂，林攜家匿深山中，屢瀕於危。亂定後，歸其故廬，以十指營舅姑葬，以耕讀勗其家。後次子景邑亦早卒，婦李氏依姑守志。

陳世瓚妻梁氏。鬱林人。夫亡守節，與同州烈婦文秉世妻梁氏，均雍正年間旌。

秦泗衡妻劉氏。博白人。夫亡守節，雍正年間旌。

何士逢妻盧氏。北流人。年二十二而寡，撫遺孤成立，與同縣李天樞妻鄒氏、李文煒妻黄氏、謝朝薦妻陳氏、李朝瓚妻龍氏、羅文滔妻某氏，均雍正年間旌。

龎順妻梁氏。陸川人。夫卒，閉户自經，以救得生。自是毀容縞素，孝事姑，撫孤子騆並夫幼弟頫、皡，皆成立。雍正三年旌。同縣龎穎妾李氏，吕繹如妻陳氏、子若契妻李氏，均雍正年間旌。

楊元浩妻龎氏。鬱林人。守節撫孤。其子式序妻李氏亦矢志守貞，姑媳以雙節稱，乾隆元年旌。同州李以峒妻鄧氏、鍾培妻蘇氏、晏朝妻蔣氏〔一〇〕、鍾夢獬妻黄氏、張映翼妻黎氏、楊彦炯妻李氏、蘇其熺妻文氏、文道新妻龎氏、梁玉英妻龎氏、文際泰妻李氏、陳聚震妻李氏、黎士雅妻馮氏、蘇孫槐妻文氏、辛國相妻李氏、黎若淳妻梁氏、梁海立妻楊氏〔一一〕、盧偉才妻王氏、李溶妻楊氏、陳朝堂妻王氏、楊廷楷妻秦氏、梁廷培妻牟氏、鍾業妻楊氏、牟維楹妻龎氏、牟照彰妻楊氏、梁應朝妻黎氏、梁汝烈妻楊氏、王正簡妻蘇氏、陶璋妻文氏、盧廷彦妻王氏、英慎參妻甘氏，均乾隆年間旌。

陳朝執妾鍾氏。鬱林人。嫁二十八日而夫卒，嫡妻晏氏無子，諭以他適，答以從一而終，泣拒之。旦夕侍晏側，晏惑於堪輿，鍾勸其早葬。晏病，久侍湯藥，寢食俱廢。晏年八十三，鍾年六十三歲卒，士民請祀節孝。同州秦昌祺妻楊氏，姑年八十餘，病牀褥，楊侍湯藥，供溺溷，寒暑不少懈，亦以節稱。

唐元理妻陳氏。鬱林人。夫亡，擇姪爲後。家貧，翁姑皆在殯，勤紡績以葬。嗣子僖娶鄧氏，生子而歿，姑婦相依爲命，一門雙節，鄉里敬之〔二〕。

朱繼喜女三妹。博白人。年十三，守正捐軀。乾隆二年旌。同縣節婦黃之璠妻文氏，黃鍾存妻羅氏，李廷柱妻張氏，王德隆妻謝氏，吳地穰妻李氏，劉芳妻陳氏，林兆奇妻朱氏，秦理妻楊氏，朱景尚妻吳氏，黃玉琚妻羅氏，莫子聰妻鍾氏，黃日俊妻程氏、媳羅氏，朱之選妻王氏、媳李氏，均乾隆年間旌。

秦儒璋妻梁氏。博白人。年二十六，夫亡子幼，翁老家貧，氏嘗食野蔬而以穀飯翁，翁見梁盂中僅藜藿，悲泣失聲。梁跪泣曰：「翁第看二孫成立，媳之福也，他何足計！」後翁歿，貸棺而斂，紡績償其值。與同縣朱衍金妻揭氏、賓汝斂妻馮氏、李廷芳妻朱氏，俱以節孝聞。

曹大經妻李氏。北流人。夫亡守節。同縣楊元萱妻曹氏、蒙用黼妻陳氏、梁世正妻李氏、陳祖仁妻李氏、曾仁禎妻梁氏、邱日信妻陳氏、顧紹基妻袁氏、梁翹榑妻韋氏、蔡啓文妻鄒氏、李靄吉妻譚氏、梁世臻妻曾氏、馬乃驤妻李氏、林翰妻邱氏、李諏吉妻陳氏、蒙懋績妻李氏、顧紹勳妻李氏、蔣上塤妻區氏、李維凝妻梁氏、陳斯猷妻梁氏，均乾隆年間旌。

龐顗妻吳氏。陸川人。夫亡守節，撫孤成立。後子及孫相繼亡，與媳黃氏、孫媳李氏，三世孀居，一門苦節。乾隆元年旌。同縣龐頤妻余氏、龐嶠妻陶氏、龐崧妻謝氏、楊文德妻湯氏、江騰鰲妻黃氏、傅宗禮妻李氏、陳焕妻盧氏、陳士光妻王氏、陳奎妻黃氏，均乾隆年間旌。

蘇芳鎬妻陳氏。鬱林人。夫亡守節。與同州梁楝概妻李氏、何殿瑩妻薛氏、黄景堂妻梁氏，均嘉慶年間旌。

王久譽妻張氏。博白人。夫亡守節。與同縣李德輝妻唐氏、黄德光妻謝氏，均嘉慶年間旌。

闞邦覲妻甯氏。北流人。覲選庶常，未及娶而卒，甯奔喪守貞。與同縣節婦曾衍侯妻馬氏、曹與妻陳氏、劉文淵妻陳氏、党高先妻吴氏、伍者敘妻梁氏、凌卓漢妻梁氏、楊峻妻甯氏、龎潮玉妻梁氏，均嘉慶年間旌。

李時銘妻陳氏。陸川人。捐軀明志。嘉慶四年旌。

覃瑞莊妻唐氏。興業人。夫亡守節。與同縣壽婦耆氏、龎則孟妻黎氏，俱嘉慶年間旌。按：舊志嘉靖中縣令張子英妻卜氏，爲賊所劫，墜樓死，民立貞烈祠祀之。熊伯虎妻張氏，湖南祁陽人，順治中隨夫僑寓博白，時陸川盜某伺伯虎往北流，使其黨殺於路，欲奪張，張自經死，其侍女亦赴火死。謹附記。

仙釋

元

李龍。興業人。至正間，事修煉術。偶攜妻至外家酣飲還，途中謂妻曰：「體中燥痒不可忍，會須過前溪一浴，爾姑待於此。」有頃，風雨驟作，妻趨視之，則遍身鱗甲矣。囑曰：「我歲一來歸，當以米糕祀我。」遂化龍去。每歲果一還，還則雨足稼豐，鄉人呼其居曰李龍宅。

土產

布。元和郡縣志：鬱林貢紵布。

勾芒木。明統志：皮可績爲布，鬱林州出。

椰子。格古要論：出鬱林州。樹似梹榔，實大如瓜，肉白可食。鋸開，中有酒微酸，謂之椰子酒。其殼可爲酒器。

人面子。格古要論：出鬱林州。春花，夏實，秋熟。兩邊似人面，故名。

縮砂。明統志：鬱林州博白縣出。

葛仙米。出北流勾漏洞水澤間。暴乾，仍漬以水，如粒米狀，以酒泛之，清爽襲人。

苗蠻

夷人。在鬱林州。居山谷，食用手摶，酒名都林，合糟共飲。死則打鼓助哀。其在廢黨州古黨峒者，男椎髻，女散髮，徒跣，吹笙，巢居夜泊。

猺。在博白縣，無版籍，散居各堡。在北流，居縣治南雞兒坡、南禄、茆田、那留等十二村，男女跣足，或著木履，性頗馴。在陸川，居深山中，伐木燒地，種稻粟薑瓜，茹芋爲食。性敦樸，寄物善藏，經久不失也。

獞。在北流縣，與猺錯居，習俗亦同。

狼。在鬱林州東北四十里，抵大容山皆是。俗近猺而不爲患。明正德間，苦流寇，募充戍兵，其後授田編户，謂之熟狼。在博白，善用銅礮，健守石悌、界牌諸隘，設狼目總之。佃田輸賦，與民無異。在陸川者，來自賓州，使充戍卒，授田耕守，别置狼籍。在興業，居興德鄉二、三圖，耕山采樵，夜然松薪代燭。

山子。在博白縣者，即猺類，習尚亦同。在陸川縣者，居山伐木種地，性極淳樸。

校勘記

〔一〕一名牢石坡　「牢石坡」，讀史方輿紀要卷一〇八廣西三及雍正廣西通志卷一七山川同，乾隆志卷三六七鬱林州山川（下同卷簡稱乾隆志）作「牢石墩」。

〔二〕水流爲龍母江　「江」，原作「石」，據乾隆志改。

〔三〕巖深廣容數千人　「千」，原作「十」，據乾隆志及讀史方輿紀要卷一〇八廣西三改。

〔四〕在陸川縣東三十里　「三十里」，乾隆志作「二十里」。

〔五〕扶萊廢縣　「扶萊」，原作「來州」，據乾隆志及新唐書卷四三上地理志改。按，下文亦云「以扶萊水而名」。

〔六〕以景慕陸績故名　「陸績」，原作「陸續」，據乾隆志及明一統志卷八四梧州府宫室改。按，蓋以陸績曾爲鬱林太守故，三國志卷五七吴書有傳。

〔七〕噩引兵追至亟陽　「亟陽」，乾隆志同，雍正廣西通志卷八一忠義徐噩傳作「函陽」。按，「亟陽」、「函陽」皆無考，未知孰是。

〔八〕坦中庸 「坦」，原作「但」，據乾隆志及雍正廣西通志卷七六鄉賢、粵西文載卷六八人物傳改。

〔九〕後與指揮僉事崔源戰死 「崔源」，原作「崔元」，據乾隆志及明史卷一六五陶成傳改。

〔一〇〕晏朝妻蔣氏 「晏朝」，乾隆志作「晏朝岳」，疑本志脱「岳」字。

〔一一〕梁海立妻楊氏 「梁海立」，乾隆志作「梁汝立」。

〔一二〕鄉里敬之 「里」，原作「理」，據文意改。